Zwei Möglichkeiten

Es gibt immer zwei Möglichkeiten …

Mitkämpfer, Mitläufer und Gegner Hitlers am Beispiel Schwabens

Anmerkungen:
... in Zitaten bedeuten Auslassungen.
[ ] eckige Klammern in Zitaten bedeuten Einfügungen, die der Autor zum besseren Verständnis vorgenommen hat.
Abkürzungen in Quellenhinweisen:

BundA	Bundesarchiv
StAA	Staatsarchiv Augsburg
StANbg	Staatsarchiv Nürnberg
StALbg	Staatsarchiv Ludwigsburg
StAMch	Staatsarchiv München
StadtA	Stadtarchiv Augsburg
StadtK	Stadtarchiv Kempten
StadtNbg	Stadtarchiv Nürnberg
IfZ	Institut für Zeitgeschichte, München
NA Wash.	US-National Archives College Parc/ Washington

Weitere Quelle:
Zentrale Stelle für die Verfolgung von NS-Verbrechen, Ludwigsburg

Die Deutsche Bibliothek – CIP-Einheitsaufnahme
Römer, Gernot:

Es gibt immer zwei Möglichkeiten:
Mitkämpfer, Mitläufer und Gegner Hitlers am Beispiel Schwabens / Gernot Römer – Augsburg: Wißner, 2000

ISBN 3-89639-217-4

Inhalt

Sie wählten eine Möglichkeit: *Sie wählten eine andere:*

Von den zwei Möglichkeiten …

»Dies sind die zwei Möglichkeiten immer wieder des umherirrenden Jacobowsky. Entweder sperren die Franzosen besagten Jacobowsky ein, weil er keine Papiere hat, oder sie liefern ihn den Nazis aus.
Sperren die Franzosen ihn ein, das ist doch gut! Liefern sie ihn den Nazis aus, dann gibt es zwei Möglichkeiten. Entweder stecken die Nazis besagten Jacobowsky in das Schreckenslager von Gurs oder sie verschleppen ihn mit hunderttausend anderen nach Polen. Stecken sie ihn in das Schreckenslager von Gurs, das ist doch gut! Verschleppen sie ihn nach Polen, da gibt es zwei Möglichkeiten. Entweder bringen die Nazis besagten Jacobowsky schnell um oder sie quälen ihn langsam zu Tode. Bringen sie ihn schnell um, das ist doch gut. Quälen sie ihn langsam zu Tode, da gibt es zwei Möglichkeiten. Entweder sie scharren ihn lebendig ein bis zum Kopf …«

Aus Franz Werfels Schauspiel
»Jacobowsky und der Oberst«

Dieses Buch nennt auch Namen von Nationalsozialisten.

Sie alle sind tot.

Es leben aber Kinder, Enkel, Verwandte.

Die haben nichts zu tun mit den in diesem Buch geschilderten Geschehnissen.

Das Dritte Reich wandte die Sippenhaftung an.

Sie war damals Unrecht und ist es heute, in der Demokratie, erst recht.

Was also ist der Mensch ... ?

1945. Städte und Dörfer liegen in Trümmern. Aber Deutschland ist befreit.

Auch das Wort ist wieder frei. Die Buchhandlungen bieten bald nach dem Krieg Bücher an, die wie Zeitungen gedruckt sind. Theater spielen wieder, ohne Kulissen oftmals und ohne Kostüme. Aber sie spielen. Spielen auch Stücke von im Dritten Reich Verfemten und Verbannten. Eines davon ist Franz Werfels dreiaktige Komödie einer Tragödie »Jacobowsky und der Oberst« (später mit Danny Kaye und Curd Jürgens in den Hauptrollen wunderbar verfilmt).

Wann immer der geflohene polnische Jude Jacobowsky vor einer neuen Situation steht, besinnt er sich auf seine Lebensphilosophie, dass es stets im Leben zwei Möglichkeiten gibt. So und nicht anders ist es. Der Mensch kann sich immer entscheiden, welche Möglichkeit er nutzen will. Diese Wahl hat er auch in den zwölf Jahren von Hitlers Diktatur. Wer heute sagt, er selbst oder sein Vater habe ja damals in der Partei sein müssen und er habe gar nicht anders handeln können als im Sinne des Nationalsozialismus, der beleidigt diejenigen, die sich anders entschieden haben. Die nicht NSDAP, SA, SS, Frauenschaft beigetreten, die ihrer anderen Überzeugung und Sicht der Welt treu geblieben sind. Freilich: Nicht mit den braunen Wölfen zu heulen, das konnte unter Umständen einen hohen Preis kosten: gesellschaftliche Ächtung, berufliche Benachteiligung, Konzentrationslager, im schlimmsten Fall das Leben. Viele haben diesen Preis gezahlt.

Beispiele für das unterschiedliche Verhalten von Männern und Frauen im Dritten Reich zu finden, ist gar nicht schwierig. Die Personen, die einander gegenübergestellt sind, verbinden in manchen Fällen vergleichbare berufliche Stellungen oder ihre Herkunft, mehrfach fehlen aber auch derartige Gemeinsamkeiten. Unter denen, die Hitler nicht folgten, hat keiner sich selbst dem Autor vorgeschlagen. In den meisten Fällen waren Hinweise von Opfern oder Dokumente ausschlaggebend für die Aufnahme in dieses Buch.

Leicht hätten sich auch noch mehr schwäbische Lebensgeschichten darstellen lassen: Von KZ-Kommandanten, üblen Denunzianten, Judenhassern auf der einen Seite; von Wehrdienstverweigerern, mutigen Priestern, Widerstandskämpfern auf der anderen Seite. Unter denen, die sich nicht beugten, werden mehrere Namen gewiss erstmals genannt. Längere Zeit ist es ja gar nicht so geschätzt gewesen, auf diese Leute hinzuweisen. Machte deren Haltung doch anderen schlechte Gewissen, weil sie beweist, dass es im Dritten Reich auch anders ging. Dabei sind diese Männer und Frauen doch die besten Zeugen gegen eine deutsche Kollektivschuld. Die gibt es nicht!

Dass in diesem Buch fast ausschließlich schwäbische Beispiele beschrieben werden, soll nicht bedeuten, dass diese deutsche Landschaft mehr mutige Leute oder fanatische Nationalsozialisten hervorgebracht hätte als andere. Nein, Schwaben ist vom Autor einmal mehr als eine Art Ausschnitt aus der Landkarte herausgeblendet worden. Es steht stellvertretend für die anderen Regionen des damaligen »Großdeutschland«. Überall anderswo lassen sich vergleichbare Gefolgsleute Hitlers finden und auch Gegner der braunen Herrschaft.

Der deutsche Filmproduzent Atze Brauner hat lange vor Steven Spielberg einen Film über den Judenretter Oskar Schindler drehen wollen. Es heißt, dieses Vorhaben sei ihm ausgeredet worden mit dem Argument, man dürfe doch keinen guten Nazi zeigen. Solche hat es aber auch gegeben. Unter den Personen dieses Buches, die sich grundsätzlich oder bei wichtigen Anlässen nicht im Sinne des herrschenden Systems verhalten haben, finden sich deshalb auch solche mit dem Hakenkreuz-Parteiabzeichen der NSDAP. Es sind andere genannt, die zuerst Hoffnungen auf Hitler setzten, ihre Haltung jedoch aus besserer Einsicht änderten. Die Farbskala besteht eben nicht nur aus Schwarz und Weiß.

Als die amerikanischen Soldaten Deutschland besetzten, glaubten viele von ihnen wohl naiv, Nazis schon an deren Äußerem erkennen zu können. Kein Mensch wird aber mit einem Kainszeichen geboren, läuft etwa wie der Satan mit einem Pferdefuß herum oder mit einem Hakenkreuz auf der Stirn. Niemand kommt als Unmensch zur Welt. Jeder einzelne hatte im Dritten Reich selbst für sich zu entscheiden, ob er dem »starken Mann« folgen wollte oder nicht; ob er die von diesem verkündeten Feindbilder akzeptieren oder ablehnen wollte; ob er schließlich gar Gebote der Menschlichkeit und des menschlichen Zusammenlebens missachten wollte oder nicht. Deshalb sind die Nationalsozialisten vom Autor nicht dämonisiert worden. Sie werden ohne Häme dargestellt – und hoffentlich auch gerecht. In jeder Darstellung dieses Buches steckt auch die Frage an die nachgeborenen Leser: »Wie hätte ich mich denn damals verhalten?« Die Antwort sollte sich niemand zu leicht machen. Der Autor, Jahrgang 1929, bezieht das auch auf sich selbst.

Der deutsche Außenminister Joschka Fischer hat den Vertrag von Versailles vom 28. Juni 1919 einmal den »schlimmsten Frieden aller Zeiten« genannt. Die verheerenden Folgen dieses demütigenden Vertrags werden in vielen der in diesem Buch beschriebenen Biographien von Gefolgsleuten Hitlers deutlich. Viele sind von der Kriegsniederlage frustrierte Frontkämpfer. Nur zu gern glauben sie der von den Rechtsnationalen propagierten Lüge, nicht vom Feind sondern vom Dolchstoß aus der Heimat besiegt worden zu sein. Massenarbeitslosigkeit, Inflation, die hohen Reparationszahlungen an ehemalige Kriegsgegner, Verarmung tun ein übriges. Hitlers Gefolgschaft rekrutiert sich vielfach aus Leuten, die damals aus der Bahn geworfen worden sind. Nicht zuletzt der Versailler Vertrag lässt der ersten Republik in Deutschland keine Chance. In Bayern führen zusätzlich die chaotischen Zustände während der Räteherrschaft heimkehrende Frontkämpfer in die völkischnationalen Freikorps und Parteien, anschließend in die Arme Hitlers.

Kein Zweifel: Viele Deutsche handelten und wählten ursprünglich in gutem Glauben. Sie werden Nationalsozialisten oder geben diesen an den Wahlurnen ihre Stimmen, weil sie annehmen, Hitler werde ihnen Arbeit verschaffen oder die verheerenden wirtschaftlichen und politischen Folgen des Versailler Vertrags beseitigen. Sie hätten es besser wissen können, wenn sie Hitlers »Mein Kampf« gelesen oder aufmerksamer seinen mit Drohungen gespickten Reden zugehört hätten. Spätestens aber hätte der so genannte Röhm-Putsch jedem Deutschen klarmachen müssen, dass der Mann an der Spitze des Reichs sich selbst über die bestehenden Gesetze stellte.

Unter denen, die Hitler in jenen Jahren ewige Treue schwören, befinden sich viele »kleine Leute« und Habenichtse. Ihre NS-Karrieren geben ihnen plötzlich Macht in die Hände. Dem verbrecherischen Regime wieder den Rücken zu kehren, hätte für sie das Ende dieser Macht, des Gefühls ihrer Wichtigkeit und vor allem ihres Wohlstands bedeutet. Sie glauben zu herrschen, fühlen sich als Herren der Welt – und sind doch Sklaven des Diktators und der Ideologie. Das Handeln fast aller willigen Helfer Hitlers, die dieses Buch nennt, prägt der unglaubliche Judenhass ihres obersten »Führers«. Erschreckend ist auch, wie viele Nationalsozialisten sich damals »Hitlers politische Soldaten« nennen. Offenbar haben Militärzeit, Erster Weltkrieg, Freikorps vielen Männern Gehorsam und Unterordnung zur zweiten Natur werden, ihre Fähigkeit verkümmern lassen, selbst über ihr Tun zu entscheiden.

Leider lässt sich nicht sagen, dass der christliche Glaube damals gegen das nationalsozialistische Gift immunisiert. Sonst hätte Hitler nicht unter Bischöfen, Pfarrern, Ordensschwestern treue Anhänger haben können. Dennoch ist auffällig, dass unter denen, die sich nicht im Sinne des braunen Systems verhalten, sehr viele gläubige Christen sind. Ein starker Glaube gibt eben doch Halt. Mittlerweile leben wir in einer Zeit, in der die Werte vermittelnden Institutionen Kirche und Familie sich in Krisen befinden, ethische Normen mehr und mehr materiellen weichen. Sowohl die Verfügbarkeit für den Nationalsozialismus als auch dessen Ablehnung liefern anschauliche Beispiele, welche Folgen Krisen der Wertvorstellungen für eine Gesellschaft haben können.

Der Autor dieses Buches hat miterlebt, wie sich 1945 mit dem Einmarsch amerikanischer Truppen in seine Heimatstadt ein kollektiver Gedächtnisschwund ausbreitete. Leute, die noch Stunden zuvor versprengten Soldaten zivile Kleidung mit den Worten »Ich zeig' Dich an, Du Verräter« verweigerten; Männer und Frauen, die mit ihrer braunen Gesinnung zwölf Jahre lang ihre Umgebung terrorisierten, wollen plötzlich schon immer gegen die Diktatur gewesen sein. Als die Entnazifizierung beginnt, wenden viele sich sogar hilfesuchend an Leute, die zuvor von ihnen verfolgt worden sind oder gegen deren Verfolgung sie nichts unternommen haben. Der treffsichere Volksmund nennt diese Art Gesinnungs-Bestätigungen alsbald »Persilscheine«. Persil wäscht schon damals Wäsche weiß – 1945 soll es bildlich gesprochen Braun in Weiß verwandeln, in die Farbe der politischen Unschuld. Um nicht missverstanden zu werden: Es gab eine Menge Mitglieder der NSDAP, die sich nichts hatten zuschulden kommen lassen – außer das sie weggesehen, weggehört hatten. Aber es haben Hitler leider auch nie die willigen Helfer gefehlt.

Die Absicht, diese Leute aus wichtigen staatlichen, wirtschaftlichen, wissenschaftlichen Positionen auszuschalten, ist das Anliegen der so genannten Entnazifizierung. Sie wird besonders gründlich in der amerikanischen Zone betrieben. Über Sinn und Erfolg dieses Versuchs, die braune Vergangenheit zu bewältigen, lässt sich heute indes streiten. Das Aktenstudium lässt erkennen, dass fast alle ehemaligen NSDAP-Funktionäre bemüht sind, ihre Tätigkeit und ihre Bedeutung im Dritten Reich zu verkleinern. Und je größer der zeitliche Abstand zu jenem Zeitabschnitt wird, desto nachsichtiger urteilen auch viele Spruchkammern. In Berufungsverhandlungen werden aus Leuten, die sich im zum Glück nicht tausendjährigen Reich ihrer Macht sehr bewusst gewesen sind, nicht selten harmlose Mitläufer. Hintergrund für die mit der Zeit zunehmende Nachsicht der »Entnazifizierer« ist neben Verdrängung und Vergesslichkeit auch der beginnende »Kalte Krieg« zwischen Ost und West. Für diesen werden auch die Deutschen gebraucht. Der erste Kanzler der Bundesrepublik, Konrad Adenauer, nutzte diese Situation bekanntlich politisch geschickt aus.

Im Evangelium des Johannes heißt es: »Im Anfang war das Wort, und das Wort war bei Gott, und Gott war das Wort.« Nichts kann die Bedeutung und die Macht von Worten für unsere Kultur deutlicher machen als dieser biblische Satz. Die Nationalsozialisten wissen um diese Macht. Warum hätten sie sonst Autoren mundtot gemacht, Bücher verbrannt, Zensur ausgeübt, schon lange vor 1933 eigene Zeitungen gegründet, ein Reichsministerium für Volksaufklärung und Propaganda eingerichtet? Joseph Goebbels, ihr bester Redner, war eine der wichtigsten Stützen der Diktatur. Und warum wohl ließen die Machthaber in großen Mengen »Volksempfänger« bauen und diese Radios zu einem Spottpreis unter das Volk bringen? Doch wohl, weil Hitlers und Goebbels Stimmen bis in die fernste Wohnstube und dort in die Köpfe von Männern und Frauen, Kindern und Greisen eindringen sollten.

Doch fühlt sich nach dem Zusammenbruch des Dritten Reiches kaum ein Mensch für das verantwortlich, was er in den zwölf Jahren geschrieben und gesagt hat. Keine Verantwortung, keine Mitschuld! So einfach machen sich das viele Reichsleiter, Gauleiter, Gauredner und welche

Ränge die »Maulhelden« auch immer bekleidet haben. So wie wir heute in einer Welt der Bilder leben, so war die damalige Zeit aber eine des Wortes. Es ist sicher, dass das Dritte Reich ohne das Radio nicht so mächtig geworden wäre. Auch Worte konnten deshalb Funktionäre des Regimes schuldig werden lassen.
Jede Auseinandersetzung mit der Zeit des Nationalsozialismus mündet unausweichlich in die Frage ein, welcher Verbrechen der Mensch fähig ist. Pausenlos hämmern die braunen Machthaber den Bürgern ein, Adolf Hitler sei von der Vorsehung geschickt als Führer aus Deutschlands Schmach und Deutschlands Elend, überstehe dank dieser Vorsehung auch alle Attentate. Höhere Mächte also – so soll suggeriert werden – lenken und adeln das Regime. Noch 1952/53 sieht der ehemalige Gauleiter Schwabens in Hitler eine »Fügung des Schicksals«. Und dass Wahl nach 1945 vom geachteten zum geächteten Mann degradiert worden sein will, »haben andere zu verantworten«.
So einfach darf es sich niemand machen. Diese Haltung ignoriert die ethische Verantwortung jedes Menschen für sein Tun und Lassen. Es gibt eben immer zwei Möglichkeiten. Viktor Frankl, weltberühmter Wiener Psychologe und gegen Kriegsende KZ-Häftling in den Lagern Kaufering III und Türkheim, fasst sein Menschenbild in diese Worte:
»Wir haben den Menschen kennen gelernt wie vielleicht bisher noch keine Generation. Was also ist der Mensch? Er ist das Wesen, das immer entscheidet, was es ist. Er ist das Wesen, das die Gaskammern erfunden hat; aber zugleich ist er auch das Wesen, das in die Gaskammern gegangen ist, aufrecht und ein Gebet auf den Lippen.«

Julius Streicher (Fleinhausen)

Ein Lehrer wird Judenhasser Nr. 1

Es gibt immer zwei Möglichkeiten. Der Lehrer Julius Streicher entschied sich für den Nationalsozialismus. Er erwarb sich den Ruf, der größte Judenhasser der Welt zu sein, und wurde einer der wenigen Duzfreunde Hitlers. Bis zu seiner Hinrichtung stand er hinter dessen Politik.

*

Alle Welt hält Julius Streicher für einen Nürnberger. Hitlers »Frankenführer«, wie er sich gern nannte, ist aber ein Schwabe, geboren 1885 in Fleinhausen. Der kleine Ort gehört heute zu Dinkelscherben. Daran, dass Streicher 1933 flugs zum Ehrenbürger der Gemeinde gemacht wurde, möchte man nach dem Ende der braunen Diktatur am liebsten nichts mehr wissen. »Unterlagen, die eine Ehrenbürgerschaft belegen können, wurden .... nach dem Krieg vernichtet«, bescheidet der Markt Dinkelscherben 1996 eine Anfrage. In der »Augsburger National-Zeitung« vom 25.10.1933 ist es aber noch nachzulesen: »Am Sonntag, den 29. Oktober, beehrt der Frankenführer Julius Streicher seinen Geburtsort Fleinhausen bei Dinkelscherben mit seinem Besuche. Er will sich bedanken für seine vor einiger Zeit vorgenommene Ernennung zum Ehrenbürger. Fleinhausen legt an diesem Tage Festtagskleidung an und erwartet zu diesem ganz großen Tag seiner Geschichte viele braune Gäste.«

WERDEGANG

Vater Streicher ist Volksschullehrer und Messdiener, er wird als pedantisch und autoritär beschrieben. Julius Streicher wird ebenfalls Lehrer. 18 Jahre ist er erst alt, als ihn das Lehrerseminar in Lauingen in den Schuldienst entlässt. Das Schlusszeugnis ist durchschnittlich. Die schlechtesten Noten erhält er in Harmonielehre (ungenügend) sowie Arithmetik/Mathematik (noch mittelmäßig), die beste in Religionslehre mit Kirchendienst (sehr gut).[1] Was überrascht, denn später will Streicher auch mit der Kirche nichts mehr zu tun haben.
In Irsee, als Aushilfe für den erkrankten Lehrer

Albert Sommer, beginnt im November 1903 seine Pädagogen-Karriere; in Unterkammlach, Muthmannshofen, Börlas, Akams, Wiggensbach, Lauingen, Mindelheim setzt er sie in den nächsten Jahren – meist als Aushilfslehrer – fort. Das Auftreten des Herrn Lehrers ist wohl gelegentlich merkwürdig. Eine ehemalige Schülerin erinnert sich: »Er kam in einer für die damalige Zeit ungewöhnlichen Kleidung zum Unterricht: Mit Stiefeln, Reithose und Reitpeitsche. Bei der Begrüßung schlug er mit der Gerte auf die Bänke. Seine Wutausbrüche, bei denen er Tintenfässer an die Schultafel warf und seine Taschentücher in Stücke riss, waren gefürchtet. Grundlos zerrte er die Mädchen an den Zöpfen aus der Bank und ließ sie in den Ecken des Schulzimmers stehen.«[2]

Die Reitpeitsche, hier erstmals erwähnt, begleitet Streicher offenbar durchs Leben. Immer wieder spielt sie eine Rolle. Selbst Italiens Diktator Mussolini soll der ungewöhnlich kleine Mann später, jegliche diplomatische Etikette missachtend, mit Reitpeitsche aufgesucht haben. Und er trägt diese nicht nur mit sich herum, er benutzt sie auch – »vorausgesetzt, dass er sich in Begleitung mehrerer ihm helfender Personen

Aufruf!

An die gesamte Bevölkerung!

In mustergültiger Ordnung und Disziplin hat sich die nationale Revolution durchgesetzt. Die Nutznießer des alten Systems unter Führung des Judentums, schuldbewußt und fluchbeladen, haben sich zum großen Teil rechtzeitig, aber feige ins Ausland begeben. Obwohl von den zurückgebliebenen keinem ein Haar gekrümmt, noch diese an der Ausübung ihres Geschäftes behindert, noch durch illegale Maßnahmen in der persönlichen Sicherheit bedroht wurden, hetzen diese Verbrecher durch ihre internationalen Beziehungen begünstigt in einer unverschämten Weise gegen den Aufbau- und Säuberungswillen der nationalen Regierung. In den teuersten Luxushotels und Kurorten des Auslandes haben sich die jüdischen und marxistischen Führer brüderlich zusammengefunden. Von diesen Stellen aus wird die Weltpresse mit Schauermärchen geschändeter Judenweiber, zerstückelter Judenleichen, zerstörter Judenfriedhöfe und dergleichen Lügen und Gemeinheiten mehr versorgt.

Der Erfolg dieser unverschämten Hetze wirkt sich aus in Deutschenverfolgungen in den Großstädten des Auslandes, in Boykott deutscher Waren und in kolossaler Schädigung des deutschen Wirtschaftslebens.

Das gesamte deutsche Volk erhebt sich gegen dieses Verbrechertum und folgt dem Rufe der nationalen Regierung, indem es ab heute kein jüdisches Geschäft mehr betritt. Die zu boykottierenden Geschäfte sind:

Landauer — **Schocken** — **Kadep** — **Spanier** — **Lämmle** — **Heinr. Kuhn** — **Kupfer Buxbaum** — **Mändle**, Möbel — **Stein** — **Polatschek (Mercedes)** — **Regensburger Mendelsohn** — **Marx**, Konfektion — **Ginsberger** — **Kupfer**, Lederwaren — **Bissinger**, Herde — **Grausmann** — **Die Dame** — **Kessel** (Fuggerhaus) — **Speyer** — **Obermayer** Zigarrengeschäft — **Einstoß** — **Politzer** — **Wimpfheimer** — **Weinberger u. Bissinger** **Binswanger** — **Strauß**, Pelze — **Möbel-Eigner** — **Kohlmeier**, Pelze — **Rosenfelder**, **Thannhauser**, Hüte — **Wernecker u. Farnbacher** — **Lammfromm u. Biedermann** — **Horkheimer** — **Merkur**, Abzahlungsgeschäft — **Untermayer** — **Gscheidlen** Inh. **Wolf Lehmann**, Kohlen — **Bernheimer**, Drogerie — **Hotel Bayerischer Hof**, dagegen **nicht** der Restaurationsbetrieb — **Marx**, Möbel — **Härter**, Schmiedberg (Hirschfeld) — **Fleischmann**, Konfektion — **Kohn**, Grottenau — **Hausmann**, Zelte u. Decken — **Café Königsbau** **Luchs u. Einstein** — **Schuhkönig** — **Zinner**, Wertachstraße — **Herrmann**, Metzger — **Hirschmann**, Metzger — **Blitz-Backbetrieb**, Karolinenstraße — **Leeser**, Damenkonfektion **Bollack** — **Geb. Heymann**, Schießgrabenstr. — **Gutmann** — **Frank**, Metzg. — **Schwab** **Kornitzer**, Ob. Graben — **Neuburger**, Marstr. — **Lebersinger** — **Oberdorfer**, Marstr.

Dieser Boykott wird solange durchgeführt, bis von diesen Hetzern und Verleumdern in vollem Umfang die Lügen- nnd Greuelpropaganda in der Weltpresse widerrufen ist.

Als ehr- und charakterlos wird erklärt, wer uns in unseren Abwehrmaßnahmen in den Rücken fällt. Wir werden die geballte Kraft unserer Organisation einzusetzen verstehen, um Schädigungen der durch diese Abwehrmaßnahmen getroffenen Angestellten und Arbeiter zu verhindern. Wir fordern, daß diejenigen Juden, die ihrem Personal gekündigt haben, auf Grund der Verordnung für Ruhe und Sicherheit in Schutzhaft zu nehmen sind.

Meidet jüdische Aerzte, lehnt jüdische Rechtsanwälte ab.

Haltet Disziplin, übt Solidarität, rettet die deutsche Ehre.

Für Wahrheit und Recht!

Augsburger Boykottaufruf zum 1. April 1933

Oben: Julius Streicher (stehend im Auto) 1938 bei einem SA-Appell in Dresden (Foto: Stadtarchiv Nürnberg)

Unten: Judenhetze selbst auf Briefbogen. Auch auf den Briefumschlägen verwendete »Der Stürmer« das Hetzemblem.

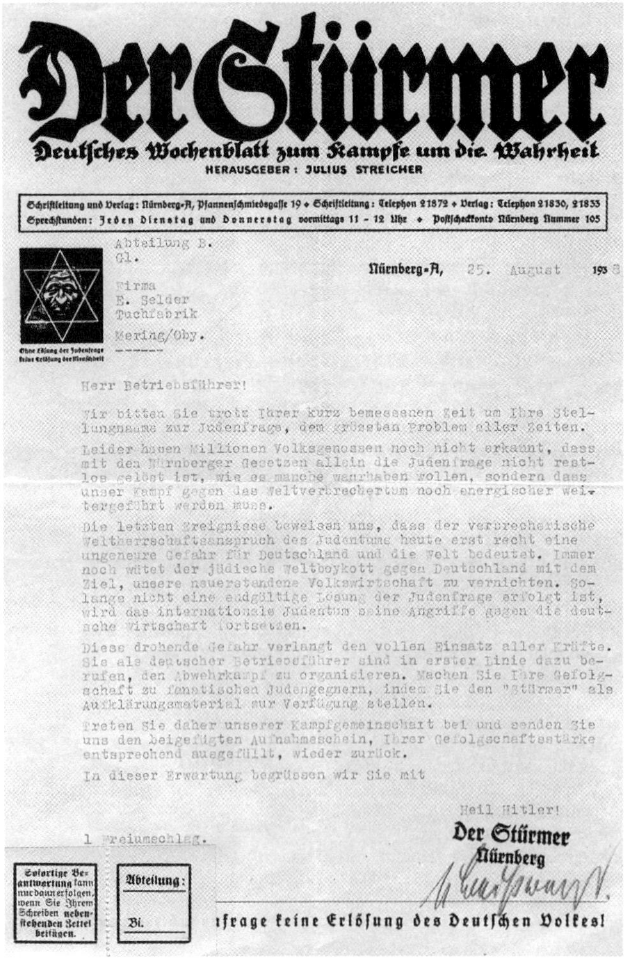

Der Stürmer
Deutsches Wochenblatt zum Kampfe um die Wahrheit
HERAUSGEBER: JULIUS STREICHER

Schriftleitung und Verlag: Nürnberg-A, Pfannenschmiedsgasse 19 • Schriftleitung: Telephon 21872 • Verlag: Telephon 21830, 21833
Sprechstunden: Jeden Dienstag und Donnerstag vormittags 11 - 12 Uhr • Postscheckkonto Nürnberg Nummer 105

Ohne Lösung der Judenfrage keine Erlösung der Menschheit

Abteilung B.
Gl.

Nürnberg-A, 25. August 1938

Firma
E. Selder
Tuchfabrik
Mering/Oby.

Herr Betriebsführer!

Wir bitten Sie trotz Ihrer kurz bemessenen Zeit um Ihre Stellungnahme zur Judenfrage, dem grössten Problem aller Zeiten.

Leider haben Millionen Volksgenossen noch nicht erkannt, dass mit den Nürnberger Gesetzen allein die Judenfrage nicht restlos gelöst ist, wie es manche wahrhaben wollen, sondern dass unser Kampf gegen das Weltverbrechertum noch energischer weitergeführt werden muss.

Die letzten Ereignisse beweisen uns, dass der verbrecherische Weltherrschaftsanspruch des Judentums heute erst recht eine ungeheure Gefahr für Deutschland und die Welt bedeutet. Immer noch wütet der jüdische Weltboykott gegen Deutschland mit dem Ziel, unsere neuerstandene Volkswirtschaft zu vernichten. Solange nicht eine endgültige Lösung der Judenfrage erfolgt ist, wird das internationale Judentum seine Angriffe gegen die deutsche Wirtschaft fortsetzen.

Diese drohende Gefahr verlangt den vollen Einsatz aller Kräfte. Sie als deutscher Betriebsführer sind in erster Linie dazu berufen, den Abwehrkampf zu organisieren. Machen Sie Ihre Gefolgschaft zu fanatischen Judengegnern, indem Sie den "Stürmer" als Aufklärungsmaterial zur Verfügung stellen.

Treten Sie daher unserer Kampfgemeinschaft bei und senden Sie uns den beigefügten Aufnahmeschein, Ihrer Gefolgschaftsstärke entsprechend ausgefüllt, wieder zurück.

In dieser Erwartung begrüssen wir Sie mit

Heil Hitler!
Der Stürmer
Nürnberg

1 Freiumschlag.

Sofortige Beantwortung kann nur dann erfolgen, wenn Sie Ihrem Schreiben nebenstehenden Zettel beifügen.

Abteilung:

Bi.

...frage keine Erlösung des Deutschen Volkes!

befindet«.[3] Einmal soll Streicher gesagt haben, nachdem er mit anderen einen Mann im Gefängnis blutig geschlagen hat: »Jetzt bin ich erlöst, das habe ich wieder einmal gebraucht!«[4]

WELTKRIEG

Erster Weltkrieg: Julius Streicher wird Soldat. Er kämpft tollkühn, wird mehrfach befördert. Tief enttäuscht darüber, dass sein Einsatz vergeblich gewesen, der Krieg verloren worden ist, kehrt Leutnant Streicher 1918 nach Deutschland zurück.

»Er gehörte zu jener Frontkämpfergeneration, die den Vertrag von Versailles als ein von den Siegermächten erzwungenes Diktat und als Schande für die deutsche Ehre auffasste. Nationalistisches Denken bestimmte nach 1918 nicht nur seine Arbeit in der Schule, sondern – mehr noch – seine Aktivität in eindeutig rechtsradikalen Parteien«, schreibt Franz Pöggeler.[5] Gemeint sind damit der antisemitische Deutsch-Völkische Schutz- und Trutzbund sowie die Deutschsoziale Partei.

Mit der Enttäuschung über den verlorenen Krieg und die Grausamkeit des Friedensvertrags von Versailles beginnen zu jener Zeit nicht wenige Karrieren von späteren Gefolgsleuten Hitlers. Streicher hört diesen erstmals Anfang 1922. Er ist fasziniert von seiner Rede; tritt mit 2.000 Mitgliedern seiner Deutschsozialen Partei zur NSDAP über; marschiert mit beim braunen Putschversuch am 8./9. November 1923 in München; büßt dafür einen Monat lang in der Festung Landsberg; wird 1930 Gauleiter in Franken; ist 1933–1945 Reichstagsabgeordneter; organisiert den Boykott jüdischer Geschäfte am 1. April 1933; ist zwei Jahre später maßgeblich beteiligt am Zustandekommen der Nürnberger Rassegesetze.

NÜRNBERG

1908 hatte Streicher gebeten, nach Nürnberg versetzt zu werden. Die Schulbehörde erfüllt seinen Wunsch. 1922 befördert sie ihn zum Hauptlehrer. Die Teilnahme am November-Putsch kostet ihn im Jahr darauf den Schuldienst. Streicher wird deshalb nicht arbeitslos. Nun wird die Politik sein Beruf. Den »Stürmer« gibt er bereits seit April 1923 heraus. Das Blatt stellt bald an Bösartigkeit und Judenhass alles in den Schatten und macht ihn zum bekanntesten Antisemiten der Welt. Wortradikalität, Missachtung von menschlicher Würde und Hetze hätten Ausgabe für Ausgabe die Justiz auf den Plan rufen müssen. Aber diese reagiert so wenig wie offenbar die Nürnberger Schulbehörden. Schon Anfang 1923 verlangt der Schulrat Auskunft, »ob etwa ein Übergreifen seiner antisemitischen Propaganda auf seine Tätigkeit in der Schule beobachtet worden ist.« Streichers Judenhass ist also damals schon amtsbekannt. Unternommen wird von der Schulbehörde offenbar nichts. Ein Jahr später endet Streichers Zeit als Lehrer dann, weil er an Hitlers Putschversuch teilgenommen hat. Ob damit seine Lehrtätigkeit insgesamt ein Ende gefunden hat, ist umstritten. Historiker Pöggeler meint, Streicher haben seinen »Stürmer« als Fortsetzung seiner pädagogischen Tätigkeit mit journalistischen Mitteln gesehen, nennt ihn einen »pädagogischen Repräsentanten des Antisemitismus«.[6]

»CHRISTUSMÖRDER«

Wie ist es möglich, dass ein aus der »heilen« dörflichen Welt Fleinhausens stammender Mann zu einem Judenhasser von pathologischen Graden wird? Am Anfang steht der uralte kirchliche Antisemitismus. In seinen im Nürnberger Kriegsverbrechergefängnis geschriebenen Erinnerungen schreibt Streicher, er habe von den Juden erstmals im Religionsunterricht in der Dorfschule gehört: »Seitdem waren die Juden für mich die Nachkommen der Christusmörder.« Der erste Jude, den er »leibhaftig sieht«, ist der »Viehjude Feibelmann aus Memmingen«. In Asch bei Landsberg begegnet er ihm, es geht um die Verpachtung einer Wiese. Der zweite, ein getaufter Israelit aus Augsburg, hätte gern Streichers Schwester Sophie geheiratet. »Da er aber Protestant war, Schwester Sophie aber katholisch, war eine Heirat ausgeschlossen. Hier kam ich also durch Zufall um einen jüdischen Schwager.« Die Mutter, so Streicher weiter, habe oft über die jüdische Ausnützung gejammert.[7]
Erfahrungen wie diese reichen indes nicht, um einen so krankhaften Judenhass zu begründen. Wahrscheinlicher ist, dass auch er – wie viele Deutsche – den Juden die Schuld am verlorenen Krieg 1914–1918 und an den teils chaotischen politischen Wirren der Revolution und der bayerischen Rätezeit in die Schuhe schiebt. Die Parole »Im Felde unbesiegt« sowie die so genannte Dolchstoßlegende von der Heimat, die den kämpfenden Soldaten in den Rücken gefallen sei, geht zu jener Zeit von Mund zu Mund in den antisemitischen völkischen Kreisen, in denen Streicher verkehrt. Mit dieser Denkweise steht er nicht allein. Franz Pöggeler: »Als Antisemit und Rassefanatiker brauchte sich Julius Streicher in den beiden Jahrzehnten vor 1933 keineswegs für einen Außenseiter zu halten. Er war Glied einer Zeitströmung.«[8] Der Historiker Radl sattelt sogar noch drauf: »Der Antisemitismus war in Bayern eine landesweite Bewegung und ein hervorragender Resonanzboden für Streichers Judenhetze.«[9]

DER STÜRMER

Streichers Antisemitismus ist primitiv, oftmals pornographisch. Er wendet sich an die niedrigsten Instinkte seiner Zuhörer und »Stürmer-Leser«. Je schärfer der Frankenführer hetzt, desto stärker braust der Beifall und schmeichelt seiner Eitelkeit. »Der Stürmer« karikiert die Juden mit krummen Nasen und Plattfüßen, zeigt abstoßende Fotos, bringt unwahre Geschichten von jüdischen Ritualmorden. Immer wieder tischt er auch erfundene Geschichten von Sexualverbrechen auf, die Juden begangen haben sollen. Einem Gesinnungsfreund gegenüber äußert Streicher einmal: »Ein von Juden verübtes Sexualverbrechen auf der ersten Seite meines Blatts regt in delikater Weise das Interesse an, vergleichbar einer Mahlzeit, die mit Kaviar beginnt.«[10] Kein Zweifel: Streicher und sein »Stürmer« schaffen das Klima, in dem mit Hitlers Machtergreifung 1933 die Entrechtung der jüdischen Deutschen gedeiht. Ihr Ende sind die Gaskammern.

»Der Stürmer« soll auch Angst verbreiten. Er ist der Pranger, an den Nichtjuden gestellt werden, wenn sie weiterhin mit Juden verkehren. Ein Heer von braunen Denunzianten dient dem Blatt. Beispiele:

- »Bei einem Theaterstück, das der Ortspfarrer von Illereichen-Altenstadt durch Kinder der hiesigen Volksschule aufführte, durfte die Tochter des Juden Strauß von Altenstadt die Rolle eines Engels spielen.« (Stürmer Nr. 9, 1937)
- »Der Metzgermeister Ludwig Mohr in Bobingen (Kreis Schwabmünchen) liefert Wurstwaren an das Judenkaufhaus Schocken in Augsburg. Der Wagnermeister Egger von Bobingen weigert sich, Spenden für die NSV und das Hilfswerk ›Mutter und Kind‹ zu geben.« (Nr. 41, 1937)
- »Der Wagnermeister und Karosseriebauer Josef Fischer, wohnhaft in der Zollernstraße 29 zu Augsburg-Oberhausen, der auch Staats- und Reichspostarbeiten ausführt, verkaufte bei Aufgabe seines landwirtschaftlichen Betriebes sein ganzes Vieh an die Juden Gebr. Einstein in Augsburg-Kriegshaber.« (Nr. 3, 1938)
- »Die Volksgenossen Georg Stricker, Hans Schäffler, Joh. Langenmayer, Babette Gerstmayer und Anton Gerstmayer in Gundremmingen … und Bauer Gregor Feil aus Schnuttenbach kauften vom Juden Benno Israel Fellheimer in Ichenhausen Möbel. Der jüdische Hausrat wurde in der Scheune des Vg. Stricker abgeladen und verteilt.« (Nr. 11, 1939)
- »Die Vgn. Anna Gartner aus Buttenwiesen ist befreundet mit den Juden des Ortes. In ein Trauergewand gehüllt nahm sie an der Beerdigung der Jüdin Flora Sarah Lammfromm teil.« (Nr. 13, 1939)

Ein Teil der Denunziationsbriefe hat den »Stürmer« überdauert. Sie befinden sich in Archiven in Nürnberg und New York. Die Volksgenossin Anna Gartner zum Beispiel, das ist nachlesbar, ist von der NSDAP-Ortsgruppe Buttenwiesen »hingehängt« worden – sogar mit Foto.[11]

Oder: Auszüge aus dem Brief, den ein Kemptener am 2.5.1942 an den »Stürmer« einsandte: »Mein Nachbarhaus Promenadestr. 7 gehört der Stadtsparkasse, ist also in stadteigenem Besitze. In diesem Hause im ersten Stock wohnt seit Jahren in einer Herrschaftswohnung der Volljude Bruno Israel Kohn, welcher mit einer arischen Frau verheiratet ist. Der Betreffende hat einen Sohn, der noch nicht militärpflichtig, also auch nicht in diesem Kriege gefallen ist, und eine Tochter. Seine Mutter sowie Bruder und Schwester müssen den Judenstern tragen. Die beiden Letztgenannten sind schon abtransportiert! … In Kempten werden z. Zt. 1400 Wohnungen gesucht. Offiziere der Wehrmacht und Beamte können keine Wohnung finden und suchen eine solche vergeblich in der Tagespresse, der aber durch eine Mischehe zum Arier gewordene Volljude hat eine stadteigene. …

Der amerikanische Jude Kaufmann propagiert die Sterilisierung des ganzen Deutschen Volkes, der Volljude Kohn bewohnt im – zehnten – Jahre nach der Machtergreifung noch eine stadteigene Wohnung und braucht keinen Judenstern zu tragen. … Unter Ihrem Leitartikel vom 30.4. 1942 im Stürmer steht groß und fettgedruckt der Satz: ›Die Juden sind unser Unglück!‹ In manchen Bezirken ist Ihr Kampf ein Kampf gegen Windmühlenflügel.« [Einige Zeit später muss Familie Kohn in das »Judenhaus« in der Immenstädter Straße umziehen.]

Als fettleibiger Mann, stiernackig, mit unförmiger Nase und wulstiger Stirn und immer schweißig wird Streicher von Schriftsteller Hans Magnus Enzensberger[12] beschrieben. Ein nordischer Typ ist er jedenfalls so wenig wie sein Vorbild Hitler. Streitsüchtig, rechthaberisch, querulatorisch soll er gewesen sein. Streicher selbst »gab damit an, ein großer Hurenbock zu sein, und bei einem Besuch der Journalistin Erika Mann ließ er tatsächliche die Hosen herunter und entblößte sich vor ihr.«[13] Keiner Auseinandersetzung geht er aus dem Weg. Schon in Akams beschwert sich der Pfarrer über Eigenmächtigkeiten des jungen Lehrers. Wegen seines eigenmächtigen und die vorgesetzte Lokalschulinspektion ignorierenden Verhaltens wird der verwarnt. Pöggeler nennt es nicht normal, dass in der Personalakte eines Lehrers Prozessakten den größten Raum einnähmen.[14] Aber nicht nur in den Schulakten. Streichers Weg ist von Prozessen, Geld- und auch Haftstrafen gesäumt. »Ich war 6 Mal im Gefängnis. Zusammen habe ich bis jetzt also

2 Jahre, 3 Monate, 20 Tage im Gefängnis verbracht«, bilanziert er im Nürnberger Kriegsverbrechergefängnis.[15] Die Vermutung ist nicht abwegig, dass Hitler Streicher nie in ein hohes politisches Amt beruft, weil er den ewigen Rechthaber und Querulanten zwar für den Nationalsozialismus benutzt, ihn aber nicht in seiner engsten Umgebung in Berlin haben will.

GOEBBELS

Joseph Goebbels, Hitlers Propagandaminister und auch ein schlimmer Judenhasser, schwankt in seinen Urteilen zwischen Ablehnung und gebremster Anerkennung. In seinen Tagebüchern notiert er u. a. über Streicher:

- Am 19.8.1924: »Der Fanatiker mit den eingekniffenen Lippen. Ein Berserker. Aber er ist gut so.«
- Am 12.3.1926: »Julius der Steißtrommler. Julius ist nicht der Schlechteste.«
- Am 29.6.1929: »Dieser bloße Antisemitismus ist zu primitiv. Der Jude ist nicht an allem schuld.«
- Am 16.3.1937: »Er ist manchmal nicht ganz zurechnungsfähig.«
- Am 9.1.1938: »Der Stürmer ist ein ganz unmögliches Blatt.«[16]

Auch ohne Amt in Berlin ist Streicher ein mächtiger Mann. Wenn einer viele Deutsche im Sinne des Nationalsozialismus verhetzt hat, dann ist er es. »Stürmer«-Kästen finden sich im kleinsten Dorf, was er sagt und schreibt, versteht jeder. Sein Publikum sind nicht nur Erwachsene. Im »Stürmer«-Verlag erscheinen auch Bücher für Kinder und Jugendliche. »Der Giftpilz« und »Trau keinem Fuchs auf grüner Heid und keinem Jud bei seinem Eid« lauten deren Titel. »Der Giftpilz« wird in den Volksschulen Frankens zeitweise kostenlos verteilt. Bereits bei den ABC-Schützen wird Judenhass ausgesät …

Im Pogromjahr geschieht auch etwas, das eigentlich nicht in das Bild dieses Julius Streicher passen will. Darüber ist Heiligabend 1938 im »Allgäuer Tagblatt« unter der Überschrift »Julius Streicher schenkt Freiheit und Freude« zu lesen: »Auf Veranlassung des Gauleiters Julius Streicher sind zu Weihnachten 18 ehemalige Kommunisten aus dem Konzentrationslager entlassen worden, die … ein frohes Wiedersehen mit ihren Angehörigen an der Schwelle eines neuen, glücklichen Lebens feiern konnten. … Ihr werdet erkennen, dass das Hakenkreuz das Erlösungszeichen des deutschen Volkes und auch Euer Erlösungszeichen ist. … Vor zwei Jahren habe ich hier ebenfalls zu ehemaligen Kommunisten, die ich aus Dachau zurückkommen ließ, gesprochen, und ich kann sagen, dass sie mich nicht enttäuscht haben.« Der Judenhasser ein Kommunistenfreund?

Ein unberechenbarer Mann jedenfalls. Denn wo bleibt sein Mitleid, als 1933 nichtjüdische Frauen mit geschorenen Köpfen durch die Straßen der Stadt geführt werden? »Es waren ihnen Plakate umgehängt, aus denen in diffamierender Weise hervorging, dass sie Beziehungen zu Juden hatten. Bilder hievon wurden im Stürmer veröffentlicht. Auch dies geschah auf Anordnung Streichers.« So zu lesen in einer Aussage von Bernhard Kolb, langjähriger Geschäftsführer der Israelitischen Kultusgemeinde Nürnberg, die im New Yorker Leo-Baeck-Institut zu finden ist.

SCHMUTZIGE GESCHÄFTE

Was in Nürnberg nach dem November-Pogrom 1938 geschieht, bringt Streicher, den Mächtigen, schließlich doch zu Fall. Nirgendwo sonst in Deutschland wird damals jüdisches Eigentum so radikal »arisiert«. Wer seinen Besitz nicht »freiwillig« herausgeben will, wird bedroht oder gar im Keller des Hauses der Deutschen Arbeitsfront, Frauentorstraße 37, misshandelt, bis er nachgibt. Für ihre Firmen, Häuser, Grundstükke, Hypotheken erhalten die Juden zehn Prozent des Einheitswerts oder des Betrags, den sie fordern. Nirgendwo sonst bereichern sich Parteibonzen so wie in der Stadt der Reichsparteitage. Streicher selbst hält sich bei der »Arisierungsaktion« im Hintergrund; er überlässt seinem Stellvertreter Holz das schmutzige Geschäft.

»Nach wenigen Wochen stand man im Gau Franken vor der verblüffenden Tatsache, dass der stellvertretende Gauleiter Karl Holz als Eigentümer von über 500 Grundstücken in den Grundbüchern amtlich eingetragen war und dass zahlreiche jüdische Geschäfte, ärztliche Praxiseinrichtungen und andere Betriebe jüdischer Eigentümer an bewährte Günstlinge übereignet worden waren.« Wer bei Streicher oder Holz besonders gut gelitten war, habe sich aus jüdischem Besitz Autos, die mehrere tausend Mark wert waren, für hundert Mark kaufen können«, heißt es weiterhin in einer 1949 erschienenen Artikelserie des Nürnberger »Neuen Kurier«.[17] Streicher selbst erwirbt durch einen Mittelsmann aus jüdischem Besitz zehn Prozent der Aktien der Mars-Werke – um fünf Prozent des Nominalwertes. Im Nürnberger Prozess sagt Streicher später aus, als er erfahren habe, wie die Aktien erworben wurden, habe er befohlen, diese zurückzugeben.[18]

STURZ

Was damals in Nürnberg geschieht, empört auch zahlreiche Parteigenossen. Darüber hinaus verstößt die Absicht, die »Arisierungs«-Erlöse zum Bau einer Gauschule zu verwenden, gegen Anordnungen aus Berlin und München. Der Nürnberger Bürgermeister Liebel und Polizeipräsident Martin werden in der Reichshauptstadt vorstellig. Aber selbst höchste Politiker »haben Gamaschen«, gegen den gefürchteten Streicher anzutreten, der »noch jeden Widersacher im Endkampf zu Boden getreten hatte.«[19] Dem Reichsjustizminister Gürtner wird die »völlige Auflösung der Rechtsordnung in Franken« vorgetragen; er unternimmt nichts. Der oberste Parteirichter Walter Buch erklärt sarkastisch, nicht er, sondern der Reichsärzteführer sei für Streicher zuständig; er unternimmt nichts. Der Reichsführer SS Himmler wird eingeschaltet; er unternimmt nichts. Hermann Göring kanzelt Streicher vor den im Luftfahrtministerium versammelten Gauleitern ab – und er setzt endlich eine Kommission ein. Die Ermittlungsergebnisse über Streichers Korruption, Misshandlungen von Häftlingen und anstößigem Lebenswandel füllen einen Band. Es heißt, dieser sei auch Hitler vorgelegt worden, doch gibt es dafür keinen Beweis. Jedenfalls geschieht lange nichts. Erst nach üblen Nachreden, die Göring verletzen und beleidigen, kann Hitler dem Treiben Streichers nicht länger untätig zusehen. Am 13. Februar 1940 wird dieser endlich kaltgestellt. Nach einem Parteigerichtsverfahren verliert er seine Ämter. Nominell bleibt der alte Kampfgefährte Gauleiter; er gibt auch weiterhin den »Stürmer« heraus. Aber seine Zeit ist vorüber. Streicher zieht sich auf sein Gut Pleikershof bei Cadolzburg zurück.

VERHAFTUNG

Über Streichers Verhaftung nach dem Zusammenbruch des Dritten Reichs gibt es zwei etwas unterschiedliche Darstellungen. In einer amerikanischen Dokumentation heißt es: »Es war am 23. Mai 1945, als der US-Major Henry Blitt im Jeep in Richtung Berchtesgaden fuhr und frische Milch trinken wollte. Er ließ vor einem Bauernhaus halten, auf dessen Terrasse ein weißbärtiger Herr vor einer Staffelei stand und ein Bild malte. Blitt sprach ihn auf jiddisch an, denn er war Jude – und der alte Herr verstand ihn auch recht gut. Blitt sagte zum Scherz: ›Sie sehen aus wie Julius Streicher.‹ Der alte Herr erschrak: ›Woher kennen Sie mich?‹ Durch Zufall hatte ein Jude den größten Judenhasser der Geschichte entdeckt ...«[20]

Streichers Frau Adele zeichnet die Verhaftung etwas weniger idyllisch und dramatischer. Ihr Mann habe am Endkampf um Nürnberg nicht teilnehmen können, weil Goebbels ihm befahl, sich in Richtung Alpenfestung in Marsch zu setzen. Nach Hitlers Tod hätten sie auf dem Obersalzberg, Hitlers bayerischem Domizil, sterben wollen. Sie seien aber schließlich auf einem einsamen Berghof in der Nähe von Waidring gelandet. Sie nannten sich dort Seiler. Heimlich, ohne Spaten oder Schaufel zur Verfügung zu haben, hätten sie im Wald ein Grab ausgehoben. Irgendwann seien Amerikaner gekommen, »voran ein großer dunkler Offizier. Eine Pistole vorgestreckt, rief er: ›Wo ist Seiler?‹ Dann schließlich seien an ihren Mann, der gerade gemalt habe, die Worte gerichtet worden: ›Weißt Du, dass Du aussiehst wie Julius Streicher?‹ Mein Mann stand auf und in die glühenden schwarzen Augen hinein sagte er: ›Julius Streicher‹.«

PROZESS

Im Nürnberger Prozess gegen die Hauptkriegsverbrecher hat Streicher die Stirn zu sagen, er habe nicht gegen die Juden aufhetzen sondern aufklären wollen. Er bezeichnet sich als Zionisten, der die Judenfrage durch die Emigration nach Palästina oder Madagaskar habe lösen wollen.[21] Er sei auch gegen jegliche Gewalt gegen Juden gewesen. Tatsächlich gibt es aus der Zeit des Dritten Reichs derartige Äußerungen Streichers. Im Juli 1935 beispielsweise sagt er vor Stu-

denten in Bernau, die Judenfrage sei eine Weltfrage und könne nie durch Gewaltmaßnahmen gelöst werden.« Den Pogrom 1938 erlebt er – schlafend im Bett. Er verhindert ihn aber auch nicht. Die Nürnberger Hauptsynagoge hatte er schon im Sommer 1938 abreißen lassen. Er behauptet, allein aus städtebaulichen Gründen! Das Zerstörungswerk leitet er mit einer langen Rede ein. Nach deren Schluss löst sich als erstes der große Davidstern von der Kuppel. Seine Reitpeitsche spricht auch nicht gerade für einen friedfertigen Politiker. Die Ankläger können Streicher denn auch Äußerungen entgegenhalten wie »Macht heute den Anfang, dass wir die Juden vernichten können«, oder »Sie müssen ausgerottet werden mit Stumpf und Stiel.«[22]
Am 29. Juli 1946 hält Chefankläger Robert H. Jackson sein Abschlussplädoyer. Er sagt u. a.: »Man kann Streicher als den echten geistigen Vater derer ansehen, die in Treblinka Kinder entzweirissen. Ohne den ›Stürmer‹ und seinen Redakteur hätte der deutsche Faschismus nicht so schnell und in solchen Ausmaßen Mörder erziehen können, welche die verbrecherischen Befehle Hitlers und seiner Clique direkt ausführten, indem sie mehr als sechs Millionen Juden Europas vernichteten.«[23]
Von der Anklage, einen Angriffskrieg vorbereitet zu haben, wird Streicher freigesprochen. Für Verbrechen gegen die Menschlichkeit wird er zum Tode durch den Strang verurteilt. »Ich werde mutig die Stufen hochgehen. Meine letzten Worte stehen schon fest. ›Euch hängen die Bolschewisten‹ und ›Heil Hitler‹.«
Doch als am 16. Oktober 1946 seine letzte Stunde gekommen ist, muss Streicher gewaltsam zum Galgen geschleift werden. Seine Asche wird in einen Fluss gestreut.[24]

Johann Pletzer (Stiefenhofen)

»Steht niemand auf gegen die Hitlerpartei?«

Es gibt immer zwei Möglichkeiten. Johann Pletzer war Lehrer im Allgäu wie Julius Streicher. Er blieb im Dritten Reich im Denken und Handeln Sozialdemokrat, obwohl er 1937 in Hitlers Nationalsozialistische Arbeiterpartei (NSDAP) eintrat.

*

1999 schreibt im bayerischen Otterfing eine Lehrerin dem Schüler Florian Beilhack ins Zeugnis, er habe Probleme, sich verständlich auszudrükken, da er zu Hause nur bayerisch rede. Weil die Eltern sich beschweren, muss die Lehrerin den zweiten Teil dieser Beurteilung auf Anweisung der Schulbehörde streichen.
Lehrer Pletzer lässt einst Schülerinnen und Schüler jeden Samstag Aufsätze schreiben. Seine Absicht ist es, die Ausdrucksfähigkeit zu fördern und literarische Talente zu erkennen. Besonders gute Arbeiten sendet er der Tageszeitung zum Abdruck ein. Zum Beispiel diesen von Maria Hartinger aus Buflings geschriebenen Kinderaufsatz »Dr Gschludrweag«:
»Hiat simr uf Staufa ganga, i, dr Vatr und s Rosmarile. Bua dös isch zimpfteg gsi. Da homre d Schlitte gnomme und sind nus zum Lo. Gli simr zwär umagrutscht und niagsunke bis an d Knui. So isch dös Ding weiter ganga bis uf Schädler Martes Höh, abwechslungsweis allat d Füeß nei ins Gschludr, raus aus dem Gschludr. Allmählich hat der naß Schnee durchgschlage. No homr anfange umgucke, ob koi Fuhrwerk kut. Richtig homr wieder mehr Glück ghöt als Verstand, hintr uns hot sia Schlitte zoigt. Do homr gwartet, bis ar in d Nähe komme isch. No hot s Rosmarile gschraun: ›Hö, loß mi au mit!‹ Dear Fuhrma hot is alle aufglade, hot deam Gaul mit dr Goißl no an Pfitz gea, und los isch gange wia dr Daifl deam Bearg na bis zum Bürgarmoischtr Hertlein. Wies öbe gange isch, hot der Gaul wiedr hofele do und simr schö gmütle in Staufe niegfahre. Do homr deam Fuhrma danket und sind zum Ikufe mit isre Märkele. Dös isch aber it d Hauptsach gsi, s Bescht ischt erscht zlescht komme. Dr. Löwewirt isch nämle it wit weag gsi. Dr Vatr hot gmuint: ›A guets Dröpfle sot ha it wegschütte‹, und mi hat a Drumm Wurscht agmacht. No simr halt nia zum Löwenwirt. Gschmöckt hots

mir grad guet. Wo mir is hond richtig agraset, simr wiedr hui in dem Gschludrweag ge Buflings zue. Pitschenaß sind mir hui ku; aber schö isch as gsi.«
Den Johann Pletzer stört der Dialekt nicht. Im Gegenteil! Er reicht der Zeitungsredaktion noch mehr Aufsätze in der Westallgäuer Mundart ein. Wahrscheinlich hat er es in seinen vorausgegangenen Lehrerstellen in Holzheim, Blaichach, Ronsberg und Oberreichenbach ebenso gehalten. Geboren wurde er 1884 in Marktoberdorf, nach Genhofen versetzt wird er 1913. Dort fühlt er sich wohl. Er bleibt, bis er 1949 den Ruhestand antritt. Genhofen ist ein Ortsteil von Stiefenhofen. Der Herr Lehrer setzt sich dort auch für die Elektrifizierung, für den Männergesang, für die Dorfbühne ein. Vor allem aber für die jungen Menschen.
Beurteilung eines Schulrats von 1921: »Lehrer Pletzer arbeitet mit hervorzuhebendem Fleiße und mit großem Lehrgeschick.«
Frühere Schüler über Pletzer:
Georg Wagner: »Wir waren sieben Klassen in einem Raum. Auch samstags mussten wir in die Schule, er musste alle Hefte korrigieren, er war sehr überlastet. Pletzer hat uns die Grundausbildung gegeben, die jeder brauchte. Der eine hat's genutzt, der andere vergraben.« Der Lehrer habe Lieblinge gehabt, die immer gute Noten bekamen. Er habe viel vom Rohrstock Gebrauch gemacht. Und: »Pletzer war ein Roter!«
Josef Bentele berichtet im Buch »Stiefenhofen – Mittelpunkt am Rande«,[25] dass Pletzer die Klasse jeden Morgen vor dem Unterricht eine halbe bis eine ganze Stunde singen ließ. »Seine Ehrlichkeit war derart ausgeprägt, dass wir als Kinder beim Eintragen von Versen in Poesiealben immer den Verfasser des Gedichts erwähnen oder ›unbekannt‹ schreiben mussten. Erst dann durften wir unseren Namen dazu schreiben.«
Einer von Pletzers häufigsten Aussprüchen habe gelautet »Wer lügt, der stiehlt. Und wer einen Pfennig stiehlt, der stiehlt auch hundert Mark«.
Rudolf Heim, von 1931–1939 Schüler in Genhofen: »So ein Mann fehlt uns heute.« Er nennt Pletzer einen belesenen und kunstsinnigen Lehrer, der auch in der Dorfschule Kunstgeschichte vermittelt habe. Malen und Zeichnen seien großgeschrieben worden. Für gute Bilder habe er die jungen Künstler mit Birnen beschenkt. Bei einer Ausstellung in Augsburg habe ein in der einklassigen Genhofener Schule entstandenes Bild einmal den ersten Preis bekommen. Bei Wanderungen habe Pletzer seinen Kindern Blumen und Pflanzen erklärt. In Erinnerung geblieben ist Heim auch: »Pletzer hat bei Unterrichtsbeginn niemals ›Heil Hitler‹ gegrüßt.«
Der vielseitige Dorfschullehrer ist ein überzeugter Sozialdemokrat. Es gibt einen von Pletzer nach dem Zweiten Weltkrieg geschriebenen Bericht »Meine politische Vergangenheit«.[26] Darin heißt es: »Am 22. Dezember 1918 gründete ich die sozialdemokratische Partei Oberstaufen und blieb ihr Berater und geistiger Leiter bis zu ihrer Auflösung im Jahre 1933. Kurze Zeit führte ich in ihr den Vorsitz, auch stiftete ich ihr eine Bibliothek.« Pletzer organisiert 15 Jahre lang Wahlversammlungen, wirbt in Oberstaufen, Oberstdorf, Hindelang, Immenstadt und anderen Orten um Wählerstimmen für die im Allgäu damals vielen Bürgern suspekten »Roten«. Er kümmert sich um die »Naturfreunde« in Kempten und Lindenberg, um den Parteinachwuchs in Weiler. Gehört von 1919 bis 1929 für die SPD dem Stiefenhofener Gemeinderat an. Ist eine Wahlperiode lang bis 1933 Mitglied des Bezirkstags Sonthofen. Gründet den sozialdemokratischen Lehrerverein für das obere Allgäu. Tritt, als die SPD-Versammlungen mehr und mehr durch Nationalsozialisten gestört werden, dem »Reichsbanner Schwarz Rot Gold« bei, das die Veranstaltungen der Sozialdemokraten schützt. Pletzer: »Auch einen Pressekasten hatte unsere Partei. Hier brachte ich regelmäßig zum Aushang, was der Nazipartei Abbruch tun konnte, besonders die Verbrechen ihrer Führer wurden hier besprochen. Als ich einmal das wahre Gesicht Hitlers den Oberstaufenern zeigte, wurde der Kasten samt Inhalt von den Nazi gestohlen. Bald war jedoch wieder Ersatz zur Stelle und die Nazi konnten sich weiter im Spiegel sehen.«
Die Stimmung der Bevölkerung vor Hitlers Machtergreifung spiegelt diese Schilderung Pletzers von einer Wahlversammlung mit einem braunen Ministerialrat im Stiefenhofener »Gasthaus zur Sonne«. Pletzer: »Ich trat ihm als einziger Diskussionsredner entgegen und prophezeite den Verlust aller Rechte und Freiheiten … wenn die NSDAP siegen sollte. Dann rief ich in die Menge: ›Steht niemand auf gegen die Hitler-

partei?‹ Da erhob sich von Stiefenhofen und Harbatshofen nicht ein Mann. ... Wenn der Redner nicht zur Zurückhaltung gemahnt hätte und hinter mir nicht der riesige Schmiedmeister Lingg von Genhofen gestanden wäre, hätte ich üble Erfahrungen gemacht. Das Volk hörte nur noch auf die riesigen materiellen Versprechungen der Naziredner, wir jedoch konnten kein Paradies verkünden, damit waren wir verloren. Die Wähler waren für die Wahrheit nicht reif.«
Frühjahr 1933: Der Sozialdemokrat Johann Pletzer erhält Redeverbot. Es wird erst aufgehoben, als er 1937 der NSDAP beitritt.
Herbst 1933: Der Bürgermeister und Ortsgruppenleiter fordert Lehrer Pletzer auf, in die NSDAP einzutreten. Er weist auf seine langjährige Zugehörigkeit zur SPD hin. »Ich betonte, niemals Mitglied der NSDAP werden zu können und werden zu wollen.«
1934: Schulräte und Lehrer müssen wie alle anderen Beamten am 19. September auch im Bezirk Sonthofen mit erhobener rechter Hand den Eid sprechen: »Ich schwöre: Ich werde dem Führer des Deutschen Reiches und Volkes, Adolf Hitler, treu und gehorsam sein, die Gesetze beachten und meine Amtspflichten gewissenhaft erfüllen, so wahr mir Gott helfe.«
Februar 1938: Johann Pletzer wird Oberlehrer.
Zurück in den Oktober 1937: Der Bürgermeister und Ortsgruppenleiter kommt erneut in die Lehrerwohnung, verlangt wiederum, Pletzer solle sich der NSDAP anschließen. Inzwischen hat Pletzer erlebt, dass zwei Kolleginnen aus nichtigen Anlässen strafversetzt worden sind. Eine davon, weil sie die Schulkinder ein Kirchenlied singen ließ. »Vor ihrem Wegzuge musste sie aber ein Parteigerichtsverfahren über sich ergehen lassen und seelische Folterqualen erdulden, die sie aufs Krankenbett warfen.« Pletzer will in Genhofen bleiben. Er unterschreibt den Aufnahmeantrag in die NSDAP: »Ich wurde vergewaltigt ... ich habe die Aufnahme, die mir in meiner Wohnung vorgelegt wurde, gezwungen unterzeichnet im Vorgeschmack des KZ.«
Im Herzen bleibt Pletzer stets Sozialdemokrat. Trotz Redeverbots spricht er im Mai 1933 bei der Auflösung des Kommunalverbandsausschusses Sonthofen nochmals für die SPD. Im Juni 1939 (!) hält er für den verstorbenen sozialdemokratischen Parteivorstand von Oberstaufen, Boch,

Lehrer Johann Pletzer (Privatbild)

die Grabrede. Als er – inzwischen gegen seinen Willen als Schulungsleiter eingetragen – auf Befehl des Ortsgruppenleiters bei einer Versammlung Nazi-Schriftstücke verlesen muss, streicht Pletzer nach seinen Angaben ein Drittel des Textes und bemerkt am Schluss: »Das war nicht meine Meinung.« Daraufhin befragt, ob er damit die Partei ablehnen wolle, gibt er nach eigenem Bekenntnis »eine ausweichende Antwort«. Pletzer bleibt nicht nur seinen politischen Idealen treu sondern auch seinen menschlichen Grundsätzen. In Ranzenried, zehn Minuten vom Genhofener Schulhaus entfernt, hat sein Bruder ein Anwesen an den Universitätsprofessor R. verkauft. Außer Bruder Luitpold, Johann Pletzer und dessen Angehörigen weiß niemand, dass R. Jude ist. »Wir alle aber schwiegen wie das Grab. ... Die Familie R. blieb während der ganzen Naziherrschaft unbelästigt.«
In Oberstaufen lebt die Familie Obermeyer. Die Ehefrau ist Jüdin. Sie muss ihr Konfektionsgeschäft schließen. Fritz Obermeyer, der Ehemann, ist Kunstmaler. Weil er nach Meinung der Nationalsozialisten in einer »Mischehe« lebt, wird er nicht in die Reichskulturkammer aufgenom-

men. Pletzer in »Meine politische Vergangenheit«: »In kurzer Zeit hätte die Familie Haus- und Grundbesitz verkaufen müssen, da sie … ihrer Einnahmen beraubt wurde.« Als Bezirksobmann des »Vereins zum Schutz der Alpenpflanzen und -tiere« habe er Obermeyer drei Bildstöcke in Auftrag gegeben; er habe in der städtischen Bildergalerie Kempten eine Ausstellung organisiert; ihm einen Auftrag für zehn Alpenblumenaquarelle vermittelt, nach denen eine Million Ansichtskarten hergestellt wurden. Pletzer: »Allmählich bekam O. so viel Arbeit, dass er sie nicht mehr bewältigen konnte.«

Schließlich das traurige Schicksal des Kindes Gabriele. Es scheint in Stiefenhofen vor nationalsozialistischer Judenverfolgung sicher. Gabrieles Mutter ist die aus Augsburg stammende Jüdin Charlotte Eckart geb. Schwarz, seit 1934 verwitwet. Von September 1936 bis 25. März 1937 lebt sie, so eine Angabe des dortigen Landesarchivs, im Fürstentum Liechtenstein. Dann wird die Aufenthaltserlaubnis der deutschen Jüdin nicht mehr verlängert. Die hochschwangere Frau muss das Fürstentum verlassen, muss zurück ins Land der Judenverfolgung! Im Mai 1937 bringt sie in Marktoberdorf ihr Kind zur Welt. Sein Vater ist mit einiger Sicherheit ein – unbekannt gebliebener – Liechtensteiner oder Schweizer »Arier«. Charlotte Eckart lässt das Mädchen von Kaplan Haibel auf den Namen Gabriele taufen. Nicht einmal einen Monat später gibt sie es Josef und Theresia Aichele in Stiefenhofen in Pflege. Theresia Aicheles Schwester Rosalia war bei Familie Schwarz in Augsburg Köchin gewesen. Daher kannte man sich.

Die Aicheles haben vier eigene Kinder. Gabriele wird ihr fünftes. Es erlebt glückliche Kindertage im Aichele-Moos – bis die Pflegefamilie von Nationalsozialisten gezwungen wird, Gabriele 1943 abzugeben. Johann Pletzer versucht, das Kind zu retten. Der Bericht über seine politische Vergangenheit enthält dazu einige bisher unbekannte Informationen. Pletzer schreibt:

»Als Jugendhelfer von Stiefenhofen und Harbatshofen hatte ich alle Waisenkinder, Kinder von ledigen Müttern und gefährdete Kinder zu betreuen. Unter diesen war auch das Halbjudenkind Gabriele Schwarz. … Es war ein selten schönes, liebenswertes und begabtes Kind. Die Pflegeeltern Aichele in Moos bei Stiefenhofen hielten es wie eigen, auch ich hatte es vom ersten Augenblick an in mein Herz geschlossen. Als es 1939 den Pflegeeltern genommen werden sollte, brachte ich es durch eine Eingabe dahin, dass es weiterhin bei denselben verbleiben durfte. Im Jahre 1943 wurde das Kind plötzlich, ohne meine Verständigung, den Pflegeeltern durch Gestapobefehl weggenommen. Als ich es erfuhr, war das Kind schon in München. Ich sagte: ›Das Kind muss her, gehe es, wie es wolle.‹ Ich fuhr mit dem Pflegevater zur Gestapo nach München. Hier konnte ich den Nachweis erbringen, dass das Kind seinem germanischen Vater nachschlägt, aufgrund dessen verlangte ich die Herausgabe des Kindes an mich zur Blutuntersuchung an der Universität. Hätte ich das Kind in Händen gehabt, wäre es gerettet gewesen. Die Rückgabe des Kindes wurde mir auch in Aussicht gestellt. In der folgenden Nacht ging dann ein großer Transport ab, bei dem das Kind dabei war. Der Pflegevater Aichele, der Vormund Dr. Dreifuß,[27] heute Oberbürgermeister von Augsburg, und ich gaben uns alle Mühe, die Spuren des Kindes weiter zu verfolgen. Erfolg und Hoffnungen waren gering. Ich hätte mich überaus glücklich geschätzt, wenn ich das Kind hätte in sein Heim zurückführen können. Aus Menschenliebe habe ich alles unternommen und habe mir keinerlei Entschädigung für meine Fahrten und Auslagen geben lassen.«

Der Transport, von dem Pletzer schreibt, hat München am 13. März 1943 verlassen. In diesem reisten 13 Kinder. Sie hatten wie viele jüdische Erwachsene im teilweise von den Nationalsozialisten beschlagnahmten Vincentinerinnen-Altersheim in Berg am Laim leben müssen. Gabriele ist vermutlich eines dieser Kinder gewesen. In den amtlichen Unterlagen heißt es über das Mädchen nur: »Todesdatum unbekannt. Deportationsziel: Auschwitz«. Charlotte Eckart geb. Schwarz ist zu diesem Zeitpunkt bereits tot. Sie ist am 8. Mai 1942 im KZ Ravensbrück ermordet worden.[28]

1945, das Ende des Dritten Reichs. Pletzer gehört zu den wenigen Lehrern, die trotz Zugehörigkeit zur NSDAP von der Militärregierung nicht entlassen werden. Er darf weiter Unterricht erteilen. Im Entnazifizierungsverfahren stuft ihn die Spruchkammer Sonthofen am 9. Mai 1947 als Entlasteten ein. In der Begründung heißt es

u. a., Pletzer sei als Demokrat und Pazifist weit über den Landkreis hinaus bekannt und der bei weitem aktivste und konsequenteste Antifaschist unter den nicht entlassenen Lehrkräften gewesen.
1948 wird Pletzer pensioniert. Er stirbt 1949 durch einen Herzschlag in Weißach.
Nochmals ein Urteil Josef Benteles über seinen ehemaligen Lehrer: »Pletzer war ein Pädagoge aus Berufung. Ihm lag daran, die Kinder zu erziehen. Von 1912–1949 hat Oberlehrer Johann Pletzer einer ganzen Generation von Schülern seinen Stempel aufgedrückt und der Gemeinde viele Anregungen gegeben. Schüler und Gemeinde schulden ihm Dank und Gedenken.«[29]

Karl Wahl (Augsburg)

Adolf Hitlers treuer politischer Soldat

Es gibt immer zwei Möglichkeiten. Karl Wahl (1892–1981) entschied sich für Hitler. 17 Jahre lang war er der Gauleiter der NSDAP in Schwaben.

*

»Wenn ich das Gebaren von Streicher hätte nachahmen müssen, dann hätte es für mich keinen Verbleib in der Partei gegeben. Leute wie Streicher gingen mir auf die Nerven.«[30] Es ist dem schwäbischen Gauleiter zu glauben, dass ihm der »Stürmer« zuwider gewesen ist, er den »Frankenführer« für mehr als nur einen Psychopathen gehalten hat. Karl Wahl war »aus anderem Holz«, ein gemäßigter Mann unter den Gauleitern. Aber gab ihm sein anderes Naturell das Recht, sich nach dem Ende des Dritten Reichs als verfolgte Unschuld darzustellen?
Wahl stammt aus Aalen in Württemberg. 1892 kommt er dort zur Welt, 13. und letztes Kind einer armen Familie. Die Mutter ist gütig und verständig, der Vater, Lokomotivführer, ein autoritärer Mann. »Er zwang mir ohne jegliche Rücksichtnahme auf die Neigungen meines Herzens mit unerbittlicher Sturheit seinen Willen auf«, schreibt Wahl in einem Lebenslauf.[31] Er verbietet dem Sohn, mit 18 zur Marine zu gehen. Dessen militärisches Interesse vermag er aber nicht zu unterdrücken. Aus Trotz meldet der junge Württemberger sich im Königreich Bayern als Zweijährig-Freiwilliger zum 2. Bayerischen Jägerbataillon. Im Kasernenhof sieht er nicht das richtige Feld für sich. Das Sanitätswesen interessiert ihn. Mit 20 ist er Sanitäts-Unteroffizier, ein Jahr später leitet er eine Sanitätsschule im pfälzischen Landau.
Erster Weltkrieg. Der anfängliche allgemeine Begeisterungstaumel erfasst auch Karl Wahl. Fronteinsatz, Verwundung, Auszeichnungen für seine Tapferkeit, Heimkehr. Es herrscht Revolution. Mehrfach versuchen Umstürzler, dem Vizefeldwebel sein Eisernes Kreuz abzureißen. Vergeblich! Wahl ist einer von den vielen enttäuschten Frontkämpfern. Die Niederlage empfindet er als Schande, die Revolution als Schmach. Wie letztere ihn anwidert, das schildert er – nach-

dem er ein Amputierten-Lazarett in Göggingen übernommen hat – mit den Worten: »Den darin enthaltenen so genannten revolutionären Geist in Gestalt von Schmutz und Unrat entfernte ich entgegen dem Protest der amtierenden Soldatenräte mit einigen hundert Wassereimern.«
1922. Wahl, inzwischen Assistent beim Augsburger Stadtrat, tritt in die NSDAP und SA ein. In Hitlers Partei sieht er die deutsche Freiheitsbewegung schlechthin, das Programm »Wie kann unser am Boden liegendes, geknechtetes Vaterland wieder in Ehren entstehen und zu neuem Ansehen in der Welt kommen?« empfindet er als Offenbarung. Der Historiker Dieter Radl urteilt, dass »der Eindruck von Zucht und Ordnung, suggeriert durch die Massenornamentik von SA-Aufmärschen und Fahnengepränge« der entscheidende Impetus für Wahls Beitritt zur Partei gewesen sei.[32] Wahl selbst nennt außer dem Einsatz für das geknechtete Vaterland noch soziale Gründe. Er wolle ein Helfer der Minderbemittelten sein: »Die Not der Armen ist das Problem meines Lebens.«
Wahl drängt sich nicht nach Parteiämtern. Er macht dennoch in Partei und SA Karriere: Ortsgruppenleiter, Bezirksleiter, erster Führer der SA in Augsburg. 1928, beruflich ist er inzwischen Sekretär beim Schlacht- und Viehhof Augsburg, wird er Landtagsabgeordneter und Gauleiter. Beides überrascht ihn. Das Landtagsmandat deshalb, weil er Hitler bis dahin als fanatischen Gegner des Parlamentarismus einstufte; die Beförderung zum Gauleiter von Schwaben will er aus der Presse erfahren haben. Ende 1931 gründet Wahl die erste nationalsozialistische Tageszeitung in Augsburg. Die Zahl der Abonnenten wächst langsamer als die Schulden. Rettung bringt der 30. Januar 1933: Hitler wird Reichskanzler. Wahl und seine Frau überkommt bei dieser Nachricht »das große Weinen. Die Freude ist unbeschreiblich.«
Am 5. März 1933 triumphieren die Nationalsozialisten bei den Reichstagswahlen, den letzten im Dritten Reich mit mehreren Parteien. Am 9. März 1933 flattert erstmals die Hakenkreuzfahne vom Augsburger Perlachturm, nachts von dort eingedrungenen SS-Männern gehisst, um Stunden früher als anderswo in Bayern. Die ungebetenen Gäste tragen sich sogar in das Besucherbuch ein: »Am 9. III. 33 wurde am Perlachturm von der SS Augsburg zum erstenmal die Hakenkreuzfahne aufgezogen. Loritz, Sturmbannführer. Heil Hitler!«[33]
Einige Stunden später an diesem 9. März 1933 besetzen dann Gauleiter Wahl und SA-Männer das Rathaus. Aus einem Fenster des Goldenen Saales heraus entrollen sie eine Hakenkreuzfahne. Die ist zu diesem Zeitpunkt noch nicht die staatliche Flagge. Am Abend des 9. März hält Wahl eine scharfe Rede. Er erinnert an den Arbeiter- und Soldatenrat, der am 8. November 1918 das Rathaus besetzte, nennt diese Männer Schurken. Diese Kundgebung werde ihnen zeigen, dass ihre Zeit ein für allemal vorüber ist und ihr System mit Stumpf und Stiel ausgerottet werde. Kein Zweifel: Die Nationalsozialisten haben auch in Augsburg die Macht ergriffen – und sie lassen sogleich ihre Muskeln spielen. »Flaggenhissung und Rathausbesetzung gaben das Signal für den Beginn des nationalsozialistischen Terrors in der Stadt. Noch während zahlreiche Augsburger bei aufgehobener Sperrstunde in den vollbesetzten Wirtshäusern feierten, hatte das ›Wegfegen‹ des politischen Gegners bereits begonnen«,[34] schreibt der Historiker Karl Filser.
Die politischen Gegner – das sind vor allem Kommunisten, Sozialdemokraten, Gewerkschafter, bald auch Juden. Die »Neue Nationalzeitung« wird in den nächsten Wochen nicht müde, ihre Leser über Zahl und Namen der Männer und Frauen zu informieren, die in den Katzenstadel oder – weil der bald überfüllt ist – in andere Gefängnisse eingeliefert werden. Die Redakteure begleiten den braunen Terror mit zynischen Kommentaren. »Von Wallfahrt wollten SPD und Kommunisten nie etwas wissen, aber jetzt bequemen sie sich doch, reumütig und ergeben nach dem Katzenstadel zu wallfahrten. In langen Zügen sind sie dort eingetroffen, die bekanntesten Bonzen bis herunter zum einfachen Jugendführer der Kommunisten; hebräische Rechtsanwälte und Ärzte, auch gewöhnliche Libanontiroler, rote Postler und Lehrer und sonstige Wichtigmacher. In der Arche Noahs ging es nicht bunter zu als jetzt im Katzenstadel.« Ende März 1933 befinden sich insgesamt 325 Personen in Haft, in ganz Schwaben sind es 584.[35]
1934 erreicht die Karriere Wahls ihren Höhe-

punkt: Der gelernte Schlosser, inzwischen auch Reichstagsabgeordneter, wird auch noch Regierungspräsident von Schwaben und Neuburg. Stolz vermerkt er im Lebenslauf: »Diese Stelle habe ich ohne besondere Fachprüfungen erreicht, meine Prüfung war allein das zwölfjährige Kämpfen.« Nun, an die Stelle von Prüfungen ist im Dritten Reich die Gesinnung getreten. Die Nationalsozialisten sichern ihre Macht, indem sie wichtige staatliche Ämter mit treuen Parteigängern besetzen. Wahl ist einer. Auch wenn er im Dritten Reich der evangelischen Kirche treu bleibt und 1936 dem Augsburger Weihbischof Dr. Eberle eine Unterredung mit Hitler vermittelt.

»Niemand wird von mir eine Rede bringen können oder auszugsweise zitieren können, in der ich mich mit dem Judenproblem auseinandergesetzt habe«, schreibt Karl Wahl in seinen Lebenserinnerungen »… es ist das deutsche Herz«. Auf Reden mag das zutreffen. Antisemitische Schriftstücke Wahls gibt es. Als die NSDAP-Kreisleitung im Dezember 1934 einen »Augsburger Judenanzeiger«[36] mit den Namen aller »nichtarischen« Firmen herausgibt, droht der Gauleiter allen Parteigenossen, die sich dem Boykott nicht anschließen, mit dem Ausschluss aus der NSDAP. Und im Vorwort des Gauleiters zu Eduard Gebeles übler Hetzschrift »Die Juden in Schwaben«[37] heißt es u. a.: »Wenn auch heute der Kampf gegen Juden und Judenknechte in Deutschland zu Gunsten des deutschen Volkes ein für allemal entschieden ist, so soll doch die Volksaufklärung über das verbrecherische Treiben dieser unverbesserlichen Volksschädlinge mit allen Mitteln fortgesetzt werden.« Der Historiker Domarus bescheinigt den

Oben: Gauleiter Wahl und Hitler zeigen sich dem jubelnden Volk (Foto: Stadtarchiv Augsburg)

Unten: Wahls Vorwort zum Buch »Die Juden in Schwaben«

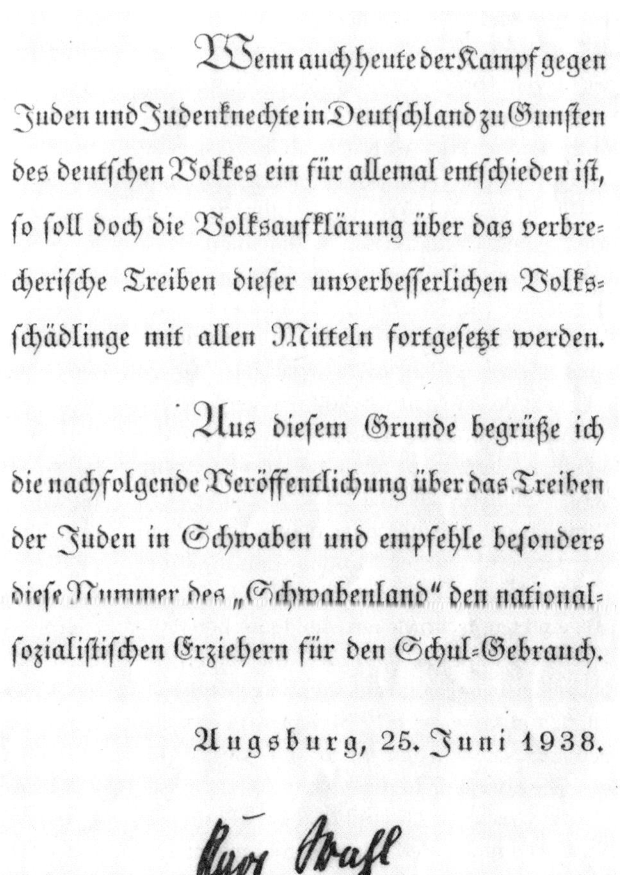

Wenn auch heute der Kampf gegen Juden und Judenknechte in Deutschland zu Gunsten des deutschen Volkes ein für allemal entschieden ist, so soll doch die Volksaufklärung über das verbrecherische Treiben dieser unverbesserlichen Volksschädlinge mit allen Mitteln fortgesetzt werden.

Aus diesem Grunde begrüße ich die nachfolgende Veröffentlichung über das Treiben der Juden in Schwaben und empfehle besonders diese Nummer des „Schwabenland“ den nationalsozialistischen Erziehern für den Schul-Gebrauch.

Augsburg, 25. Juni 1938.

Augsburger Machthabern, gegen die Juden nicht mit dem Fanatismus vorgegangen zu sein wie beispielsweise unter Streicher in Franken. Sein Fazit lautet: »Die Spitze der Augsburger Parteiführerschaft schloss sich, wenn auch in relativ gemäßigter Form, der offiziellen antisemitischen Politik der Reichsregierung an. Spätere Schutzbehauptungen über eine angebliche allgemeine judenfreundliche Haltung finden in den Quellen keine Bestätigung.«[38]

Augsburg, schreibt Wahl in »... es ist das deutsche Herz«, sei von der Kristallnacht unberührt geblieben. Nun, da ist Buchautor Wahl mit dem Regierungspräsidenten Wahl zu widerlegen. In dessen Lagebericht für das Innenministerium vom 7.12.1938 ist zu lesen, dass u. a. in Augsburg Einrichtungsgegenstände in der Synagoge verbrannt oder sonst vernichtet wurden. Die Zahl der in Schutzhaft genommenen Juden betrage in Schwaben 319. Dass sich darunter zahlreiche Augsburger befanden, ist unerwähnt, wenngleich unbestreitbar.[39] Und sollte dem Gauleiter verborgen geblieben sein, dass zahlreiche Schaufensterscheiben von Geschäften eingeschlagen worden waren, jüdische Männer auf Knien Hauptstraßen säubern mussten?[40]

Im Ersten Weltkrieg ist Karl Wahl begeistert zu den Fahnen geeilt. Das Sterben an den Fronten, das Elend in den Lazaretten hat ihn zu einem Kriegsgegner werden lassen. »Wenn mir bei meinem Eintritt in die Partei gesagt oder auch nur angedeutet worden wäre, es käme ein neuer Krieg, dann würde ich der Partei den Rücken gekehrt haben. ... Ich wusste, welch ein namenloses Leid der Krieg für ein Volk im Gefolge hat.« Dass ab 1939 doch die Waffen sprechen, kreidet er den Alliierten an, nicht Hitler. »Er wollte nichts sehnlicher als den Frieden«, heißt es in Wahls »Aus Liebe zu Deutschland«. War denn von der »Augsburger National-Zeitung« niemand dabei, als »Friedensfreund« Hitler sich 1938 vor Hauptschriftleitern der deutschen Presse darüber aufregte, dass das Volk seine Friedensbeteuerungen ernst nahm und keine Bereitschaft zum Krieg zeigte?[41] Berichtete auch sonst niemand Wahl von derartigen Äußerungen Hitlers? Diese ist ja nicht die einzige.

Wie dem auch sei: Als »politischer Soldat«, wie Wahl sich immer wieder nennt, gehorcht er. Der Gauleiter möchte sogar selbst wieder die feldgraue Uniform tragen. Als der Russland-Feldzug 1941 beginnt, schreibt er seinem »Führer« einen Brief. Er bittet diesen, erwägen zu wollen, ob nicht an die ein oder andere Partei-Geschäftsstelle ein Täfelchen gehängt werden könnte mit der Aufschrift »Wegen Teilnahme am Feldzug gegen den Bolschewismus vorübergehend geschlossen.« Diese Parteigenossen sollen nicht länger als drei Monate abwesend sein. Aber »eine längere Dauer des Feldzuges gegen die Rote Armee ist ... bei Ihrer Feldherrnkunst, mein Führer, und der hervorragenden Tapferkeit Ihrer Soldaten, meines Erachtens doch wohl kaum zu erwarten.« Martin Bormann bescheidet Wahl daraufhin, die politischen Leiter müssten auf ihren Posten bleiben, weil diese für die Festigung der nationalsozialistischen Weltanschauung keinesfalls zu entbehren seien.[42]

Bormann, der von so gut wie allen gefürchtete Leiter der Parteikanzlei, ist für Wahl ein »rotes Tuch« – und wohl auch umgekehrt. Als der schwäbische Gauleiter an seinem 50. Geburtstag 1942 Günzburger Ehrenbürger werden soll, bittet die Parteikanzlei in einem als »vertraulich« gekennzeichneten Schreiben darum, die Ehrung Wahls bis zur Beendigung des Krieges zurückzustellen.[43]

Der Soldat in Wahl rührt sich noch häufiger. Im Sommer 1943 fordert er alle schwäbischen Kreisleiter auf, »mit größter Tatkraft« an die Organisation einer Heimatschutztruppe zu gehen. Diese solle in erster Linie bereitstehen, um die Bevölkerung Schwabens im Notfall vor den vielen fremdländischen Arbeitskräften zu beschützen. »Mit dem Führer siegen oder untergehen« lautet Wahls Devise am Schluss des Rundschreibens. In Berlin fällt man wegen der Eigenmächtigkeit »aus allen Wolken«. Himmler pfeift den schwäbischen Gauleiter und seine Schutztruppe harsch zurück.[44]

Als in Ost und West Truppen des Kriegsgegners sich immer mehr den deutschen Grenzen nähern, befiehlt Hitler am 25.9. 1944 die Bildung eines Deutschen Volkssturms. In dessen Bataillonen sollen alle waffenfähigen Männer zwischen 16 und 60, die noch nicht oder nicht mehr der Wehrmacht angehören, zusammen mit regulären Truppen »dort einen unerbittlichen Kampf führen, wo der Feind den deutschen Boden betreten will.« Hitlers Befehl gilt auch für

Schwaben. Im Februar oder März 1945 wird die erste Einheit an die Ostfront beordert. Ein völlig unzulänglich ausgerüstetes Aufgebot aus dem Kreis Neuburg/Donau wird in Marsch gesetzt. Als der »traurigste Haufen, der je durch Neuburg wankte, in wirklichem Räuberzivil« wird diese Truppe von einem Zeitzeugen beschrieben. 200 italienische Beutegewehre stehen den 501 Männern zur Verfügung, keine Munition. In Fürstenberg/Oder wird der Kommandeur beschieden: »Gehen Sie mit Ihrem Haufen wieder hin, wo Sie hergekommen sind.«[45]

Wahl stellt die Entsendung der unbrauchbaren Truppe als seine Absicht hin, weil er den Einsatz dieser Männer habe verhindern wollen. Des Gauleiters Rechtfertigung nach der Kritik durch seinen Intimfeind Bormann klingt anders: »Wer in so kritischer Zeit wie heute so schlechte Volkssturmmänner an die Front schicken würde, wer bei den heutigen schwierigen Transportverhältnissen so gewissenlos zu handeln in der Lage wäre, der hätte kein Recht, sich als nationalsozialistischer Führer zu bezeichnen.«[46] Wenn es wirklich das Ziel gewesen sein sollte, den Einsatz dieses letzten Aufgebots zu verhindern: Hatte Wahl damals auch bedacht, welches Massensterben die Folge gewesen wäre, wenn dieser »Haufen« entgegen seinen Absichten doch ins Feuer geschickt worden wäre?

Nach dem letzten Aufgebot des Volkssturms versucht Wahl im April 1945 noch ein allerletztes zustande zu bringen: Ein Freikorps Adolf Hitler. Offensichtlich sollen auch Frauen dieser Einheit angehören können. Dass sie noch eingesetzt worden ist, erscheint unwahrscheinlich. Die Zahl der Freiwilligen hält sich offenbar in Grenzen, vor allem aber sind die gegnerischen Einheiten bereits den schwäbischen Grenzen nahe.[47]

1940 schon gründete Wahl die Zeitschrift »Front und Heimat«, die bis Kriegsende vielen schwäbischen Soldaten bis in die Schützengräben zugestellt wird. Es passt zum Bild des »politischen Soldaten«, der den Landsern draußen kameradschaftlich verbunden ist, dass es Wahl während des furchtbaren Völkermordens mehrfach zu Einheiten ins Kriegsgebiet hinzieht. Er besucht Truppen in Frankreich; er hält sich nicht weniger als sechs Wochen lang bei schwäbischen Gebirgsjägern im Donezgebiet auf; er verlässt Anfang 1945 eine Division mit dem Fazit: »Lasst alle Hoffnung fahren.«

Genau diesen Eindruck vermittelt Wahl auch die letzte Begegnung der Gauleiter mit dem bereits schwerkranken Hitler am 25. Februar 1945 in Berlin. »Sein linker Arm zitterte so heftig und andauernd, dass dadurch der ganze Körper in vibrierende Bewegung kam … Der fortwährende Anblick des früher so gesunden und nun kranken Hitlers aus nächster Nähe trieb mir … die Tränen in die Augen.« Der schwäbische Gauleiter scheidet in der Gewissheit, dass nichts mehr zu retten ist. Für Wahl ein Weltuntergang! Er nimmt sich vor »der Bevölkerung meines Gaues das unausbleibliche bittere Ende so leicht als möglich zu machen.«

Das hindert den Gauleiter nicht an Durchhalteappellen:

16. März 1945, an Mosel, Saar und im Unterelsass toben Kämpfe. Die »Rieser Nationalzeitung« berichtet über eine Rede Wahls vor Schwabens Parteiführern: »… Der Führer glaubt fest und zuversichtlich, dass der vereinte deutsche Widerstand mit dem Sieg und der Freiheit des Lebens belohnt wird. Er glaubt es, weil er den Umfang und die Stärke der uns noch zur Verfügung stehenden Kräfte kennt und weil er in das Volk ein tiefes Vertrauen setzt. An uns ist es nun, dieses Vertrauen zu rechtfertigen und diesen Glauben zum Grundsatz unseres Denkens und Handelns zu machen.« Wahl weist darauf hin, dass er sein Urteil aus der Begegnung mit Hitler einige Wochen zuvor gewonnen hat.

9. April 1945, es wird bereits im Maindreieck bei Kitzingen, in der südlichen Rhön, bei Heilbronn gekämpft. Wahl in der »Augsburger National-Zeitung« u. a.: »Ich kann und will es nicht glauben, dass – so sehr es auch danach aussieht – zur Zeit schon die letzte Runde des Kampfes im Gange ist. Es ist die vorletzte, die letzte kommt erst … Darum Vertrauen gegen Vertrauen! Der Führer vertraut auf sein Volk und was läge näher, als dass wir auch ihm vertrauen. Für seine beispiellose Sicherheit und seine souveräne Ruhe auch in diesen gewitterschweren Wochen, muss Adolf Hitler doch eine feste Basis haben. Eine Basis, deren Einzelheiten wahrscheinlich heute nicht der breiten Öffentlichkeit mitgeteilt werden können.«

21. April 1945, die Besatzung Nürnbergs steht

im schweren Abwehrkampf. Westlich Schwäbisch-Hall wird gekämpft. Wahl telegraphiert laut »Augsburger National-Zeitung« aus Anlass von Hitlers Geburtstag am 20. April: »Mein Führer ... Der Gau Schwaben vertraut in diesen Tagen, da um Tod und Leben der Nation gewürfelt wird, auf Ihre geniale Führungskunst und ist entschlossen, ohne viele Worte zu machen, den von Ihnen zur Rettung unseres Volkes gewiesenen Weg in soldatischer Pflichterfüllung zu gehen. ...«

Doch Worte halten keinen Vormarsch auf. Wahl will in allerletzter Minute dem »Schicksal in die Speichen greifen«. Er versucht vergeblich, den Stuttgarter Gauleiterkollegen Murr zu bewegen, mit ihm zu Hitler zu fliegen, um diesen zur Beendigung des Blutvergießens zu bewegen. Murr winkt ab. Wahl fährt in gleicher Absicht nach Wallerstein zu Generalfeldmarschall Kesselring. Auch dort blitzt er ab. Bald darauf stehen amerikanische Einheiten vor Augsburg. Die Stadt fällt kampflos. Das Verdienst dafür schreibt sich Wahl zu, seit 1942 auch Reichsverteidigungskommissar für Schwaben. Historiker sind davon nicht überzeugt:

Wolfgang Zorn: »Wahl fand es im Einvernehmen mit dem Oberbürgermeister nicht geraten, die Stadt zu verteidigen. Er blieb seiner Befehlsstelle fern und überließ die Verantwortung dem kommandierenden General in Augsburg. Dieser lehnte trotz eindringlicher Vorstellungen die Übergabe ab. ... Noch in der Nacht zum 28. wurde ohne Kampf Kriegshaber besetzt und am nächsten Morgen stießen amerikanische Spitzen über die nicht gesprengte Wertachbrücke in die von deutschen Truppen schon fast ganz geräumte Innenstadt vor. Eine kleine Widerstandsgruppe von Augsburger Bürgern unterstützte sie dabei. Der General wurde im Befehlsbunker gefangengenommen, der Stellvertreter des Gauleiters erschoss sich dort.«[48]

Karl Filser und Peter Sobczyk: »Die Augsburger Freiheitsbewegung, eine Gruppe von Bürgern unter Leitung des Oberarztes am städtischen Hauptkrankenhaus, Dr. Rudolf Lang, hatte sich seit längerem auf die kampflose Übergabe der Stadt vorbereitet. Gleichzeitig verhandelte sie mit dem Stadtkommandanten, dem Gauleiter und dem Oberbürgermeister. Da Wahl und [das Stadtoberhaupt] Mayr gegen eine kampflose Übergabe nicht opponierten, Fehn jedoch ablehnte, verlief das Gespräch kurz vor Ablauf eines amerikanischen Ultimatums ergebnislos. Wahl sah keine Veranlassung aktiv zu werden, er blieb jedoch in der Stadt. ... Später hat Wahl die Männer der Freiheitsaktion als ›wilde Parlamentarier‹ bezeichnet. ... Dafür nahm er für sich in Anspruch, durch monatelanges Sabotieren strikter Anordnungen des Führerhauptquartiers die Voraussetzungen dafür geschaffen zu haben, dass die Stadt nicht mehr verteidigt wurde.«[49]

Für Wahl beginnt bald nach der Übergabe Augsburgs eine ohne Zweifel sehr bittere Zeit. Amerikanische Soldaten nehmen den Gauleiter fest. Er muss dreieinhalb Jahre in insgesamt 13 Internierungslagern verbringen, darunter dem im Augsburger Stadtteil Bärenkeller. Freiwillig stellt er sich als Zeuge in Nürnberger Prozessen gegen Kriegsverbrecher zur Verfügung. Aus der Internierung in Dachau wird er ohne Bestrafung entlassen. 1952/53 schreibt er sein Buch »... es ist das deutsche Herz«. Dieses Buch ist Wahls Protest gegen seine Einstufung als »Belasteter« durch die Spruchkammer. Er empfindet das als ungerecht, fühlt sich auf Lebenszeit vom geachteten zum geächteten Mann degradiert. Jahrelang ist der Gauleiter, auch wenn er persönlich bescheiden blieb, hofiert worden. Nun muss er sich und seine Familie von einer Textilienhandlung ernähren, ist von 1958–1968 Bibliothekar bei der Firma Messerschmitt. Den Baugrund, den die Stadt Wahl zum 46. Geburtstag schenkte, muss dieser zurückgeben. Ein Rechtsstreit darum endet 1955 mit einem Vergleich. Für seinen Verzicht auf das Grundstück erhält Wahl ein Viertel des aktuellen Werts.

Vom Umfang des blutigen Terrorgeschehens im Dritten Reich will der Gauleiter von Schwaben nach dem Zusammenbruch des Dritten Reichs ebenso überrascht und entsetzt erfahren haben wie Millionen anderer Deutscher. Das Schicksal, das den deportierten schwäbischen Juden bestimmt war, will er nicht einmal geahnt haben. Ihm sei die Auskunft erteilt worden, diese würden in Theresienstadt für kriegswichtige Arbeiten eingesetzt. »Das, was passiert ist, habe ich ›wirklich von ganzem Herzen nicht gewollt‹.« Antisemitismus, so Wahl, sei ihm fremd gewesen. Unter denen, die ihn im Spruchkam-

mer-Verfahren entlasten wollen, befinden sich auch »Halbjuden« (wie sie im Dritten Reich genannt wurden), denen Wahl geholfen hatte. Ganz besonders setzt sich ein mit einer Jüdin verheirateter Neu-Ulmer Mediziner für den ehemaligen Gauleiter ein.
Als Wahl 1952/53 und 1975 seine Bücher schreibt, ist das Ausmaß der im Dritten Reich begangenen Verbrechen allgemein bekannt. Es irritiert, dass Wahl dennoch gute Worte über Hitler findet. Einer größeren Persönlichkeit sei er nie begegnet, heißt es einmal; ein Genie und gottbegnadet nennt er den Mann, der Deutschland ins Unglück führte; kleine Fehler seien haushoch aufgewogen worden durch Vorzüge, wie sie in dieser Häufung bei Menschen nur selten anzutreffen seien! Und wie so viele Bürger, die Hitler einst anbeteten, spinnt auch er an der Legende, der »Führer« habe nicht alles erfahren, was »von den Ellenbogenmenschen seiner Umgebung alles getan wurde.« Wahl hätte wissen müssen, dass im Dritten Reich nichts ohne Hitlers Billigung geschah.
Mit den Ellenbogenmenschen meint Wahl ohne Zweifel insbesondere seinen Intimfeind Bormann sowie Himmler. Er nennt beide Großinquisitoren. Bezeichnet Bormann – gewiss nicht zu Unrecht – als Mann ohne Herz und Gemüt, den eiskalten Sekretär Hitlers, den brutalen Parteimann und »den Mann der sicheren Kriegszentrale, der in den Verlustlisten nur Zahlen, aber nicht die Toten und zerschossenen Soldaten und ihre trauernden Hinterbliebenen sah.« Umgekehrt scheint Bormann auch von Wahl nichts zu halten. 1944 wird in Berlin darüber nachgedacht, wer beim Ausfall eines prominenten Mannes an dessen Stelle treten könnte. Als Ersatz für den NSDAP-Reichsschatzmeister Schwarz wird Wahl vorgeschlagen. Bormann lehnt den Augsburger Gauleiter ab. Der gehöre zu den Männern, »die ganz früh sehr stark altern.«[50]
In »... es ist das deutsche Herz« finden sich aber auch Distanzierungen zu Hitler. »Es soll mich niemand in den Verdacht bringen können, als würde ich immer noch einer Sache und Personen anhängen, die mit größenwahnsinnigem Mutwillen namenloses Unglück über die Welt gebracht haben.«
Persönlicher Schuld ist sich Karl Wahl bis zu seinem Tod 1981 nicht bewusst. Als »einzige Gewissensschuld« empfindet er, dass er Hitler nicht ins Gesicht sagte, mit der erfolgreichen Invasion der westlichen Alliierten sei der Krieg verloren. Den Einfluss der Gauleiter auf Reichsangelegenheiten nennt er gleich Null. Deshalb hält Wahl sich nach dem Ende des Hitler-Reichs für verfolgt.
Zwei Entnazifizierungs-Instanzen reihen den ehemaligen schwäbischen Gauleiter in die Gruppe I der Hauptschuldigen ein. Wahl versteht die Welt nicht mehr. Er fühlt sich auch noch nicht gerecht beurteilt, als er in die Gruppe II der Belasteten zurückgestuft wird. Der bayerische Kassationshof erkennt in seinem Spruch an, dass Wahl sich nicht als blinder Diener des Gewaltregimes erwies, sondern bescheiden lebte, möglichst viel Gutes tat und die Gebote der Menschlichkeit und Gerechtigkeit nicht aus den Augen verlor. Aber: »Wer ein solches Regime in so hoher Parteistellung geschützt und gefördert hat, hat sich mit schwerer Schuld beladen.«[51]
Dem ist wohl nichts hinzuzufügen.

Fragen des Autors, die unbeantwortet bleiben

»1. Sie haben nichts gewusst. Aber warum haben Sie nichts gewusst? Haben Sie nichts wissen wollen?
2. Sie haben es nicht gewollt! Haben Sie es damals wirklich von ganzem Herzen nicht gewollt oder wollen Sie es heute nur nicht mehr wahrhaben?
3. Sie konnten nichts dagegen tun! Haben Sie alles getan, was Sie dagegen tun konnten?«
Diese von einer nicht genannten Person an ihn gerichteten Fragen zitiert Karl Wahl in seinem Buch »... es ist das deutsche Herz«. Wahl versucht die darin enthaltenen Vorwürfe zu entkräften. Es bleiben jedoch viele Fragen mehr. Dieses sind einige davon:

Herr Wahl, Sie bescheinigen sich, aus Ihrer demokratischen Gesinnung nie ein Geheimnis gemacht zu haben.
Frage: Wie können Sie sich demokratische Gesinnung bescheinigen, wo Sie doch die Farben Schwarz-Rot-Gold der demokratischen Weimarer Republik als »die Fahnen der Schande und

Erbärmlichkeit« hassten?[52] Vor allem aber: Darf sich ein Mann, der als Gauleiter für Schwaben 17 Jahre lang die Symbolfigur der braunen Diktatur war, einen Demokraten nennen?

Sie schreiben, Sie seien nach 1933 nicht in Versuchung gekommen, einen Menschen seiner politischen Überzeugung wegen einsperren zu lassen.
Frage: In vielen Ausgaben veröffentlicht die von Ihnen gegründete »Augsburger National-Zeitung« in den Wochen nach der Machtergreifung Namenslisten der ins Gefängnis geworfenen politischen Gegner des Dritten Reichs. Haben Sie Ihre große Macht genutzt, damit die Andersdenkenden ihres Gaus wieder aus den Gefängnissen entlassen oder gar nicht erst dorthin gebracht wurden?

Mit dem Röhm-Putsch hat Hitler am 30. Juni 1934 politische Rivalen umbringen lassen. Damals nannten Sie die Hinrichtungen das »harte, aber verdiente Los« für »Verräter« und »gewissenlose Frevler«.[53] Nach dem Zweiten Weltkrieg stellten Sie die Frage, ob das Staatsoberhaupt Exekutionen ohne Gerichtsurteil anordnen durfte.
Frage: Warum hatten Sie nicht den Mut, das damals Hitler selbst zu fragen?

Vom schrecklichen Schicksal der Juden wollen Sie erst nach dem Zweiten Weltkrieg erfahren haben.
Frage: Waren Sie nicht zugegen bei der Zusammenkunft der Reichs- und Gauleiter am 12.12. 1941 in Hitlers Privaträumen in der Reichskanzlei? Der Historiker Christian Gerlach schreibt, dass Hitler dort den Reichs- und Gauleitern seine Pläne zur Vernichtung der Juden bekannt gegeben habe.[54] Laut Gerlach bestand Präsenzpflicht. Es ist bisher allerdings keine Teilnehmerliste gefunden worden.

Im Bericht des schwäbischen Regierungspräsidenten, also Ihrem Bericht, heißt es am 10. April 1943: »Die wenigen noch in den Städten vorhandenen Juden sind nun abgeschoben oder doch wenigstens aus den Städten entfernt. In Augsburg hat sich bei der letzten Maßnahme wieder eine Anzahl von Juden der Wegbeförderung durch Freitod entzogen.«[55]
Frage: Zynisch, der letzte Satz! Sie behaupten, Sie hätten angenommen, dass die Juden zum Arbeitseinsatz nach Theresienstadt gekommen seien. Sollten die Juden, die sich das Leben nahmen, über das ihnen drohende Schicksal mehr gewusst haben als der Gauleiter und Regierungspräsident?

Ihrem ersten Buch gaben Sie den Titel »... es ist das deutsche Herz«.
Frage: Wo ist Ihr Herz gewesen, als die Juden – Schwaben wie Sie und bis 1935 deutsche Staatsbürger wie Sie – wie Menschen zweiter Klasse behandelt, aus Deutschland gejagt, aus ihren Wohnungen vertrieben, um ihren Besitz gebracht, in den Tod deportiert worden sind?

In Ihren Büchern gehen Sie nicht auf die Ermordung von Geisteskranken ein, obwohl diese auch in Schwaben durchgeführt worden ist.
Frage: Wo war da Ihr deutsches Herz?

Sie haben sich nicht damit abfinden wollen, im Entnazifizierungsverfahren als »Belasteter« eingestuft worden zu sein. Es stimmt, verglichen mit einigen Ihrer Kollegen sind Sie ein gemäßigter Gauleiter gewesen. Aber vor den Spruchkammern ging es auch um die Frage, ob einer die nationalsozialistische Gewaltherrschaft wesentlich gefördert habe.
Frage: Kann die Antwort bei einem Gauleiter und Regierungspräsidenten da anders lauten als ›Ja‹?

1. Sie haben nichts gewusst. Aber warum haben Sie nichts gewusst? Haben Sie nichts wissen wollen?
2. Sie haben es nicht gewollt! Haben Sie es damals wirklich von ganzem Herzen nicht gewollt oder wollten Sie es nur nicht mehr wahrhaben?
3. Sie konnten nichts dagegen tun! Haben Sie alles getan, was Sie dagegen tun konnten?

Georg Elser (Königsbronn)

Das Attentat im Bürgerbräukeller

Es gibt immer zwei Möglichkeiten. Wie der schwäbische Gauleiter Wahl stammte Georg Elser aus Württemberg, wie dieser kam er aus einfachen Verhältnissen. Weil er einen Krieg verhindern wollte, verübte er ein Attentat auf Hitler.

*

»Nimm diesen Elser – das ist ein Kerl! Das ist der einzige unter uns, der es erfasst hatte und demgemäß handelte. Das ist ein Held unserer Zeit – und deswegen werden die Nazis, nein, gerade die feinen Leute, alles tun, um jede Erinnerung an ihn auszulöschen.« (Arthur Nebe, ehemaliger Reichskriminaldirektor, der 1939 die Ermittlungen gegen Elser leitete, sich später dem Widerstand anschloss und im März 1945 hingerichtet wurde)[56]

9. November 1939. Die »Augsburger National-Zeitung« berichtet über ein Attentat auf Adolf Hitler, verübt am Vorabend im Münchner Bürgerbräukeller:

»Der oder die Mörder, wir wagen es kaum auszusprechen, zielten mit ihrem Verbrechen auf den Führer selbst. … Wir können Gott nur auf den Knien danken, dass er seine Hand gnädig über den Führer gehalten hat. … Die Schergen des Secret Service und des Geldgebers Judas sind für das gestrige Verbrechen verantwortlich zu machen – das ist unumstößliche Gewissheit.«

Die unumstößliche Gewissheit trügt. Weder hat der britische Geheimdienst Secret Service die Hand im Spiel noch hat »Judas« den Anschlag finanziert. Auch nicht wenige Historiker haben Unrecht. Sie vermuten nach dem Zusammenbruch des Dritten Reichs ein von den Nationalsozialisten selbst inszeniertes Attentat. Es sollte – so meinen sie – den Briten in die Schuhe geschoben werden und die Legende von der Vorsehung nähren, die stets ihre schützende Hand über Hitler halte …

Nein, der Anschlag ist die Tat eines Einzelgängers. Eines »kleinen Mannes«. Eines württembergischen Tüftlers. Auch den Finanzier im Hintergrund gibt es nicht. Um den unheildrohenden Lauf der Welt zu verändern, opfert dieser Attentäter seine Ersparnisse. Sein Name: Georg Elser.

Diese erstaunliche Persönlichkeit wächst in Königsbronn auf, etwa auf halbem Weg zwischen Heidenheim an der Brenz und Aalen gelegen. Der Vater Ludwig Elser ist Landwirt und Holzhändler, sechs Kindern schenkt seine Frau Maria das Leben. Georg Elser, 1903 in Hermaringen geboren, ist das erste.

Auf die Volksschule folgt eine aus gesundheitlichen Gründen abgebrochene Lehre als Eisendreher, dann wird er Schreiner. Bei der Gesellenprüfung an der Gewerbeschule Heidenheim schneidet er 1922 als Bester ab. Er übt diesen Beruf gern aus, ist stolz auf sein Können, kennt auch seinen Preis. Fühlt er sich schlecht bezahlt, kündigt er. Keine Stellung zu haben bedeutet für Georg Elser nicht, dann arbeitslos zu sein. Nie fehlt es dem geschickten Schreiner an Aufträgen. Er fertigt Möbel an, führt Reparaturen aus. Elser ist auch »klassenbewusst«. Er ist jedoch kein Ideologe. Er gehört dem Holzarbeiterverband an. Lässt sich 1928 von einem Freund überreden, auch dem kommunistischen Roten Frontkämpferbund beizutreten. Solange Deutschland eine Demokratie ist und viele Parteien Kandidaten aufstellen können, bis 1933 also, wählt er die Kommunisten. Die vertreten nach Elsers Meinung die Interessen der Arbeiter am besten. Aber in keiner der genannten Organisationen engagiert er sich. Er schätzt es, unabhängig zu sein.

Und privat? Als schweigsam, aber gesellig wird Elser beschrieben. Er ist musikalisch. Im Königsbronner Gesangverein spielt er den Kontrabass. Wandert gern. Knüpft auch zärtliche Bande. Mit einer Freundin hat er einen Sohn, Manfred.

Hochgebildete Leute, Politiker, Berühmtheiten gehen Hitler auf den Leim. Sie durchschauen nicht den schon bald nach Hitlers Machtergreifung sichtbar gewordenen verbrecherischen Charakter des Regimes (oder wollen ihn nicht wahrnehmen): Parteienverbot, Entrechtung der jüdischen Bürger, der so genannte Röhm-Putsch mit Hinrichtungen ohne Gerichtsverfahren. Der Schreiner Georg Elser dagegen erkennt die drohende Gefahr – obwohl er nur selten in die Zeitung schaut, kaum einmal ein Buch liest, nicht sehr gebildet ist. Er erkennt sie dank seines gesunden Menschenverstands, eines ausgeprägten

Gerechtigkeitsgefühls und weil er die Augen offen hält, beobachtet, was um ihn herum vorgeht.
Aus seiner Ablehnung der braunen Diktatur macht Elser kein Hehl. Er grüßt nicht »Heil Hitler«. Wenn andere gemeinschaftlich den im Rundfunk übertragenen Reden ihres »Führers« zuhören, bleibt er fern. Es wie damals so viele zu machen und der NSDAP beizutreten, das kommt ihm nicht in den Sinn. »Elser, der im christlichen Glauben verwurzelt ist, registriert auch die spürbare Unterdrückung der Glaubens- und Religionsfreiheit. Sein Verständnis von Politik ist stark durch sein persönliches Freiheits- und Unabhängigkeitsstreben geprägt.«[57]
Elser ist zu jung, um im Ersten Weltkrieg Soldat zu werden. Er ist jedoch alt genug, um mitbekommen zu haben, welches Sterben, welche Schrecken, welches Elend jeder Krieg im Gefolge hat. Schreinergeselle Elser nimmt sich vor, den mächtigen Reichskanzler an einem Krieg zu hindern. Von da an plant er ein Attentat.
Bevor er darangeht, es vorzubereiten, befragt Elser sein Gewissen. Er ist ein evangelischer Christ. Er weiß, dass es in den Zehn Geboten heißt »Du sollst nicht töten«. Er geht in Kirchen und denkt nach, ob er sein Vorhaben mit seinem Glauben vereinbaren kann. Er ringt sich durch zu dem Standpunkt: Dieses Attentat ist keine Sünde. Ich will ja durch meine Tat ein noch größeres Blutvergießen verhindern.
Mehr als ein Jahr lang bereitet Elser von da an den Anschlag auf Hitler vor. Er zieht niemanden ins Vertrauen, er sucht sich keinen Helfer. Ganz allein nimmt er sich die Tat vor, ganz allein nimmt er sie auf sich.
Elser weiß, dass Hitler seit 1933 stets am 8. November im Münchner Bürgerbräukeller zu seinen »alten Kämpfern« spricht. Der Putschversuch am 9. November 1923 scheiterte zwar blutig; aber als sie die Macht besitzen, verklären die Nationalsozialisten das Ereignis zu einem Markstein deutscher Geschichte: der »Führer« spricht, ein perfekt inszenierter Marsch zu den Blutopfern in der Feldherrenhalle folgt.
Am 8. November 1938 reist Elser nach München. Er geht nach Hitlers Rede in den Bürgerbräukeller, sieht sich um. Das Rednerpult befindet sich vor einer gewaltigen Säule. Ein Platz, der sich für sein Sprengstoff-Attentat eignet. Elser beschließt, an dieser Stelle ein Jahr später seine Bombe zu zünden.
Es ist geradezu unglaublich, wie zielstrebig und umsichtig der Einzelgänger Elser sein Vorhaben von nun an vorbereitet. Er konstruiert einen Sprengkörper und eine Zündvorrichtung; beschafft sich an seinem Arbeitsplatz in der Versandabteilung der Heidenheimer Armaturenfabrik Presspulverstücke; er wechselt die Stelle und wird Arbeiter in einem Steinbruch mit dem einzigen Ziel, an Sprengpatronen und Sprengkapseln zu kommen. Aus zwei Uhrwerken bastelt er einen Zeitzünder. Im April 1939 orientiert er sich in München, ob der Bürgerbräukeller bewacht wird und wie er nachts hereinkommen könnte. Am liebsten hätte er sich vom Besitzer als Arbeitskraft einstellen lassen, doch das misslingt.
Im Sommer 1939 wird es ernst. Elser mietet sich ein Zimmer in München. Er lebt nun von seinen Ersparnissen. In mehr als 30 Nächten schleicht er sich in den leeren – und vor allem unbewachten – Bürgerbräukeller. Kniend bereitet er die Säule hinter dem Rednerpult für den Anschlag vor. Den Schutt sammelt er in einem Karton, den er tagsüber herausschafft – unter den Augen von Kellnerinnen! Hält man Elser für einen Handwerker? Sechs Tage vor dem 8. November 1939 ist es schließlich soweit. Elser legt die Bombe in die Säule. Eine Reihenschaltung der beiden Uhrwerke macht es ihm möglich, bereits am 6. November den Zeitzünder einzustellen. In der Nacht zum 8. November schleicht er sich nochmals in den Bürgerbräukeller, um die Uhrwerke zu kontrollieren. Alles in Ordnung!
Auf die Sekunde genau am Abend des 8. November 1939 explodiert die Höllenmaschine im vollbesetzten Bürgerbräukeller. Sieben »alte Kämpfer« und eine Kellnerin sterben. 60 Menschen werden verletzt. Der von der Säule gestützte Teil der Decke bricht herab. Das Rednerpult wird unter Trümmern vergraben. Aber der Diktator, dem das Attentat gilt, gehört nicht zu den Opfern. Erstmals hatte Hitler auf seine Münchner Rede verzichten wollen. Der Krieg, der seit dem 1. September 1939 im Gange ist, nimmt ihn in Anspruch. Rudolf Heß soll ihn im Bürgerbräukeller vertreten. In letzter Minute entschließt Hitler sich dann doch, selbst zu re-

den. Aber er spricht kürzer als gewöhnlich. 13 Minuten bevor die Bombe um 21.20 Uhr explodiert, verlässt er mit anderen hohen nationalsozialistischen Führern den Saal.
Noch ehe die Suche nach dem oder den Attentätern richtig beginnt, erklärt Propagandaminister Goebbels bereits den gefürchteten britischen Geheimdienst Secret Service zum Schuldigen. Noch ahnt niemand, dass der Unbekannte bereits in Haft ist, als die Höllenmaschine explodiert.
Georg Elser, der umsichtige, baut in den Monaten vor dem 9. November 1939 nicht nur die Bombe, späht nicht nur den Bürgerbräukeller aus, präpariert nicht nur die Säule. Er bedenkt auch vom ersten Tag seines Planes an, was nach dem Attentat werden soll. In Konstanz erkundet er, wie schwierig es ist, dort über die »grüne Grenze« in die Schweiz zu kommen. Er glaubt, dass ihm die Flucht dort gelingen könnte. Doch als es soweit ist, wird er von zwei deutschen Zöllnern als illegaler Grenzgänger ertappt und festgenommen.
Als die beiden Konstanzer Beamten vom Attentat erfahren, als an allen Grenzstationen erhöhte Wachsamkeit ausgelöst wird, erinnern sie sich des von ihnen festgenommenen Mannes. Hatte der nicht eine Ansichtskarte des Bürgerbräukellers bei sich, Beißzange, Spiralfeder, Bolzen, Schrauben, Aufzeichnungen über die Herstellung von Granaten und Zündern in den Hosentaschen? Sie melden ihren Verdacht nach München. Gestapo-Männer bringen Elser sofort dorthin. Der wird verhört, geschlagen, gefoltert. In der Nacht vom 13. zum 14. November gesteht er das Attentat.
Sofort werden auch Verwandte Elsers und andere als Mitwisser oder Helfershelfer verdächtigt und in Haft genommen. Einige werden erst nach Wochen wieder freigelassen. Der Chef des Steinbruchs, in dem Elser die Sprengkapseln entwendete, wird für mehr als ein Jahr in ein Konzentrationslager gesperrt. Er habe dem Attentäter den Zugang zu dem Sprengmaterial zu leicht gemacht.
Als Motive für seine Tat nennt Elser in den Verhören:

- dass sich die Lebensbedingungen der Arbeiter im Dritten Reich verschlechtert hätten; wegen verringerter Löhne und höherer Abzü-

Oben: Georg Elser in jungen Jahren (Foto: Georg-Elser Gedenkstätte Königsbronn)
Unten: Nachruf aus einer Broschüre des Elser-Arbeitskreises

Nachruf

JOHANN GEORG ELSER
Kunstschreiner

geboren 4.1.1903 in Hermaringen
ermordet 9.4.1945 im KZ Dachau

ER WOLLTE BLUTVERGIESSEN VERHINDERN.

Seine dreifache Tragik:

Am 8.November 1939 fehlten 13 Minuten. Anstelle des Diktators starben unschuldige Menschen.

Am 8.November 1939 fehlten ihm dreißig Meter bis zum rettenden Boden der Schweiz.

Im April 1945 fehlten ihm drei Wochen bis zur Befreiung des KZ Dachau durch Truppen der USA.

WIEVIEL LEID WÄRE DER WELT ERSPART GEBLIEBEN,WENN SEIN ATTENTAT GELUNGEN WÄRE?

Wir werden uns darum bemühen, daß ihm ein ehrendes Andenken in den Geschichtsbüchern und im Herzen unseres Volkes eingeräumt wird.

GEORG-ELSER-ARBEITSKREIS HEIDENHEIM

ge verdienten diese weniger statt mehr;

- dass der Arbeiter durch die Hitler-Jugend nicht mehr Herr seiner Kinder sei;
- dass er sich religiös nicht mehr so frei betätigen könne.

Elser erklärt auch, wie er die Bombe gebaut, wie er die Tat vorbereitet hat. Er sagt in den Verhören klipp und klar, dass er nicht allein Hitler umbringen wollte, sondern auch Göring und Goebbels:

»Dachten Sie daran, dass eine Reihe von Personen getötet werden könnten?«

»Ja.«

»Wollten Sie das? Und wen wollten Sie treffen?«

»Ja, ich wollte die Führung treffen.«[58]

Die Nationalsozialisten richten diesen Attentäter nicht hin. Er kommt in das KZ Sachsenhausen, er erhält eine geräumige Sonderzelle mit Hobelbank und darf tischlern. Tag und Nacht wird er beobachtet. Um jeden Preis soll ein Selbstmord verhindert werden, um den Sonderhäftling nach gewonnenem Krieg in einem großen Schauprozess zum Tode verurteilen zu können.

Es kommt anders. Der Untergang des Dritten Reichs steht bevor. Sowjetische Truppen nähern sich Berlin. In Nord-, West- und Süddeutschland wird gekämpft. In Berlin beschließen Hitler und Himmler, sich prominenter KZ-Häftlinge zu entledigen. Ein Beschluss, der den Tod des Widerstandskämpfers Hans von Dohnanyi, des Theologen Dietrich Bonhoeffer, des früheren Abwehrchefs Wilhelm Canaris und anderer bedeutet. Auch das Ende Georg Elsers.

Gestapochef Heinrich Müller an den Kommandanten des KZ Dachau, Eduard Weiter: »Auch wegen unseres besonderen Schutzhäftlings ›Eller‹ wurde erneut an höchster Stelle Vortrag gehalten. Folgende Weisung ist ergangen: Bei einem der nächsten Terrorangriffe auf München bzw. auf die Umgebung von Dachau ist angeblich ›Eller‹ tödlich verunglückt. Ich bitte, zu diesem Zweck ›Eller‹ in absolut unauffälliger Weise nach Eintritt einer solchen Situation zu liquidieren. Ich bitte besorgt zu sein, dass darüber nur ganz wenige Personen, die ganz besonders zu verpflichten sind, Kenntnis erhalten. Die Vollzugsmeldung hierüber würde dann etwa an mich lauten: Am ... anlässlich des Terrorangriffs auf ... wurde u. a. der Schutzhäftling ›Eller‹ tödlich verletzt.« Doch die Verantwortlichen in Dachau warten nicht den nächsten Luftangriff ab. Wenige Stunden nachdem der Mordbefehl eingetroffen ist, wird ›Eller‹ – unschwer zu erraten, dass damit Georg Elser gemeint ist – von einem SS-Oberscharführer erschossen. Mit einem Genickschuss. Seine Leiche wird am nächsten Tag, 10. April 1945, verbrannt.[59]

Georg Elser ist ein tragischer Attentäter. Er wollte den Krieg verhindern, aber als seine Höllenmaschine explodiert, hat Hitler den Zweiten Weltkrieg bereits ausgelöst. Es dauert nach 1945 auch lang, ehe dem »kleinen Schreiner« historisch Gerechtigkeit zuteil wird. In zahlreichen Büchern über den deutschen Widerstand wird er überhaupt nicht erwähnt. Jahrzehntelang hält sich in vielen Köpfen die von Goebbels auch nach Elsers Verhaftung weiterhin verbreitete Lüge, der britische Geheimdienst habe das Attentat im Bürgerbräukeller zu verantworten und Elser sei das willige Werkzeug gewesen. Der Schreiner aus Königsbronn wird sogar verleumdet, in Wahrheit SS- oder SA-Mann gewesen zu sein und im Auftrag der Nazis gehandelt zu haben. Selbst der frühere Sachsenhausen-Häftling und spätere Kirchenpräsident Martin Niemöller wiederholt mehrfach diese These: »Das ›Attentat‹ war eine Dichtung, mit der man den Kampfeswillen des deutschen Volkes nach dem Ende des ›Polenfeldzuges‹ neu anheizen wollte.«[60]

Erst als Mitte der sechziger Jahre der Historiker Lothar Gruchmann die Protokolle von Elsers Verhören entdeckt, setzt sich die Wahrheit durch. Heute erinnert in Königsbronn eine Gedenkstätte an diesen Mann, der lange vor dem 20. Juli 1944 Deutschland von Hitler befreien wollte. Am Gasteig in München, wo einst der Bürgerbräukeller stand, befindet sich im Pflaster eine kleine Gedenktafel. Peter Paul Zahl schrieb über Elser ein Theaterstück, Klaus Maria Brandauer spielte den einsamen Kämpfer in dem Spielfilm »Georg Elser – einer aus Deutschland«; die »Gedenkstätte Deutscher Widerstand« hat ihm eine Wanderausstellung gewidmet. Doch diffamiert wird er noch immer. Ins Gästebuch dieser Ausstellung hat ein Besucher geschrieben: »Ich finde es bedrückend, wie in dieser Ausstellung ein Terrorist bedenkenlos verherrlicht wird.«[61]

Max Koegel (Füssen)

Vom Hirten zum Herrn über Leben und Tod

Es gibt immer zwei Möglichkeiten. Max Koegel entschied sich für Hitler. Er wurde ein gefürchteter KZ-Kommandant.

*

Wenn einfache Menschen sich durch Leistungen emporarbeiten, verdient ihre Tüchtigkeit Bewunderung. Den Aufstieg des Max Koegel bewirkten jedoch nationalsozialistische Gesinnung und braunes Parteibuch. Er ist dafür nicht das einzige Beispiel in diesem Buch.

Koegel, 1895 in Füssen geboren, ist das vierte Kind einer Schreinersfamilie. Als er sechs Jahre alt ist, stirbt die Mutter, mit zwölf ist er Vollwaise. Er wird Hirte auf einer Alm. Verdingt sich einige Jahre später als Träger auf die Zugspitze, macht einen Bergführerkurs. Als 1914 der Weltkrieg ausbricht, meldet sich der Neunzehnjährige als Freiwilliger zum Militär. Er dient bei den Bayerischen Schweren Reitern, dann im Jägerbataillon und in Infanterieregimentern. Dreimal wird er verwundet, das zweite Mal, als ein Munitionsbunker in seiner Nähe in die Luft fliegt und die Explosion über 100 Menschen tötet.[62] Koegel wird u. a. mit dem Eisernen Kreuz 2. Klasse sowie dem Bayerischen Militärverdienstkreuz ausgezeichnet.

1919 verlässt Gefreiter Koegel den Militärdienst. Er wird Kontrolleur im Bezirk Garmisch. Ins gleiche Jahr fallen auch seine Heirat sowie der erste Hinweis auf seine politische Einstellung: Koegel wird Mitglied im Völkischen Block, eine extreme nationalistische, militaristische und antisemitische Organisation. 1922 verlässt er diese. Stattdessen tritt er in den Bund Oberland ein, Nachfolgeorganisation des »rechten« Freikorps Oberland. Zu Hitlers NSDAP stößt er erst im Februar 1932, kein Mann der ersten Stunde also.[63] Auch der SA tritt er bei, wechselt aber bald zur SS.

In seinem handgeschriebenen Lebenslauf[64] vom 27. Oktober 1933 erwähnt SS-Obertruppführer Koegel auch die Gründung eines Geschäfts in Garmisch, Vertreter-Tätigkeiten in Wien und Zürich sowie als Saalmeister bei den Hanfwer-

Max Koegel in Uniform …
(Foto: Gedenkstätte Flossenbürg)

ken in Füssen. Diesen Job gibt er im April 1933 auf. Er meldet sich zur Wachtruppe des kurz zuvor errichteten KZ Dachau. Der unaufhaltsame Aufstieg des Max Koegel vom SS-Anwärter zum Obersturmbannführer, vom Almhirten zum Herrn über Leben und Tod beginnt.

Was Max Koegel im Lebenslauf unerwähnt lässt, ist seine Verurteilung zu einer Gefängnisstrafe wegen betrügerischen Konkurses 1926 durch das Amtsgericht Weilheim. Anlass sind Verschuldung und Schließung seines Geschäfts in Garmisch. Doch die Vergangenheit holt ihn ein. Die Bedenken gegen eine Beförderung scheinen so stark zu sein, dass sich der Dachauer KZ-Kommandant SS-Oberführer Eicke am 27.11. 1933 in einem Brief vehement für Koegel einsetzt. Da es um einen SS-Kameraden geht, erhält der Sündenfall nun einen politischen Akzent. Das Schreiben ist es wert, als Schlaglicht auf SS-Kameraderie sowie nationalsozialistisches Geschichts- und Rechtsverständnis zitiert zu werden:

> »An den Führer der politischen Hilfspolizei Bayerns, München
> … Koegel wurde 1926, also vor neun Jahren, wegen seiner Verfehlung zu 9 Monaten Gefängnis verurteilt. Das kommende deutsche

Recht stützt sich nicht auf nackte Gesetzesparagraphen, wie das römische Recht, sondern bezweckt, den Gesetzesbrecher einer wirklichen Besserung zuzuführen, oder wenn sich dies nicht erreichen lässt, ihn vollkommen unschädlich zu machen. Nun hat Koegel infolge wirtschaftlicher Not, aber keineswegs aus Eigennutz den Fehltritt begangen und es wäre die Frage aufzuwerfen, ob er zeitlebens dafür büßen soll, nachdem er vor Gesetz und Recht bereits gebüßt hat.
Wir Nationalsozialisten haben ferner zu prüfen, ob Koegel oder das korrupte Novembersystem Schuld an diesem Vorgang trägt. Nach reiflicher Überlegung kann man sagen, dass diese verfluchte Bonzokratie liberalistisch-marxistischer Richtung einzig und allein die Schuld trägt, wenn ein deutscher Volksgenosse infolge wirtschaftlicher Not unverschuldet mit dem starren Gesetz des November-Systems in Konflikt kam.
Unverständlich bleibt dabei nur, dass Nationalsozialisten und eigene SS-Kameraden die Maßnahmen einer schmutzigen Regierung dadurch gutheißen, indem sie heute nach 9 Jahren noch fortgesetzt rufen ›kreuzige ihn‹. Der Unterzeichnete hat am eigenen Leibe verspüren müssen, was es heißt, der öffentlichen Meinung ausgesetzt sein zu müssen. Als er mit 2 Jahren Zuchthaus bestraft wurde, haben so genannte Nationalsozialisten um seine arme gequälte Frau ebenfalls einen großen Bogen beschrieben und sich dabei nicht geschämt, dieselbe als Frau eines Verbrechers öffentlich zu bezeichnen. Hätte mein Führer nicht die Macht über Deutschland in die Hand bekommen, wäre ich zeitlebens ein Zuchthäusler geblieben und niemals mehr fähig gewesen, ein öffentliches Amt zu bekleiden.
Ich bitte also auch unter die Angelegenheit Koegel endlich einmal einen Strich zu ziehen. Er ist ein Ehrenmann und als alter Frontsoldat und Kämpfer Adolf Hitlers wohl würdig, SS-Führer zu sein; seine Leistungen und seine außerdem bewiesene Zuverlässigkeit sprechen dafür. Wäre er nicht treu und ehrlich, hätte ich ihn schon längst entfernen lassen. Im übrigen dürfte die Autorität des befördernden SS-Führers wohl ausreichen, um Waschweibern – auch im schwarzen Rock – den Mund zu stopfen.
Koegel kann die Auflage gemacht werden, Füssen grundsätzlich zu meiden. Im K.L.D. [Konzentrationslager-Dienst] hat er sich als einer der zuverlässigsten SS-Führer gezeigt und ich würde ihm heute ohne Bedenken Tausende von Mark anvertrauen.
Dachau ist ein Gebiet der Arbeit, wo zu Klatschereien keine Zeit bleibt, Füssen kann sich anscheinend vom liberalistischen Denken noch nicht frei machen. Ich bitte den dortigen Dienststellen zur Auflage zu machen, Koegel endlich einmal in Ruhe zu lassen.
Letzten Endes bitte ich seine Beförderung zum SS-Sturmführer zu befürworten; ich brauche Koegel zur positiven Arbeit, Füssen kann sich für den unerlässlichen Quatsch eine andere Person suchen.

Der Lagerkommandant
Eicke
SS-Oberführer«

... und in zünftiger Lederhose etwa um die Zeit des Kriegsbeginns 1939/40
(Foto: Privat/Gerhard Bauer)

Eickes Protegé Max Koegel macht Karriere. 1936 wird er Adjutant im Columbiahaus, Haft- und Folterstätte vieler Regimegegner des Dritten Reichs mitten in Berlin. Nochmals ist er in Dachau tätig, diesmal aber als Adjutant des Kommandanten, dann wird er selbst erstmals Chef eines Konzentrationslagers. Das ist das 1937 in einem früheren Zuchthaus eingerichtete Frauenlager Lichtenburg im Kreis Torgau. Offiziell nennt sich Koegel Direktor. Als die Frauen im Mai 1939 in das neue Frauen-Konzentrationslager Ravensbrück in Mecklenburg kommen, ist ihr alter KZ-Direktor auch der neue: Max Koegel. Er lässt sofort einen massiven Bau für Arrestzellen bauen, den berüchtigten »Bunker«. 1941 wird ein kleineres Männer-KZ angegliedert. Seit 1942 führen Ärzte in Ravensbrück Menschenversuche durch. Bibelforscherinnen, Jüdinnen, Sintis, Romas, Polinnen, Russinnen leiden in diesem Lager. Schwangere Frauen müssen arbeiten wie die anderen Häftlinge. Von 800 Kindern, die im KZ Ravensbrück zur Welt kommen, sterben die meisten schon nach wenigen Tagen. 1942 fügt Koegel den anderen Lagern noch das KZ Uckermark für Jugendliche und Kinder hinzu.

Seine Vorgesetzten sind mit Max Koegel hochzufrieden. Aus einer Beurteilung vom 30. Oktober 1933, Dachau: »Innerlich überzeugter Nationalsozialist ... vornehmer Charakter mit sehr guten Umgangsformen ... im Dienst sehr bestimmt, außer Dienst von vornehmer Zurückhaltung ... versteht es, leichtverständlich das zu behandelnde Thema vorzutragen und die Zuhörer mit den Nat. Soz. Gedankengängen vertraut zu machen ... Sein dienstliches und kameradschaftliches Verhalten ist mustergültig.«

Beurteilung vom 9.1.1940, Ravensbrück: »pflichtbewusst ... anständiger Charakter ... energisch ... ausreichend allgemeine Bildung ... besondere Mängel und Schwächen nicht bekannt ... eigenes Wissen: in ausreichendem Maße vorhanden ... zuverlässiger Nationalsozialist ... Koegel hat das Frauen KL aufgebaut und leitet es vorbildlich. Für die schwierige Leitung eines derartigen Lagers ist K. besonders geeignet.«

Beurteilung ohne Datum, Ravensbrück: »rassisches Gesamtbild: Fälisch-dinarisch, große kräftige Erscheinung ... Auftreten und Benehmen in und außer Dienst: korrekt ... Ausreichende Allgemeinbildung ... Koegel ist als Kommandant eines Frauen K.L. vorbildlich. Das Lager Ravensbrück hat er in nie erlahmendem Fleiß zu einer hervorragenden und sehenswerten Einrichtung ausgebaut. K. errichtet jetzt das Jugendschutzlager Uckermark.«

Koegel scheint ein Mann gewesen zu sein, an dem seine Vorgesetzten in den schwarzen Uniformen nichts als Freude haben. Auch den rassepolitischen Test, dem sich jeder SS-Mann auf Befehl Himmlers unterziehen muss, bestehen er und seine zweite Frau (die erste war verstorben) bravourös: »Fortpflanzung im völkischen Sinne erwünscht« lautet der Befund.[65]

Vornehmer Charakter, Korrektheit, für die schwierige Leitung eines Frauenlagers besonders geeignet... – Frauen, die der Allgewalt dieses Kommandanten ausgeliefert waren, erinnern sich seiner ganz anders.

Lina Haag, als Kommunistin viereinhalb Jahre in Gefängnissen und Lagern des Dritten Reichs, erlebt Koegel in Lichtenburg. Sein Name wird für sie »Begriff des Unmenschlichen schlechthin«:[66] »Am Ostersonntag peitscht er eigenhändig drei Frauen aus. Die Genossin Steffi ist dabei. Sie hat ihrem Freund, einem Juden, zur Flucht in das Ausland verholfen. Sie ist schön, intelligent und ein guter Kamerad. Bald darauf stirbt sie. Sie hält das nicht aus. So feiert der Kommandant des Konzentrationslagers Lichtenburg Ostern. Mit drei nackten, auf den Holzblock geschnallten Frauen, die er auspeitscht, bis er nicht mehr kann.«

Margarete Buber-Neumann ist berühmt geworden als Gefangene von Stalin und Hitler. Der sowjetische Diktator verbannt die Kommunistin nach Sibirien, der braune Gewaltherrscher lässt sie ins KZ Ravensbrück einliefern. Auch sie erlebt, dass Koegel Prügelstrafen selbst vollstreckt.[67] In schrecklicher Erinnerung ist ihr der Appell in der Lagerstraße nach der Flucht einer Gefangenen aus dem Strafblock: »Da wird es plötzlich ganz totenstill. Alles blickte in der Richtung zum Lagerplatz. Eine Gruppe von Aufseherinnen mit Hunden, daneben der Lagerkommandant, der Schutzhaftlagerführer und in der Mitte ein Häuflein Mensch, in zerfetzten Kleidern, läuft, springt, wird vorwärts gestoßen, die Hunde schnappen nach den Beinen, nach dem

Kleid … So geht es über die ganze Lagerstraße durch das Spalier der entsetzt blickenden Häftlinge hindurch. Und was dann kam erfuhr ich erst später. … Lagerkommandant Koegel jagte persönlich die Zigeunerin Weitz, die am ganzen Leibe von Hunden zerbissen war, in den Strafblock und sagte, zu den dort stehenden Häftlingen gewandt: ›Da habt ihr die Weitz. Ihr könnt mit ihr machen, was ihr wollt!‹ Und während wir mit verzerrten Gesichtern weiter standen, schlugen Häftlinge des Strafblocks ihre Mitgefangene Weitz mit Fäusten, Schemeln und traten sie mit Füßen, bis sie blutüberströmt zusammensank. … Das zerschlagene Menschenbündel wurde über die ganze Lagerstraße geschleift, und, auf sie weisend, erklärte vor jedem Block der Kommandant Koegel: ›So ergeht es jeder, die den Versuch macht zu fliehen!‹ Im Zellenbau starb die Zigeunerin Weitz nach einigen Stunden. Die SS hatte ein Exempel statuiert.«

August 1942 wird Max Koegel als Kommandant ins KZ Majdanek in Lublin versetzt. Während seiner Zeit werden dort Gaskammern eingerichtet. Ob Koegel an den ersten Vergasungen beteiligt ist, bleibt unklar. Im November verlässt er das Lager bereits wieder. Rudibert Ettelt vermutet in seiner »Geschichte der Stadt Füssen« als Grund einen Autounfall Koegels. Bei diesem sollen Gold und Diamanten auf die Straße geschleudert worden sein: »Offensichtlich hatte sich Koegel also an jüdischem Eigentum bereichern wollen.« Was auch immer ausschlaggebend für die Versetzung gewesen sein mag: Koegels Karriere nimmt keinen Schaden. Im April 1943 wird er Kommandant des KZ Flossenbürg in der Oberpfalz – dessen letzter.

Dieses Lager wird 1938 wegen der nahen Granitvorkommen und der Steinqualität errichtet. Für Hitlers größenwahnsinnige Bauvorhaben in Berlin, Nürnberg und anderen Städten kann gar nicht genügend Granit herbeigeschafft werden. Allein das Projekt der Hamburger Elbe-Hochbrücke würde für drei Jahre die Produktion der gesamten deutschen Granitindustrie verschlungen haben, schreibt Toni Siegert in seinem Buch »30.000 Tote mahnen«.[68] So entstehen die Deutsche Erd- und Steinwerke GmbH (DEST) als eines von zuletzt vielen Wirtschaftsunternehmen der SS.[69] Häftlinge des nur wenige hundert Meter entfernt angelegten KZ-Lagers werden von der DEST gewinnbringend als Arbeitssklaven ausgebeutet. In Flossenbürg gebrochene Steine dienen u. a. zum Bau des Deutschen Stadions auf dem Nürnberger Reichsparteitagsgelände. Die Bedingungen, unter denen die Männer in den Steinbrüchen schuften, sind unmenschlich. Viele sterben. Ab 1943 rückt in Flossenbürg die Flugzeugproduktion für Messerschmitt in den Mittelpunkt – das Reich braucht Jagdflugzeuge für den trotz aller militärischen Rückschläge unbeirrt propagierten Endsieg.

Koegel mag die Versetzung nach Flossenbürg als einen großen Vertrauensbeweis und Karrieresprung verstehen. Dieses einsam gelegene KZ wird heute oft »das vergessene Lager« genannt. In Wahrheit wird es nach Ausdehnung und Anzahl der Nebenlager zu einem der größten KZ des Dritten Reichs – gegen Kriegsende ist sein Kommandant der Herr über beinahe 100 Außenlager und insgesamt ca. 45.000 männliche und weibliche Häftlinge sowie 4500 Bewacher.

Doch ist Koegel wirklich der Herr? Siegert: »Wie die meisten Kommandanten der übrigen Konzentrationslager auch war Max Koegel unfähig, mit diesen Größenordnungen fertig zu werden. Mit bewusster Brutalität versuchte er seine eigene Untauglichkeit zu übertünchen. Keine Gelegenheit ließ er aus, um bei der Bestrafung von Häftlingen die scharfe Disziplinarordnung des Lagers zu demonstrieren. Mit der schnellen Zunahme der Außenlager verlor er bald die Übersicht. Hinzu kamen die kriegsbedingten Organisationsprobleme, das Auftreten von Seuchen in den Lagern, die Mängel in der Lebensmittelzuteilung. Der von ihm ausgearbeitete und realisierte Evakuierungsplan in den letzten Kriegstagen kostete noch einmal Tausende von Häftlingen das Leben.«

In der letzten Phase des Dritten Reichs nimmt Flossenbürg auch prominente Gefangene sowie so genannte Ehren-Häftlinge auf, wird es zur Hinrichtungsstätte. *(Davon ist im Kapitel über Theodor Streicher die Rede).* Viel zahlreicher als die Prominenten sind die Namenlosen, die aus anderen Konzentrationslagern evakuierten Männer und Frauen. Mit Eisenbahnzügen und in Fußmärschen werden sie in die scheinbar noch unbedrohte Oberpfalz evakuiert. Die meisten nicht für lange Zeit. Als amerikanische Truppen auch Flossenbürg immer näher rücken, werden am 15. April 1945 als erste Sonderhäftlinge fortgeschafft. Einen Tag später werden 1700 jüdische Häftlinge in einen Zug verladen, der unterwegs zweimal von amerikanischen Flugzeugen angegriffen wird. Viele Häftlinge kommen ums Leben. Weitere Transporte folgen. Die meisten der Elendskolonnen sollen zu Fuß das KZ Dachau erreichen. Von den Männern und Frauen, die unterwegs zusammenbrechen, weil sie zu schwach sind, werden zahlreiche von Bewachern getötet. Die Fußmärsche sind Todesmärsche. Nochmals Toni Siegert: »Schon in den nächsten Dörfern bei Flossenbürg gab es die ersten Toten. ... Von jetzt an markierte eine blutige Spur die Marschwege aus der Oberpfalz durch ganz Nieder- und Oberbayern. Am zweiten Marschtag (21. 4.) ordnete Koegel an, dass nicht mehr Kopf-, sondern Herzschüsse zu geben seien. Vorsorglich marschierte hinter jeder Häftlingskolonne eine kleine Abteilung, die mit Schaufeln ausgerüstet war. Dieses Beerdigungskommando sollte die Leichen notdürftig verscharren.« Als amerikanische Truppen Flossenbürg erreichen, finden sie dort nur noch etwa 1600 kranke Häftlinge vor.

Nach dem Zusammenbruch des Dritten Reichs taucht Koegel erst einmal unter. 1946 wird dem Landwirt Schmidt in Brunnau, Gemeinde Allersberg, vom Arbeitsamt ein Helfer zugewiesen. Er heißt Gerhard Giesecke, ist ein für die damalige Notzeit gutgenährter Mann. Er kann sich ausweisen, wird ordnungsgemäß bei der Gemeinde angemeldet. Dem Arbeitgeber sagt er, dass er Frau und Kinder im Krieg verloren habe, viel Leid erdulden musste. Am liebsten hütet der Mann das Vieh. Alle zwei Wochen geht er in ein Café in Rednitzhembach. Dort sitzt er still in einer Ecke und beobachtet die Bedienung.

Am 26. Juni 1946 fährt ein Jeep mit vier bewaffneten US-Soldaten in den Schmidt-schen Hof. Sie stürmen das Haus, zeigen Fotos von Koegel vor, durchsuchen sein Zimmer und seine Habseligkeiten. Dann verstecken sie sich in einem Schuppen, um die Rückkehr Koegels abzuwarten, der mit einem Fuhrwerk gerade Streu aus dem Wald holt. Gerhard Bauer[70] aus Rednitzhembach / Franken, der das letzte Kapitel im Leben Koegels recherchierte: »Als dann Koegel mit dem Wagen den Schupfen passiert hatte, sprangen die Amerikaner aus ihrem Versteck und forderten Koegel auf, die Arme hochzunehmen. Er musste sich dann an eine Wand stellen und wurde durchsucht. Die Bäuerin wurde aufgefordert, für ihn einige Hemden und Waschzeug einzupacken. Anschließend wurde er in das Amtsgerichtsgefängnis der damaligen Kreisstadt Schwabach eingeliefert. Dort erhängte er sich am nächsten Tag (27.6.1946) mit einem Bettlaken am Fensterkreuz seiner Zelle.«

Mit schwachen Lebenszeichen wird Koegel noch in das Städtische Krankenhaus gebracht. Er ist nicht zu retten, stirbt dort. Die Ausweise auf den Namen Giesecke gehörten einem früheren Flossenbürg-Häftling. Die Freundin im Café war – seine Frau. Einige Wochen nach Koegels Freitod holt sie seinen Koffer auf dem Bauernhof ab.

Theodor Streicher (Bayersried-Ursberg)

Ein KZ-Häftling war sein Befreier

Es gibt immer zwei Möglichkeiten. Theodor Streicher war kein Mitglied der NSDAP. Gegen seinen Willen wurde er Angehöriger der Waffen-SS und bei der Bewachung der Schreckenslager Auschwitz und Flossenbürg eingesetzt. Er entschied sich für die menschliche Behandlung der Häftlinge.

*

Arnold Erlanger ist Auschwitz-Überlebender. Er stammt aus Ichenhausen. Als sich Mitte Januar 1945 die Russen den Vernichtungs- und Konzentrationslagern in und bei der polnischen Stadt nähern, gehört er zu den Männern, die bei eisiger Kälte und Schnee gen Westen getrieben werden. Unmittelbar vor Kriegsende muss Erlanger nochmals einen Evakuierungsmarsch mitmachen. Diesmal kommt die traurige Kolonne aus einem anderen Schreckenslager, aus Flossenbürg.

Auch Theodor Streicher ist in Auschwitz gewesen. Als SS-Mann. Er stammt aus Ursberg-Bayersried, knapp 20 Kilometer von Ichenhausen entfernt. Als sich Mitte Januar 1945 die Russen den Lagern nähern, gehört er zu den SS-Männern, welche die Häftlinge bewachen, die bei eisiger Kälte und Schnee gen Westen getrieben werden. Unmittelbar vor Kriegsende muss Streicher nochmals einen Evakuierungstransport begleiten. Diesmal kommen die Häftlinge aus Flossenbürg.

Arnold Erlanger lassen die Erinnerungen an jene furchtbare Zeit viele Jahre nicht los. Sie machen ihn krank. Er flieht schließlich vor ihnen bis nach Australien. Erst Jahrzehnte später besucht er erstmals »sein« Ichenhausen wieder. Er erzählt von einem SS-Bewacher, der ihm auf dem Todesmarsch von Auschwitz nach Gleiwitz ein Stück Brot zugesteckt hat. Der Mann sei aus der Münchner Gegend gewesen. 1944, so sagt ihm damals der SS-Mann, sei er vor die Wahl gestellt worden, als Soldat an die russische Front geschickt oder SS-Bewacher in einem Konzentrationslager zu werden. »Wie hätte ich mich da wohl entschieden?« überlegt Erlanger.

Auch Theodor Streicher lebt mit seinen Erinnerungen an jene furchtbare Zeit. Er kehrt nach dem Zweiten Weltkrieg nach Bayersried-Ursberg zurück, in seinen Beruf als Schreiner. Wenn in der ehemaligen Synagoge Veranstaltungen sind, die sich mit der jüngsten deutschen Vergangenheit auseinandersetzen, fährt er nach Ichenhausen. Freunden erzählt er auch, dass er bei den Evakuierungen von Auschwitz und Flossenbürg dabei gewesen ist; erwähnt manchmal, dass er Brot mit Häftlingen geteilt hat.

Könnte Arnold Erlanger einer von diesen hungernden Männern gewesen sein? In einer Wohnung in Neusäß kommt es vor einigen Jahren zu einer Begegnung zwischen dem ehemaligen Auschwitz-Häftling und dem ehemaligen Auschwitz-Bewacher. Nein, die beiden sind nicht zwischen Auschwitz und Gleiwitz nebeneinander marschiert. Aber Erlanger, der Jude, und Streicher, der Katholik, sind sich einig in ihrem Urteil über das Dritte Reich.

Theodor Streicher, 1921 geboren, stammt aus einem streng katholischen Elternhaus. Schon in der Kindheit begegnet er Juden. Der Stoffhändler Gradmann aus Ichenhausen, der Viehhändler Götz aus Krumbach kommen ins Haus von Theodor und Kreszenz Streicher in Bayersried. »Wenn Mutter oder Vater etwas gekauft haben, gab's ein Bonbon.« Volksschule, Schreinerlehre bei Meister Lober, Jungvolk, Hitlerjugend – alles deutet auf einen normalen deutschen Lebenslauf hin. Aus der Hitlerjugend allerdings tritt Streicher mit 14 oder 15 Jahren wieder aus. Da gefällt es ihm nicht mehr.

»Meine Einstellung zum damaligen Regime war durchaus positiv«

1940 ruft der Reichsarbeitsdienst. Ausbildung in Altenstadt bei Schongau, dann – inzwischen sind auch Teile Frankreichs von den deutschen Soldaten erobert – ein Einsatz an der französischen Atlantikküste. Damals erscheint ihm alles normal und richtig, was der Arbeitsdienstmann Streicher tun muss und tut. Inzwischen denkt er kritischer darüber. »Wenn ich heute daran zurückdenke, schäme ich mich, dass wir gegenüber der französischen Bevölkerung so arrogant waren und uns gefreut haben, dass so viele Städte zerstört waren, oder dass die Franzosen vom Bürgersteig herunter mussten, wenn wir vom RAD kamen.«

Der Krieg weitet sich immer mehr aus. Normal in Theodor Streichers Lebenslauf deshalb auch, dass der Staat ihn in der Pflicht behält. Wehrmacht – Ingolstädter Pioniere – Kriegseinsatz im Mittelabschnitt der russischen Front. Bei Kiew wird Soldat Streicher im Herbst 1941 verwundet. Ein Granatsplitter bohrt sich in seine Kniekehle. An seiner Einstellung hat sich bis dahin nichts geändert: »Wir sind doch etwas Besseres, dachte ich.«

Kaum »frontverwendungsfähig«, wird Theodor Streicher im Juni 1942 wieder nach Russland kommandiert. Bei Orel legt er Minen, baut Panzersperren, fährt Lastwagen. Im November muss er erneut ins Lazarett. Scharlach setzt ihn außer Gefecht. Weil, wie häufig durch diese Krankheit, ein Herzschaden zurückbleibt, wird er in die Bahnhofswachabteilung nach München kommandiert.

»Bis dahin hatte ich keine Ahnung, wo dieses Auschwitz eigentlich liegt«

In München bekommt Theodor Streicher manches mit, das ihn am Endsieg zweifeln lässt. Erstmals fragt er sich, ob all das, was Hitler, dessen Propagandisten und die Vorgesetzten predigen, auch wahr ist.

Ab Sommer 1944 gilt er wieder als kriegsverwendungsfähig – in der Wehrmachtsprache kurz »kv« genannt. Aber es geht nicht zurück zu den Pionieren. Er wird mit einem Kameraden zur SS/Wehrmacht-Leitstelle Auschwitz beordert. Um zu erfahren, wo dieser Ort liegt, muss er zum Atlas greifen. Er hat den Namen noch niemals gehort; ahnt nicht, dass der ihm bis an sein Lebensende im Gedächtnis bleiben wird. Als er vor Ort ist, begreift er, dass er in einem Konzentrationslager eingesetzt werden soll. Dass dieses Auschwitz der Vorhof zur Hölle ist, wird ihm erst etwas später klar.

Viele Jahre lang hat die Waffen-SS allein aus Freiwilligen bestanden. Als im Zweiten Weltkrieg hohe Verluste deren Reihen lichten, werden auch zu dieser Truppe Männer eingezogen oder versetzt, Auslandsdeutsche zum Beispiel oder auch nicht mehr an der Front verwendbare Soldaten aus Heer und Luftwaffe. Viele von diesen müssen Konzentrationslager bewachen – wie von nun ab Theodor Streicher. Sein Bemühen, nicht die Uniform der Waffen-SS tragen zu müssen, ist vergeblich.

Theodor Streicher bei der Entlassung aus dem Gefangenenlager 1945 (Privatbild)

Streichers Dienst in Auschwitz beginnt mit einer zwei Monate dauernden »Gehirnwäsche«. Anders kann diese erste Zeit wohl nicht benannt werden. Streicher und anderen Kameraden soll »eingetrichtert« werden, dass die zu bewachenden Häftlinge Abschaum der Menschheit seien. Sie müssen auch einer Gerichtsverhandlung beiwohnen. Angeklagt sind SS-Leute, die sich mit männlichen oder weiblichen Häftlingen eingelassen haben und hart bestraft werden. Die Neuen sollen erfahren, was sie in Auschwitz erwartet, dass sie in einer Strafkompanie enden werden, wenn... Theodor Streicher: »Das hat mich geschockt – hat aber zugleich meinen inneren Widerstand gestärkt.«

Theodor Streichers Befreier Fritz Hirsch (Privatbild)

Auschwitz besteht aus zahlreichen Lagern: Auschwitz 1, Birkenau (wo die großen Gaskammern und die Krematorien sind), Monowitz usw. Insgesamt sind es um die 40 Lager. Streicher wird nicht im inneren Bereich eines dieser Lager eingesetzt. Er muss an Arbeitsstellen im Außenbereich Häftlinge bewachen und Transporte begleiten. Er erblickt Männer, die mit der Hand Straßenwalzen ziehen müssen und von Kapos, die selbst Häftlinge sind, geschlagen werden. Er sieht nachts in der Ferne Schornsteine, aus denen viel Rauch quillt und manchmal auch Flammenstöße auflodern. Gestank dringt bis zu ihm und seinen Kameraden. »Dort werden Leichen verbrannt«, erfährt er. »Ich konnte mir allerdings nicht vorstellen, dass das in großen Mengen geschah.« Doch als er einmal einen kleinen Transport von 15 französischen Frauen begleiten muss und mit diesen sprechen kann, erfährt er, dass in Birkenau Juden ermordet werden, Männer, Frauen, sogar Kinder. »Es war so furchtbar, dass ich das Gesagte nicht glauben konnte. Von da an war es für mich schrecklich, weiterhin Wache zu stehen. Alle möglichen Gedanken gingen mir durch den Kopf, doch ein Wegkommen war unmöglich.«

»Es war sehr schlimm, dass ich für dieses Regime sozusagen als Handlanger meine Pflicht tun musste«

Theodor Streicher erfährt des Schrecklichen noch mehr, als er einige Wochen später Häftlinge des Lagers Bielitz beaufsichtigt, die eine zerstörte Raffinerie aufzubauen haben. Der Kapo »seiner« Gruppe ist ein politischer Häftling aus Erding bei München, Fritz Hirsch. Er überzeugt Streicher, dass die französischen Frauen nicht übertrieben haben. Sein innerer Konflikt zerreißt Streicher fast: »Das Schlimmste war, dass ich keinen Weg sah, aus der SS herauszukommen. Ich spielte auch mit dem Gedanken, zu desertieren, aber wohin? Partisan zu werden kam für mich nicht in Betracht.«

Das Lager in Bielitz wird nicht so streng geführt wie andere. Zwischen Bewacher Streicher und Kapo Hirsch entwickelt sich eine fast freundschaftliche Beziehung. Beide sind überzeugt, dass der Krieg verloren ist und verloren werden muss. Würde Hitler siegen, wäre Hirsch verloren. Beim Sieg der Alliierten könnte es Streicher schlecht ergehen. Selbst diese Befürchtung ändert Streichers Überzeugung nicht.

Einmal wird er denunziert. Er hat tschechische Juden zu bewachen, intelligente Leute, mit denen er gern spricht. Aber irgendwer zeigt das an. Streicher und zwei weitere Bewacher werden zurück nach Auschwitz strafversetzt, bulgarische Wachleute dieses Kommandos werden sogar für einige Monate als »Erziehungshäftlinge« ins KZ gesteckt. Streicher: »Der Dienst in Auschwitz war bedeutend strenger und eintönig. Wir mussten im Außenbereich acht Stunden ohne Ablösung auf freiem Feld stehen. Ich hatte die Zeit, sehr viel nachzudenken und fragte mich, wie das Ganze nur enden werde.«

»Der Schrei eines Häftlings brachte mich zur Besinnung«

Mitte Januar ist in Auschwitz das Donnern der Geschütze hörbar. Die Front ist bis auf 50 km herangerückt. Die arbeitsfähigen Häftlinge werden evakuiert. Schlecht bekleidete, durch Hungerrationen entkräftete Männer und Frauen werden durch den kalten Ost-Winter in Richtung Gleiwitz getrieben. Viele marschieren in Holzpantinen. »Wer flüchtet, wird erschossen«, wird den Wachsoldaten befohlen. Das gilt auch für die, die nicht mehr weiterkönnen und liegen bleiben. Streicher: »Die meisten Posten haben den Befehl nicht ausgeführt. Aber am Ende des Zuges gab es Leute, die das gern taten.« Nach wenigen Kilometern hört Streicher die Stimme des Kapos Fritz Hirsch. Der bittet Streicher, doch bei dieser Gruppe zu bleiben. Hirsch will einen Posten in der Nähe seiner Gruppe wissen, von dem er weiß, dass der nicht schießen würde.

In Gleiwitz wird die Kolonne in Eisenbahnwaggons verladen. Dabei sei es zu furchtbaren Szenen gekommen, seien Häftlinge erschossen oder zu Tode geprügelt worden, berichtet Theodor Streicher. Der Zug rangiert mehrfach, er steht jedoch am nächsten Morgen immer noch in Gleiwitz. Angeblich ist der Weg nach Breslau bereits von den Russen unterbrochen. Also zu Fuß weiter über Ratibor nach Langenbielau. Die Elendskolonne ist zusammengeschmolzen, als sie dort endlich ankommt.

Unterwegs ist etwas geschehen, das Theodor Streicher bis heute nachgeht: »Ich bin neben Häftlingen hergetrottet, das Gewehr auf dem Buckel. Auf einmal springen drei Männer in den Graben. Ich greife wie automatisch zum Gewehr, meine soldatische Pflicht verlangt, zu schießen. Da ruft hinter mir ein Häftling: ›Jetzt schießt der doch!‹ Ich bin so erschrocken, dass ich zum Bewusstsein gekommen bin: Ich kann die Männer doch nicht erschießen. Ich war zum Glück nur einmal in dieser Situation.«

Aber auf diesen Märschen geschieht auch etwas anderes: Bewacher Streicher gibt von seinem Brot einen Teil halbverhungerten Häftlingen. »Ich habe auch manchmal Hunger gehabt – und wie!«, sagt er. Dennoch nennt er das, was er Gutes tat, eine selbstverständliche Sache.

»Solche grausamen und menschenverachtenden Dinge kann sich heute niemand mehr vorstellen«

Langenbielau ist Zwischenstation. In den nächsten Wochen kommt Theodor Streicher durch Deutschland. Er begleitet Häftlingstransporte nach Groß-Rosen – Nordhausen – Oranienburg – zuletzt Flossenbürg. Sämtlich Orte, deren Namen für Konzentrationslager standen.

Als der Historiker Toni Siegert in den achtziger Jahren die Geschichte des KZ Flossenbürg und seiner 100 Außenlager schreibt, gibt er ihr den Titel »30.000 Tote mahnen«. Das in der Einsamkeit der Oberpfalz nahe Weiden gelegene KZ unterscheidet sich von anderen dadurch, dass es in der letzten Phase des Krieges auch Hinrichtungsstätte ist. Zur Exekution werden Ostarbeiter, Kriegsgefangene, Wehrmachtangehörige, Gegner Hitlers dort hingeschafft. Die Prominentesten, die in Flossenburg erschossen oder gehängt werden, sind der Anfang 1944 abgesetzte Abwehrchef Admiral Wilhelm Canaris, Generalmajor Hans Oster, der evangelische Theologe Dietrich Bonhoeffer, führender Kopf der Bekennenden Kirche und wie Oster ein Mann des Widerstands. Insgesamt werden in Flossenbürg in kurzer Zeit etwa 1.500 Todesurteile vollstreckt.

Als der Schwabe Theodor Streicher zum Wachdienst in Flossenbürg kommandiert wird, ist ein anderer Schwabe, Maximilian Koegel, der Kommandant dieses riesigen und überfüllten KZ. Streicher macht Dienst auf einem Wachturm, zehn Meter vom Krematorium entfernt. Wenn Leichen verbrannt werden, bläst der Kamin den Männern auf dem Turm oft den Leichen- und Verbrennungsgeruch direkt ins Gesicht. Vom Turm aus können die Bewacher auch auf einen freien Platz blicken. Der ist oft mit nackten Leichen übersät. Streicher muss Entsetzliches ansehen: »Ein SS-Arzt und ein Häftling gingen von Leiche zu Leiche, der Mund wurde mit einem Eisen geöffnet und der Arzt zog die Goldzähne heraus. Daraufhin wurden die Leichen über eine Rutsche in den etwas tiefer gelegenen Verbrennungsort geworfen. Makabre Abrundung dieses Schauplatzes war die Bordell-Baracke, in der die Kapos aus- und eingingen. Solche grausamen und menschenverachtenden Dinge kann sich heute niemand mehr vorstellen.«

Im Bunker des KZ Flossenbürg verwahren die Machthaber auch so genannte Ehren- und Sonderhäftlinge samt deren Angehörigen: den ehemaligen österreichischen Bundeskanzler Kurt Schuschnigg, Hitlers früheren Finanzminister Dr. Hjalmar Schacht, Prinz Albert von Bayern, den späteren Mitgründer der CSU »Ochsensepp« Josef Müller u. a. Theodor Streicher wird bald abkommandiert, diese zu bewachen. Mitte April 1945 ist er dabei, als eine Anzahl dieser Sonderhäftlinge in getarnten Lastwagen ins KZ Dachau gebracht werden. Wen er damals begleitet haben könnte, erfährt Streicher erst nach dem Zweiten Weltkrieg.

»Ich glaube, unter uns war keiner, der dachte, lebend davonzukommen«

Der Vormarsch amerikanischer Truppen unterbindet die Rückkehr nach Flossenbürg. Streicher ist nicht traurig drum. Die Begleitmannschaft landet in Holeischen bei Pilsen, einem Arbeitslager für Frauen. Es sei dort verhältnismäßig human zugegangen. Obwohl Deutschland fast vollständig besetzt, der Krieg so gut wie zu Ende ist, produzieren die KZ-Frauen in einer Fabrik weiterhin Munition. Ihre Bewacher von der SS beschäftigt nur noch eine Frage: Wer wird uns gefangen nehmen, Russen, Amerikaner, Tschechen???

Weder ... noch: Als das Lagerpersonal am 5. Mai 1945 beim Mittagessen sitzt, fallen Schüsse, tauchen Uniformierte auf: Polnische Freiheitskämpfer. »Hände hoch!« Sie treiben die SS-Leute vor eine Wand, richten die Gewehre auf sie, fragen: »Wer hat Waffen, wer Munition?« Einer lässt die Hände sinken. Ihn trifft eine Salve. Streicher: »Einer meiner Gedanken war: ›Jetzt büßt du für die Verbrechen, die begangen wurden, und für die Verbrecher, deren Uniform du trägst.‹ Und als der Kamerad neben mir tot zusammenbrach, dachte ich, warum mir denn die Kugeln gar nicht wehtun.«

Doch wenn die Gefahr am größten, so heißt es, sei Gott am nächsten. Eine Französin legt ihre Hand auf seine Schulter: »Wir haben Sie beobachtet und gemerkt, dass Sie nicht mit allem einverstanden waren.«

Nächste Station ist das Gefangenenlager in Pilsen – ein amerikanisches Gefangenlager! Dort wird sortiert: Wehrmachtsangehörige dahin, SS-Leute dorthin. Streicher wäre gern in das Wehrmachtslager gekommen, aber die unter dem Arm eintätowierte Blutgruppe verrät ihn als Angehörigen der Waffen-SS. Glück im Unglück: Er wird nicht an die Russen ausgeliefert.

Vernehmungen, weitere Lager. Fazit: »Verpflegung schlecht – Behandlung korrekt.«

Schließlich das SS-Gefangenenlager in Regensburg. Streicher bindet Zettel an Steine und wirft diese über den Stacheldraht. Er bittet unbekannte Finder, die Eltern in Bayersried zu verständigen, dass er lebt und wo er sich befindet. Eine der Nachrichten erreicht Vater und Mutter – aber nicht nur sie.

August 1945: Gefangener Theodor Streicher wird zur Kommandantur befohlen. Er nimmt an, dass es um einen Arbeitseinsatz geht. Weit gefehlt. Streicher wird in einen Raum geführt. Vier oder fünf Leute vom amerikanischen Geheimdienst sitzen darin. Außerdem ein Zivilist, der ihm den Rücken zukehrt.

»Kennen Sie diesen Herrn?«, wird Theodor Streicher gefragt.

Der Zivilist dreht sich herum: Es ist Fritz Hirsch! »Wir beide – der ehemalige KZ-Häftling und der ehemalige SS-Mann – sind uns um den Hals gefallen.« Am 17. September 1945 wird Theodor Streicher durch die Fürsprache Fritz Hirschs aus dem Gefangenlager entlassen – »als einziger von einigen tausend Gefangenen.«[71]

Hans Loritz (Augsburg)

Der Kommandant berüchtigter KZ-Lager

Es gibt immer zwei Möglichkeiten. Hans Loritz entschied sich für Hitler und die SS. Er wurde Kommandant mehrerer Konzentrationslager des Dritten Reichs.

*

Drei Tage vor Weihnachten 1895 wird dem Augsburger Polizei-Wachtmeister Wilhelm Loritz und seiner Frau der Sohn Hans geboren. Der wird eines Tages auch Polizist werden, wenigstens für einige Zeit, aber bis dahin werden 25 Jahre vergehen. Zuerst wird er Bäcker. Sein Entlassungszeugnis aus der Gewerblichen Fortbildungsschule, Fachabteilung für Bäckerlehrlinge, enthält nur die Noten »sehr gut« und »gut«. Sein Betragen wird als lobenswürdig bezeichnet, in Religion ist der Siebzehnjährige »sehr gut«. Kein schlechter Start ins Berufsleben!

Bäckergeselle Loritz geht auf Wanderschaft. In Backstuben in Innsbruck, Wien, Budapest, Berlin erweitert er seine Berufskenntnisse. Als im Herbst 1914 der Erste Weltkrieg ausbricht, zieht er als Freiwilliger des 3. Infanterie-Regiments Augsburg ins Feld. Dreimal wird Loritz verwundet. Nachdem er von einer Gasvergiftung geheilt ist, meldet er sich freiwillig zur Fliegertruppe. In der Beobachterschule Lager Lechfeld und in der Fliegerschule 5 in Gersthofen wird er ausgebildet, fliegt dann Bombenangriffe in Frankreich. Bei Chalon wird sein Flugzeug abgeschossen, zwei Mitflieger kommen ums Leben, er überlebt mit Rippenbrüchen, Prellungen, Brandwunden. Französische Bauern, die Loritz finden, misshandeln ihn, die Behörden verhören den Kriegsgefangenen und stecken ihn ins Gefängnis. Erst mehrere Tage später wird er in ein Krankenhaus verlegt, dann in ein Gefangenenlager. Zwei Jahre nach Kriegsende darf Loritz endlich nach Deutschland zurückkehren. Die Folgen der Gasvergiftung machen ihm das ganze Leben über zu schaffen. »Er hatte mehr durchgemacht als der durchschnittliche Soldat, und die Schmach der Niederlage prägte ihn zweifellos entscheidender als viele andere«, urteilt der Historiker Tom Segev über Loritz.[72]

Hans Loritz nimmt nicht den erlernten Beruf wieder auf. Er wird Polizist, wie der Vater. Der Start ist gut. »Seinen Vorgesetzten gegenüber zuvorkommend, seinen Kameraden gegenüber kameradschaftlich, dem Publikum gegenüber höflich«, heißt es in einer Beurteilung vom 12.2. 1922. Einige Jahre später wird er nicht mehr so günstig beurteilt. Im September 1926 wird er von der Kraftradabteilung zur Polizei-Hauptwache strafversetzt. Loritz hat Kollegen gegenüber die Messungen des Tempos von Autos »den größten Schwindel« genannt. Auch wird er wegen Belügen eines Vorgesetzten gerügt.

Da Loritz wegen einer im Dienst erlittenen Knieverletzung weder zum Straßendienst taugt noch mit der Rückversetzung zur motorisierten Polizei rechnen kann, möchte er erneut umsatteln und Straßenbahnführer werden. Aber da will man ihn nicht: »Loritz halten wir schon wegen seiner Charaktereigenschaften als nicht geeignet für unseren Kraftwagendienst.« März 1928 wird er schließlich Einkassierer und Ableser beim Städtischen Gaswerk. Dort sind die Vorgesetzten zufrieden mit ihm. Im Oktober 1931 stürzt er und verletzt sich, so dass er angeblich das beim Zählerablesen benutzte ca. fünf Pfund schwere Buch nicht mehr halten kann. Er bittet um eine andere Verwendung.

Nachzutragen ist eine aufschlussreiche briefliche Auseinandersetzung aus dem Jahr 1932. Die Augsburger Wollfilz- und Velours-Hutfabrik K. &. R. Lembert verbietet Loritz, mit seinem Wagen eine Straße zu benutzen, die angeblich Privatbesitz ist. Diese sei nur für Fußgänger und leichte Zugfahrzeuge freigegeben. Den Antwortbrief, auf privatem Papier geschrieben, versieht Loritz mit dem Stempel SS-Sturmbann II/29. Er schreibt u. a.: »Ich fahre den Weg absolut nicht zu meinem Vergnügen. Ich erspare mir dadurch nur freie Zeit und verwende dieselbe für freiwillige Leistungen für die Schutzstaffel der NSDAP, deren Führer ich bin. Als ich kürzlich in dieser Sache bei einer Zusammenkunft mit Parteiangehörigen sprach, konnte ich allgemeine Überraschung über Ihr sonderbares Benehmen mir gegenüber feststellen. Es wurde dabei besonders hervorgehoben, dass es doch mehr wie unschön ist, wenn ein Mann wie Sie, der doch mindestens auf der nationalen Seite zu finden sein sollte, deutschgesinnten Männern derartige Schranken auferlegt. Besonders verwerflich wurde gefunden, dass Sie an mich schon den Antrag stellten, Ihnen eine bestimmte Summe für die Befahrung des Weges zu zahlen. Es wurden sogar Stimmen laut, dass Ihr Verhalten in dieser Angelegenheit im V.B. [Völkischer Beobachter] und in der N.N.Z. [Neue National Zeitung] veröffentlicht werden soll, nachdem Sie dabei nicht nur einen Mann schädigen, sondern unsere nationale Sache im allgemeinen. Ich habe eine Veröffentlichung vorerst abgelehnt, da wir vorerst Ihr weiteres Verhalten abwarten wollen, denn es könnte für Sie als Geschäftsmann keine Reklame und nicht von Vorteil sein.«

Die Firma Lembert lässt sich diese Drohung nicht gefallen. Sie sendet eine Kopie des Briefes an die Reichsleitung der NSDAP und an den Reichsführer SS nach München mit der Frage, ob dort gebilligt werde, private Schreiben mit einem SS-Dienststempel zu versehen.[73]

1933 wird dem früheren Polizisten von der Polizei ein Waffenschein verweigert. Er möchte diesen haben, weil er angeblich laufend von Kommunisten bedroht wird. Antwort vom 13.1. 1933: »Nach den Erhebungen beim städt. Betriebsamt wird der Antragsteller Loritz in letzter Zeit nicht mehr als Einkassierer verwendet, weshalb ein Bedürfnis zur Führung einer Schusswaffe nicht vorliegen dürfte. Loritz konnte wegen seines angeblich kranken Armes keine Bücher mehr tragen. Infolgedessen sollte er am 9. Januar 1933 im Städt. Gaswerk eine Pförtnerstelle annehmen, die er jedoch bis heute noch nicht angetreten hat. Als Einkassierer kommt er vorerst überhaupt nicht mehr in Frage. Gegen seine Zuverlässigkeit bestehen insoferne Bedenken, als er Sturmbannführer der hiesigen SS und fanatischer Anhänger der NSDAP ist. Es steht daher zu befürchten, dass Loritz bei gegebener Gelegenheit in seinem Hass gegen Andersgesinnte mit der Schusswaffe Missbrauch treiben könnte.«[74]

Aufschlussreich sind auch zwei Schriftstücke vom 22.9.1933 aus Kempten. Dort hat ein Hauptwachtmeister der Polizei SS-Leute vernommen. Daraufhin erscheint Loritz in dessen Büro. Behauptet, es bestehe ein Gesetz, nach dem SS-Leute nur dem SS-Gericht unterstünden. Als der Polizist antwortet, eine solche Vorschrift sei ihm unbekannt, legt ihm Loritz ein Schreiben vor. Es enthält die Ankündigung, dass ein solches Gesetz kommen werde …

Massiver noch ist der Vorwurf, den der gleiche Hauptwachtmeister in einem an den Kemptener Stadtrat gerichteten Schreiben erhebt. Nach Ermittlungen ist Loritz zur Last gelegt worden, bei einem Appell Kemptener SS-Leute zum Zuschlagen aufgefordert zu haben. Loritz bestreitet das – aber offenbar nicht nur das. »Ich gebe meiner vorgesetzten Dienstesstelle von dem Vorfall Kenntnis, da mich Loritz außerdem in Kenntnis setzte, dass seine Feststellungen der obersten Leitung der SS weitergegeben werden und ich damit rechnen muss, dass gegen mich eine Beschwerde erhoben wird.« Obwohl früher selbst Polizist, hat Loritz versucht, einen Polizei-Wachtmeister unter Druck zu setzen.[75]

Im Fall Lembert erhält Loritz einen Verweis von seinen SS-Oberen. Ob der Auftritt in Kempten Folgen für ihn hat, ist unbekannt. Vermutlich nicht, denn zu jener Zeit sind die Nationalsozialisten die Herren im Staate. Für zwölf Jahre »blüht der Weizen« für SS-Leute vom Schlage des Hans Loritz aus Augsburg.

Eineinhalb Jahre lang subventioniert die Stadt Augsburg den Anfang der Karriere, die Loritz im Dritten Reich macht. »Ich bitte den Stadtrat, meine bis 1.1.34 ausgesprochene Beurlaubung bis 1.7.1934 zu verlängern. Gründe: Ich bin von der Reichsführung SS mit der Führung einer Standarte beauftragt. Eine Bezahlung beziehe ich für diesen Dienst von der SS nicht.« So ein Schreiben, das Hans Loritz am 6.12.1933 an den Stadtrat schickt. Sein Beitritt zu NSDAP und SS 1930 bringt ihm schnell immer mehr Macht. Im Juli 1933 ist er bereits SS-Obersturmbannführer. NIcht einmal ein Jahr später ist er Leiter des SS-Hilfswerks in Dachau.

Am 9.2.1935 schreibt Hans Loritz, nun schon SS-Standartenführer und Kommandant des staatlichen Konzentrationslagers Esterwegen, an den Augsburger Gauleiter Karl Wahl:

»Mein lieber Herr Gauleiter!

Wie Sie, Herr Wahl, wissen, stehe ich bereits seit dem Umsturz im Dienste des Reichsführers SS. Ich habe mich dorthin nicht gemeldet, sondern wurde vom Reichsführer SS dienstlich kommandiert und bin selbstverständlich damit als alter Soldat auch zufrieden. Seit 1. Juli 34 werde ich auch vom Reichsführer SS bezahlt, da der Stadtrat Augsburg es damals fertig brachte, mich wegen meiner nationalen Verdienste zum städtischen Oberkontrolleur zu befördern und zwar unter gleichzeitiger Sperrung meines Gehaltes. Dass ich damals eineinhalb Monate ohne Gehalt dastand, erwähne ich nur nebenbei.

Durch Verfügung des Stadtrates Augsburg vom 20. Juli 34 wurde ich bis 1. Januar 35 ohne Zahlung von Gehalt, jedoch unter Anrechnung meiner Dienstzeit, beurlaubt. Dies ist selbstverständlich eine Angelegenheit, die den Stadtrat in keiner Art und Weise drückt, da ich ihn ja nichts koste.

Mit Schreiben vom 19. Januar 35 bat ich den Stadtrat um Verlängerung meiner Beurlaubung ohne Gehaltszahlung. Nun ging mir beiliegendes Schreiben des Stadtrates zu. In dem Schreiben wird bestätigt, dass meine Beurlaubung bis 30. Juni 35 verlängert wird, gleichzeitig werde ich jedoch verständigt, dass mir ab 1.7.35 eine weitere Beurlaubung auf keinen Fall mehr zugestanden werden kann. Weiter heißt es, dass falls von Seiten der Reichsführung SS eine weitere Tätigkeit im Dienste der SS verlangt wird, müsste ich ab 1. Juli 35 aus dem städtischen Dienst ausscheiden. … Glaubt denn tatsächlich Herr Oberbürgermeister Mayr, dass er sich damit einen Ruf macht, wenn er mich neuerdings in eine Zwangslage bringt und mich um meine vierzehnjährige Dienstzeit bringt? Der Anstand einem Mitkämpfer gegenüber hätte mindestens erfordert, dass er die Sache so lang zurückstellt, bis von der Reichsführung SS die Angelegenheit von selbst geregelt wird. … Wenn ich meinen Posten so bestimmt und so sicher in Händen hätte wie der Herr Oberbürgermeister Mayr, so könnte mir die Maßnahme des Stadtrates Augsburg selbstverständlich egal sein.

Ich bitte Sie, mein Gauleiter, zu erwirken, dass diese Angelegenheit so lange zurückgestellt wird, bis eine Regelung dieser Fragen von höherer Stelle vorgenommen wird.«

Wahl setzt sich für seinen Mitkämpfer und Gründer der Augsburger SS ein. In seinem Brief vom 23.3.1935 finden sich Worte, die Auskunft über Wahls Verständnis vom neuen Staat geben: »… stehe ich auf dem Standpunkt, dass die Partei immer noch das Wesentliche im Staate ist. … Loritz hat zweifellos Verdienste um die Partei. …«

Der Personalreferent der Stadt am 30.3.35 an Wahl:

»Die Schreibweise des PG L. ist wirklich mehr als unverschämt. Gerade L. hätte wirklich keinen Grund, sich über eine schlechte Behandlung seitens der Stadtverwaltung zu beklagen. Ich stelle nur die Tatsache fest, dass L. seit 1.1.33 keinen Dienst mehr bei der Stadt verrichtet, dass ihm volle 18 Monate seine vollen Bezüge gewährt wurden und dass jeweils bei seiner Beurlaubung ausdrücklich ausgesprochen wurde, dass damit seine Dienstzeit eine Unterbrechung nicht erfahre. … Ich glaube aber, dass L. hier ebenso unschön handelt wie im Frühjahr 1934, als er darüber klagt, von der SS für seinen besonderen Aufwand keine Bezahlung zu erhalten und sich selbst damit einverstanden erklärte, dass der Stadtrat seine Bezüge einzieht, um eine Bezahlung durch die SS zu erreichen, nachher aber, als dies bestimmt nicht zum Nachteil des L. erreicht war, über den Stadtrat herfiel und ihm eine schofle Handlungsweise zum Vorwurf machte. Zunächst liegt die Sache also so, dass L. noch bis 30.6.1935 beurlaubt ist …«[76]

Doch aller Verzögerung zum Trotz: Ein um das andere Mal wird die Beurlaubung verlängert. Erst am 31.3.1940 wird Loritz aus den Diensten der Stadt entlassen und verliert damit seinen Pensionsanspruch. Um den allein geht es ihm. Nachdem das KZ Esterwegen geschlossen worden ist, kehrt Loritz 1936 nach Dachau zurück. Ist doch der Inspekteur der Konzentrationslager, Eicke, mit seinem Mann in Esterwegen hochzufrieden. Beurteilung vom 31.7.1935: »Loritz hat innerhalb kurzer Zeit nicht nur eine disziplinierte SS-Wachtruppe, sondern ein mustergültiges Gefangenenlager aufgebaut. Er hat bewiesen, dass er würdig ist, höherer SS-Führer zu werden.«

Aus einem undatierten Personalbericht aus der Esterwegen-Zeit:

»Rassisches Gesamtbild: Vorwiegend nordisch
Charakter: Offen und aufrecht
Wille: Geht von einem ins Auge gefassten Ziel nicht ab
Gesunder Menschenverstand: sehr gut
Wissen und Bildung: Umfassendes Wissen

Auffassungsvermögen: sehr gut
Nationalsozialistische Weltanschauung: Hervorragend
Auftreten und Benehmen in und außer Dienst: Ein äußerst beliebter und befähigter Führer. Lebt nur seiner Pflicht. Keinen Alkohol, kein Nikotin.«[77]

Am 1. April 1936 also kehrt der so Gelobte nach Dachau zurück – diesmal als Kommandant. Heinz Landmann aus Augsburg ist zu Loritz' Amtszeit dort Häftling. Er wird wie viele jüdische Männer nach dem November-Pogrom 1938 in das KZ gebracht. Nie mehr vergisst er die »Zehn Gebote von Dachau«, die den neuen Häftlingen nach der Ankunft verkündet werden. Das erste habe gelautet: »Selbstmord ist erlaubt, versuchter Selbstmord wird streng bestraft.« Juli 1939 wird Loritz abgelöst. Rudolf Höß, Kommandant von Auschwitz, schreibt in seinen Erinnerungen, das sei geschehen, weil Loritz zu hart zu den Häftlingen gewesen sei und sich zu wenig um das Lager gekümmert habe. Angeblich habe Hitler selbst das angeordnet. Für Loritz und den Buchenwalder Kommandanten Höß seien die Häftlinge keine Menschen, sondern »Russen« oder »Kanaken« gewesen.[78]

In Österreich wird der Augsburger nun Führer des SS-Abschnitts XXXV. »... Meine Familie nahm ich sofort mit und habe durch Ausquartieren eines Juden gleich eine schöne Villa außerhalb Graz erhalten. Ich habe dazu einen schönen Weinberg mit viel Obst«, schreibt er seinem Gruppenführer. Zufrieden mit der neuen Tätigkeit scheint er nicht gewesen zu sein. Heißt es im Brief doch auch, er habe nochmals nachgeforscht, wer an seiner Versetzung schuld sei.[79]

Lange währt der Aufenthalt in Österreich nicht. Im Dezember 1939 wird Loritz wieder Kommandant eines berüchtigten KZ, des Lagers Sachsenhausen. Weil es in der Wachmannschaft Disziplinlosigkeiten gegeben hat, will die Führung der Konzentrationslager dort einen besonderen Mann haben. »Das Lager Sachsenhausen, das durch seine Lage in der Nähe von Berlin besonders häufig Besuchern gezeigt wird, muss von einem gewandten und umsichtigen Kommandanten geführt werden, der auch zu repräsentieren versteht. SS-Oberführer Loritz genügt durch seine langjährige Erfahrung als Lagerkommandant den zu stellenden Anforderungen«, heißt es in einem Schreiben an das SS-Personalhauptamt.[80]

21.4.1942: Bei der Gestapo Berlin geht der Brief eines SS-Rottenführers ein: »Betrifft: Schiebungen mit Volksgut im K.L.S.« Auf fünf handgeschriebenen Seiten berichtet der SS-Mann über einen angeblichen Sumpf an Korruption im Lager Sachsenhausen. Belastet werden die Chefs von Küche, Heizungen, Gärtnerei, insbesondere aber der Lagerchef SS-Oberführer Loritz. Der sei der größte Schieber, und das wüssten alle: SS-Führer, Unterführer, Mannschaften, Häftlinge. Berichtet wird von 300 Schweinen, gehalten »zur Aufbesserung der Speisekarte bestimmter Herren, insbesondere des Lagerkommandanten«; von Hühnern und Enten, um maßgebende Stellen gewogen zu machen; von in der Waffenmeisterei versteckten Säcken mit Kaffeebohnen. Über eine Jagdhütte, die sich der Kommandant am Grabowsee bei Oranienburg bauen lasse, heißt es u. a.: »Der See wird bis ins Haus hinein ausgebaggert, so dass man mit dem Motorboot direkt ins Haus fahren kann. Die Jagdhütte bekommt u. a auch einen Schießstand und eine Kegelbahn. Dass sie nicht schlecht eingerichtet wird, dafür wird Herr Loritz schon sorgen. Seinen Geschmack hat er ja zur Genüge bei der Einrichtung des so genannten ›Luftschutzkellers‹ im KL unter Beweis gestellt. Dieser unterirdische Palast im mittelalterlichen Stil ist auf das pompöseste eingerichtet. Kegelbahn, Bauernschänke, perverse Bilder und schwellende Möbel sollen den angreifenden Feind vergessen machen.«

Der SS-Mann scheint die Kameraderie der SS-Oberen zu kennen. Er schickt den Brief nicht nur an die Gestapo, sondern an weitere Dienststellen: »Hoffentlich findet sich ein weißer Rabe, der den Augiasstall ausmistet.«

Der Brief des SS-Rottenführers wirbelt Staub auf. Loritz wird zur Stellungnahme aufgefordert, reagiert gekränkt:

»Obergruppenführer,
ich bitte gehorsamst, dem Reichsführer SS folgende Erklärung abgeben zu dürfen:
Ein anonymer Brief hat dem Reichsführer SS genügt, gegen mich eine Untersuchung einzuleiten, die entehrend ist. Was muss es also für Elemente unter den SS-Führern geben, wenn der Glaube an einen 12 Jahre treu die-

nenden Führer nicht größer ist. Durch eine einzige Frage auf Ehrenwort, wäre dies doch in wenigen Minuten geklärt gewesen. In mir ist etwas zerstört, das mich selbst zutiefst trifft. Ich war so vermessen zu glauben, dass ich in einer Zeit lebe, wo Taten mehr gelten als ein unbekannter Angeber.

Gehorsamst Heil Hitler
Loritz«

In einer Vernehmung stellt er alle Vorwürfe in Abrede.[81]

Loritz ist zu jener Zeit für die Auszeichnung mit dem Kriegsverdienstkreuz 1. Klasse vorgesehen. Die Verleihung wird zurückgestellt, weil er seines Amtes enthoben und gegen ihn ein Disziplinarverfahren eingeleitet wird. Doch Loritz ist ein Günstling Himmlers und Eickes, des Inspekteurs der Konzentrationslager und der SS-Totenkopfverbände. Das Verfahren wird niedergeschlagen, Loritz nicht kaltgestellt, sondern im November 1942 nach Norwegen abkommandiert. In das besetzte skandinavische Land werden damals mehrere tausend politische Häftlinge aus Serbien als Arbeitskräfte gebracht. Loritz wird verantwortlich für die dafür errichteten Konzentrations- und Gefangenen-Arbeitslager. Wohl fühlt er sich im hohen Norden offenbar nicht. Mitte 1943 hat er seine Wohnung in Oranienburg immer noch nicht aufgegeben, weil er angeblich auf Befehl des Reichsführers SS wieder in Deutschland verwendet werden soll. Das Reichssicherheitshauptamt möchte die Oranienburger Wohnung an einen SS-Obersturmbannführer vergeben und weist darauf hin, Loritz besitze auch in St. Gilgen am Wolfgangsee noch ein Domizil! Antwort: Von einer Verwendung des SS-Oberführers Loritz in Deutschland könne im Augenblick noch nicht gesprochen werden. Er bleibt bis zum Zusammenbruch des Dritten Reichs in Norwegen.[82]

Im Januar 1946 verrät sich im Internierungslager Neumünster der Gefangene Hans Berg durch Antworten bei einer Vernehmung. Die Briten entdecken, dass sie den gefürchteten KZ-Kommandanten Hans Loritz in ihrer Gewalt haben. In der »Schwäbischen Landeszeitung« vom 29. Januar 1946 berichten KZ-Häftlinge, wie sie diesen Mann erlebt haben:

Dr. O. F.: »Unter Loritz sah ich ... ›die Taufe im Jordan‹. ... Die SS-Leute zwangen Herrn Sperber [ein Rechtsanwalt aus Wien] ... in den Graben hinunterzusteigen. Der Graben war mit schmutzigem, grünem Wasser und Unrat gefüllt. Es war augenscheinlich, dass Sperber, der völlig nackt ausgezogen wurde, vorher furchtbare Misshandlungen über sich hatte ergehen lassen müssen. Sein ganzer Rücken war wie Hackfleisch. Dem zitternden Menschen schrien die Rohlinge immer zu: ›Jetzt werden wir dich taufen, steig nur hinein in den Jordan!‹ Dazu eine Flut von groben Schimpfworten und Blasphemien. Tatsächlich wurde Sperber gezwungen, in den ›Jordan‹ zu steigen und sich die schmutzige Brühe selbst über den Körper zu gießen. ... Nach drei Tagen ist Sperber an Blutvergiftung gestorben.«

Felix Limmer: »Loritz begann seinen Antritt als Kommandant des KZ-Lagers Dachau mit Einführung der Prügelstrafe und Fesselung der Hände und Füße der politischen Häftlinge beim Anbinden und Hochhängen an Bäumen.«

Max Hammer: »... befahl Loritz, mich in den Arrest zu stecken und krummzuschließen. Um 11.30 Uhr mittags wurde ich ... krummgeschlossen und blieb bis anderntags 8 Uhr früh in der eiskalten Zelle des alten Bunkers, wo unsere besten Kameraden zu Tode gefoltert wurden. Welch unsagbare Schmerzen 18 ½ Stunden Krummschluss bringen, weiß nur der, der selbst an der Kette auf dem kalten Zementboden der Zelle gelegen hat.«

Dem irdischen Richter entzieht Hans Loritz sich. Am 31.1.1946 nimmt er sich das Leben.

Hans Loritz als Kommandant des KZ Dachau
(Foto: Gedenkstätte ehem. KZ Dachau)

Widerstand auch im KZ: Fritz Pröll

Fritz Pröll (Augsburg)

Gestorben, um Kameraden zu retten

Es gibt immer zwei Möglichkeiten. Der Arbeiter Fritz Pröll wurde zum Widerstandskämpfer, weil das Dritte Reich seine Geschwister verfolgte. Er bezahlte dafür mit dem Leben.

*

29 Jahre alt ist Fritz Pröll nur geworden. Neun davon verbringt der Arbeitersohn aus dem Augsburger Stadtbachquartier in Gefängnissen und Konzentrationslagern. Er ist nicht der einzige in seiner Familie, der sich nicht mit der braunen Diktatur abfinden will. Von den sechs Geschwistern leisten auch seine Brüder Josef (1911–1984) und Alois (1913–1942) sowie die Schwester Maria im Kommunistischen Jugendverband und in der Kommunistischen Partei Widerstand. Maria Pröll wird festgenommen, weil Nationalsozialisten bei ihr eine Zeitung der Revolutionären Gewerkschafts-Organisation finden. Mehrere Monate bleibt sie in Haft. Alois Pröll wird 1933 für 23 Monate im KZ Dachau inhaftiert. Er stirbt 1942, wie es heißt an Folgen der Haft. Josef ist von 1933–1936 fast drei Jahre lang und wieder von Kriegsbeginn 1939 an bis 1945 Häftling in den Konzentrationslagern Dachau, Natzweiler, Buchenwald. Nicht zu vergessen Josef Prölls Frau Anna geb. Nolan. Schon als Siebzehnjährige ist sie Mittelpunkt eines Widerstandskreises jugendlicher Kommunisten. 1933 wird sie verhaftet, wird wegen angeblicher Vorbereitung zum Hochverrat zu 21 Monaten Gefängnis verurteilt, nach der Strafverbüßung in Aichach bis 1937 in das Frauen-KZ Moringen verbracht. Die Arbeiterfamilie Pröll darf für sich in Anspruch nehmen, alles getan zu haben, um Deutschland einen Diktator wie Hitler zu ersparen.

Anna Pröll begegnet dem Schwager Friedrich Wilhelm, von allen kurz Fritz genannt, nur einmal. Den Mantel über dem Arm verabschiedet er sich da gerade von seiner Mutter Maria. »Weißt Du, der Fritz geht gern fort unter Gesellschaft«, sagt seine Mutter zu Anna Nolan, wie die spätere Frau von Josef Pröll damals noch heißt. Fritz ist Mechaniker bei der Sägen- und Federnfabrik Eberle und der MAN. Die Verfolgung seiner Geschwister lässt ihn im Dritten Reich zum »politischen Menschen« werden. 19 Jahre alt, schließt er sich Augsburgs mit 60–80 Mitgliedern größter Widerstandsgruppe an, der von Anna Weichenberger geführten »Roten Hilfe«.

Dass es zu keiner weiteren Begegnung Anna Nolans mit dem lebensfrohen jungen Mann kommt, hängt damit zusammen, dass dieser 1935 denunziert und während des Verteilens von antifaschistischen Flugblättern verhaftet wird. Vor Gericht bekennt sich Fritz Pröll offen zu seiner Überzeugung. Er wird »wegen Vorbereitung zum Hochverrat« zu drei Jahren Gefängnis verurteilt, verbüßt die Strafe in Landsberg am Lech. Josef Pröll besucht ihn dort. Fritz sei tapfer, aber oft hungrig, berichtet er. Ihm Lebensmittel mitzubringen ist jedoch nicht erlaubt.

September 1938: Fritz Pröll hat seine Strafe verbüßt. Die Freude, wieder ein freier Mensch zu sein, währt nur ein oder zwei Tage. Dann lässt die Gestapo ihn in das Konzentrationslager Dachau einliefern. Die Geheimpolizei des Dritten Reichs ist so mächtig, dass sie Menschen ohne richterliches Urteil, aus eigener Machtvollkommenheit, ihrer Freiheit berauben und für den

Rest ihres Lebens in »Schutzhaft« nehmen kann. Auf Dachau folgt Buchenwald, wo Fritz Pröll seinem Bruder Josef wiederbegegnet. Fritz kommt in die Strafkompanie und leidet wieder Hunger; aber diesmal kann Josef Pröll ihm ab und zu etwas Essbares zuschmuggeln. Anna Pröll: »Fritz war in Buchenwald als Frohnatur bekannt, einfach durch sein Wesen hat er andere Häftlinge aufzumuntern vermocht.«

Im März 1942 werden die beiden Brüder in ein anderes Konzentrationslager verlegt: nach Natzweiler-Struthoff. Es liegt 800 m hoch auf einem Gipfel der Vogesen, südwestlich von Straßburg. 1941 für 1100 Häftlinge geplant, sind in dem elsässischen Lager später mehr als 7.000 Menschen aus 17 Ländern zusammengepfercht. Viele der Häftlinge arbeiten in nahen Steinbrüchen. Einige Professoren der Universität Straßburg nehmen Versuche an Menschen vor. Es heißt, diese sollten rassekundlichen Forschungen und der Erprobung chemischer Kampfmittel dienen.

1943 erhält das KZ Natzweiler-Struthof einen neuen Kommandanten: Josef Kramer. Als Arbeitsloser hatte sich der in München geborene Elektriker in Augsburg den Nationalsozialisten angeschlossen. Er bringt es zum Herrn über Leben und Tod. Auf Natzweiler folgt 1944 Auschwitz. Kramer wird der Kommandant des Lagers Birkenau und ab Dezember 1944 des KZ Bergen-Belsen in Niedersachsen. Ein britisches Militärgericht verurteilt den SS-Hauptsturmführer nach dem Krieg zum Tode. »Als britische Truppen das Lager am 15.4.1945 befreiten, fanden sie 56.000 hungernde und kranke (vor allem Typhus) Frauen, Männer und Kinder sowie über 10.000 unbeerdigte Leichen«, heißt es in der »Enzyklopädie des Nationalsozialismus«. Darin findet sich für Kramer auch die Bezeichnung »Bestie von Belsen«.[83] Der amerikanische Historiker Tom Segev, der vor einigen Jahren Kramers Witwe aufgesucht hat, zitiert von dieser die Worte: »Papa glaubte, dass alles so geschieht wie es geschehen musste.«[84]

Die Pröll-Brüder kommen gemeinsam nach Natzweiler – sie werden auch gemeinsam Mitte Dezember 1943 wieder nach Buchenwald zurückgebracht. Ein paar Tage später sollen die beiden erneut verlegt werden, diesmal ins Buchenwalder Außenlager Dora im Harz. Josef entgeht dem neuen Kommando. Er kann von Mitgefangenen versteckt werden – in einer Baracke des sog. kleinen Lagers, in welche die SS-Bewacher wegen Seuchengefahr nicht hineingehen. Fritz geht »auf Transport«, wie es damals heißt. »Dora – ein Todeskommando. Das war die einhellige Meinung unter uns Buchenwald-Häftlingen. Wir sahen die Transporte nach Dora gehen und zählten mit Entsetzen die Toten, die von dort nach Buchenwald kamen, um im Krematorium verbrannt zu werden. … Die aus vielen Ländern in das KZ Dora-Mittelbau verschleppten 60.000 Männer erlebten eine Hölle, die jeder Beschreibung spottete«, schreibt Prof. Dr. Walter Bartels.[85] Anfänglich ist Dora ein kleines Buchenwalder Außenkommando im Harz. Das ändert sich, als ab August 1943 in den Stollen des Kohnsteins nahe Nordhausen eine gewaltige Waffenschmiede entsteht. Riesig sind die Ausmaße des unterirdischen Betriebs: 2,4 km tief ist die Höhle, jeder der etwa 40 Querstollen einige hundert Meter lang. Ein Gips-Bergwerk hat sich dort einmal befunden, ab 1936 sind im Kohnstein Benzin sowie angeblich auch Gase und Säuren für einen Giftkrieg gelagert worden. Nun also wird Dora ein vor Bombenangriffen sicheres Rüstungswerk – mit einem Rüstungs-KZ. Arbeitskräfte sind Mangelware, weil die Front jeden Mann verschlingt. So baut der Betrieb Dora-Mittelbau von Anbeginn an auf den Einsatz Tausender KZ-Häftlinge und anderer Zwangsarbeiter. Gefertigt werden unter Tage Triebwerke für Strahlflugzeuge, aber vor allem die Raketen V1 und V2. Seit 1936 schon entwikkeln und erproben Wissenschaftler und Militärs in der Versuchsanstalt Peenemünde auf der Ostseeinsel Usedom Fernraketen. Im August 1943 fliegt die britische Royal Air Force einen großen Angriff auf Peenemünde. Von da an suchen die Machthaber des Dritten Reichs nach einer sicheren Produktionsstätte für die Wunderwaffen, die dem Krieg noch eine Wende geben sollen. Im Kohnstein werden sie fündig.

Als »Vater« der Peenemünder Fernwaffen gilt Wernher von Braun. Zumindest einmal besucht er das Mittelwerk bei Nordhausen. Im Februar 1949 sagt er im Konsulat der Bundesrepublik in New Orleans darüber aus: »Ich bin im Sommer 1943 … in den Stollen gewesen. Damals waren einige Häftlinge in diesen Stollen untergebracht. Ich bin mit der besichtigenden Besuchergruppe durch diese temporären Unterkünfte durchgegangen. … Ich habe bei meinem Besuch im Mittelwerk niemals einen toten Mann gesehen, niemals eine Misshandlung oder eine Tötung gesehen. Ich habe allerdings gerüchteweise gehört, dass Misshandlungen im Lager Dora stattgefunden und dass Häftlinge aufgehängt worden seien wegen Sabotage.«[86] Von Braun setzt seine Karriere nach dem Zweiten Weltkrieg in USA fort. Er wird der Chefplaner der amerikanischen Weltraumbehörde Nasa. Die Raketen, die US-Astronauten auf den Mond und in den Weltraum tragen, sind auch sein Werk.

Lange Zeit müssen die Häftlinge nicht nur bis zur Erschöpfung im Kohnstein schuften: Sie müssen auch darin wohnen und schlafen; sehen kaum noch Tageslicht; werden schlecht ernährt. Viele der Männer sterben. Erst als sie im Sommer 1944 in ein Barackenlager umziehen können, verbessern sich die Lebensbedingungen ein wenig. Von 60.000 Menschen, die insgesamt in Dora-Mittelbau und dessen Außenlagern inhaftiert gewesen sind, kommen mindestens 10.000 ums Leben. Die obersten Kriegsherren rührt das wenig. Sie interessiert nur, wieviele Raketen produziert werden. Ein Rekord wird im November 1944 verzeichnet. 662 V2 werden in jenem Monat produziert – von mehr als 32.000 Sklavenarbeitern.

Einer der vielen Häftlinge des KZ Dora-Mittelbau ist Fritz Pröll. Es geht ihm etwas besser als den Männern, die an den Maschinen stehen. Er ist Schreiber im Häftlingskrankenbau. Dieser Bau ist die Zentrale des Widerstands. Er ist innerhalb des großen Lagers zusätzlich eingezäunt. Die Häftlinge haben ein Schwachstrom-Warnsignal installiert, so dass die Männer des Widerstands so leicht nicht überrascht werden können. Fritz Pröll wird in einer Veröffentlichung als ein »besonders mutiger Kämpfer«[87] beschrieben. Er sammelt die Nachrichten, die Boten der verschiedenen nationalen Widerstandsgruppen bringen, und gibt sie an den Mann weiter, der den Widerstand leitet.

Ein Spitzel löst im November 1944 eine große Verhaftungswelle aus. Fritz Pröll wird gewarnt, dass auch ihm Gefahr droht. »Keine Angst, morgen bin ich tot und Tote können nicht mehr reden«, beruhigt er den Polen Tadeusz Patzer, kommunistischer Widerstandskämpfer wie er selbst. »Einen wunderbaren Jungen, der jedem zu helfen versucht hat«, rühmt Patzer nach dem Krieg den Augsburger Leidensgefährten.[88]

Da Fritz Pröll befürchtet, im Bunker gefoltert zu werden und möglicherweise gegen seinen Willen die Namen von Kameraden zu verraten, nimmt er sich in der Tat am nächsten Tag mit einer Giftspritze das Leben. Zuvor schreibt er seinen Angehörigen diesen Brief:

»Meine Lieben!

Zu Beginn meiner schwersten Stunde empfangt meinen geschwisterlichen Gruß. Ruhig und zufrieden, frei von jeder Furcht vor dem Tode, habe ich mich entschlossen zu sterben. Mein letzter Wunsch: Pflegt das Grab meiner unvergesslichen Mutti und seid alle umarmt und geküßt. Ich war treu und tapfer bis in den Tod. Lebt wohl! Euer Fritz.«

Am gleichen Tag, dem 22. November 1944, setzt Fritz Pröll seinem Leben ein Ende. Er ist 29 Jahre alt. Seinen Körper verbrennen junge russische Häftlinge, seine Asche füllen sie heimlich in eine Urne. Versuche, nach dem Krieg diese Urne zu finden und sie in Augsburg beizusetzen, sind vergeblich. Fritz Prölls Name steht dennoch auf dem Grabstein, den die Familie seiner geliebten Mutter gesetzt hat. Fritz Pröll hatte noch erfahren, dass sie im Februar 1944 durch einen Luftangriff ums Leben gekommen war.

*

Fritz Pröll, der Arbeiter und KZ-Häftling, ist in die Literatur eingegangen. Der Bericht über sein Leben und Sterben wäre unvollständig ohne eine Episode aus Natzweiler nachzutragen. Denn inmitten dieses schrecklichen Lagers erlebt Fritz Pröll seine erste Liebe, eine ganz große, tiefe Liebe.

Josef Pröll, der Bruder, erlebt diese Liebe zu einer Griechin mit. Die Jüdin ist mit anderen Frauen zu rassekundlichen Forschungen in das Männerlager Natzweiler eingeliefert worden. Fritz Pröll ist auch dort im Elsass Schreiber im Krankenbau. Er lernt die junge Frau kennen, als er den Lagerarzt zu den Frauen begleiten muss. Die Griechin spricht deutsch. Sie verliebt sich in ihn, er verliebt sich in sie. In der Hoffnung, die Höllen der KZ zu überleben und eines Tages wieder freie Menschen zu sein, versprechen die beiden sich, sich dann zu suchen, zu finden, bis ans Lebensende beieinander zu bleiben.

Die junge Frau hat verbotenerweise ein Kleid in ihrem Häftlingsgepäck, ein blaues Kleid. Ihr Geliebter soll sehen, wie schön sie aussieht, wenn sie statt der schäbigen Häftlingsmontur dieses Kleid trägt. Sie findet auch tatsächlich eine Gelegenheit, sich Fritz darin zu zeigen. Doch eines Tages kommt dieses Kleid zurück ins Lager. Blutverschmiert. Die Geliebte ist tot. Es heißt, sie sei vergast worden.

Auf dem Rücktransport von Natzweiler erzählt Josef Pröll diese Tragödie einem Mithäftling, dem Schriftsteller Bruno Apitz. Der schreibt die Geschichte heimlich noch in Buchenwald als Novelle nieder. In dichterischer Freiheit verändert er das Geschehen ein wenig, ändert auch die Namen der beiden jungen Menschen. Sie heißt im Buch Esther, er Oswald. Am Schluss des Buches heißt es: »›Esther‹ geht auf eine Begebenheit zurück, die Bruno Apitz von einem Häftling des Konzentrationslagers Natzweiler erfuhr. Er schrieb diese Novelle illegal im KZ Buchenwald.«

»Esther« ist eine rührende, ganz traurige Geschichte. Dieses ist ihr Ende:

»Ein Lastwagen hält vor dem Block der Frauen. Ihm entsteigen der SS-Arzt und einige SS-Posten mit Hunden an der Leine und geschultertem Gewehr. Mit zwei Posten betritt der Arzt den Block. Wohl eine halbe Stunde dauert es, dann erscheinen achtzehn der gefangenen Frauen. Sie besteigen heiter den Wagen. Als letzte Esther.

Sie schreitet, als hätte sie die Augen geschlossen. Aber das ist nur, weil ihr Blick gebannt ist. Der SS-Arzt weist ihr verbindlich lächelnd den Weg…

Es müsse sich, so erzählt der Vorarbeiter Ernst später, es müsse sich vor der Gaskammer ein Kampf abgespielt haben. Die Erde sei zerwühlt und blutig gewesen. Achtzig Meter von der Gaskammer entfernt hätten sie eine große Blutlache gesehen und einen Fetzen von einem Kleid. Verdreckt und zertreten.

Es sei ein Fetzen hellblauer Seide gewesen, mit großen weißen Chrysanthemen.«[89]

Josef Pröll hat zu seiner Frau oftmals gesagt: »Das war eine heilige Liebe.« Und wenn Anna Pröll heute vor dem Grabstein mit den Namen von Maria und Fritz Pröll steht, dann gedenkt sie stets auch der Griechin im blauen Kleid.

Sepp Dietrich (Hawangen/Allgäu)

»Ich machte mir keine Gedanken darüber«

Es gibt immer zwei Möglichkeiten. Sepp Dietrich entschied sich für Adolf Hitler. Als Kommandeur von dessen SS-Leibstandarte wurde er einer von dessen ergebensten Gefolgsmännern.

*

»… ein Mann, der gleichzeitig verschlagen, energisch und brutal ist. Hinter Dietrichs schwadronierendem Auftreten steckt ein ernster, gewissenhafter, peinlich genauer Charakter. Und wie er sich um seine Truppen kümmert! Er ist ein Phänomen in der Klasse wie Frundsberg, Ziethen und Seydlitz. Er ist ein bayerischer Wrangel, unersetzbar. Für das deutsche Volk ist Sepp Dietrich eine nationale Einrichtung. Für mich persönlich kommt noch die Tatsache hinzu, dass er einer meiner ältesten Kampfgefährten ist.« Mit diesem Lob überschüttet Hitler 1942 den Kommandeur seiner Leibstandarte, Sepp Dietrich.[90]

Dieser im Dritten Reich äußerst populäre Mann stammt aus einfachsten Verhältnissen. Das 1892 von einer ledigen Mutter in Hawangen geborene Kind wird bei der Großmutter groß. Volksschule, Arbeit in der Landwirtschaft – »ein Bub, der Kühe hütete«, wie ein Hawangener sagt –, Ausbildung zum Hotelangestellten in der Schweiz. 1911 tritt er ins 4. Bayerische Feldartillerie-Regiment »König« ein, Garnisonsort Augsburg. Dietrich hat seinen Beruf gefunden: Soldat.

Fortan gleicht sein Weg dem vieler Männer, die später zu Hitler stoßen. Einsatz an vorderster Front im Westen und in Italien. Verwundung. Als 1918 erstmals auf deutscher Seite Tanks eingesetzt werden, meldet Dietrich sich zu dieser neuen Waffe. Er bewährt sich auch da, fügt seinen bereits zahlreichen Auszeichnungen die Goldene Bayerische Tapferkeitsmedaille hinzu. Sie gilt als der Orden »Pour le Mérite der Unteroffiziere«.

Dann die große Enttäuschung: Vergebens hat er sein Leben für das Vaterland aufs Spiel gesetzt, das Deutsche Reich ist am Ende. Mit den besieg-

Sepp Dietrich sagt nach dem Zweiten Weltkrieg als Zeuge in einem Prozess vor dem Landgericht München aus
(Foto: dpd/Süddeutscher Verlag-Bilderdienst)

ten Truppen kehrt auch der Vizewachtmeister Dietrich in die Heimat zurück. Es dauert indes nicht lang, bis er erneut in disziplinierter Kameradschaft leben und Uniform tragen kann. 1920 wird er Landespolizist. Da gehört er aber bereits dem Wehrregiment 1 an, einem Freiwilligenverband. Das rechtsnationalistische Freikorps Oberland folgt. Er bekämpft die Räterepublik in Bayern, ist beim Sturm auf den Annaberg in Oberschlesien dabei. Am 9. November 1923 beteiligen sich die Oberländer am nationalsozialistischen Putschversuch in München. Dietrich kommt in den Bannkreis Hitlers, auch wenn er formal erst 1928 NSDAP und SS beitritt. »Überall, wo ein Mann gebraucht wird, ist er zu finden«, so rühmt ihn später der Reichsjugendführer Baldur von Schirach.[91]

Der Aufstieg erfolgt schnell: SS-Führer von München, ab 1930 für ganz Süddeutschland sowie Reichstagsabgeordneter der Nationalsozialisten, 1931 kommissarisch Oberführer des SS-Abschnitts Nord – das sind die nächsten Meilensteine auf dem Weg des einstigen »Hütebuben«. 1932 wird er Kommandeur von Hitlers persönlicher Leibwache, die 1933 zuerst in »Wachbataillon Berlin« umbenannt wird, dann in »Leibstandarte Adolf Hitler«. Tausend Mann hören nun auf Dietrichs Kommandos. »Hitler fühlte sich nicht einmal in seinen eigenen vier Wänden sicher«, heißt es in »Der Orden unter dem Totenkopf« über den doch angeblich so unerschrockenen Diktator.«[92]

Wer diesen in seiner Reichskanzlei besuchen will, hat nicht weniger als drei Sperrkreise von SS-Wachen zu überwinden. Hitlers Tischgäste werden von athletisch gebauten Aufwärtern bedient. Und den Mercedes des »Führers« begleiten in offenen Wagen stets »bewaffnete junge Riesen in voller SS-Uniform.«[93] Ihr Eid unterstellt die Männer der Leibstandarte bedingungslos Hitler.

Mindestens 1,80 m groß müssen die »jungen Riesen« sein, um in der Leibstandarte aufgenommen zu werden, kein Zahn soll plombiert sein. Im Verhältnis zu seinen Untergebenen kommt Haudegen Dietrich sein ausgeprägtes kameradschaftliches Wesen zugute. Häufig isst der Chef zusammen mit seinen Leuten in der Mannschaftsmesse der Kaserne in Berlin-Lichterfelde. Aber er speist auch in vornehmerer Gesellschaft. 1940 zum Beispiel, als Hitler ein Essen für den sowjetischen Außenminister Molotow gibt.

Dietrich ist seinem Führer bedingungslos ergeben. Er beweist es im Juni 1934. »An diesem Tag hat Hitler das erste Mal völlig unverhohlen vor der ganzen Welt seine Alleinherrschaft und die Ohnmacht der Justiz demonstriert. Dieser Tag ging in die Geschichte des NS-Regimes unter dem irreführenden Namen ›Röhm-Putsch‹ oder ›Röhm-Affäre‹ ein. Der Generalstaatsanwalt in München hat den Fall nach 1945 unter der zutreffenden Bezeichnung ›Mordaktion vom 30. Juni 1934‹ registriert.« Das schreibt Otto Gritschneder in seinem ausgezeichneten Buch über die ungeheuerlichen Verbrechen jenes und der folgenden Tage.[94]

Ernst Röhm ist der Stabschef der SA. Deren Schlägertrupps erringen vor 1933 in wenigen

Jahren die Macht über die Straße. Wehe allen, die sich ihnen in den Weg stellen. Als im Sommer nicht weniger als 4,5 Millionen Männer in Deutschland die braune SA-Uniform tragen, beginnt Hitler in Röhm einen Rivalen zu sehen. Tatsächlich gehen die Ansichten der beiden Nationalsozialisten in vielen Punkten auseinander. Der SA-Stabschef beunruhigt Hitler mit Äußerungen wie »Statt Revolutionen zu feiern, mache ich lieber Revolutionen«[95] und tritt für ein Milizheer mit seiner SA als Kern ein. Dessen Chef möchte er dann sein. Solche und ähnliche Gedanken rufen die Reichswehr-Generäle auf den Plan. Da er diese eines Tages für seine Eroberungspläne brauchen wird, entschließt Hitler sich, den »Fall Röhm« gewaltsam und ein für allemal zu erledigen. Auszuschließen ist nicht, dass Röhm eines Tages geputscht hätte. Für jene Tage Ende Juni 1934 plant er jedoch keinen Umsturzversuch.

Dennoch: Alarm, angeblich ist das Dritte Reich in Gefahr! Hitler befiehlt, mit der Eisenbahn zwei Schützenkompanien seiner Leibstandarte aus Berlin nach Südbayern in Marsch zu setzen. An der Endstation Kaufering werden die Einheiten von Sepp Dietrich erwartet. Fahrzeuge der Landsberger Reichswehr sollen die Männer nach Bad Wiessee bringen. Dorthin hat Hitler für den 30. Juni die oberste SA-Führung bestellt, angeblich gibt es Wichtiges zu besprechen. Wegen schlechter Reifen und regennasser Straßen kommen die Reichswehr-Fahrzeuge aber nur langsam vorwärts. Dietrichs Truppe wird nach München umdirigiert.

Röhm ist schon am Vorabend des 30. nach Wiessee gereist. Im Schlaf überraschen Hitler und einige Gefolgsleute in der Nacht den SA-Stabschef. Mit einer Pistole in der Hand stürzt der Reichskanzler in Röhms Zimmer, nennt diesen einen Verräter, lässt ihn mit den anderen ebenso unsanft geweckten SA-Führern ins Gefängnis nach München-Stadelheim bringen.

Um 17 Uhr jenes Tages erreicht Dietrich in einer Münchner Kaserne Hitlers Befehl, sich mit einem Exekutionskommando in die Haftanstalt zu begeben, um sechs SA-Männer wegen Landes- und Hochverrats zu erschießen. Der Leiter des Gefängnisses weigert sich, die Männer herauszugeben. Dietrich fährt zum »Braunen Haus«. Hitler trifft er dort nicht mehr an, der ist bereits wieder auf dem Weg nach Berlin. Dietrich wendet sich an den bayerischen Innenminister und Gauleiter Wagner. Der vermerkt auf der Liste mit den Namen der sechs Todeskandidaten: »Auf Befehl des Führers sind an Gruppenführer Dietrich die Herren auszuliefern, die dieser des näheren bezeichnet.«[96]

Zurück in Stadelheim findet Dietrich dort Hans Frank vor. Der ist bayerischer Justizminister, erklärt aber die Erschießung ohne Gerichtsurteil für rechtens! Die sechs SA-Führer werden dem Kommando übergeben. Einer nach dem anderen wird in den Hof geführt. Ein SS-Mann verkündet: »Der Führer und Reichskanzler hat Sie zum Tode verurteilt. Die Hinrichtung wird sogleich vollzogen.«[97] Dann fallen die tödlichen Schüsse. Dietrich selbst verlässt während der zweiten Exekution den Ort des blutigen Geschehens bereits wieder: »Es hat mir gelangt!«[98]

Röhm gehört nicht zu der Gruppe, welche die Männer der Leibstandarte zu erschießen haben. Hitler begnadigt diesen seiner Verdienste wegen – für einen Tag. Dann gibt er dem Drängen Görings, Himmlers, Heydrichs u. a. nach und befiehlt, auch Röhm hinzurichten. Am 1. Juli wird dem seines Amts enthobenen SA-Stabschef nahegelegt, Selbstmord zu begehen. Er weigert sich, die ihm auf den Tisch seiner Zelle 474 gelegte Waffe zu benutzen. Daraufhin wird Röhm in seiner Zelle erschossen.

Insgesamt fallen den Massakern jener Tage und Nächte in ganz Deutschland 83 SA-Führer zum Opfer. Nicht aller Hinrichtung ist von Hitler befohlen, andere Nazi-Größen nutzen die günstige Gelegenheit, um Rechnungen mit SA-Männern zu begleichen. Alle werden erschossen ohne sich verteidigen zu können, ohne richterliches Urteil. Ein ungeheuerlicher Justizmord auf Befehl des Reichskanzlers. Sepp Dietrich, nach dem Zweiten Weltkrieg vor Gericht befragt, was er sich damals bei seinem Auftrag gedacht habe: »Ich habe mir damals überhaupt keine Gedanken darüber gemacht, ob Röhm und sein Anhang tatsächlich einen Putsch vorgehabt haben und darüber, ob tatsächlich ein Staatsnotstand gegeben war.«[99]

Zwei Tage später bindet Hitler der Justiz vorsorglich die Hände. Ein Gesetz über Staatsnotwehr wird verkündet. Einziger Artikel: »Die zur Niederschlagung hoch- und landesverräterischer Angriffe am 30. Juni, 1. Juli und 2. Juli 1934 vollzogenen Maßnahmen sind als Staatsnotwehr rechtens.«[100]

Sepp Dietrich wird von Zeitgenossen und Historikern als Haudegen, Feldwebelnatur, raubeinig, einfältig, bauernschlau, humorvoll beschrieben. Offenbar liebt er Nervenkitzel. Für Daimler-Benz und Auto-Union fährt er Straßenrennen; er erlernt auch, ein Flugzeug zu führen. Gebildet ist er nicht. Die Widmung auf einem Foto, das er einem Freund schenkt, enthält Rechtschreibfehler. Ein hoher SS-Führer versucht einmal, Dietrich auf einer Landkarte die Lage zu schildern: »Es hat gar keinen Zweck gehabt. Er hat nichts verstanden.«[101] Dietrich ist auch kein großer Redner: In einer Ansprache verheddert er sich und sagt: »Was die Treulosigkeit gegenüber unserem geliebten Führer anbelangt, so werden wir uns darin von niemandem übertreffen lassen.« Aber er verstellt sich auch nicht. Er macht aus seinem Herzen, auch Hitler gegenüber, keine Mördergrube. Als der berüchtigte Stellverteter des »Reichsprotektors für Böhmen und Mähren«, Reinhard Heydrich, 1942 einem Attentat zum Opfer fällt, kommentiert Dietrich das mit den Worten »Gott sei Dank, jetzt ist die Sau verreckt.«[102]

Nichtsdestoweniger wird der Chef der »Leibstandarte« auch von Reichswehr- bzw. Wehrmacht-Generälen geschätzt, in Friedens- wie in Kriegszeiten. Generaloberst Guderian: »Charakterlich ein einfacher, gerader, rauer Soldat, viel Herz für seine Soldaten. Ein ausgesprochen guter Kamerad, der sich für Untergebene und Kameraden, die in Not gerieten, ohne Rücksicht auf die eigene Person voll einsetzte.«[103] Dietrich ist wohl so etwas wie ein soldatisches Naturtalent. An den Fronten des Zweiten Weltkriegs erfasst er blitzschnell militärische Situationen und nutzt sie.

Hitler blind ergeben zu sein lohnt. Wie viele Diktatoren geizt dieser gegenüber seinen Getreuen nicht mit Geschenken: Rittergüter, Belohnungen, Geld. Sepp Dietrich erhält zum Fünfzigsten am 28. Mai 1942 100.000 Reichsmark. Sein Name steht auch auf einer Liste hoher Militärs, denen »ihr Führer« monatlich einige Tausend Mark aufs Konto überweist. In Dietrichs Fall sind es 2.000 RM.[104] Dem Reichsminister Speer erteilt Hitler im Krieg den Auftrag, Dietrich ein Haus zu beschaffen.[105]

1. September 1939: Hitler bricht den Zweiten Weltkrieg vom Zaun. Als motorisiertes Infanterie-Regiment ist die Leibstandarte von der ersten Stunde an in Polen dabei. Sie kämpft bis zur deutschen Kapitulation an allen Fronten, die afrikanische ausgenommen. Der Blutzoll ist gewaltig. 1941 schreibt Dietrich handschriftlich dem Reichsführer-SS: »Wenn auch unsere Verluste nicht gerade klein sind, so tragen wir sie mit Stolz für unseren Führer und für unsere schöne Heimat … Weißt Du, ich freue mich ja und bin stolz auf unseren Schwarzen Haufen …«[106] Trotz der gewaltigen Verluste werden der Leibstandarte nur knappe Ruhepausen zugestanden. Sie wird die »reisefreudigste« aller SS-Einheiten. In den letzten beiden Kriegsjahren pendelt sie nicht weniger als siebenmal zwischen Ost- und Westfront.

»Der Sepp«, wie ihn seine SS-Männer nennen, ist kein Kommandeur, der seine SS-Division Leibstandarte Adolf Hitler aus der sicheren Etappe leitet. Er ist immer wieder in vorderster Front dabei, versteht, durch sein Beispiel die Truppe mitzureißen. Das macht ihn damals bei den Soldaten geachtet, in der Heimat populär. Alle Orden, welche das Dritte Reich für Tapferkeit zu vergeben hat, werden Dietrich um den Hals gehängt oder an die Brust geheftet – bis hin zum Ritterkreuz mit Brillanten. Doch Dietrich ist, bei aller Treue zu seinem »Führer«, nicht blind für die sich immer mehr verschlechternde Kriegssituation. Als Anfang Juli 1944 in Frankreich die Lage der deutschen Truppen in der Normandie immer aussichtloser wird, immer mehr Soldaten den pausenlosen Durchhaltebefehlen Hitlers zum Opfer fallen, stimmen auch hohe Offiziere der Waffen-SS den Absichten des Oberbefehlshabers im Westen, Generalfeldmarschall Rommel, zu.

Dieser will Frankreich räumen und die deutschen Truppen bis zum Westwall zurückführen. Hitler, so der Plan, solle sich vor einem deutschen Gericht verantworten müssen. Auch Dietrich ist bereit, da mitzumachen. Doch die Pläne werden nie durchgeführt: am 17. Juli 1944 wird der Generalfeldmarschall bei einem Tieffliegerangriff schwer verletzt. Drei Tage später dann das Attentat von Stauffenbergs auf Hitler. Da Rommel von den Männern des 20. Juli ohne seine Zustimmung als Oberbefehlshaber des Heeres vorgesehen ist, stellt Hitler ihn vor die Wahl »Selbstmord oder Prozess vor dem Volksgerichtshof«. Der als »Wüstenfuchs« im Afrika-Feldzug berühmt gewordene Offizier schluckt Gift.

Unter denen, die nach dem 20. Juli 1944 verhaftet werden, befindet sich Rommels Generalstabschef Speidel. Kamerad Dietrich erreicht, dass dieser freigelassen wird. Vermutlich bewahrt er den hohen Offizier vor der Hinrichtung. Als General der Bundeswehr wird Speidel später Oberbefehlshaber der NATO-Streitkräfte.

Dezember 1944: Die letzte deutsche Offensive im Westen. Die vier SS-Divisionen »Leibstandarte«, »Das Reich«, »Hohenstaufen« und »Hitlerjugend« werden als 6. SS-Panzerarmee Dietrich unterstellt. Sie sollen durch die Ardennen vorrücken, die Maas überqueren und schließlich den für die Versorgung der britischen Truppen wichtigen Hafen Antwerpen erobern. Nach Erfolgen an den ersten Tagen scheitert das »Unternehmen Wacht am Rhein« jedoch. Wieder werden viele Menschen geopfert. »Im Hinblick auf Deutschlands Gesamtlage erwies sich Hitlers Vabanquespiel als tödlich«, heißt es in Steins »Geschichte der Waffen-SS.«[107]

Obwohl durch den Ausgang der Ardennen-Schlacht enttäuscht, setzt Hitler nochmals auf seinen SS-Oberstgruppenführer und Generaloberst der Waffen-SS. In Budapest sind 50.000 Mann der Waffen-SS von russischen Truppen umzingelt. Versuche, sie zu befreien, scheitern. Sepp Dietrichs 6. Panzerarmee soll die Russen über die Donau zurückwerfen und die ungarische Hauptstadt entsetzen. Hintergrund dieses Kraftakts sind die für Deutschland unentbehrlichen Erdölquellen und -raffinerien in Südosteuropa. Aber auch die Offensive am Plattensee bleibt bald stecken. Dietrich erhält Befehl, sich von vorrückenden russischen Einheiten einkesseln zu lassen. Er weigert sich.

Als Hitler erfährt, dass die Einheiten der Waffen-SS sich entgegen seinem Auftrag zurückziehen, soll er fast den Verstand verloren haben: »Er bekam einen Wutanfall und befahl, den Divisionen, unter denen seine eigene Leibwache, die Leibstandarte, war, sollten die Ärmelstreifen abgenommen werden.« Dietrich gibt den Befehl nicht weiter. Er ist auch sinnlos, hatten doch die SS-Männer die Ärmelstreifen längst abgelegt, um sich den Russen nicht zu verraten. In den nächsten Wochen schlagen sich die Überlebenden der 6. SS-Panzerarmee nach Westen durch. Dietrich und seine Männer haben Grund, sich nicht sowjetischen Soldaten zu ergeben, sondern amerikanischen.

1934 ist Sepp Dietrich erstmals an einem Verbrechen Hitlers beteiligt gewesen. Als Kommandeur muss er für Verbrechen, die von Männern der Leibstandarte im Zweiten Weltkrieg verübt werden, einstehen. Einer von Dietrichs Biographen schreibt von dessen Unvermögen – oder vielleicht auch mangelndem Willen – seine Soldaten an kriminellem Verhalten zu hindern: »Angehörige des Regiments waren an der Ermordung polnischer Juden und der mutwilligen Zerstörung polnischer Dörfer beteiligt.«[108]

An weiteren Verbrechen werden Dietrichs SS-Soldaten u. a. angelastet:

- im *Frankreich-Feldzug:* In einer Scheune bei Wormhoudt 50, möglicherweise sogar 90, gefangene britische Soldaten niedergemetzelt zu haben.[109]
- im *Russland-Feldzug:* Nach der Ermordung von sechs gefangenen SS-Männern durch russische Soldaten auf Befehl Dietrichs die in den nächsten drei Tagen gemachten Gefangenen erschossen zu haben. Etwa 4.000 Russen, die am an den SS-Männern verübten Verbrechen unschuldig sind, kostet diese Aktion das Leben.[110]
- bei der *Ardennen-Offensive:* Am 17. Dezember 1944 nahe Malmedy 71 amerikanische Kriegsgefangene getötet zu haben.

Dietrichs Leben nach der deutschen Kapitulation ist von mehrjähriger Haft in Internierungslagern sowie Prozessen überschattet. In der Sowjetunion wird er in Abwesenheit für 1943 nach der Rückeroberung Charkows durch Angehörige der Waffen-SS begangene Morde zum Tode verurteilt. Mit 74 anderen Angeklagten muss er sich in Dachau vor einem amerikanischen Gericht wegen der Tötungen bei Malmedy verantworten. Was dort geschah, ist umstritten. Wurde Dietrichs Weisung, während der Offensive keine Zeit mit Gefangenen zu verschwenden, von jungen Offizieren als Erlaubnis, zu töten, missverstanden? Wurden die Gefangenen im

Nebel für angreifende Feinde gehalten? Starben sie bei einem Ausbruchversuch?
Die Aussage eines amerikanischen Offiziers spricht indes für ein Massaker an wehrlosen Gefangenen. So sieht es auch das Gericht. Dessen Verfahren wird scharf kritisiert. Angeblich erpresste es Geständnisse. Ein Untersuchungsausschuss des US-Kongresses kommt zu einer anderen Auffassung. Das Verfahren sei unparteiisch gewesen, befindet er. Dennoch wird von 43 Todesurteilen keines vollstreckt. Dietrich soll lebenslang in Haft. Nach neun Jahren kehrt er 1955 aus dem Gefängnis Landsberg in die Freiheit zurück. Er lässt sich in Ludwigsburg nieder und betätigt sich in einer Holzhandlung.
1957 steht Dietrich erneut vor seinen Richtern. Diesmal geht es um den so genannten Röhm-Putsch. Der Angeklagte sagt aus, er habe geglaubt, mit der Erschießung der SA-Führer rechtens gegen einen Staatsnotstand vorzugehen. Bei einer Weigerung habe er befürchten müssen, selbst erschossen zu werden. Wegen Beihilfe zum Totschlag in sechs Fällen wird er zu 18 Monaten Gefängnis verurteilt. Aus der Urteilsbegründung. »Der ölglatte Dietrich ist ein einfacher Mann ohne besondere Vorbildung. Die Tatsache, dass er es bis zum Armeeführer brachte (wenn auch zweifellos infolge besonderer Gunst), zeigt immerhin, dass seine Intelligenz keinesfalls unter der eines durchschnittlichen Menschen liegt. … Bei einer geringen Überlegung, die von ihm zu erwarten und ihm zuzumuten war, hätte er erkennen können, dass die Erschießung eines in der Gefängniszelle untergebrachten und bewachten Gegners ohne Gerichtsurteil Unrecht ist, … dass es auch einem Regierungschef und Führer einer politischen Partei nicht erlaubt ist, politische Gegner einfach erschießen zu lassen.«[111] Doch die Justiz ist nachsichtig. Sechs Monate nach Haftbeginn wird Dietrich aus Landsberg auf Bewährung entlassen.
1960 schließlich verurteilt eine Berliner Spruchkammer Dietrich in einem Sühneverfahren zu einer Geldstrafe von 8.000 DM. Über die Leibstandarte heißt es im Urteil, sie sei dazu bestimmt gewesen, die Menschen durch ihr bloßes Auftreten in der Öffentlichkeit einzuschüchtern und Angst und Schrecken zu verbreiten. Die Verhandlung findet ohne Dietrich statt. Er erscheint nicht.

Sechs Jahre später, am 21. April 1966, erliegt Dietrich in Ludwigsburg einem Herzschlag. Mehrfach ist er in den letzten Lebensjahren bei Treffen der »Hilfsgemeinschaft der Waffen-SS auf Gegenseitigkeit (Hiag)« sehr gefeiert worden. Zur Beisetzung kommen etwa 4.000 ehemalige Kameraden aus Deutschland, Österreich, Italien, Holland, Finnland. 15 Ritterkreuzträger sind zu sehen, auch mehrere führende Vertreter der rechtsradikalen NPD. Die Trauerhalle fasst die Gäste nicht alle. So wird die Feier über Lautsprecher ins Freie übertragen. Sechs Ritterkreuz-Träger bringen den Sarg zum Grab und halten Ehrenwache. Zuletzt erklingt das Lied vom guten Kameraden. Zwischenfälle gibt es keine. Eine von früheren Männern der Waffen-SS beabsichtigte Zusammenkunft in der Stadthalle ist von der Stadt aus Sicherheitsgründen untersagt worden.
Einige Tage nach der Beisetzung sagt die französische Partnerstadt Montbeliard den Besuch einer Delegation in Ludwigsburg ab. Montbeliard begehe am 25. April und am 8. Mai Gedenktage für die Opfer der deutschen Besatzungszeit und des Krieges. »Unsere Mitbürger würden es nicht verstehen können, wenn wir uns am 6. Mai in einer Stadt aufhielten, die zehn Tage zuvor eine große Kundgebung ehemaliger Nazisten erlebte.«[112]

Roland von Hösslin (Augsburg)

»Das letzte Urteil spricht die Geschichte«

Es gibt immer zwei Möglichkeiten. Roland von Hösslin war Offizier. Im Zweiten Weltkrieg entscheidet er sich für den Widerstand gegen Hitler. Er beteiligt sich am Umsturzversuch des Claus Schenk Graf von Stauffenberg am 20. Juli 1944.

*

»Berlin-Plötzensee, d. 13.X.1944

Liebe Eltern!

Ich bin heute vom Volksgericht zum Tode verurteilt worden, in wenigen Minuten wird mein Leben gelöscht werden. Ich fürchte den Tod nicht. Mit Gott habe ich abgerechnet, er hat mir dafür seinen Frieden und seine himmlische Ruhe ins Herz gesenkt. Ich bin heiter und gefasst, mein Geist lebt schon in einer anderen Welt.

Noch einmal wende ich mich auf meinem letzten Weg zu Euch um. Für Euch ist mein Tod am schmerzlichsten. Ihr armen, vielgeliebten Eltern! Ich bete zu Gott, er möge aus dem Schatz seiner überreichen Gnade und Liebe Euch Trost für die Seele spenden. Er erhalte Euch die Geschwister als Stütze und Freude für die Jahrzehnte Eures Alters. An die Erde bindet mich nichts mehr, meine Seele breitet sich zum Flug, sie schwebt schon über den Dingen. Nur das Gefühl heißer, ewiger Liebe zu Euch nimmt sie mit. Sie wird uns verbinden bis an das Ende aller Tage.

Euch, meinen Geschwistern, wünsche ich eine harmonische, glückliche Rundung Eurer Lebensbahn: Familienglück, Erfolg im Beruf und sonnige, gottbegnadete Tage. Schließt Euch eng um die Eltern und füllt meine bescheidene Lücke.

Gruß an Großpapa und alle Verwandten! Dank denen, die mir Gutes angetan. Dank Euch Eltern für das Leben, das Ihr mir geschenkt, und Eure selbstverleugnende Liebe. Das Leben, es war schön! Ich umarme Euch zum allerletzten Male als

Euer Euch ewig liebender
Sohn und Bruder Roland«

Roland von Hösslin ist ein Bamberger Reiter gewesen. »Porträt eines außergewöhnlichen Reiterregiments« nennt August Graf von Kageneck sein Buch über diese Truppe.[113] In der Tat: Diese Einheit ist außergewöhnlich gewesen. Die Sieger des Ersten Weltkriegs gestehen Deutschland nur noch 100.000 Soldaten zu. In Bayern bleibt damals von ursprünglich zwölf Reiterregimentern eines übrig. Garnisonsorte werden Ansbach und Straubing. Sitz des Stabes wird Bamberg: Zu *dem* mittelalterlichen Bamberger Reiter im Dom kommen in den Kasernen der fränkischen Stadt *die* Bamberger Reiter hinzu.

In Polen und in der Sowjetunion, in Frankreich und auf Kreta, in Norwegen und in Afrika kämpft das 17. Reiterregiment, wie es offiziell heißt, im Zweiten Weltkrieg. Viele Offiziere und Soldaten fallen, viele werden verwundet. Ein ganz besonderes Ruhmesblatt aber ist und bleibt die Tatsache, dass aus dieser Truppe nicht weniger als sechs Offiziere ihre Gewissen über die auf Hitler abgelegten Eide stellen. Sie gehören zu denen, die am 20. Juli 1944 versuchen, Deutschland und die Welt von Adolf Hitler zu befreien. Leider vergeblich!

»Wir Überlebenden wissen, dass das Opfer nicht vergeblich war. Die Tatsache, dass es gebracht wurde, bewies: Auch in dem innerlich und äußerlich zerstörten Deutschland fanden sich Menschen, die ihr Leben für Recht und Freiheit wagten. Sie gaben der Welt das Zeichen, dass man eine verbrecherische Staatsführung nicht einfach mit dem ganzen Deutschland gleichsetzen darf.« *Peter Sauerbruch*

Bamberger Reiter ist Oberstleutnant Claus Graf Schenk von Stauffenberg, Kopf und Hand des Umsturzversuchs. Vertraute und Mitverschwörer aus diesem Regiment sind

- Major Roland von Hösslin aus Augsburg,
- Major Ludwig Freiherr von Leonrod aus Schmiechen,
- Generalleutnant Karl Freiherr von Thüngen,
- Oberst Hubertus Graf von Marogna-Redwitz aus Wien und
- Oberstleutnant Peter Sauerbruch aus Berlin.

Nicht weniger als drei dieser Offiziere stammen aus dem – heutigen – bayerischen Schwaben. Alle drei werden im Krieg für ihre Tapferkeit

Vater Hubert von Hösslin

ausgezeichnet, alle sehr schwer verwundet. Einziger Überlebender ist Peter Sauerbruch, Sohn des berühmten Chirurgen. Hat das hohe Ansehen des Vaters den Sohn gerettet? Niemand weiß das. Übergangen wird beim Gedenken an die Männer des 20. Juli 1944 häufig, dass damals auch Claus von Stauffenbergs zwei Jahre älterer Bruder Berthold als »Mitverschwörer« hingerichtet worden ist. Der Marineoberstabsrichter erlebt in der Bendlerstraße mit, wie Claus von Stauffenberg zur Erschießung abgeführt wird. Am 10. August verurteilt der Volksgerichtshof auch ihn zum Tode. Er wird erhängt. Merkwürdig, dass dieser aufrechte Mann in vielen Geschichtsbüchern vergessen wird.

Claus von Stauffenberg, 1907 in Jettingen geboren, ist nicht von Anfang an gegen den braunen Diktator. Erst Hitlers Spiel mit dem Krieg bei der Besetzung des Sudetenlands und der Pogrom gegen die Juden 1938 machen den Offizier nachdenklich. Die Bedenkenlosigkeit, mit welcher der braune Diktator im Zweiten Weltkrieg die Leben deutscher Soldaten opfert; die unmenschliche Behandlung der Zivilbevölkerung in der Sowjetunion und russischer Kriegsgefangener; erste Berichte über die Tötung von Juden in Auschwitz – sie bewirken den völligen Sinneswandel. »Hitler ist der eigentlich Verantwortliche; eine grundsätzliche Änderung ist nur möglich, wenn er beseitigt wird. Ich bin bereit, es zu tun.«,[114] so Stauffenbergs Worte am 26. September 1942.

»Walküre« heißt das Codewort für die militärische Aktion, welche die Führungsspitze des Dritten Reichs beseitigen soll. Es braucht nicht von den Verschwörern erfunden zu werden. Unter eben diesem Code sollen Einheiten des Ersatzheeres in Deutschland bei etwaigen inneren Unruhen oder Luftlandungen der Alliierten in Marsch gesetzt werden. In verschlossenen Umschlägen liegt die »Geheime Kommandosache« in den Panzerschränken der höchsten Kommandostellen und Wehrkreise. Graf Stauffenberg ändert und ergänzt den »Walküre«-Einsatz. Für den Fall innerer Unruhen durch Hitlers Tod sollen die alarmierten Ersatztruppen auch SS-, Gestapo und andere Dienststellen des Systems besetzen und wichtige Einrichtungen schützen. Der Putsch ist genial geplant, aber ein Attentäter findet sich nicht. Mitverschworene hohe Of-

Roland von Hösslin 1942 als Rittmeister

fiziere, die Zugang zu Hitlers Besprechungen haben, wollen den Anschlag nicht ausführen; tatbereite Männer scheitern an allen möglichen Umständen. Bis Stauffenberg als Generalstabschef beim Befehlshaber des Ersatzheeres endlich auch zu Besprechungen bei Hitler vorgelassen wird. Drei Termine, an denen er den Anschlag ausführen will, kann er nicht nutzen. Nicht zuletzt deshalb, weil ursprünglich geplant ist, mit Hitler auch Göring, Himmler und Bormann auszuschalten. Aber nur selten sind alle gemeinsam im Hauptquartier.

Am 20. Juli 1944 wird der Plan endlich zur Tat. Der Umsturzversuch scheitert, weil dessen wichtigster Organisator auch selbst den Anschlag auf Hitler ausführen muss. Stauffenberg ist Schwerkriegsbeschädigter. Nach der Verwundung in Nordafrika sind ihm die rechte Hand und zwei Finger der linken amputiert, ein Auge entfernt worden. Zudem werden er und sein Ordonnanzoffizier von Haeften gestört, als sie gerade im ostpreußischen Hauptquartier Wolfsschanze den Zünder einstellen. Während der Besprechung explodiert so nur ein Teil des Sprengstoffs. Der Diktator überlebt. Ein Blutbad folgt. Claus Graf Stauffenberg stirbt noch am Abend des 20. Juli in Berlin durch die Kugeln eines Erschießungskommandos. Seine letzten Worte verdeutlichen die Größe dieses Offiziers. Sie lauten: »Es lebe das heilige Deutschland.«

Die etwa 18-jährige Luitgard von Hösslin

Hartmut von Hösslin im Zweiten Weltkrieg (Privatbilder)

»Seine Freude an allem Schönen in dieser Welt, aber auch seine große Nachdenklichkeit über Vergangenheit, Gegenwart und Zukunft machten aus jedem Zusammensein mit ihm ein wertvolles Erlebnis. Alles Unrechte und Unedle verachtete er. Wo er solchem begegnete, ergriff ihn, der sich sonst maßvoll in der Gewalt hatte, heftiger Zorn.«

Peter Sauerbruch über Roland von Hösslin

Als Stauffenberg sich entschließt, Hitler zu beseitigen, schaut er sich um nach Offizieren, die verschwiegen sind; nach Männern, auf die er sich auf Biegen und Brechen verlassen kann. Was liegt da näher, als auch ihm als zuverlässig bekannte Offiziere der Bamberger Reiter anzusprechen? Einer ist Roland von Hösslin aus angesehener evangelischer Augsburger Patrizierfamilie. Zu seinen Vorfahren zählen Goldschmiede, Hofjuweliere, weltweit handelnde Kaufleute, Bankiers, Maler, der berühmte Dirigent Franz Balthasar von Hösslin – und in den letzten Generationen Offiziere bei den Augsburger Chevauxlegers. Großvater Richard Hösslin war bayerischer Generalleutnant, Vater Hubert 1918 Rittmeister im Generalstab. Als er nach dem verlorenen Ersten Weltkrieg nicht mehr gebraucht wird, weil die Reichswehr nicht mehr als 100.000 Männer haben darf, wird er mit seiner Dienststelle in den Staatsdienst überführt. Hubert von Hösslin wendet sich zwangsweise der Kriegsgeschichte zu. 1936 lässt er sich reaktivieren. Er beendet die militärische Laufbahn im Zweiten Weltkrieg als Generalmajor.

Zwei Söhne, eine Tochter gehen aus der Ehe von Hubert und Rosa von Hösslin hervor. Roland, der Älteste, kommt 1915 in München zur Welt, wächst dort auf, ist ein so vorzüglicher Schüler, dass er anderen Nachhilfe geben kann.

Die Erziehung im Hause von Hösslin ist autoritär. Vater Hubert von Hösslin beobachtet einmal, dass Sohn Hartmut eine Hand in der Hosentasche lässt, als die Mutter ihn anspricht. Er droht, wenn sich das wiederhole, lasse er die Hosentaschen zunähen. Hartmut von Hösslin: »Es ist natürlich wenig später passiert und die Hosentaschen sind zugenäht worden. Die Mitschüler haben das entdeckt und gefragt: ›Was ist denn mit Dir los, Du hast ja zugenähte Hosentaschen?‹ So war unsere Erziehung.«[115]

Als Roland 14 oder 15 Jahre alt ist, meldet der Vater ihn zum Reitunterricht bei der berittenen Landespolizei an; kaum dass er das Abitur 1934 absolviert hat, meldet er sich zu den Bamberger Reitern. Die sind sozusagen das Nachfolgeregiment der Augsburger Leichten Reiter, mit denen der Vater in den Ersten Weltkrieg gezogen war. Bruder Hartmut: »Roland hätte genau so gut eine Universitätslaufbahn – sei es Juristerei, Geschichte oder Philosophie – anstreben können. Aber es war mehr die Tradition in der vierten Generation der Familie, Offizier zu werden.«

Roland von Hösslin sieht blendend aus, ist geistreich, belesen, humorvoll. In Gesellschaften ist er häufig der Mittelpunkt, er wird vergöttert von jungen (meist adeligen) Damen, als Offizier verehrt von seinen Fahnenjunkern. So begeistert er reitet, so gern besucht er auch Schauspieltheater und Opernhäuser, organisiert er Bildungsveranstaltungen für seine Offizierskameraden oder auch literarische Abende. Das offenbar von der Mutter ererbte musische Talent schlägt sich auch in den vielen Briefen nieder, die er regelmäßig an die Eltern schreibt.

Zweiter Weltkrieg: Von Hösslin kommt aus einem patriotischen Elternhaus, das ihn aber zu kritischer Einstellung gegenüber seiner Umwelt erzogen hat, auch dem Nationalsozialismus gegenüber. Gleich im ersten Feldzug erweist er sich als kaltblütiger und unerschrockener Truppenführer. Mit dem Eisernen Kreuz II. Klasse sowie einer besonderen Belobigung durch die Division kehrt er aus Polen zurück. 1942 wird er Ordonnanzoffizier im Generalstab des Afrikakorps unter dem legendär gewordenen Generaloberst Erwin Rommel.[116] Am 12. Juli bricht er mit seiner Abteilung in eine englische Bunkerstellung bei El Alamein ein; den wütenden Versuch des Gegners, die Stellung zurückzuerobern, wehrt er ab. »Der Hösslin erspart mir mit seiner Abteilung eine ganze Division« – aus dem Mund Rommels kann es damals für einen Offizier gar kein höheres Lob geben. Aber Roland von Hösslin zahlt für den mehr als einmal bewiesenen persönlichen Mut einen hohen Preis. Er wird am rechten Unterarm schwer verwundet. Der Durchschuss verletzt Nerven und Sehnen. Erst als er seinen Leuten die Befehle erteilt hat, wie die Operation weiterzugehen hat, begibt er sich in ärztliche Behandlung.

Monate in deutschen Lazaretten folgen. Auch Anfang 1943 ist die Verwundung noch nicht ausgeheilt. Der weltberühmte Chirurg Professor Ferdinand Sauerbruch erklärt sich bereit, Roland von Hösslin in der Berliner Charité erneut zu operieren. Im Krankenbett erfährt von Hösslin von der Kapitulation der eingekesselten deutschen 6. Armee am 31. Januar/1. Februar in Stalingrad, rückschauend gesehen die entscheidende Wende des Krieges. Im Krankenbett hört er Joseph Goebbels berüchtigte Durchhalterede im Berliner Sportpalast: »Ich frage euch: wollt ihr den totalen Krieg? Wollt ihr ihn, wenn nötig, totaler und radikaler als wir uns ihn heu-

te überhaupt noch vorstellen können?« Hösslin hört auch die Antwort: tausendfaches »Ja!«
Aber noch beschleichen den jungen Offizier, wie fast alle seine Altersgenossen, offenbar keine Zweifel am Ausgang des Krieges. Graf Stauffenberg, sein Regimentskamerad, besucht ihn in der Charité. Er ist zum Stab der Panzerarmee Afrika versetzt worden, will sich bei Hösslin über den nordafrikanischen Kriegsschauplatz informieren. Von Widerstand ist damals wohl nicht geredet worden. Aber Stauffenberg macht keinen Hehl daraus, dass er pessimistisch in die Zukunft sieht. Im Verhör der Gestapo wird von Hösslin 1944 aussagen, dass er damals in dem Oberstleutnant »auch einen von den ewig meckernden Generalstäblern, die an allem etwas auszusetzen haben« gesehen hat.[117]
Selbst Professor Sauerbruchs chirurgische Kunst kann nichts daran ändern, dass Roland von Hösslins rechte Hand steif bleibt. Nach Entlassung aus der Klinik und Genesungsurlaub wird er, wie schon vor dem Afrika-Einsatz, Taktiklehrer an der Panzertruppenschule in Krampnitz bei Potsdam. Herbst 1943 reist er zu einem Offizierslehrgang in Putlos an der Ostsee. Die Teilnehmer kommen von allen Kriegsfronten. Sie berichten über die Lage, über die vielen gefallenen und verwundeten Kameraden, über Waffenverschleiß und -nachschub, offenbar auch über von deutscher Seite verübte Verbrechen. Anders ist kaum die Frage zu verstehen, die von Hösslin in Putlos einem Kameraden stellt. »Glauben Sie, dass wir unter diesem Regime noch das Recht haben, den Krieg zu gewinnen?«[118]

»Im März 1944 begegnete ich Roland von Hösslin zum letzten Mal. Er war verzweifelt: ›Wir befinden uns auf dem geraden Weg in den Abgrund.‹«
Peter Sauerbruch

Eine schwerwiegende moralische Frage ist das. Die Gefühle, die den Major von da an zerrissen haben müssen, werden der Titel der von Graf Kageneck geschriebenen Hösslin-Biographie: »Zwischen Eid und Gewissen«. Wie sich der schwäbische Offizier entscheidet, ist bekannt. Graf Stauffenberg, mittlerweile ebenfalls in Nordafrika bewährt und schwer verwundet nach Deutschland zurückgekehrt, ist überzeugt, dass Hitler und seine engste Clique beseitigt werden müssen. Kaum wieder genesen, bereitet der Oberstleutnant den Umsturzversuch vor. Roland von Hösslin schließt sich ihm an. Die Beiden haben mehreres gemeinsam. Auch den Willen zur Tat.
Major von Hösslin wünscht sich, wieder an die Front versetzt zu werden. Stattdessen folgt auf Krampnitz das ostpreußische Insterburg. Er übernimmt die Führung der Panzeraufklärungs-Ausbildungsabteilung. Graf Stauffenberg ist Chef des Generalstabs beim Befehlshaber des Ersatzheeres im Bendlerblock in Berlin. In seinem »Walküre«-Plan für den Putschtag überträgt er von Hösslin die Aufgabe, mit drei Kompanien, darunter einer gepanzerten, nach Königsberg zu marschieren. Er soll dort die Parteiprominenz mit Gauleiter Koch an der Spitze festnehmen, Gauleitung, Regierung, öffentliche Gebäude, Telegraphenamt besetzen. Teil des Planes ist offenbar auch, das Oberkommando des Heeres zu »schützen«.
Nach dem misslungenen Attentat, wenige Stunden vor seinem Tod, klagt Graf Stauffenberg: »Sie haben mich ja alle im Stich gelassen.« Viele Offiziere haben das tatsächlich getan. Für Roland von Hösslin kann das nicht gelten, obwohl er am 20. Juli 1944 untätig bleiben muss. Dennoch beweist er, dass er im entscheidenden Augenblick zu handeln bereit ist. Ursprünglich ist das Attentat für den 15. Juli 1944 vorgesehen. Daraus wird nichts. Doch durch einen nie aufgeklärten Irrtum erreicht die Abteilung in Insterburg an diesem Tag die für die Aktion Königsberg vereinbarte Losung »Möwe II«. Getreu seiner Absprache mit Graf Stauffenberg setzt Kommandeur von Hösslin zwei Insterburger Kompanien in die ostpreußische Hauptstadt in Marsch. Doch es findet kein Attentat statt an diesem 15. Juli. Der Alarm wird aufgehoben. Von Hösslin lässt die marschierende Truppe zurückkehren. Ist höheren Orts wie bei den beteiligten Offizieren und Soldaten niemandem diese Truppenbewegung verdächtig vorgekommen? Oder ist sie es gewesen, die einige Wochen später zu von Hösslins Verhaftung führt? Am Tag, an dem von Stauffenberg dann die Bombe im Führerhauptquartier zündet, erreicht die Insterburger kein Marschbefehl. Wie ungezählte andere Menschen erfährt von Hösslin gegen Abend über den

Rundfunk, dass ein Anschlag auf Hitler verübt worden – und gescheitert ist.

»Dass er (Stauffenberg) die den Staatsstreich auslösende Tat zugleich mit der Führung des Ablaufes der Verschwörung in seiner Hand vereinigen musste, bleibt ein Makel für diejenigen, die ihm den ersten Teil hätten abnehmen können.« *Peter Sauerbruch*

Fünf Tage nach dem gescheiterten Attentat wird Roland von Hösslin nochmals versetzt. Wieder kommt er nicht an die Front, Meiningen ist die nächste Garnisonstadt. Wie tief ihn das Scheitern des Attentats trifft, wie sehr er um Graf Stauffenberg und die anderen erschossenen Mitverschwörer trauert, lässt ein am 25. Juli 1944 geschriebener Brief an den Vater ahnen: »Angesichts der militärischen Lage und nach den Ereignissen des 20. 7. befinde ich mich im Zustand tiefster Niedergeschlagenheit. An die Front gehen und dort den Tod suchen erscheint mir als der einzige noch ehrenhafte Ausweg, dabei noch der einfachste.«
Vier Wochen nach dem Attentat wird auch Roland von Hösslin verhaftet. In eine Besprechung platzen zwei Herren in Zivil: Gestapo! Sie weisen einen Haftbefehl vor; haben Auftrag, den Major nach Berlin zu bringen – in Zivil. Er wehrt sich dagegen, die Uniform auszuziehen. Umsonst. Von Kageneck schreibt, von Hösslin habe einmal einem Adjutanten gesagt, dass er sich nicht wehrlos festnehmen lassen werde. Doch als er verhaftet wird, trägt er keine Pistole …[119]
Berlin, zuerst das Lehrter, dann das Tegeler Gefängnis. Auf dem Weg nach Tegel begegnet er einem anderen schwäbischen Widerstandskämpfer, Rechtsanwalt Dr. Franz Reisert. »Dass ich sterben muss, glaube ich erst, wenn mich der Henker aufs Schafott schiebt«, sagt von Hösslin zu diesem.[120] Weiß Roland von Hösslin nicht, wie gnadenlos dieses System ist?
Dessen Gnadenlosigkeit lernen auch Hubert und Rosa von Hösslin kennen. Sohn Roland hat sie stets »auf dem Laufenden« gehalten. Plötzlich bleiben seine Briefe aus. Niemand hält es für nötig, den untadeligen Generalmajor und seine Frau von der Verhaftung des Sohnes zu informieren. Sie erfahren es auf brutale Weise Wochen später indirekt durch eine Anfrage aus Meiningen: »Die Abteilung bittet um Mitteilung, wohin das hier verbliebene Gepäck u.s.w. sowie der Hund von Major von Hösslin abgegeben werden können …« Sollte ihr Sohn etwa zu den Verschwörern des 20. Juli gehört haben? Für den Generalmajor von Hösslin muss eine Welt zusammengebrochen sein.
Ohne zu wissen, was dem Sohn vorgeworfen wird, versucht der Vater sofort, diesem zu helfen, ihn zu entlasten. Er verfasst am 5. Oktober 1944 eine Denkschrift. Sie gipfelt in der Feststellung: »So kann es wohl sein, dass mein Sohn sich gar nicht bewusst war, als er die Zusage gab, dass er etwas tat, was er niemals durfte. Das Gewissen hat ihm vielleicht erst geschlagen, als er erfuhr, dass im Großen Hauptquartier die Bombe geplatzt war. Erst jetzt mag ihm die ganze Tragweite seiner Zusage klar geworden sein.«
Das Schreiben bleibt – natürlich – wirkungslos. Verhöre und Aburteilungen der Verschwörer nehmen unaufhaltsam ihren Verlauf. Beinahe einen Monat vor der väterlichen Denkschrift ist Roland von Hösslin bereits von Ernst Kaltenbrunner, dem berüchtigten Chef der Sicherheitspolizei und des SD vernommen worden. Der Gefangene des Dritten Reichs schildert in diesem Verhör, wie ihn Graf Stauffenberg von der Notwendigkeit eines Putsches gegen Hitler überzeugte, um chaotische Zustände wie nach der deutschen Niederlage 1918 zu verhindern. »In der Rückerinnerung muss ich sagen, dass dieser Appell an meine Offiziersehre mehr auf mich gewirkt hat als die Schilderung der militärischen Lage. Er hat mich tief beeindruckt«, zitiert Kaltenbrunner den Offizier in seinem Brief an Reichsleiter Martin Bormann.[121]
Von Hösslin soll auch gesagt haben, sein blindes Vertrauen in Stauffenberg sei bitter enttäuscht worden. Kaltenbrunner: »Den ihm unterstellten Offizieren gegenüber hat Hösslin den Anschlag vom 20. Juli als furchtbar bezeichnet und das Attentat verurteilt,
1. ›Weil ein Offizier und noch dazu mit Sprengstoff die Hand gegen den Obersten Befehlshaber erhob,
2. die Art der Durchführung so war, dass dabei noch andere Kameraden gefährdet waren, während der Attentäter mit heiler Haut davon kam‹.«

Wenn von Hösslin das Attentat vor Offizieren wirklich verurteilt haben sollte, wie Kaltenbrunner es berichtet, dann mit Sicherheit, um keinen Verdacht auf sich zu lenken.
Am 13. Oktober findet die Verhandlung vor dem so genannten Volksgerichtshof statt. Vorsitzender ist dessen Präsident Roland Freisler, als »Blutrichter« in die Geschichte des Dritten Reichs eingegangen. Am Abend vor dem Prozess schreibt Roland von Hösslin einen erschütternden Brief an Eltern und Geschwister:

»Gestern Abend besuchte mich mein amtlich bestellter Verteidiger; er kündigte mir meine Verhandlung für morgen an und eröffnete mir dabei, dass nach Lage meiner Sache ein anderes als ein Todesurteil nicht zu erwarten sei.
Ich trete also an zu meiner letzten Schlacht. Wieder stehe ich in der Wüste. Ihre Grenzenlosigkeit geht über in die Unendlichkeit des Universums. Neben mir und um mich spritzen heulend die Fontänen krepierender Granaten auf. Doch diesmal weiß ich, das Schicksal ist unausweichlich, im nächsten Augenblick wird es auch dich treffen. Mein Herz bebt, aber es wankt nicht. Es bleibt mir nur noch der Schmerz der Todessekunde. Doch darüber darf ich nicht klagen, denn was ist er gegen den Riss, der Euer Herz zerreißt, Ihr lieben, lieben Eltern! Wie dachte ich mir's so herrlich, sittlich und seelisch geläutert aus dieser Gefängniszeit hervorzugehen und in vielfach verstärkter und gereinigter Liebe zu Euch und den Geschwistern Eure künftigen Tage zu verschönern. Jetzt kann ich Euch nur mehr die Versicherung meiner heißen Liebe als Trost zurufen. Sie wird uns auch über das Grab hinaus verbinden, denn sie ist ewig, die erhabendste Idee des Schöpfers.
Bitte trauert nicht allzu heftig über mich! Ihr wisst, ich habe auch selten den Kopf hängen lassen. Wie schön ist doch das Leben, wie schön nur, jeden Tag die Sonne aufgehen zu sehen! Denkt, dass auch Ihr Hinübergehende seid und dass wir uns wiedertreffen im Haus des ewigen Vaters. Lebt in der Welt des Geistigen, das mich immer so unwiderstehlich anzog, des Guten, Schönen und Wahren, dann werden wir verbunden sein durch zwei Welten!
Ich bitte Gott, Euch, lieben Eltern, die Geschwister als Trost zu erhalten. Ihr, Hartmut und Luitgard, schließt Euch enger um die Eltern und schließt die bescheidene Lücke!
Meine äußere Ehre als Offizier ist mir genommen. Der Erfolg und die Tatsachen sprechen gegen mich. Das letzte Urteil spricht die unbestechliche Geschichte. Ich mag geirrt haben. Der Antrieb meines Handelns war jedoch nur die Pflicht. Ich fühle meine innere Ehre unverletzt. Ich danke Gott für die große Gnade, dass er sich mir in sieben Wochen innerer Einkehr in stiller Zelle in seiner ganzen Größe und Herrlichkeit offenbart hat. Ich beuge mich vor ihm, bekenne meine Sünden und bitte in Demut um Gnade und Vergebung.
Ja, meine Gewissheit Gottes ist so groß, dass ich innerlich und äußerlich ganz ruhig und gefasst bin. Ihr könnt es an meinen Schriftzügen ablesen. Meine tiefinnere Heiterkeit ist unbesieglich.
…
Nun, meine Lieben, ein letzter inniger Kuss, eine letzte Umarmung, wir müssen scheiden. Ich steige meinen letzten Weg, einen steilen, steinigen Berg hinauf. Noch oft wende ich mich um. Ihr werdet kleiner und kleiner. Jetzt trennen Nebelwolken unsere Blicke, doch unsere Herzen schlagen in Liebe zueinander. Ewig! Ewig! Wir! Eltern, Hartmut, Luitgard – und Roland.
Wenn einmal etwas Gras gewachsen sein wird über den von Grund aufgewühlten Acker dieser Zeit, dann schickt bitte Abschriften meiner letzten Worte an meine Freunde, denen ich noch folgende hinzufüge:
Nur noch wenige Stunden trennen mich von den Unvergesslichen, die in diesem Kriege ihr Leben geopfert haben. Ich bin sicher, sie werden auch mich, den Verräter, nicht ausschließen, sondern dem die Hand reichen, der durch seinen Tod gesühnt hat, was er etwa im Leben versiebt hat.
Euch Überlebenden danke ich, dass Ihr mich mit Eurer herzlichen Zuneigung beglückt habt. Die schönsten Stunden der letzten zehn Jahre sind mit Euren Namen und mit so manchem Schloss in Franken, Hessen und Chiemgau verknüpft.
Ich lasse Euch zurück. Ihr werdet in den nächsten Jahren hart zu kämpfen und zu arbeiten haben. Diese werden Euch viel Schmerzen, wenig Glück bringen. Gebt aber die Hoffnung nicht auf, die Sonne wird eines Tages wieder in vollem Glanz durchbrechen. Haltet bis dahin Eure

Herzen offen für die kleinen Beglückungen des Alltags. Leben, Freiheit, Liebe und Sonne! Wie schön ist das alles!
Wenn einmal zwei oder drei von Euch zusammenkommen und Ihr wollt mir etwas Gutes antun, dann holt eine gute Flasche aus dem Keller und denkt an mich. Dann lacht nochmal kräftig über die Marotten von Eurem Marquis und auch über die extravagante Todesart, die er sich ausgesucht hat. Dann will ich zu Euch kommen. Ich drück' mich im Himmel und versteck' meine Harfe in einer dunklen Wolke. Hört! Hört Ihr nicht? Geht da nicht ein Luftzug durchs Zimmer? Das bin ich! Ich dränge mich an Eure leicht beschlagenen Gläser und nippe für eine Stunde Erinnerung – lache mit Euch!
›Es sei auch, wie es sei – das Leben, es ist gut!‹
Für immer, Euer Roland«

Am nächsten Tag tritt Roland von Hösslin vor die irdischen Richter. Vorsitzender Freisler lässt ihn kaum zu Wort kommen. Er hört das Todesurteil. Stirbt einige Stunden später in Berlin-Plötzensee durch den Strang. In die von ihm unbestechlich genannte Geschichte geht er ein als ein Mann des besseren Deutschlands.[122]

Hartmut von Hösslin: Stolz auf den Bruder

Roland von Hösslins Bruder Hartmut, 1919 geboren, lebt in Augsburg. Auch er war Major und ist Ritterkreuzträger. Er ist der einzige Überlebende von den Offizieren, die schon bei Kriegsbeginn seinem Regiment angehörten, und bis zum letzten Tag ohne Unterbrechung an der Front. Nach dem Zweiten Weltkrieg wechselte er ins Bankfach zur Bayerischen Vereinsbank. Bis zur Pensionierung leitete er die größte Niederlassung dieser Bank, die in Augsburg.

Frage: Wie ist Ihr Vater, der ehemalige Generalmajor, mit der Hinrichtung seines Sohnes fertig geworden?
Von Hösslin: Der Schatten eines gefallenen oder erst recht eines hingerichteten Sohnes verfolgt einen Vater bis zu seinem Lebensende. Noch stärker war es bei meiner Mutter. Nachdem ich im Ruhestand war, hat mich das Nichtwissen um die Vorgänge dazu veranlasst, diesen am Institut für Zeitgeschichte nachzugehen. Mein Vater ist dem ausgewichen. Nicht zuletzt auch aus der Depression eines wieder verlorenen Kriegs heraus. Er war ja, obwohl schon im Ruhestand und nach über 40 ehrenvollen Dienstjahren, in Dachau und in Garmisch eingesperrt. Das hat ihn auch deprimiert.

Frage: Frauen, Kinder, andere Verwandte von Verschwörern des 20. Juli 1944 sind der Sippenhaft unterworfen worden. Sie auch?
Von Hösslin: Ich war Kommandeur einer Artillerieabteilung. Am 20. Juli waren die Russen mit starken Panzerkräften in unsere Stellung eingebrochen. Am Abend haben wir so nebenbei von dem Attentat gehört. Als ich am nächsten Abend die Namen von Offizieren, die sofort hingerichtet wurden, hörte, da habe ich vor mich hin gesagt: »Wenn ich mir diese Namen durch den Kopf gehen lasse, dann können die doch nur aus Idealismus gehandelt haben.« Drei, vier Tage später musste ich zum Regimentskommandeur kommen. Er empfing mich mit eisiger Miene und sagte: »Hösslin, wir müssen hier 'rausgehen. Ich muss etwas mit Ihnen besprechen, was mir sehr unangenehm ist.« Ich war dreiviertel Jahr Adjutant dieses Kommandeurs gewesen und konnte davon ausgehen, dass er mir sehr wohlgesonnen war. Draußen vor dem Gefechtsstand, in einem westrussischen oder ostpolnischen Garten auf- und abgehend, hat er mir dann meinen Ausspruch vorgehalten. Das Gespräch war kurz, dann sagte er: »Also ich glaube, ich habe Sie richtig verstanden. Sie haben gesagt: Wenn ich mir die Namen derer so überlege, die da jetzt gerade genannt worden sind, dann können die nur aus einem fehlgeleiteten Idealismus heraus gehandelt haben.« Woraufhin ich die Hand an die Mütze gelegt und gesagt habe: »Jawohl, Herr Oberst, das habe ich gesagt.« Das war, möchte ich sagen, eine Sprachregelung unter Kameraden. Er brauchte mich nicht zu melden und ich war 'raus. Ich hatte keine Ahnung, dass mein Bruder involviert sein könnte.

Frage: Geschah den Eltern, Ihrer Schwester etwas?
Von Hösslin: Mein Vater, die Mutter, ich, der ich immer an der Front war, sind nicht von Sippen-

haftung betroffen worden. Meine Schwester hat Konsequenzen zu spüren bekommen. Sie war am Ende ihrer Ausbildung als Hauswirtschaftslehrerin. Diese hat sie gemacht bei der einzigen Institution, die damals dafür kompetent war, der NS-Frauenschaft. Nach Beendigung der Prüfung im Herbst '44 oder Anfang '45 ist ihre Vorgesetzte an sie herangetreten: »Frl. von Hösslin, wir müssen uns von Ihnen trennen. Wir haben erfahren, dass ... Da sind Sie für uns nicht mehr tragbar.« Daraufhin hat sich meine Schwester beim Roten Kreuz zur Krankenschwester ausbilden lassen. Dabei hat sie ihren Mann, einen Oberarzt, kennengelernt.

Frage: Sind Sie stolz, dass sich Ihr Bruder für den Widerstand entschieden hat?
Von Hösslin: Sehr! Auch das deutsche Volk muss stolz sein, dass es den Widerstand überhaupt gegeben hat. Vom Ausland her sah es doch so aus, als ob wir alle Nationalsozialisten wären. Insofern ist für uns alle und für die Generation, welche die stärkste Belastung aus diesen Vorwürfen zu tragen hat, Stolz angebracht, weil dieses unser stärkstes Alibi ist, das wir aus jener Zeit haben. Und wenn schon das Attentat keine Wende herbeiführen konnte, dann sind die Blutopfer die untrüglichsten Beweise für das Vorhandensein einer entschlossenen Opposition und tief verwurzelter patriotischer Grundeinstellung. Ich sehe für uns und nachfolgende Generationen ein verpflichtendes Vermächtnis.[123]

Ludwig von Leonrod (Schmiechen)

Hitlers Rache trifft auch die Ehefrau

Es gibt immer zwei Möglichkeiten. Ludwig von Leonrod war Offizier. Im Zweiten Weltkrieg entschließt er sich nach Gewissenskonflikten, sich dem Widerstand gegen Hitler anzuschließen. Er beteiligt sich wie Roland von Hösslin am Umsturzversuch des Claus Schenk Graf von Stauffenberg am 20. Juli 1944.

*

»Der Dienst am Staate war Tradition seit Jahrhunderten in der Familie ...«, heißt es in F. Zimmermanns Biographie über Major Ludwig Freiherr von Leonrod.[124] An ihn tritt sein Regimentskamerad von Stauffenberg im Dezember 1943 heran, um ihn als Mitverschwörer beim Umsturzversuch zu gewinnen. Die beiden Offiziere kennen und schätzen sich seit ihrer gemeinsamen Zeit bei den Bamberger Reitern. In von Stauffenbergs Plan ist der Major nach gelungenem Putsch als Verbindungsoffizier im Wehrkreis VII (München) vorgesehen.
Alle beteiligten Offiziere haben sich die Gewissensentscheidung zwischen dem auf das Dritte Reich abgelegten Eid und der Teilnahme an der Verschwörung schwer gemacht. Keiner aber vermutlich so schwer wie Ludwig Freiherr von Leonrod. Nicht nur der Dienst am Staat war Tradition seiner Familie, sondern auch Treue. Vater Wilhelm, Offizier und ab 1915 Obersthofmeister in München, blieb 1918 selbst dem gestürzten König Ludwig III von Bayern treu, folgte ihm in die Verbannung. Sohn Ludwig ist zudem ein zutiefst gläubiger Katholik. Die Frage, ob er sich am Tyrannenmord beteiligen darf, stürzt ihn in einen tiefen inneren Zwiespalt.
Wie Claus von Stauffenberg, wie Roland von Hösslin geht der 1906 in München geborene Ludwig von Leonrod durch Stahlgewitter des Zweiten Weltkriegs. Für Mut und Umsicht an der Ostfront erhält er das Eiserne Kreuz 1. Klasse, wird wegen seiner Tapferkeit mit rumänischen und bulgarischen Orden ausgezeichnet. Im Herbst 1941 tritt er in der Sowjetunion auf eine Mine. Er wird an beiden Beinen schwer verwundet, liegt monatelang in einem Lazarett, benötigt noch lange beim Gehen einen Stock,

hinkt. An einen Fronteinsatz ist nicht mehr zu denken. Ludwig von Leonrod wird nach der Genesung nach München versetzt.
In diese Zeit fallen Verlobung und Hochzeit mit Freiin Monika von Twickel. Am 25. März 1943 wird das Paar in der Klosterkirche zu Ettal getraut. In F. Zimmermanns Biographie heißt es zu diesem Familienfest, der Obersthofmeister a. D. Wilhelm von Leonrod habe sich mit der Vermählung am Ziel seiner Wünsche gesehen: »Eine neue Epoche sollte dem achthundertjährigen Geschlechte erblühen.« Dass es ganz anders kommt, erlebt der alte Herr nicht mehr. Wenige Wochen nach der Heirat des Sohnes verstirbt er.

»Mit Ludwig Freiherr von Leonrod habe ich als Leutnant einige Zeit das Zimmer geteilt. Ihm konnte man alles anvertrauen, was einen bewegte, auch die eigenen Fehler. Immer war er bereit zuzuhören, einem Wege zu weisen, einem zu verzeihen. Er ruhte ganz fest in seinem tiefen, reinen Glauben an Gott.« *Peter Sauerbruch*

Kameraden rühmen den Gerechtigkeitssinn Ludwig von Leonrods, sein kameradschaftliches Verhalten. Familienangehörige und gute Freunde heben den tiefen Glauben hervor. Als Schüler gehört er zum katholischen Jugendbund Neudeutschland. Allmonatlich, seit er im Frühjahr 1943 in München stationiert ist, geht er in die Heilig-Blut-Kirche, um zu beichten.
Ludwig von Leonrod erinnert von Stauffenberg denn auch sofort an die Heiligkeit des Eides, den er geleistet habe. Der Eid sei grundsätzlich heilig, aber in der eingetretenen Notlage nicht mehr gültig, erhält er zur Antwort. Gerade als gläubiger Katholik sei von Leonrod »gewissensmäßig verpflichtet, entgegen diesem Eid zu handeln.«[125] Anderen Offizieren gegenüber führt von Stauffenberg damals außerdem ins Feld, dass ein Eid beide, Geber wie Empfänger, zu Loyalität verpflichte. Hitler aber habe diese Verpflichtung längst einseitig gebrochen.[126] Ob der Oberst auch gegenüber von Leonrod auf die auf Gegenseitigkeit beruhende Loyalität hinweist, lässt sich nicht mehr feststellen.
Von Leonrod genügen von Stauffenbergs Argumente nicht. Zurück in München sucht er den Rat seines Beichtvaters, des Kaplans Herrmann Wehrle. Der Geistliche blättert im »Lexikon für Theologie und Kirche« unter dem Stichwort Tyrannenmord nach, ehe er antwortet. Im Prozess gegen die Verschwörer des 20. Juli 1944 wird der Geistliche später über diese Stunde aussagen: »Leonrod erklärte mir, dass er beichten möchte bzw. mich um einen Rat unter dem Siegel des Beichtgeheimnisses bitte. Er kam dann mit seinem eigentlichen Anliegen hervor und fragte, ob es eine Sünde sei, wenn er erfahren habe, dass gegen eine führende Persönlichkeit eines Staates, die allein verantwortlich die Geschicke des Staates lenke und das Volk ins Elend führe, ein Attentat geplant sei. ... Ich habe Leonrod weiter gesagt, dass die Mitwisserschaft an einem geplanten Attentat keine Sünde sei, da sie nicht Faktum des Mordes sei, und habe ihm weiter ausgeführt, dass bei ihm kein Grund zur eigentlichen Beichte vorliege. ... Am Ende des Gesprächs habe ich Leonrod als Resumee unserer ganzen Unterhaltung entschieden davon abgeraten, persönlich sich in irgendeiner Weise an solchen Dingen zu beteiligen.«[127] Von Leonrod nennt dem Beichtvater nicht den Namen der Person, die Ziel des Attentats sein soll. Dem Kaplan ist aber klar, dass Hitler gemeint ist.
Im Prozess wird der Kaplan gefragt, ob er im Führer einen Mann sehe, der seine Macht zum Schaden des Volkes ausnutze. Der Volksgerichtshof bekommt von ihm zu hören: »Jawohl, zwar habe der Führer sehr viel Gutes geschaffen, aber beispielsweise auf dem Gebiet des Geistigen und Geistlichen sind Maßnahmen durchgeführt worden, die den altgewohnten Begriffen von Freiheit und Recht zuwiderlaufen. In dieser Hinsicht muss ich allerdings sagen, dass der Begriff des Tyrannen, wie ihn die Antike versteht und wie auch ich ihn verstehe, auf den Führer zutrifft.«[128]
Auch Wehrle erweist sich als mutiger Mann!
Nach dem Gespräch mit dem Geistlichen entscheidet von Leonrod, sich von Stauffenberg zur Verfügung zu stellen. Für halbe Sachen ist er nicht zu haben. Zumindest einen weiteren Offizier gewinnt er für die Sache der Verschwörer hinzu, den Hauptmann Graf von Drechsel,[129] auch der ein an der Front schwer verwundeter Offizier. Er übernimmt die ursprünglich von Leonrod zugedachte Funktion des Verbindungsoffiziers zum Wehrkreiskommando München. Denn als der Plan von Stauffenbergs zur Tat

Jung vermählt: Monika von Leonrod geb. von Twickel und Ludwig von Leonrod (Privatbild)

wird, ist von Leonrod nicht mehr in Bayern, sondern ist zur Panzertruppenschule Krampnitz abkommandiert worden. Offensichtlich wollen die Verschwörer einen so zuverlässigen Offizier wie ihn beim Umsturzversuch in der Nähe Berlins haben. Ludwig von Leonrod ahnt bis dahin nicht, welche Rolle ihm zugedacht ist.

Bevor er nach Krampnitz reist, weilt er nochmals in Schmiechen. Er liebt das Schloss in der Nähe Merings sehr. Dann der Abschied von Frau Monika und von seiner Mutter. Der letzte Abschied! Aber welche schwere Zeit diesen drei Menschen bevorsteht, ahnt da noch niemand.

19. Juli 1944: Von Leonrod wird befohlen, am darauffolgenden Tag nach Berlin, Bendlerstraße zu kommen. Dort befindet sich das Hauptquartier der Verschwörung. Mit möglichst unverfänglichen Stichworten seien an diesem Tag Generalfeldmarschall von Witzleben, Generaloberst Hoepner, Generalleutnant von Hase, die zuverlässigen Offiziere des Grenadier-Ersatzbataillons 9 in Potsdam und Major von Leonrod informiert worden, dass der kommende Tag entscheidend sein werde, heißt es in Peter Hoffmanns Stauffenberg-Biographie.[130] »Bin gespannt, was sie von mir wollen«, schreibt dagegen Ludwig von Leonrod am gleichen Tag seiner Frau.

Ludwig von Leonrod steht zu der von Stauffenberg gegebenen Zusage. Er ist in den dramatischsten Stunden im Zentrum des Offiziersaufstands dabei. Nimmt den Generaloberst Fromm fest, der vom Misslingen des Attentats weiß und drei der Verschwörer, darunter von Stauffenberg, verhaften will. Zwei Offiziere richten ihre Pistolen auf Fromm, der in den Raum seines Adjutanten geführt und dort, bewacht durch von Leonrod, festgesetzt wird. Nicht für lange. Dann befreien Angehörige der Waffen-SS Fromm. Der Aufstand der Offiziere ist zusammengebrochen. Von Leonrod kann die Bendlerstraße unbehelligt verlassen. Es läge nahe, sich nun in Sicherheit zu bringen, sich zu verstecken. Aber das ist nicht Ludwig von Leonrods Art. Er kehrt nach Krampnitz zurück. Am nächsten Tag wird er verhaftet.

Im August wird dem Major vor dem Volksgerichtshof mit dem schrecklichen Roland Freisler an der Spitze der Prozess gemacht. Einer der Mitangeklagten ist der Beichtvater Wehrle. Die Fahnder entdeckten einen Bericht, aus dem hervorgeht, dass von Leonrod ihn zu Rate gezogen hatte. Auch der Geistliche hatte die Angelegenheit nicht für sich behalten, er hatte sich dem vorgesetzten Pfarrer anvertraut.

Eine Chance, sein Leben zu retten, hat Ludwig vor diesem Gerichtshof in keiner Minute. Weder kann ihn das Eingeständnis retten: »Ich sehe meine schwere Schuld, das Verbrechen, das ich begangen habe, ein und bitte um eine gerechte

Freiherr Ludwig von Leonrod vor dem Volksgerichtshof (Foto: Institut für Zeitgeschichte)

Strafe«, noch ein Gnadengesuch. Darin heißt es »... dass ich heute nicht vor dem Volksgerichtshof gestanden bzw. mich nicht an den Vorbereitungen des 20. Juli beteiligt hätte, sondern nach Einweihung in den Plan durch Stauffenberg Anzeige erstattet hätte, wenn ich durch meinen Beichtvater anders beraten worden wäre ... wahrscheinlich hätte schon ein anderer Beichtvater genügt, mein Unglück ist eben, dass ich an diesen geraten bin. ... Ich bitte in irgendeiner Form um Gnade.«[131]
Baron Ferdinand von Wiedersperg-Leonrod, heute der Herr auf Schloss Schmiechen, hat im Dorf mehr als einmal diese Worte als wenig mannhaft vorgehalten bekommen. Er verweist darauf, dass das Dritte Reich die Offiziere ohne Hosenträger vor Gericht gestellt habe, um sie richtig zu demütigen, sie als Weichlinge und Feiglinge darzustellen. Glaubt auch nicht daran, dass diese Worte wirklich aus Ludwig von Leonrods Feder geflossen sind oder doch nicht freiwillig. Er sieht darin Propaganda der Nationalsozialisten und sagt: »Weiß denn jemand, ob und wie dieser Mann gefoltert worden ist?«
Biograph Zimmermann berichtet denn auch, dass Ludwig von Leonrods Haltung vor Gericht Anwesenden damals Bewunderung abgenötigt habe. Ein Beisitzer soll beklagt haben, in diesem Prozess als Richter fungieren zu müssen; Bewacher sollen geäußert haben, dass es eine Schande sei, einen solchen Mann zu verurteilen.[132] In der Sache ändert das Bedauern nichts. Ludwig von Leonrod wird zum Tod und dauernden Ehrverlust verurteilt. Am 26. August 1944 stirbt er in Plötzensee durch den Strang.

»Ich weiß, wie dankbar ich dafür sein muss, dass ich davongekommen bin.«
Peter Sauerbruch

Tragisch wie der Tod Ludwig von Leonrods ist die Tatsache, dass auch Beichtvater Wehrle zum Tode verurteilt wird. Er kuscht nicht vor Freisler. Vielmehr hält er diesem in einer der Verhandlungen entgegen: »Ich bin hierher gekommen nach Berlin. Ich komme hier herein. Ich werde auf ein Gespräch hingewiesen, das ich vor einem Dreivierteljahr gehabt habe, an das ich nicht mehr gedacht habe seit dieser Zeit. Ich habe eine zwölfstündige Bahnfahrt hinter mir, ich war morgens hier nüchtern. Das Forum hier ist ja nun auch nicht gerade dazu angetan gewesen, einen seelisch zu beruhigen.«[133]
Nicht allein der Offiziersaufstand beunruhigt nach dem 20. Juli 1944 die Machthaber des Dritten Reichs. SS-Obergruppenführer Ernst Kaltenbrunner, der auch Ludwig von Leonrod vernimmt, beschäftigen in mehreren Briefen die konfessionellen Bindungen der Verschwörer. Das kennzeichnendste Beispiel ist für ihn Major von Leonrod, der bei allen wichtigen persönlichen Entscheidungen seines Lebens vom Ratschlag seines Beichtvaters abhängig gewesen sei. Am 4. Oktober 1944 widmet Kaltenbrunner gar einen seiner Briefe an Martin Bormann den »konfessionellen Bindungen und kirchlichen Beziehungen der Verschwörerclique«:
»... 1) Ein Teil der Personen ... gibt an, *gläubige Christen* der evangelischen oder katholischen Konfession zu sein.

… 3) Eine ganze Anzahl der am 20. 7. Beteiligten kommt aus der *politischen Arbeit des Katholizismus* (Katholische Aktion, Zentrum, Christliche Gewerkschaften) oder steht in der *Bekenntnisfront.*

4) Bei aller Verschiedenartigkeit des Verhältnisses, das die einzelnen Personen zum Christentum und zur Kirche haben, haben diese konfessionellen Bindungen das *Verhältnis zum Nationalsozialismus* zumindest dahingehend *bestimmt,* dass man dem Nationalsozialismus mit Vorbehalten, kritisch oder ablehnend gegenüberstand.

5) Über alle Unterschiede und Gegensätzlichkeiten hinweg … bestand eine gewisse Übereinstimmung, dass das *Christentum die sittliche Grundlage des Staates* abgeben sollte …

6) Viele Bestrebungen liefen darauf hinaus, den nicht-nationalsozialistischen Staat über die Macht der Kirchen auf die Menschen zu befestigen und den *Kirchen jede Möglichkeit zu geben, sich religiös und caritativ zu entfalten.*«[134]

Hitlers Rache an den Männern, die ein besseres Deutschland wollten, ist buchstäblich grenzenlos. Sie bezieht die Angehörigen der Verschwörer ein. Beispiellos schlimm trifft es die Familie von Stauffenberg. Diese werde ausgerottet bis ins Dritte Glied, soll Heinrich Himmler gedroht haben. Das verwirklichen die Nationalsozialisten zum Glück nicht. Aber die Hinrichtung der Brüder Claus und Berthold von Stauffenberg genügt ihnen nicht. Nina, die Frau von Claus, wird – obwohl schwanger – verhaftet. Nach der Geburt der Tochter Konstanze Anfang 1945 wird sie in einem Potsdamer Krankenhaus interniert. Ihre beiden Söhne werden aus Schloss Lautlingen in Württemberg mit unbekanntem Ziel weggeholt. Die betagte Mutter von Claus und Berthold sowie fast alle näheren Verwandten kommen in Gefängnisse oder Konzentrationslager. Ein Onkel, 85 Jahre alt, stirbt im November 1944 während der Einzelhaft in Würzburg.

Alexander Schenk Graf von Stauffenberg, der dritte der Stauffenberg-Brüder, ist ein glühender Gegner des Nationalsozialismus, aber in den Augen seiner Brüder Claus und Berthold gelegentlich unvorsichtig. So weihten sie ihn nicht in ihre Umsturzpläne ein. Alexander wird bald nach dem Attentat in Athen verhaftet und nach Berlin gebracht. Obwohl sich im Verhör schnell herausstellt, dass er am Putsch nicht beteiligt war, erhält er seine Freiheit nicht zurück. Er wird von Gefängnis zu Gefängnis, von KZ zu KZ verschleppt.

Verheiratet ist Alexander mit Melitta geb. Schiller. Sie ist ein Beispiel dafür, wie tapfer auch Frauen in jenen schlimmen Wochen und Monaten gewesen sind. Auch sie trifft die Sippenhaft, sie wird jedoch am 2. September 1944 freigelassen. Melitta Gräfin Schenk von Stauffenberg ist Aerodynamik-Ingenieurin und Testfliegerin. Sie stürzt sich versuchsweise mit Junkers-Sturzkampfflugzeugen (mehr als 2.000 Mal) in die Tiefe; testet auch den strahlgetriebenen Messerschmitt-Jäger Me 262, mit dem Hitler dem Krieg noch eine Wende geben will. Das Dritte Reich braucht diese ungewöhnliche Frau. Das nutzt sie aus. Sie findet heraus, dass die Stauffenberg-Söhne Franz-Ludwig und Heimeran nach Bad Sachsa gebracht worden sind. Sie bringt ihnen Weihnachtsgeschenke und anderen Sippenhäftlingen Lebensmittel. Mit dem Flugzeugführerabzeichen in Gold mit Brillanten und dem Band des Eisernen Kreuzes an der Uniform besucht sie Nina von Stauffenberg im Potsdamer Krankenhaus. Wenigstens einmal im Monat fliegt sie mit einen kleinen Flugzeug zu ihrem Mann. Am 8. April wird das der mutigen Frau zum Verhängnis. Ihr unbewaffneter Schulflieger Bücker 181 wird von einem amerikanischen Jäger abgeschossen. Melitta von Stauffenberg kann noch notlanden, sie stirbt aber an den Schussverletzungen. Alexander von Stauffenberg hat beide Brüder verloren, nun verliert er auch noch seine Frau. Eine Tragödie![135]

Auch die Hinrichtung Ludwig von Leonrods am 26. August 1944 genügt dem Hitler-Regime nicht. Die Sippenhaftung trifft auch seine Familie. Sein an einer Schulter verletzter Schwager Ludwig von Twickel in Ettal, der Ludwig von Leonrod nur selten begegnet ist, wird plötzlich für tauglich erklärt und in den Krieg geschickt. Er fällt bald darauf an der Front. Vor allem jedoch trifft die Sippenhaftung Freiin Monika von Leonrod. Ihre Schwester Baronin Josefine von Twickel, die heute in Schloss Schmiechen lebt, ist Zeugin der Geschehnisse. Sie schildert:

»Ihr Mann ist zu Monika gekommen und hat berichtet: ›Ich bin jetzt vom Stauffenberg gefragt worden: Wir haben was vor gegen den Hitler, ein Attentat. Willst Du mitmachen? Und da habe

ich ja gesagt, denn ich kenne den Stauffenberg ja gut und bin auch gegen Hitler.‹
Sie hat dann gesagt: ›Du bist sehr unvorsichtig, die fragen Dich doch aus.‹
›Ach, da findet man schon Worte, dass man sich aus der Affäre ziehen kann.‹
›Das glaub ich nicht.‹«
Bald nach dem Fehlschlag des Aufstands wird Monika von Leonrod in Schmiechen verhaftet und nach München gebracht. Als die Schwester davon erfährt, reist sie sofort dorthin. Sie fragt im Gefängnis in der Ettstraße nach Frau von Leonrod; erfährt, dass diese nach Berlin verbracht worden ist. Mit Ludwigs Mutter fährt sie auch in die Reichshauptstadt. Unverrichteter Dinge kehren die beiden von dort zurück.
Etwa im Oktober sei Mutter Leonrod vom Tod des Sohnes benachrichtigt worden. Von Monika von Leonrod fehlt immer noch jede Nachricht. Josefine von Twickel bricht erneut nach Berlin auf. Schließlich wird ihr empfohlen, beim Reichssicherheitshauptamt nachzufragen. »Also, das habe ich gemacht. Sie haben mich in einem Vorzimmer warten lassen, obwohl niemand da war. Schließlich habe ich mich entschieden, da ›rauszugehen. Da ist mir die Klinke fast von der Tür gefallen, weil ich so Angst hatte, so gezittert habe. Endlich bin ich dann zu dem Mann gekommen, der die Verhöre gemacht hat, Sanders hieß der und war natürlich SS.« Sanders brüllt sie an – nur wenn er Luft holen muss, kann die Baronin ihr Anliegen vorbringen. Er sagt schließlich zu, dass sie ihre Schwester sehen kann. Josefine von Twickel solle am nächsten Tag wiederkommen.
Tatsächlich, am nächsten Tag kann sie mit der Schwester sprechen. »Über die Sache dürfen sie nicht reden«, sagt deren uniformierter Bewacher. Die Baronin: »›Moni, wir wissen überhaupt nicht, wo Du wohnst.‹ Ich habe das so genuschelt, so möglichst bayerisch, dass dieser Mann vielleicht nichts versteht. Er hat nichts gesagt. Und dann hat sie ganz langsam und deutlich die Adresse gesagt von dem Gefängnis.«
Monika von Leonrod weiß nichts von der Hinrichtung ihres Mannes. Josefine von Twickel spricht erneut bei Sanders vor. Sie bittet um eine zweite Unterredung, um ihr Ludwig von Leonrods Tod mitteilen zu können. Das dürfe sie nicht, wird sie beschieden. Doch erlaubt der SS-Mann ein weiteres Gespräch. Als Monika von Leonrod eintrifft, weiß sie, dass sie ihren Mann nicht wiedersehen wird. Auf dem Weg zur Schwester hat ihr Bewacher sie von der Hinrichtung informiert.
Ehe Josefine von Twickel heimreist, bringt sie eine geweihte Oblate zum Gefängnis, in dem die Schwester einsitzt. Sie übergibt diese einer Aufseherin und bittet: »Das Päckchen muss meine Schwester unbedingt bekommen. Das ist wie das letzte Abendmahl.« Die Oblate erreicht Monika. Die Aufseherinnen lassen sogar einige andere Frauen, die ebenfalls kommunizieren möchten, in ihre Zelle.
Erst nach dem Zusammenbruch des Dritten Reichs erfährt die Familie mehr über den Leidensweg Monika von Leonrods. Sogleich nach der Verhaftung ist sie von München nach Berlin gebracht worden. Sie wird vernommen und gibt zu, was sie weiß. Sie muss sich vor Gericht verantworten, ein Kreuzverhör durchstehen, ihr Urteil hören: Drei Jahre Zuchthaus. Doch die Tage der braunen Diktatur sind gezählt. Die Sippenhaftung hat ein Ende.
Monika Freiin von Leonrod heiratet nach dem Krieg ein zweites Mal, den Freiherrn Johann von Wiedersperg. Sie stirbt 1988. Über die Zeit der Sippenhaft spricht sie nur selten. Darüber hinweggekommen, was man ihrem Mann und ihr angetan hat, ist sie nicht.[136]

Gerhard Klopfer (Ulm)

»Dann haben Sie bei der Sitzung geschlafen ...«

Es gibt immer zwei Möglichkeiten. Gerhard Klopfer entschied sich erst 1933, in die NSDAP einzutreten. Er brachte es dennoch bis zum Staatssekretär in der Kanzlei der braunen Partei. Als SS-Oberführer nahm er an der Wannsee-Konferenz zur »Endlösung der Judenfrage« teil.

*

Ist es möglich, dass ein Teilnehmer an der Wannsee-Konferenz am 20. Januar 1942 nicht verstanden hat, dass es um die Ermordung von Millionen europäischer Juden ging?

Gerhard Klopfer will das nicht mitbekommen haben. Er ist nicht der einzige Teilnehmer der Runde, der das nach dem Ende des Hitler-Regimes behauptet. Viele, die in Ministerien, Partei und obersten Behörden wichtige Funktionen hatten, versuchen damals ihre Rollen zu verkleinern, ihren Einfluss herunterzuspielen.

Der Mann, der im Dritten Reich den hohen Rang eines Staatssekretärs erreicht, stammt aus dem schlesischen Schreibersdorf. Er studiert nach dem in Lauban bestandenen Abitur Staats- und Rechtswissenschaft. 1927 promoviert er zum Dr. jur., danach wird er in Düsseldorf Richter. Klopfer ist keiner von den alten Kämpfern, die nach Hitlers Machtergreifung Karriere machen. Erst nach dem 30. Januar 1933 wird er Mitglied der NSDAP: Am 1. April 1933 tritt Jurist Klopfer Partei und SA bei. Das ist der Tag, an dem in Deutschland der von Julius Streicher organisierte Boykott jüdischer Geschäfte, Ärzte – und auch Juristen stattfindet. Überwacht wird die Aktion, die geltendes Recht bricht, insbesondere von SA-Posten.

Nach gerade einmal zwei Jahren verlässt Rottenführer Klopfer die SA wieder. Er verspricht sich wohl mehr von der Zugehörigkeit zur SS. Am 6.6.1935 tritt er dieser bei. Ab Dezember 1933 wendet er seine Rechtskenntnisse im preußischen Landwirtschaftsministerium an, ein Jahr später steht er in Diensten der Gestapo. Er sei dorthin ohne sein Dazutun abkommandiert worden, sagt er später aus. Lang ist seines Bleibens bei der gefürchteten Geheimpolizei des Dritten Reichs nicht. Ab April 1935 gehört er in der staatsrechtlichen Abteilung zum Stab des Stellvertreters des Führers, der von Rudolf Heß geleitet wird. Die Autoren Kurt Pätzold und Erika Schwarz vermuten dahinter die Absicht der SS-Führung, »ihre verlässlichsten Leute in allen Schaltstellen der Macht zu etablieren«;[137] Dieter Rebentisch hebt Klopfer als »die interessanteste Figur«[138] im Stab des Hitler-Stellvertreters hervor.

Als Heß im Mai 1941 von Augsburg aus nach Schottland fliegt, weil er einen Frieden aushandeln möchte, kommt Martin Bormann an die Spitze des Amtes, das nun Partei-Kanzlei heißt. Klopfer wird dort 1942 Staatssekretär und ist neben Helmuth Friedrichs, dem Oberbefehlsleiter in der Partei-Kanzlei, Bormanns engster Mitarbeiter.[139] Den Aufstieg verdankt er, daran besteht kein Zweifel, seiner Zuverlässigkeit und Tüchtigkeit. Er würde wohl auch in jedem klassischen Ministerium seinen Weg gemacht haben, bescheinigt ihm der Autor Dieter Rebentisch. Klopfer sei – wo es den Einfluss der Partei-Kanzlei zu stärken galt – in der Sache hart, in Verhandlungen konziliant und gesprächsbereit gewesen.[140]

Im Buch über die Wannsee-Konferenz heißt es über diesen Mann, er habe zu den in der Öffentlichkeit so gut wie unbekannten maßgeblichen, einflussreichen und bestinformierten Bürokraten des Regimes[141] gehört. In einer kurzen Biographie Klopfers ist zu lesen: »Allein an der Art der Darstellung der Judendeportationen in den vertraulichen Mitteilungen der Parteikanzlei war zu erkennen, welchem Zweck die Deportationen dienten. Die dienstlich gegebenen Kontakte Klopfers mit dem RSHA [Reichssicherheitshauptamt], wie etwa die Wannsee-Konferenz, dürften den Informationsfluss in dieser Richtung noch verstärkt haben.«[142] Bormann-Biograph von Lang weist darauf hin, dass der Chef der Parteikanzlei ab 1941 fast alle antijüdischen Gesetze mitunterzeichnet habe. Die Ankläger in Nürnberg hätten allerdings nicht untersucht, wie weit Bormann auch an der Entstehung der Gesetze beteiligt war. Von Lang: »Beteiligt waren er oder sein dafür zuständiger Staatssekretär Klopfer an Zielsetzungen und

Formulierungen immer, aber dabei fielen er und seine Bevollmächtigten weniger durch Perfidie als durch den bürokratischen Perfektionismus auf, mit dem sie auch das kleinste Schlupfloch im Maschenwerk der unmenschlichen Gesetze verschlossen.«[143] Staatssekretär Klopfer ist jedoch bis zum Ende seines Lebens dabei geblieben, erst nach dem Krieg erfahren zu haben, was die »Wannsee-Konferenz« für das Schicksal von Millionen Juden bedeutete.

Die Konferenz findet am 20. Januar 1942 in einer zu jener Zeit der SS gehörenden Villa Am Großen Wannsee 56–58 statt. Sicherheitschef Reinhard Heydrich, Heinrich Himmlers »rechte Hand« und 1941 von Göring mit der »Endlösung der Judenfrage« beauftragt, lädt dazu eine Anzahl hochrangiger SS-Führer und zahlreiche Staatssekretäre der Reichsregierung ein. Klopfer, der Vertreter der Parteikanzlei, steht in der Teilnehmerliste als SS-Oberführer. Wenige Tage nach dieser Sitzung wird er zum Brigadeführer befördert, im November 1944 erreicht er den Rang eines Gruppenführers. Auch in der schwarzen Truppe des braunen Reichs steigt dieser Mann also in höchste Ränge auf. Als Gruppenführer ist er einem General gleichgestellt.

Die »Endlösung der Judenfrage« ist zu jenem Zeitpunkt bereits beschlossene Sache und schon im Gange. Heydrich, dem Hauptverantwortlichen für den Massenmord, geht es am Wannsee nur noch darum, die Teilnehmer davon zu informieren. Diskutiert wird möglicherweise noch über die Frage, ob »Mischlinge ersten Grades« den Juden gleichgestellt, also ebenfalls deportiert werden sollen. Adolf Eichmann wird 1961 im Jerusalemer Prozess gegen ihn die Konferenzdauer auf eine bis eineinhalb Stunden schätzen. Vorher und nachher stehen die Herren diskutierend herum, wahrscheinlich frühstücken sie auch nach der Besprechung. Eichmann spricht von freudiger Zustimmung zu Heydrichs Ausführungen. Auf die Frage seines Verteidigers Servatius, ob die Teilnehmer schon etwas über die Art der Endlösung gewusst hätten, antwortet Eichmann: »Ich muss das als bekannt voraussetzen.«[144]

Im Wannsee-Protokoll heißt es u. a.: »Unter entsprechender Leitung sollen im Zuge der Endlösung die Juden in geeigneter Weise im Osten zum Arbeitseinsatz kommen. In großen Arbeitskolonnen, unter Trennung der Geschlechter, werden die arbeitsfähigen Juden straßenbauend in diese Gebiete geführt, wobei zweifellos ein Großteil durch natürliche Verminderung ausfallen wird.

Der allfällig endlich verbleibende Restbestand wird, da es sich bei diesen zweifellos um den widerstandsfähigsten Teil handelt, entsprechend behandelt werden müssen, da dieser, eine natürliche Auslese darstellend, bei Freilassung als Keimzelle eines neuen jüdischen Aufbaues anzusprechen ist. (Siehe Erfahrung der Geschichte).«

Ist es denkbar, dass ein Teilnehmer der Wannsee-Konferenz nicht verstanden hat, was unter einer solchen »Behandlung« zu verstehen ist? Ist die Furcht vor der »Keimzelle eines neuen jüdischen Aufbaues« im Vortrag eines bekannten Rassisten nicht eindeutig?

Gerhard Klopfer will das nicht verstanden haben.

Aus einer Vernehmung durch Robert Kempner in Nürnberg am 21. Mai 1947:

»Frage: Warum hatten Sie eine furchtbare Angst, mir mitzuteilen, dass Sie an der Staatssekretärbesprechung in Wannsee teilgenommen haben?

Antwort: Ich bin konkret nicht danach gefragt worden. Ich hatte keine Angst.

Frage: Im Protokoll steht, dass Sie dabei waren. Furchtbare Sachen sind bei dieser Besprechung vorgetragen worden.

Antwort: Was ich davon weiß, habe ich gesagt.

Frage: Sie haben alles gehört. Heydrich hat es Ihnen erzählt.

Antwort: Es war nicht von Ausrottung die Rede.

Frage: Von was war denn die Rede?

Antwort: Von Aussiedlung.

Frage: Sie wussten, was Aussiedlung hieß? Sie wissen, dass in der Besprechung gesagt worden ist, die Juden kommen nach Polen. Die schwächlich sind, werden auf alle Fälle umkommen, die Starken werden sich schließlich zu Tode arbeiten.

Antwort: Das weiß ich nicht. Ich weiß nicht, ob ich bis zum Schluss dort war.«

Aus einer Vernehmung Klopfers am 12. Juni 1947 durch Mr. Beauvais:

»Antwort: Es war eine Besprechung, in der Heydrich einen Bericht erstattet hat und ich glaube mich zu erinnern, dass die Hinzuziehung der Parteikanzlei und auch einiger anderer Stellen erfolgt ist, weil irgendwelche gesetzliche Maßnahmen in Erwägung gezogen oder für notwendig erachtet worden sind und ich glaube mich zu erinnern, dass es einmal darum ging, die Nürnberger Gesetze, die ja den Mischlingsbegriff geschaffen hatten, abzuändern, dass also der Rechtsbegriff Jude erweitert werden sollte, mit anderen Worten, ob Halbjuden wie Juden zu behandeln seien und zum anderen, ob auch die Juden, die in Mischehen lebten, ebenso zu behandeln seien wie andere Juden. …
Frage: Es scheint aber schon, dass Ihnen damals ganz genau gesagt worden ist, was mit den Juden zu geschehen hat.
Antwort: Ich weiß nichts davon.
Frage: Dann haben Sie bei der Sitzung geschlafen, finde ich.«

Aus dem Kreuzverhör durch Robert Kempner in Nürnberg am 1.9.1948:
»Frage: Ihnen ist auch nicht bekannt, dass die Juden im Osten umgekommen sind?
Antwort: Das habe ich jetzt im Prozess erfahren.
Frage: Doch, aber erst jetzt?
Antwort: Diese Vernichtungsaktion in diesem Ausmaß, wie sie stattgefunden hat, habe ich erst nach dem Zusammenbruch erfahren.
Frage: Hörten Sie überhaupt vor 1945 davon, dass Juden im Osten umgekommen sind?
Antwort: Ich hörte gerüchteweise davon, habe aber keine dienstlichen Meldungen hierüber bekommen. …
Frage: Und Herr Bormann und Sie, wenn ich Sie richtig verstanden habe, waren Freunde der Juden und Feinde der antijüdischen Politik?
Antwort: Ich bitte, mich mit Herrn Bormann nicht in eine Linie zu stellen. Ich habe in sehr grundsätzlichen Fragen, auch in diesen Fragen, scharfe Gegensätze zu Herrn Bormann gehabt.«[145]

In einer seiner Vernehmungen sagt Klopfer auch, er habe im Krieg weggewollt aus der Parteikanzlei. Er habe sich bemüht, Soldat zu werden. Zuerst bei der Wehrmacht. Das sei gescheitert,

Gerhard Klopfer (Foto: Bundesarchiv)

man habe ihn als unabkömmlich bezeichnet. Daraufhin habe er Himmler gebeten, ihn in die Waffen-SS zu nehmen. Auch daraus sei nichts geworden, so dass er in ein Einsatzkommando zur Partisanenbekämpfung gewollt habe. Klopfer: »Heute bin ich froh, dass das nicht gekommen ist.«[146]
Es existiert ein Brief vom 29. 11. 43 an den Chef des Heerespersonalamts, Generalleutnant Schmundt. Dieser bestätigt Klopfers Bemühung, in die Waffen-SS einzutreten. Bormann unterstützt die Absicht sogar. Er will seinen Staatssekretär ab Frühjahr 1944 zum Waffeneinsatz freigeben. Oder will er ihn loswerden? Zumindest ab Februar 1945 könnte das Verhältnis zwischen den beiden Männern gestört gewesen sein. Rüstungsminister Albert Speer versucht damals zu verhindern, dass in den von der Wehrmacht aufgegebenen deutschen Gebieten zuvor alle Versorgungseinrichtungen, Lebensmittellager, Brücken zerstört werden. Klopfer unterstützt Speers Bemühungen. »Wäre es nach Bormanns Wün-

schen gegangen, hätte ein Kriegsgericht das Todesurteil gesprochen, noch ehe Speer zum letzten Mal den Führerbunker aufsuchte, heißt es im Buch »Der Sekretär«.[147] Es ist nicht auszuschließen, dass Bormann mit Speer-Helfer Klopfer am liebsten genau so verfahren wäre. Hitler dagegen schätzt Klopfer bis zuletzt. Noch im April 1945 steht der Staatssekretär in der Liste derer, die sich der »Führer« durch monatliche Sonderzahlungen gewogen erhält. 2.000 RM lässt er diesem überweisen.[148]
Auch von einem Brief aus dem Jahr 1942 soll noch die Rede sein. Er macht, an Himmler gerichtet, Klopfers Einstellung zu den Machthabern deutlich. Die »Endlösung« ist zu diesem Zeitpunkt in vollem Gange. In dem Dankschreiben an den Reichsführer SS für die Beförderung zum SS-Brigadeführer versichert der Absender: »Es wird mein ernstes Bestreben sein, auch weiterhin mit ganzer Kraft nach den Grundsätzen zu arbeiten, die Sie zum Inhalt unserer Überzeugung gemacht haben. Es war eine ganz besondere Freude für mich, dass Sie mir gerade in diesen Tagen das schöne Bild von der Leibstandarte überließen. Sein Besitz ist für mich der Ausdruck meiner nur immer fester gewordenen Verpflichtung, Heil Hitler!«[149]
Nach dem Zweiten Weltkrieg arbeitet Bormanns – nun ehemaliger – Staatssekretär unter Tage. Wird einige Jahre interniert. Wird in Nürnberg, dem Ort der Kriegsverbrecherprozesse, verhört. Lebt ab April 1949 einige Zeit in Altenstadt/Iller, wo er eine Schreinerlehre absolviert und nebenher als Buchhalter arbeitet. Von Altenstadt verzieht er nach Vöhringen, später nach Ulm. Verdient sein Geld als juristischer Mitarbeiter eines Bauunternehmens in Neu-Ulm; wird 1952 bei den Finanzämtern in Neu-Ulm und Illertissen als Steuerhelfer zugelassen; praktiziert schließlich als Rechtsanwalt in Ulm.

Ist es möglich, dass ein Teilnehmer an der Wannseekonferenz zum Wohle aller in seinem Einflussbereich lebte?

Was seine Vergangenheit angeht, steht Klopfer Glück zur Seite. Im Entnazifizierungsverfahren wird der Staatssekretär und SS-Gruppenführer des Dritten Reichs eingestuft als – minderbelastet! In Nürnberg wird Klopfer vor dem Internationalen Gerichtshof als Zeuge vernommen. Es wird auch gegen ihn eine Anklage fertiggestellt. Zu einem Prozess kommt es jedoch nicht mehr. Die weltpolitische Lage hat sich verändert. Das Zeitalter des Kalten Krieges ist gekommen, die Regierung in Washington drängt, die Arbeit einzustellen. Nun sollen deutsche Richter über Klopfer zu Gericht sitzen. Die haben es nicht eilig. Die Staatsanwaltschaft Ulm glaubt Klopfer zwar nicht, dass er bei der Wannsee-Konferenz nichts mitbekommen hat von Heydrichs Mordplan; der sei aus dessen Ausführungen »mit ei-

Wir trauern um

Dr. jur. Gerhard Klopfer

Rechtsanwalt

nach einem erfüllten Leben zum Wohle aller, die in seinem Einflußbereich waren.

Die Ehefrau: **Rosl Klopfer**
Die Schwester: **Paula Klopfer**
Die Töchter und Schwiegersöhne: **Helga** und **Wilfried Müller**
Inge und **Karl Sedelmeier**
Hilde und **Alfred Kern**
Elke und **Walter Gandara**
mit 19 Enkeln

Ulm/Donau, Zinglerstraße 76
(hat in Hohenlohe-Langenburg seine bleibende Ruhestätte gefunden. Die Beerdigung fand im engsten Familienkreis statt.

Die Todesanzeige, die Aufsehen erregte (Aus Südwestpresse Ulm) ner jeden Zweifel ausschließenden, brutalen Klarheit hervorgegangen.« Der Beihilfe zum Mord habe Klopfer sich jedoch nicht schon durch sein Dabeisein am Wannsee schuldig gemacht. Einfluss auf das Schicksal der Juden zu nehmen, habe nicht in seiner Macht gestanden. Zudem sei der Vorgang verjährt. Fazit: 1962 Einstellung des Ulmer Verfahrens.[150]

Gerhard Klopfer überlebt all die Männer, die am 20. Januar 1942 am Wannsee von Heydrich das den Juden bestimmte Schicksal erfahren haben. Eher unauffällig wohnt und wirkt er in Ulm. Der Tod des letzten Teilnehmers jener Konferenz wäre in den Zeitungen denn auch, wenn überhaupt, allenfalls in einer kurzen Meldung vermerkt worden. Der Text der von Angehörigen Klopfers in der »Ulmer Südwestpresse« vom 2. Februar 1987 aufgegebenen Todesanzeige sorgt jedoch für Aufsehen und Aufregung. »Wir trauern um Dr. jur. Gerhard Klopfer, Rechtsanwalt, nach einem erfüllten Leben zum Wohle aller, die in seinem Einflussbereich waren«, heißt es darin.

Das ist gewiss ein für einen Teilnehmer an der Wannsee-Konferenz zumindest gedankenloser Text. Die zweite Frau Klopfers habe ihn formuliert, er sei nicht im Sinne der Töchter aus erster Ehe gewesen, gibt ein Familienmitglied Auskunft. »Eine Ohrfeige für alle Opfer« nennt Willi Böhmer von der »Neu-Ulmer Zeitung« die Worte am 7. Februar 1987. Als »empörend« bezeichnet Heinz Galinski, Vorsitzender der Jüdischen Gemeinde Berlin und Auschwitz-Überlebender, die Anzeige. Die SPD-Fraktion des Ulmer Stadtrats erstattet Anzeige wegen Verunglimpfung des Andenkens Verstorbener. Die Angelegenheit verläuft jedoch im Sande. Die Staatsanwaltschaft nimmt keine Ermittlungen auf.

Walter Groos (Augsburg)

Der Lebensretter vieler KZ-Häftlinge

Es gibt immer zwei Möglichkeiten. Walter Groos aus Augsburg war Diplom-Ingenieur für Hoch- und Tiefbau. Er war und blieb Gegner Hitlers.

*

Eine Woche, bevor er im Dezember 1979 im Alter von 81 Jahren stirbt, schreibt Walter Groos einen Lebenslauf:

Groos: »Das gab im Gymnasium in der Klasse keine Opposition, sondern ein Gewährenlassen jeder Sonderart; die einen schufen eine Studentenverbindung, die anderen hatten literarische Interessen (Bert Brecht war Mitschüler), wir waren offen für Fahrten und Singen und für eine breite Palette: Nacktkultur, Vegetarismus, Antialkoholbewegung, Kunstwart, Simplizissimus, die Zeitschrift ›Jugend‹, Sagen, Geschichte, aber eben alles nur zur Kenntnis nehmend, ohne uns festzulegen …«

18 Jahre alt, wird Walter Groos Soldat, kämpft als Infanterist in Russland und Frankreich. Im August 1918 überlebt er als einziger Offizier eines ganzen Bataillons die Vernichtung der Division, wenn auch schwer verwundet. Gefangenschaft bis 1920. Als er endlich heimkehrt, lebt der Vater nicht mehr, ist ein Bruder gefallen, stirbt bald darauf die Mutter. Walter Groos nimmt das Studium an der Technischen Hochschule München auf. Wie der Vater wird er Ingenieur. Wie so viele heimgekehrte Weltkriegssoldaten wendet er sich gegen den Versailler Friedensvertrag. Im Gegensatz zu vielen anderen Enttäuschten schließt er sich jedoch nicht den Nationalsozialisten an oder sympathisiert mit diesen.

Groos: »Oft hörte ich Hitler in Versammlungen und wusste, dass das, was er Deutschland nennt, nicht mein Deutschland ist und dass er und seine Anhänger mir im Ernstfall als Führer nicht genügen würden. … Beim Wahlsieg 1933 sagte ich einem gleichaltrigen Kollegen ›Das werden wir alle mit sehr viel Blut bezahlen‹.«

1924 beendet Walter Groos sein Studium. Ein Jahr später heiratet er. Seine Frau ist Halbjüdin. Nachdem Hitler 1933 an die Macht gekommen ist, gilt er im Nazi-Jargon als »jüdisch versippt«.

»Gerechter unter den Völkern«: Walter Groos

Der Gedanke, sich – wie andere Deutsche – von seiner Frau zu trennen, kommt Walter Groos nie in den Sinn.
1930 wird Groos, wie Millionen andere auch, arbeitslos. Er bleibt nicht untätig. Der Initiative des Hoch- und Tiefbauingenieurs ist es zu verdanken, dass in Augsburg am Spickel und im Bärenkeller Heimstättensiedlungen entstehen. Dann findet er wieder Arbeit: bei auswärtigen Baufirmen, so dass er nur selten nach Hause kommt. Das ändert sich erst, als ihn die Münchner Baufirma Riepl einstellt. Nun fährt er täglich morgens um sieben Uhr mit dem Zug nach München. Länger schlafen kann er nur, wenn er das Glück hat, dass das Unternehmen in Augsburg baut, berichtet Anni Groos. 1963, nach dem Tod von Erika Groos, ist sie die zweite Ehefrau von Walter Groos geworden. Sie ist der Familie aber schon viel länger verbunden.
Firmenchef Riepl weiß, dass sein Ingenieur Groos entschiedener Gegner der braunen Diktatur ist. Während nach der Kapitulation des Dritten Reichs 1945 die meisten Deutschen nichts geahnt oder gar gewusst haben wollen von Verbrechen des Dritten Reichs, ist Walter Groos informiert.

Groos: »Ich hatte kein Radio, hörte und las keine ausländischen Nachrichten und wusste doch sehr viel: Aufhebung des Völkerrechts gegen Russland stand in der Zeitung. Angehörige der Bauzüge unserer Firma zeigten Photos von in Wilna aufgehängten russischen Soldaten, berichteten (auf Fragen) von verhungerten Gefangenen in Gefangenenlagern. Sie waren Augenzeugen geworden von Massenerschießungen von Juden; SA-Leute unseres technischen Büros erzählten am 10.11.1938 freudig, wie sie die Münchner Synagoge angezündet hatten und – ließen sich ohne Widerspruch als Brandstifter beschimpfen. Erstaunlicherweise kam ich ziemlich ungeschoren durch, sooft ich auch gegen Tabus der öffentlichen Meinung verstieß.«
Der Ingenieur Groos ist nicht der Mann, der tatenlos zusieht, wenn Menschen verfolgt werden. Er kennt die jüdische Familie Albert und Fanny Dann in Augsburg aus der Zeit, als deren Töchter, wie er, Wandervögel waren. Die Verbindung bleibt auch bestehen, als die Wandervogelbewegung in den antisemitischen Zeiten nach dem Ersten Weltkrieg die jüdischen Mitglieder ausschließt. Selbstverständlich gehört Walter Groos im Dritten Reich auch nicht zu jenen, die auf den gegenüberliegenden Bürgersteig wechseln, um alten jüdischen Freunden und Bekannten aus dem Weg zu gehen. So hilft er 1939 der Familie Dann bei der Auswanderung mit Rat und Tat. Anni Groos: »Wir müssen gehen, haben sie enttäuscht und unter Tränen gesagt.« Nur einen Teil ihres Eigentums dürfen sie mitnehmen nach Palästina. Walter Groos nimmt daraufhin Gemälde in sein kleines Haus am Spickel und bewahrt sie den Danns bis Kriegsende auf. Er organisiert auch, dass Danns Möbel bei einer anderen Familie unterstellen können.
Für Walter Groos ist es auch selbstverständlich, seine jüdischstämmige und im Dritten Reich als Jüdin geltende Schwiegermutter Irmgard Wedemeyer aus Berlin zu holen und aufzunehmen. »Obwohl« – so schreibt Walter Groos – »in der Siedlung fast alle Nazis waren«, wird ihr kein Haar gekrümmt. Sie überlebt in Augsburg das Dritte Reich.
1944/45: In und um Kaufering herum entstehen elf Außenlager des KZ Dachau. Deren Häftlinge sollen das »Unternehmen Ringeltaube« verwirklichen: In riesigen unterirdischen Anlagen soll die Firma Messerschmitt unbedroht von

Luftangriffen Jagdflugzeuge produzieren können. Die Alliierten beherrschen längst den Luftraum über Deutschland. Tagtäglich bombardieren ihre Flugzeuge deutsche Städte, zerstören wichtige Rüstungsbetriebe. Mit der Me 262, dem ersten strahlgetriebenen Flugzeug der Welt, will Hitler die feindlichen Bomber vom Himmel fegen, dem Krieg noch eine Wende geben.

Mit vielen anderen deutschen Baufirmen ist auch Riepl 1944/45 an dem gewaltigen »Unternehmen Ringeltaube« beteiligt. Ingenieur Groos leitet die Gleisarbeiten an der Bahnstrecke Augsburg – Kaufering im Abschnitt zwischen Hurlach – Oberottmarshausen – Bobingen. Die Bauunternehmen stellen Ingenieure, Bauleiter und Vorarbeiter. Die schwerste Arbeit haben die Sklaven des Dritten Reichs zu erledigen: KZ-Häftlinge.

Einer von diesen ist Thoma Mendel, Rumäne aus Siebenbürgen. Seine Heimat ist zu jener Zeit ein Teil Ungarns. Als Mendel 14 Jahre alt ist, wird er nach Auschwitz deportiert. Vater, Mutter, Schwester sieht er nie wieder. Sie werden ermordet. Er selbst bleibt nur zwei Wochen in dem Schreckenslager. Dann kommt er mit 1.000 siebenbürgischen Juden in das Lager Kaufering 3. Die Arbeitsbedingungen hat Häftling 72.048 später so beschrieben: »Vom Lager gingen wir ganz früh auf den Bahnhof. Von dort fuhren wir mit einem Personenzug auf die Baustelle, die zehn bis 35 km entfernt war. Abends fuhren wir mit einem Güterzug zurück zum Bahnhof Kaufering und von dort zu Fuß ins Lager. Oft kamen wir erst nach dem abendlichen Lichtlöschen um 10 Uhr zurück ins Lager, da der Güterzug wegen unterschiedlicher Rangierzeiten keinen festen Fahrplan hatte. … Die Arbeit war schwer. Ohne Mechanisierung betrieb man Eisenbahnbau. Es musste viel Material bewegt, montiert und bearbeitet werden. Der Transport der Gleise auf der Schulter oder mit Zangen und das Pickeln der Steine unter den Schwellen war sehr schwer.«

Zweimal in der Woche fährt Walter Groos zu dieser Riepl-Baustelle. Einmal erlebt er, wie ein Bewacher einen Häftling schlägt. Er stellt den Mann zur Rede. Als der den Juden verflucht, weist Groos ihn zurecht: Für die Arbeit dieser Häftlinge zahle seine Firma viel Geld an die Lagerverwaltung. Würden die Häftlinge geschlagen, könnten sie nicht arbeiten. Er untersage, dass von jetzt an noch ein Gefangener geschlagen werde. Thoma Mendel: »Natürlich hatte er dazu kein Recht, aber sein mutiges und bestimmtes Auftreten zeigte Wirkung.«

Als er im Winter sieht, dass die Häftlinge auch bei starker Kälte ohne Handschuhe Gleise schleppen und Steine schaufeln müssen, greift Walter Groos erneut ein. Beim nächsten Besuch bringt er eine Decke mit, aus der ein Schneider unter den KZ'lern Handschuhe anfertigt. Eine zweite Decke, ebenfalls von Groos herangeschafft, wird für Halstücher zerschnitten.

Ingenieur Groos kümmert sich auch um bessere Verpflegung. Anni Groos: »In Hurlach oder Kaufering hat es einen Bäckermeister gegeben, der hat für die Häftlinge immer ein paar Brote mehr reingepackt. Sie sind also mit einem Wägelchen dorthin, haben völlig legal Brot gekauft und da hat Walter Groos immer ein paar Häftlinge mitgenommen. Darunter seinen Schützling Thoma Mendel, er und die anderen bekamen dann von dem Bäcker noch Semmeln zugesteckt. Mein späterer Mann hat sich auch bemüht, dass ›seine‹ Häftlinge mehr Lebensmittel bekamen. Das wurde zunächst abgelehnt, aber es war dann doch immer wieder etwas mehr.«

Sommer 1944: Ein Häftling hat ein verbundenes Auge. Ein Splitter quält den Mann. Unter den KZ-Häftlingen gibt es Ärzte. Sie können den Splitter nicht entfernen, weil es an Atropin fehlt. Groos beschafft es. Er lässt sich von einem Arzt, den er kennt, ein Rezept geben und kauft das Mittel. Es bleibt aber nicht bei diesem Einzelfall. Groos lässt sich aufschreiben, welche Arzneien im Lager 3 am dringendsten benötigt werden; zwei ihm bekannte Ärzte stellen die Verschreibungen aus … . Mendel erinnert sich, dass Groos von da an Woche für Woche Medikamente mitbringt – nicht für einzelne Häftlinge, sondern für alle im Lager, die ärztliche Hilfe benötigen. Groos habe eine Liste geführt, um nicht zu oft in der gleichen Apotheke einzukaufen; und als sein Geld nicht mehr ausreicht, sei Groos von Verwandten und Bekannten unterstützt worden, denen er vertrauen kann.

Aber kann Groos allen vertrauen? Nein, das nicht. Kollegen anderer Firmen zeigen ihn an – »das konnte ich abwehren.« Zuletzt bewahrt ihn Arbeitgeber Riepl nach einer bösen Bemerkung

über die SS durch 1.000 RM Kaution vor der Einlieferung ins KZ Dachau. Der Ingenieur, so Riepl, sei unabkömmlich, bis die Bauarbeiten für »Ringeltaube« abgeschlossen wären.
Anni Groos hat miterlebt, wie ihr späterer Mann sich Aktentasche und Manteltaschen vollstopft mit Arzneien und Vitaminen für die Häftlinge. Der israelischen Holocaust-Gedenkstätte in Jerusalem hat sie geschrieben: »Löffelweise hamsterte Walter Groos Lebertran, um dann eine volle Flasche mitnehmen zu können. Medikamente, Vitamintabletten, Lebertran usw., alles musste er heimlich verteilen im Vorbeigehen und – wie er selbst sagte – unter Herzklopfen, wenn der SS-Mann auftauchte. Immer stand er in Lebensgefahr, und auf die Frage, warum er dies tue und nicht an seine Familie und seine drei Kinder denke, antwortete er nur: ›Hier stehe ich und kann nicht anders.‹«
Groos: »Im Kern blieb das Bewusstsein, dass Christentum und Deutschland von mir zu verantworten sind, von mir in meiner Unbedeutendheit und Unzulänglichkeit, in meinem ganz kleinen Bereich, in unserem kleinen Haus.«
Nach dem Krieg wird Walter Groos Leiter des Wasser- und Brückenbauamts der Stadt Augsburg. Er habe auf diese Weise versucht am Aufbau seiner Vaterstadt mitzuwirken, bis er nach wenigen Jahren von gewesenen Nazis verdrängt worden und wieder zu seiner früheren Firma zurückgekehrt sei, heißt es im Lebenslauf. Groos engagiert sich in der evangelischen Kirche; er macht sich einen guten Namen als Forscher der Vor- und Frühgeschichte des Augsburger Raums, als Umweltschützer, als Mitgründer der »Augsburger Blätter«.
16 Jahre nach seinem Tod, 1995, zeichnet die israelische Holocaust-Gedenkstätte Yad Vashem Walter Groos als »Gerechten unter den Völkern« aus. Thoma Mendel vor allem hat diese Ehrung betrieben. Er ist sicher, dass Walter Groos ihm und vielen KZ-Häftlingen das Leben gerettet hat. Zur Ehrung reist er aus Rumänien nach Augsburg, wo Gesandter Avraham Benjamin im Rathaus die Urkunde an die Witwe übergibt. Anni Groos: »Mein Mann hätte diese Ehrung nicht zugelassen.«[151]

Leon Geer (Augsburg)

Wie einer im 3. Reich Intendant wurde

Es gibt immer zwei Möglichkeiten. Leon Geer war überzeugter Nationalsozialist. Wäre er das nicht gewesen, hätte er nicht von 1936–1938 das Stadttheater Augsburg leiten können.

*

Leon Geer ist Nürnberger, 1888 geboren. Er studierte an der Kunstgewerbeschule in Nürnberg und an der Akademie der Bildenden Künste in München, war dann Opernsänger in Coburg/Gotha, Colmar, Altenburg, Danzig und Bielefeld. 1933 wird er Intendant dieses westfälischen Theaters. Nächste Station ist Augsburg. Durch Briefe und andere Schriftstücke lässt sich dokumentieren, welche Voraussetzungen ein Künstler im Dritten Reich mitbringen muss, wenn er Intendant eines Theaters werden will.

Aus dem undatierten Reisebericht von Matthias Kellner.[152] *Augsburgs Zweiter Bürgermeister hatte mög-*

Intendant Leon Geer
(Foto: Stadtarchiv Augsburg)

liche Nachfolger des ausscheidenden Intendanten Erich Pabst[153] *besucht. Seine Eindrücke in Bielefeld:*
»Die Erkundigungen bei Privaten waren für den Intendanten und das Stadttheater sehr günstig. Beim Geschäftsführer der Ortsgruppe der Partei habe ich über die menschlichen Qualitäten des Intendanten Geer die beste Auskunft erhalten. Dabei wurde mir auch mitgeteilt, dass er Alt-Pg. ist, Mitgl. seit Ende 1931, Mitgl.Nr. 850.000. … Am nächsten Vormittag besuchte ich den Leiter der NS-Kulturgemeinde Pg. Stadtrat W. Dieser hob sowohl die guten menschlichen Eigenschaften wie besonders auch das künstlerische Wirken und das zielbewusste Arbeiten im nationalsozialistischen Sinne des Intendanten hervor. … Daraufhin hatte ich eine Aussprache mit dem Oberbürgermeister Pg. Budke. … Er hob besonders lobend hervor, dass der Intendant, der bei seiner Berufung eine vollständig rot eingestellte Künstlerschaft vorfand (Bielefeld ist heute noch der Wohnsitz des ehem. soz.demokratischen Ministers Severing),[154] es verstanden hat, durch sein Auftreten ein wirklich kameradschaftliches Verhältnis zwischen Intendanz und Künstlerschaft und Stadtverwaltung herzustellen und dass ernstere Zwischenfälle nie auftraten, da der Intendant zur rechten Zeit und aus eigener Kraft etwaigen unliebsamen Vorkommnissen zielbewusst entgegentritt.
Ich habe dann einen Besuch bei dem Intendanten in seinen Büroräumen gemacht. … Aus diesem Gespräch wurde der gute Eindruck, den Geer persönlich macht, noch wesentlich verstärkt. … Für den Fall eines Intendantenwechsels dürfte Geer jedenfalls in den Kreis der Bewerber aufzunehmen sein. Ich habe ihm deshalb auch empfohlen, eine Schilderung über seine Laufbahn einzureichen. Herr Geer hat u. a. Referenzen auch Herrn S. bei der Reichstheaterkammer benannt, der ihn persönlich kennen würde.

Aus dem Brief von Leon Geer an den Augsburger Oberbürgermeister Josef Mayr vom 24.1.1936:
»… Ich wurde am 18. April 1933 durch die N.S.D.A.P. zum kommissarischen Leiter des Stadttheaters Bielefeld bestimmt und einige Wochen danach vom Ministerpräsidenten Göring als Intendant bestätigt. Damit Sie ein Bild über meine Theaterführung erhalten, benutze ich das Bewerbungsschreiben als ausführlichen Bericht über meine bisherige Tätigkeit als Intendant.
Als deutscher Künstler die Entwicklung nach der negativen Seite hin während der Systemzeit [gemeint ist die Weimarer Republik] mit wachen Augen verfolgend, hatte ich das Glück, als Nationalsozialist in eine führende Stellung berufen zu werden. Eingedenk der Worte des Führers, dass die Erneuerung des Theaters von innen heraus erfolgen müsse, war es von Anbeginn meiner Tätigkeit mein heißes Bestreben, die mir anvertraute Gefolgschaft mit dem Gedankengut des Nationalsozialismus zu durchdringen und dem Personal eine fanatische Begeisterung für die zu erfüllenden Aufgaben beizubringen. Die Erneuerung von innen heraus erfolgte also in der Schaffung einer wirklichen Kameradschaft unter Beseitigung des auch an kleineren und mittleren Theatern damals üblichen Starunwesens. Es ist mir in meiner nun dreijährigen Tätigkeit hier in Bielefeld tatsächlich gelungen, eine wirkliche Gemeinschaft zu bilden. Vorbedingung für diese Möglichkeit war, dass ich sowohl als 1. Regisseur meines Instituts in Bezug auf die Leistung wie auch durch meine charakterliche Haltung als Nationalsozialist Vorbild für meine Gefolgschaft sein konnte.
Neben der Gewinnung der Künstlerschaft war es in erster Linie die Eroberung des Publikums, um die Berufung des Theaters als Erziehungs- und Erbauungsstätte der Nation dokumentieren zu können, für die ich meine ganze Kraft einsetzte.
Bielefeld ist Industriestadt! Ich führte also eine volkstümliche Werbung durch, für die sich mein ganzes Personal geschlossen mit mir einsetzte. Der Marsch in die Betriebe führte zu einer Werbung mitten im Fabriksaal, auf Laderampen, im Fabrikhofe im Schatten rauchender Schlote und schloss mit einer Großkundgebung auf dem größten Platz der Stadt. Bei all diesen Werbungen ist der Intendant als der Führer des Theaters als Redner an erster Stelle eingesetzt worden. …
In der großen Rudolf Oetker-Halle wurde im Vorjahr anlässlich des Jahrestages der Machtergreifung das von der Deutschen Arbeitsfront preisgekrönte Thingspiel »Die deutsche Heimkehr« unter meiner szenischen Leitung mit ca. 600 Menschen zur Uraufführung gebracht. Die

Sprechchöre dieser Uraufführung wurden von 200 Jungarbeitern aus den Bielefelder Betrieben gestellt und in einer dreiwöchigen Vorarbeit (täglich 2–3 Stunden nach Arbeitsschluss) von mir persönlich einstudiert. Pg. Dressler-Andrees, Reichsleiter von Kraft durch Freude und Präsident der Reichsrundfunkkammer, der die Aufführung anlässlich einer Tagung der Gauwarte von K.d.F. besuchte, hat sich sehr anerkennend darüber ausgesprochen. Das Spiel wurde daraufhin zum Reichsfestspiel von Kraft durch Freude erklärt. Ich erwähne diese Tatsache ganz besonders im Hinblick auf die dem Stadttheater Augsburg angegliederte große Freilichtbühne.
Das Fundament für einen künstlerischen Aufbau in dem von mir eingangs erwähnten kameradschaftlichen Geist, der einen fanatischen Einsatz für die mir gestellten Aufgaben voraussetzt, ist eine gesunde charakterliche Haltung des gesamten Personals. Hier hat der Intendant in erster Linie Vorbild zu sein. Die persönliche Haltung des Führers einer Gefolgschaft in allen Angelegenheiten ist also Vorbedingung für die notwendige straffe Disziplin. … Heil Hitler«

Brief des Oberbürgermeisters vom 4.2.1936 an das Reichsministerium für Volksaufklärung und Propaganda in Berlin:
»Ich beabsichtige, den Intendanten des Stadttheaters Bielefeld, Leonhard Geer, zum Intendanten der Augsburger Bühnen, des Stadttheaters und der Freilichtbühne am Roten Tor, zu ernennen. … Intendant Geer erscheint mir sehr geeignet, die Augsburger Bühnen zu leiten. Er stammt aus Süddeutschland, kommt von der Oper … und ist Mitglied der NSDAP seit 1. Nov. 1931 (Nr. 818011). … Ich habe mich nach wiederholter Prüfung aller Voraussetzungen für diese Lösung entschieden und ersuche, die Anstellung zu bestätigen.«

Brief der Regierung von Schwaben und Neuburg vom 3.3.1936 an den Oberbürgermeister:
»Um die Bestätigung des Intendanten Leonhard Geer beim Reichsminister für Volksaufklärung und Propaganda erwirken zu können, ist der Nachweis der arischen Abstammung des Intendanten Leonhard Geer geboten. … Außer einer Übersicht über die Personalangaben des Intendanten Geer, seiner Eltern und seiner beiderseitigen Großeltern ist erforderlich:
1.) Geburtsurkunde mit Angabe der Konfession …
2.) Heiratsurkunde der Eltern mit Angabe der Konfession der Eltern und der Konfession der beiderseitigen Großeltern. …
Sollte Intendant Geer verheiratet sein, so wäre der Nachweis der arischen Abstammung seiner Ehefrau in der gleichen Weise zu erbringen. …«

Brief des Reichsministers für Volksaufklärung und Propaganda vom 19.3.1936 an den Oberbürgermeister:
»Zur eventuellen Bestätigung des Herrn Leon Geer als Intendant am dortigen Stadttheater ersuche ich um folgende Unterlagen:
1. Lebenslauf.
2. Einverständnis der örtlichen obersten Parteistelle.
3. Ariernachweis (evtl. auch der Ehefrau) …«

Brief des Oberbürgermeisters vom 25. März 1936 an den Kreisleiter für Augsburg-Stadt:
»Für die Bestätigung des Intendanten des Stadttheaters Bielefeld als Intendant des Stadttheaters Augsburg ersuche ich um Ihr Einverständnis. … Er ist Altparteigenosse … Das Ersuchen erfolgt auf Veranlassung des Reichspropagandaministeriums.«

Brief des Oberbürgermeisters vom 26. Mai 1936 an den Kreisleiter für Augsburg-Stadt:
»Ich wiederhole mein Ersuchen vom 25. März …«

Brief des Kreisleiters Augsburg-Stadt vom 12. Juni 1936 an den Oberbürgermeister:
»Ich erkläre mein Einverständnis mit der Bestätigung des Pg. Leon Geer als Intendant des Stadttheaters Augsburg. Die gepflogenen Erhebungen bei der Kreisleitung in Bielefeld, dem früheren Wirkungskreis des Genannten, haben die politische, charakterliche und berufliche Zuverlässigkeit von Pg. Geer ergeben. Heil Hitler …«

Brief des Oberbürgermeisters vom 16.6.1936 an die Regierung von Schwaben und Neuburg:
»Ich lege die beglaubigte Abschrift der Erklärung des Kreisleiters Augsburg-Stadt der

NSDAP vom 12. Juni 1936 vor. Für die Feststellung der arischen Abstammung der Ehefrau des Intendanten fehlt noch eine Urkunde. … Ich muss daher um eine weitere Verlängerung der Frist für die Vorlage der verlangten Urkunden ersuchen.«

Brief des Oberbürgermeisters vom 16. Juni 1936 an den Reichsminister für Volksaufklärung und Propaganda in Berlin:
»Ich übersende die beglaubigte Abschrift der Erklärung des Kreisleiters Augsburg-Stadt vom 12. Juni 1936. Für die Feststellung der arischen Abstammung der Ehefrau des Intendanten fehlt noch eine Urkunde. …«

Brief des Kunstreferenten der Stadt, Kleindinst,[155] *vom 22.6.1936 an Geer:*
… Bevor Sie Bielefeld verlassen, ersuche ich, die noch neu verpflichteten Oberspielleiter zu veranlassen, Lebenslauf und arische Nachweise auch der Ehefrauen (Geburtsurkunden, Trauscheine von Eltern und Großeltern) an die Stadtverwaltung einzusenden, da auch für sie die Bestätigung des Reichsministeriums für Volksaufklärung und Propaganda notwendig ist. …«

Geers erste Spielzeit in Augsburg ist aus nationalsozialistischer Sicht offenbar kein Erfolg. Dr. Leo Hintermayrs Bilanz in der »Augsburger National-Zeitung« vom 3. Mai 1937 fällt nicht gerade positiv aus:
»… Unser Augsburger Stadttheater kann auf eine stolze Tradition zurückblicken, eine Tradition, die von der ersten Ibsen-Aufführung in Deutschland vor 50 Jahren bis herunter zur Uraufführung des neuesten Dichter-Preisträgers stets mitten in der Zeit stand und Augsburg als Theaterstadt einen beachteten Namen eintrug.
… Wenn wir von ›Richelieu‹ absehen, haben wir kein einziges ernsthaftes Stück unserer Tage gesehen. Dafür aber folgende Lustspiele, Schwänke, Komödien und Possen: … Dem eifrigsten und gewissenhaftesten Kunstbetrachter fehlen allmählich die Worte, um diesen Ansturm von volkstümlichen Stücken entsprechend würdigen zu können. Und es ist auch nicht leicht, man glaube dies, immer wieder gefällige Umschreibungen für den bekannten Götz-von-Berlichingen-Ausspruch und das bewusste Häuschen mit dem Herzen … zu finden. Auch dann, wenn zwischen dem duftenden Ehebett im ›Towarisch‹ über das süße Wochenendidyll im ›Konzert‹ bis zum simplen Heuboden in ›Anna Susanna‹ auch Variationen möglich sind, begreift doch schließlich der Langsamste, das es sich immer wieder um dieselbe Sache dreht. Nur Nuancen sind möglich.
Und dieser Langsamste könnte nicht mit Unrecht auf den Verdacht kommen, dieses hier ist also das Theater unserer Tage. Er würde sich gewaltig täuschen, aber könnte diesen Spielplan als Beweis anführen. Dann müsste man ihm sagen: Das, was hier gemacht wurde, hat mit unserer Zeit gar nichts zu tun und es wäre ein vernichtendes Urteil über ein mit öffentlichen Mitteln unterstütztes Theater. …«

Brief von Leon Geer vom 4.5.1937 an den Oberbürgermeister:
»… erlaube ich mir, Ihnen die gestern in der National-Zeitung erschienene Besprechung des Schriftleiters Leo Hintermayr vorzulegen. … Es wird hier erneut der Versuch gemacht, die Tätigkeit meines Vorgängers als Vorwand zu nehmen, um die bisher von mir geleistete Arbeit in aller Öffentlichkeit herunterzusetzen und meine Verdienste um einen kulturellen Spielplan bewusst in ein falsches Licht zu stellen. …
Es sei mir aber auch hier erlaubt, Ihnen, sehr verehrter Herr Oberbürgermeister, zu sagen, dass ich einer derartigen Polemik in unserem Parteiblatt gegen einen Theaterleiter, der es sich zu einer besonderen Ehre rechnet, nicht unter die jüngsten Parteigenossen zu zählen, als Nationalsozialist mit tiefer Beschämung gegenüberstehe.
Ich bitte Sie, sehr verehrter Herr Oberbürgermeister, in diesem Falle um Ihren behördlichen Schutz.«

Aktennotiz des Kunstreferenten Kleindinst vom 24.11.37 für den Oberbürgermeister:
1. »Der Intendant hat seine leitenden Geschäfte nicht in der Hand. Es fehlt die auf Monate vorausschauende künstlerische Disposition. … Seine Arbeit ist eine Arbeit von Fall zu Fall.
2. Der Spielplan hat keine künstlerische und keine kunsterzieherische Linie. Er ist auch nicht genügend abwechslungsreich. …

3. Der Intendant meidet die Zusammenarbeit mit seinen fähigsten Vorständen, nimmt ihren Rat nicht an und stützt sich auf die künstlerisch schwächste Kraft, den Oberspielleiter …
4. In Bezug auf die Verwaltung des Stadttheaters liegen die Verhältnisse besonders im Argen.
…
5. Der größte Fehler des Intendanten ist, dass er in jedem Rat, in jeder haushaltmäßigen Bindung und in jeder notwendigen Genehmigung eine Gefährdung seiner Führerstellung sieht und deshalb sachliche Aussprachen meidet. Statt einen Rat anzunehmen, betont er seine Befugnisse. …
6. Der Intendant ist gegenüber dem Referat wie seinen Künstlern und Verwaltungskräften im Benehmen völlig unbeherrscht. Er selbst ist aber von einer Empfindlichkeit, die nicht mehr männlich erscheint und zeigt, dass ihm die Stellung seiner Person über die Arbeit und Kunst geht.
7. Dem Intendanten fehlt die künstlerische Bildung und die Allgemeinbildung, die die Erfüllung seiner Aufgaben voraussetzt, dadurch fehlt ihm der sachliche Maßstab für die künstlerischen Werturteile. …
8. Der Intendant zeigt eine ablehnende Haltung gegenüber den bisherigen Kräften des Stadttheaters, die sich zurückgesetzt fühlen …
9. Dadurch hat der Intendant sein Ansehen bei den Künstlern mit Ausnahme seines engeren Anhanges selbst untergraben. …«

Brief des Oberbürgermeisters Mayr vom 28.12.1937 an die Reichstheaterkammer in Berlin:
»Die Stelle des Intendanten der Städtischen Bühnen in Augsburg wird mit dem Ablauf des Vertrages mit dem Intendanten Leon Geer am 1. September 1938 frei. Eine Ausschreibung der Stelle erfolgt nicht. Verhandlungen über die Berufung eines neuen Intendanten sind bereits im Gange. …«

Brief des Oberbürgermeisters der Stadt Erfurt vom 8.1.1938 an den Augsburger Oberbürgermeister:
»Herr Intendant Leon Geer in Augsburg bewirbt sich um den Intendantenposten in Erfurt. Ich bitte Sie um eine vertrauliche Auskunft. Ich wäre Ihnen dankbar, wenn Sie Ihre Auskunft gliedern würden:
a) politische Zuverlässigkeit,
b) charakterliche Zuverlässigkeit und Eigenschaften,
c) fachliche Eignung in künstlerischer Hinsicht, in wirtschaftlicher Hinsicht und Verhalten als Betriebsführer.
Warum wollen Sie Herrn Geer in Augsburg nicht behalten? … Heil Hitler – Name unleserlich, Oberbürgermeister, SA-Sturmbannführer«

Der Oberbürgermeister der Stadt Erfurt am 3.3.1938 – ohne Angabe eines Adressaten:
»Ich habe mit Herrn Intendant Leon Geer in Augsburg vorbehaltlich der Zustimmung des Herrn Reichsministers für Volksaufklärung und Propaganda einen Anstellungsvertrag geschlossen, wonach er am 1. September 1938 die Leitung der Städtischen Bühnen Erfurt übernimmt.«[156]

*

Leon Geer leitet das Erfurter Theater von 1938 bis Sommer 1942. Er führt in der thüringischen Stadt »Kulturtage Hitler-Jugend und Theater« ein. Offensichtlich lassen die Erfurter den betont nationalsozialistischen Intendanten ungern ziehen. Der Theaterkritiker Richard Schmädicke rühmt ihm nach, dass die Spuren seiner Arbeit nicht so schnell verwehen werden und sein Name in Erfurt immer in Ehren genannt werde; in der »Gau-Zeitung« heißt es, die Erfurter hätten es immer zu würdigen gewusst, »was wir diesem fähigen und rührigen Leiter unserer Bühne zu danken haben.«[157]
Was aus Leon Geer nach dem Fortgang aus Erfurt geworden ist, war nicht zu erfahren.

Karl Lustig-Prean (Augsburg)

Das harte Brot der Emigration

Es gibt immer zwei Möglichkeiten. Karl Lustig-Prean (1892–1965) war Theatermann, Journalist, Autor zahlreicher Bücher. Von 1928–1931 leitete er das Stadttheater in Augsburg. Einige Jahre später entschied sich der Österreicher, Europa zu verlassen. Er emigrierte, ein politischer Flüchtling, nach Brasilien.

*

Eigentlich heißt der österreichische Generalssohn Karl v. Preanfeld und Fella. Er nennt sich Lustig-Prean, als Journalist verwendet er auch das Pseudonym Erwin Janischfeld. Geboren ist er im südböhmischen Prachatitz. Jurastudium, Freiwilliger, Kriegsberichterstatter, Organisator von Fronttheatern im Ersten Weltkrieg, 1919 Stellvertretender Direktor und Regisseur an der Wiener Volksoper – das sind einige Stationen aus dem frühen Lebensabschnitt. 1922 wird er Hauptredakteur des »Egerer Blatt«. In der grenznahen früheren deutschen Reichsstadt sind die Spannungen zwischen der deutschen Mehrheit und den neuen Herren, den Tschechen, heftig. Lustig-Prean tritt der »Deutschen Christlich-Sozialen Volkspartei« bei. Er schreibt gegen die betont nationalen Alldeutschen an, tritt publizistisch für die aktive Mitarbeit der Deutschen in der jungen Republik ein. Worte, die Gehör finden: »Die deutschen Parteien horchten auf, drei von ihnen traten sukzessive in eine Regierung Schwehlas ein, des größten Staatsmannes der ersten Tschechoslowakischen Republik, der nicht deutsch sprach, aber wusste, was das Deutschtum, das seinen Boden liebte, für die Tschechoslowakei bedeutete.«[158] Nach Hitlers Putsch im November 1923 prophezeit Lustig-Prean, wenn das Blatt die Leser erreicht habe, werde der Spuk in München verflogen sein. Leider behält er da nur kurzfristig Recht. Außerdem setzt daraufhin ein Kampf gegen ihn ein, »der sieben Jahre dauerte und in Augsburg den Höhepunkt und für mich ein siegreiches Ende fand«.

Also Augsburg. Kaum ist der neue Intendant in der Stadt an Lech und Wertach angekommen, da widmet ihm am 12. Oktober 1928 das antisemitische Augsburger Blatt »Deutscher Michl« seine gesamte Titelseite. »Wer und was ist Karl Lustig-Prean?« fragt die Schlagzeile. Dann heißt es: »Karl Lustig-Prean ist heute Theaterintendant am Stadttheater in Augsburg. Er war früher Mitarbeiter verschiedener deutschfeindlicher Zeitungen in der Tschechoslowakei, ist ein Deutschenhasser, verheiratet mit einer Jüdin und hat als katholischer Student eine Schmutzschrift unter dem Titel ›Die Tripperspritze‹ herausgegeben.« Der neue Theaterleiter wird bezeichnet als »Tschechenfreund ohne deutsches Volksgefühl, von dem die sudetendeutschen Zeitungen geschrieben haben, man möge ihn mit nassen Fetzen davonjagen«. Als Theaterdirektor in Graz habe er im Geiste der Zersetzung gewirkt, habe dort ein ungeheures Defizit hinterlassen. Zum Schluss will der »Deutsche Michl« wissen, welche Stadtratsmitglieder Lustig-Prean nach Augsburg geholt haben. Er droht: »Wir erwarten die Beantwortung dieser Fragen recht bald; wenn nicht, werden wir die Schlussfolgerung daraus ziehen.«

Wes Ungeistes Kind diese »Parteilose Wochenschrift für nationales Leben, Aufklärung, Belehrung, Kritik und Reklame« ist, geht auch aus zwei weiteren Schlagzeilen auf der ersten Seite dieser Ausgabe hervor. »Krankenhaus oder Folterkammer? Das Martyrium eines christlichen Dienstmädchens bei einem Juden« lauten diese. Sie weisen auf einen Bericht im Innenteil hin. Lustig-Prean weiß sogleich, wer hinter der Veröffentlichung steckt. In seiner Zeit als Hauptredakteur des »Egerer Blatt« von 1922–1924 hat er einem Kollegen die Operettensoubrette »ausgespannt«. Einem Mann, der damals für zwei politisch sehr unterschiedlich ausgerichtete Zeitungen schreibt und – so Lustig-Prean – »vom Judengeld lebe und Judenmord predige.« Von da an verfolgt der den ehemaligen Nebenbuhler und journalistischen Konkurrenten.

Als Lustig-Prean – nach zwei Theaterjahren in Bozen – 1927 Intendant in Graz wird, findet er beispielsweise im Hotel einen Zettel mit der Drohung: »Judenschwein, heute Abend wird eine Bombe in Deiner Loge auf Dich warten.« Auch ein ebenfalls »Deutscher Michl« betiteltes Blatt reitet in der Hauptstadt der Steiermark eine Attacke auf den neuen Theaterdirektor. Noch häufiger wird diesem in Zukunft nachgesagt, er sei Jude. Er ist es nicht. »Wem soll ich erzählen, dass die Arier in meiner Familie in hundertprozentiger Geschlossenheit auf dem Stammbaum sitzen«, dementiert er lustig in seinem »Lachenden Panoptikum«.

Lustig-Prean verklagt den Verantwortlichen des Augsburger »Michl«. Zehn Stunden dauert die Verhandlung, dann wird ein Vergleich geschlossen. Lustig-Prean unterrichtet über die Feststellung des Gerichts den Augsburger Stadtrat: »Der Wahrheitsbeweis ist in keinem einzigen Fall als erbracht anzusehen. Von Deutschfeindlichkeit war dem Kläger keine Spur nachzuweisen. Von Tschechenfreundlichkeit kann vielleicht und unter Umständen gesprochen werden. Sämtliche Zeugen haben für den Kläger außerordentlich günstig und lobend ausgesagt. ... Zu dem Vorwurf der ... ›Tschechenfreundlichkeit‹ habe ich erklärend hinzuzufügen, dass ich diese meine Gesinnung nie verhehlt habe und dass ich jedem Volke ohne Unterschied Freund bin und, seit ich politisch denken kann, zwischen Völkern und Staatsmännern sehr wohl zu unterscheiden weiß.«[159] Der Beklagte, so heißt es in Preans Erinnerungen, habe die Kosten übernommen, im »Deutschen Michl« einen Widerruf veröffentlicht, diesen in allen Münchner und Augsburger Zeitungen annonciert und 2.000 Mark für die Armen bezahlt.

Sollte den nationalen »Deutschen Michl« an Lustig-Prean vielleicht auch gestört haben, dass der den Spielplan seiner ersten Saison unter den Leitgedanken »Jugend und Demokratie« stellt? Die Weimarer Republik steht damals in rechten Kreisen nicht hoch im Kurs. Wie dem auch sei: Dem garstigen Auftakt in der Fuggerstadt folgen freundliche Zeiten. Prean ist gerade drei Monate im Amt, da plädiert der renommierte Theaterkritiker Ludwig Unterholzner[160] in der »Neuen Augsburger Zeitung« bereits dafür, den Vertrag des Intendanten um zwei Jahre zu verlängern. Es sei nicht zu verkennen, dass das Stadttheater mit einem Arbeitswillen, einem Eifer und einer Hingabe um die Anteilnahme der Öffentlichkeit gerungen habe, die eine schöne Gewähr für die Zukunft gäben. Beeindruckt ist der Kritiker insbesondere davon, dass der neue Intendant in kürzester Zeit bereits nicht weniger als acht Opern-Neuheiten herausbrachte. Der unbestechliche Kritiker Unterholzner merkt freilich auch an, dass unter der Quantität die Qualität noch leide. Manche Werke werden damals offenbar in vier Tagen einstudiert!

Lustig-Prean ist ein Tausendsassa, der viel bewegt, aber auch ein unruhiger Geist. Ende der Spielzeit 1930/31 löst er seinen bis 1932 laufenden Vertrag in Augsburg bereits wieder auf. Er will nun Intendant des Stadttheaters Bern werden. Bis dahin hat er neben dem gängigen Repertoire mehr als ein Dutzend zeitgenössische Opern aufgeführt, teilweise auch uraufgeführt: Dressels Jazzoper »Armer Columbus«, Hindemiths »Hin und zurück« sowie »Neues vom Tage«, Kreneks »Schwergewicht«, Modarellis »Sakuntala«, Schrekers »Die Gezeichneten« und »Der singende Teufel«, Weills »Der Zar lässt sich fotografieren« und »Dreigroschenoper« u. a. Im Schauspiel, bis dahin allein von den Münchner Kammerspielen bestritten, baut Lustig-Prean ein eigenes Ensemble auf. Verpflichtet als Kapellmeister Paul Frankenburger, der Augsburg 1933 verlässt und unter dem Namen Paul Ben-Chaim Israels bekanntester Komponist wird. Lässt die Dirigentinnen Gertrud Hrdliczka und Carmen Studer die Taktstöcke schwingen; lässt Berühmtheiten wie Felix Weingartner, Hans Pfitzner, Franz Schalk dirigieren; lässt Anna Pawlowa eine Woche lang tanzen. Er fördert junge Talente und entdeckt die Altistin Anny Konetzni, die bald weithin bekannt wird. Dem Ensemble gönnt dieser Intendant wenig Ruhe: Es gastiert regelmäßig in Würzburg und Regensburg, reist nach Mannheim, Salzburg, Meran, Bozen. In Lustig-Preans Zeit fällt 1929 auch die Eröffnung der Freilichtbühne am Roten Tor, die er die schönste in Deutschland nennt.

Nicht alles, was das Augsburger Theater in diesen Jahren bietet, findet den Beifall des Publikums. Unbestritten aber ist die Ära Lustig-Prean eine große Zeit des Theaters. Kritiker Unterholzner: »Augsburg erlebte eine Renaissance echten Stiles.« Trotz all seiner Umtriebigkeit inszeniert der Chef des Hauses viele Aufführungen selbst. Und findet auch noch die Zeit, sich neu zu verlieben. Charlotte Silbiger heißt die Sängerin. In Bern wird die Jüdin 1933 seine zweite Frau. Wenige Jahre später teilt sie das Exil mit ihm.

1931 lernt Lustig-Prean in einem Konditoreizimmer gegenüber der Bayerischen Staatsoper Hitler kennen. Politische Freunde, so schreibt er in seiner Biographie, entsenden ihn als Beobachter dorthin. Lustig-Prean: »Ich habe dieses Treffen nicht gewünscht und doch ist es für mich interessant und belehrend gewesen. ... Hitler ... hat auch manches daran gewendet, meine Sympathie zu gewinnen. Es ist vergeblich gewesen. ... Meine Frau und meine Freunde warteten ganz in der Nähe auf mich. Ich will hier nicht wiederholen, was ich als Eindruck in ein Wort gefasst habe.«

Die Augsburger Jahre dieses Künstlers haben ein briefliches Nachspiel. Es fällt in das Jahr 1935. Hitler trifft sich mit den Leuten nicht mehr in einer Konditorei. Er regiert von der Reichskanzlei aus das Land – als Diktator. Am 23.1. bittet die nationalsozialistische Organisation »Kraft durch Freude« den Augsburger Oberbürgermeister »um eine vertrauliche Auskunft über die politische und künstlerische Einstellung Lustig-Preans und um die Gründe, die zu seinem Ausscheiden führten«. Obwohl es offensichtlich nur um einen – von der Augsburger Stadtverwaltung bereits abgelehnten – Vortrag in Augsburg geht, sind die Leute im Reichsamt »Kraft durch Freude« aufgeschreckt. Das Antwortschreiben spiegelt den Stil der neuen Zeiten, die angebrochen sind: »... Lustig-Prean ist nachgewiesenermaßen in Augsburg Mitglied der sozialdemokratischen Partei gewesen und hat diese Mitgliedschaft in künstlerischer und gesellschaftlicher Weise betont. Diese Tatsache überraschte um so mehr, als er selbst Offizier und der Sohn eines österreichischen Generalmajors war, der in der österreichischen vaterländischen Bewegung an hervorragender Stelle stand. Bei Leuten, die Lustig-Prean näher gekannt haben, besteht die Überzeugung, dass er sich zur sozialdemokratischen Partei nicht aus Gesinnung, sondern aus Berechnung bekannte, um sich ihrer Kritik zu entziehen und ihrer Förderung zu versichern. Der damalige Kunstreferent und zweite Bürgermeister hat der sozialdemokratischen Partei angehört. In kunstpolitischen Fragen sind in Augsburg häufig die Sozialdemokraten und Demokraten gegen die Rechte zusammengegangen. Im Theater hat Lustig-Prean den Vertretungen der Künstler und Arbeiter in einer Weise nachgegeben, dass sein Nachfolger schwer um seine Autorität kämpfen musste.

Intendant Karl Lustig-Prean (Privatbild)

In künstlerischer Beziehung war Lustig-Prean sehr aufgeschlossen, beweglich und fleißig. ... Aber auch in seiner künstlerischen Tätigkeit hat Lustig-Prean allmählich den sozialistischen Kunstbestrebungen weitgehende Zugeständnisse gemacht. Insbesondere rief eine allerdings geschlossene Morgenveranstaltung mit tendenziös sozialistischem Inhalt eine starke Entrüstung in den bürgerlichen Kreisen und in der bürgerlichen Presse hervor. ... Er konnte deshalb voraussehen, dass sein Vertrag im Jahre 1932 nicht erneuert würde, und hat sich deshalb rechtzeitig um eine andere Intendantenstelle umgesehen. Die Mehrheit der Berner Stadtverwaltung, die ihn wählte, war sozialdemokratisch. Von der Schweiz aus hat Lustig-Prean in seiner journalistischen Tätigkeit eine gegen Deutschland gerichtete Haltung eingenommen.«

Es kommt noch schlimmer für die Nationalsozialisten: Mai 1935 erfährt die Stadtspitze von einem Gastspiel der Wiener Volksoper (Künstlerischer Leiter inzwischen Lustig-Prean) mit Singspiel und Operette im Apollotheater. »Befremdet« wendet sich der Oberbürgermeister an

die Polizeidirektion. Die weiß von nichts. Sie verbietet die Gastspiele. Die Nationalsozialisten scheinen Lustig-Prean zu fürchten.
Der weitere Gang der Dinge: 1931–1934 Theaterdirektor in Bern; 1934/35 Direktor der Wiener Volksoper; 1935 Chefredakteur der »Deutschen Presse« in Prag, zu jener Zeit Fluchtort vieler Gegner Hitlers. »Irgendwie hatte ich noch ein Endchen von Optimismus und irgendwie hielt ich Prag für jenen Angelpunkt, aus dem die faschistisch gewordene Welt vielleicht noch ins richtige Scharnier zurückzubewegen wäre.« Als er erkennen muss, dass er mit der Feder den Lauf der Geschichte nicht ändern kann, wandert Lustig-Prean nach Brasilien aus. »Ich bin kein Held und habe es auch nie behauptet. Der Augsburger Hans Beimler hatte mir Dachau lebendigst geschildert.«
»Emigrantsein war die Verdammnis« wird Lustig-Prean später die Jahre in Rio de Janeiro und Sao Paulo resumieren. Bittere Jahre werden es, obwohl er die Hände nicht in den Schoß legt. Er findet Engagements als Regisseur, gründet eine Schauspielschule, ein Kindertheater. Sein Lottchen trägt durch Konzerte zum Lebensunterhalt bei. Viel kann das alles nicht gebracht haben. Es geht den beiden schlecht.
Lustig-Prean engagiert sich auch in deutschen und österreichischen Emigrantenorganisationen. Er gehört »Dem anderen Deutschland« an, gerät damit aber in Konflikt, weil er eine Beteiligung der katholischen Emigranten an einer Volksfront gegen den Nationalsozialismus befürwortet. So schließt er sich der »Bewegung Freies Deutschland« in Mexiko an; wird Vizepräsident des »Lateinamerikanischen Komitees der Freien Deutschen«, arbeitet im Zusammenschluss von österreichischen und sudetendeutschen Emigranten. Er fühlt sich erleichtert, als endlich der braune Spuk in Deutschland zusammenbricht; er atmet auf, als der panamaische Frachter »Maria Louise« nach einem gewaltigen Sturm 1948 in Genua anlegt: Endlich wieder in Europa!
Lustig-Prean ist ein lustiges Naturell. Seine Biographie »Lachendes Panoptikum« ist ein geistreiches Buch voller Witz, reiht Anekdote an Anekdote. Die vorwiegend heiteren Kapitel über die Emigration aber enden mit bitteren Worten: »Ich erzähle nichts mehr. Es genügt, dass ich so getan habe, als hätten wir ein Leben geführt aus Heiterkeit und rosaroten Farben. Als hätten wir uns aus allem eine Hetz gemacht. Als sei alles Grottenbahn und Toboggan gewesen. So war es nicht. Vielleicht darf ich das Ernste ein andermal erzählen. Vielleicht.«
Nach Wien zurückgekehrt, macht Lustig-Prean ab 1948 erneut Karriere: Direktor der Musiklehranstalten der Stadt Wien, ab 1950 Vorsitzender des Direktionsrats der Wiener Philharmoniker (und damit administrativ der Chef Herbert von Karajans), nach seinem Ausscheiden 1959–1962 nochmals Theaterleiter in Baden bei Wien. Er bleibt auch im Alter ungebrochen umtriebig wie in jüngeren Jahren: schreibt Theater- und Konzertkritiken, wird mit dem Professortitel, hohen Orden Österreichs, Deutschlands, Polens, Rumäniens, der Tschechoslowakei ausgezeichnet. Er stellt auch im Wien der Nachkriegszeit wieder etwas dar.
Als Karl Lustig-Prean 1959 seine letzte Theaterleitung antritt, die in Baden bei Wien, geht das »Badner Volksblatt« auch auf dessen Jahre an Lech und Wertach ein: »In Augsburg gestaltete Lustig-Prean das modernste Theater Süddeutschlands und entwickelte die Leistungen zu jener Höhe, die das Augsburger Theater neben die städtischen Bühnen von Nürnberg stellte.« In der Fuggerstadt werden ihm solche Kränze nach dem Zweiten Weltkrieg nicht gewunden. Im Gegenteil: In der Galerie mit Köpfen ehemaliger Augsburger Intendanten im Stadttheater-Foyer fehlt bis 1989 der des Mannes, der im Dritten Reich das harte Brot der Emigration gegessen hat. Ein Theaterbesucher ändert das schließlich. Er übergibt der Intendanz ein Foto Lustig-Preans. Seitdem ist auch sein Porträt in der Intendantengalerie zu sehen. Genauer gesagt: Es war dort zu sehen. Inzwischen sind alle Intendanten abgehängt.

Anton Brändle (Kempten)

»Wie Hitler wünschen Mütter sich den Sohn ...«

Es gibt immer zwei Möglichkeiten. Anton Brändle, Kreisleiter und von 1942–1945 Oberbürgermeister der Stadt Kempten, entschied sich, dem Dritten Reich von dessen erster bis zu dessen letzter Stunde zu dienen.

*

Kemptens langjähriger Oberbürgermeister Dr. Otto Merkt war Nationalsozialist, aber kein von Hitlers Ideen überzeugter. Sein Nachfolger Anton Brändle dagegen ist fanatischer Gefolgsmann Hitlers. Im Gegensatz zu Merkt, der verfolgten Juden in den Stunden größter Not zu helfen versuchte, verfolgt Brändle diese.
1. April 1933: Der Tag, an dem das Dritte Reich die Bürger in ganz Deutschland zum Boykott der Juden gehörenden Geschäfte, Arztpraxen und Anwaltskanzleien auffordert. In den Kemptener Zeitungen finden die Leser an diesem Tag

- den Aufruf »Wer den Boykott nicht mitmacht, schädigt die Sache des deutschen Volkes.« Unterzeichner: Anton Brändle;
- den Appell an die Bauern: »Kauft kein Vieh vom Juden, verkauft kein Vieh an den Juden!« Unterzeichner: Anton Brändle;
- Die Ankündigung einer Massenversammlung, Thema »Brechung der jüdischen Weltherrschaft.« Redner: Anton Brändle.

Wer ist dieser Anton Brändle? Er wird geboren in der Silvesternacht 1899 in Altusried, besucht die Dorfschule von 1906–1910, anschließend das Humanistische Gymnasium in Kempten, zieht mit 17 freiwillig in den Ersten Weltkrieg, wird verwundet. Heimgekehrt, macht er in Sigmaringen das Abitur und absolviert ein Semester auf der Handelsakademie in Calw. Von 1920–1923 ist er Kaufmann und Prokurist einer Firma in Vilsbiburg, dann tritt er in das der Familie gehörende Geschäft in Altusried ein. Der Großvater hat den Laden gegründet. Vom Druckknopf über den Salzhering bis zum Pelzmantel gibt es dort alles zu kaufen, was Dorfbewohner benötigen. Anton Brändle betreibt das Geschäft zusammen mit der ältesten Schwester. Später kommt eine weitere Schwester, bis dahin Direktrice in Vilsbiburg, hinzu. Was zugleich bedeutet, dass Anton Brändle mehr Zeit für andere Dinge bekommt, zum Beispiel für die Politik.
1922 tritt Kaufmann Brändle erstmals in die NSDAP ein, 1930 zum zweitenmal. Warum genau er dieser zwischenzeitlich den Rücken gekehrt hat, ist nicht ganz ersichtlich. 1931 wird er auch Mitglied der SA. Bis heute ist es so, dass Männer und Frauen, die gut reden können, die besten Karrierechancen haben – nicht nur im Beruf, sondern auch in der Politik. Brändle ist so ein rhetorisch begabter Mann. Viele Jahre später wird ihm sogar ein Spruchkammervorsitzender bescheinigen, dass er in der Lage ist, »andere Volksgenossen zu packen und erfolgreichste Propaganda für die Sache Hitlers zu machen.«[161] Genau das tut Brändle ab 1930. Die NSDAP setzt ihn als Gauredner ein, 1932 bereits wird er SA-Sturmbannführer. Am meisten aber dürfte seine Stellung in der Hitler-Partei das Wahlergebnis gestärkt haben, das die Nationalsozialisten im März 1933 in Altusried erzielen. 61,9 Prozent der Wähler stimmen für die NSDAP. Weit mehr als in anderen Gemeinden des »schwarzen« Allgäus.
Ohne Zweifel hängt dieses Resultat mit Brändles rednerischer Überzeugungskraft zusammen, aber gewiss auch mit seiner und der Familie Beliebtheit im Heimatort. Im Kolpingverein, in der katholischen Landjugend, in anderen Vereinen: Brändles! Die Tante spielt die Orgel in der Kirche. Und dann ist der Anton Brändle ein begeisterter und offenbar auch begeisternder Darsteller auf der – heute noch weithin bekannten – und von ihm wiederbelebten Altusrieder Freilichtbühne. Der Sohn, Dr. Hermann Brändle, erinnert sich aus der Zeit des Dritten Reichs: »Er hat den ›Andreas Hofer‹ aufgeführt und auch dargestellt als ein Spiel des Freiheitskampfes, und das Ganze war unter der Flagge des Hakenkreuzes und da waren natürlich auch Parteigrößen da. Es war das ganze Leben politisiert, natürlich auch dieses.«
Nach der März-Wahl 1933 wird Anton Brändle ehrenamtlicher Bürgermeister der Heimatgemeinde, im gleichen Monat auch Leiter des NSDAP-Kreises Kempten-Stadt. Bald darauf folgt der von den Nationalsozialisten ausgerufene Boykotttag jüdischer Geschäfte. Erklärungen für den ausgeprägten Antisemitismus des

Vaters hat auch Dr. Hermann Brändle keine. In Altusried leben keine Juden. Wie in jedem Dorf dürften auch dort jüdische Viehhändler gekauft und verkauft, jüdische Kleinhändler von Haus zu Haus Waren angeboten haben. Von Differenzen mit Personen jüdischen Glaubens oder gar von Feindschaften ist jedoch niemandem etwas bekannt.

Denkbar ist, dass Brändle als fanatischer Nationalsozialist auch den fanatischen Judenhass des Nationalsozialismus zu seiner eigenen Sache macht. Der Boykottaufruf des Hitler-Regimes gegen jüdische Firmen mag dem Kaufmann zudem auch als wirkungsvolle Maßnahme gegen die Konkurrenten von Parteifreunden erschienen sein. In Kempten jedenfalls wird die Aktion gründlich organisiert:

- Vor dem Möbelhaus Merkur verkündet ein Transparent: »Arbeiter, willst Du, dass die Räder laufen, darfst du nicht beim Juden kaufen«;
- beim Kaufhaus Fillisch: »Wer vom Juden kauft, ist ein Volksverräter«;
- beim Einheitspreisgeschäft Wohlwert: »Wer vom Juden frisst, der verreckt« usw. Kein jüdischen Deutschen gehörendes Kemptener Geschäft, vor dem nicht die Parolen der Nazis zu lesen sind.

Brändles Kampf gegen die Juden geht weiter. Am 23.6.1934 verkündet im »Allgäuer Tagblatt« eine Mitteilung des Kreisleiters in fetten Lettern: »Wegen unerhörter Schweinereien in der Lebensmittelabteilung und bewusstem Betrug der Kunden durch die Geschäftsleitung sahen wir uns veranlasst, die sofortige Schließung der Lebensmittelabteilung in der Firma Volksbedarf G.m.b.H. durch vorläufige Verfügung zu beantragen und Strafanzeige zu erstatten. ... Heil Hitler, Brändle.« U. a. sollte sich ein jüdischer Angestellter die Hände in Wasser gewaschen haben, das zur Eisherstellung benutzt wurde. Vorwürfe, die der Überprüfung durch die Justiz nicht standhalten. Die »Volksbedarf G.m.b.H.« ist dem Kreisleiter ohnehin ein besonderer Dorn im Auge. Vier Seiten, in denen er die Niedrigpreis-Firma des fortgesetzten Volksbetrugs anklagt, lässt er für Dienststellen der NSDAP sowie Behörden drucken.

Der Bannstrahl des Kreisleiters beschränkt sich aber nicht auf Firmen mit Besitzern jüdischen Glaubens. Er reicht bis hin zu den so genannten »Mischehen«, in denen ein Partner jüdischer Abstammung ist. Unter dem 12.11.1941 verlangt er vom Besitzer des Hauses Bahnhofstr. 2, einer »Mischlingsfamilie« zu kündigen, für die er bereits in einem ehemals dem jüdischen Bankier Ullmann gehörenden Haus ein neues Unterkommen besorgt hat. Ultimativ verlangt er, dass der Umzug bis 1. Dezember vollzogen sein muss. »Ich darf annehmen, dass Ihnen eine rein deutsche Familie vor den Rechten einer jüdischen Mischlingsfamilie geht und Sie mein Bestreben zur Lösung dieser Frage bestens unterstützen.[162]

Die Tochter des Schuhhändlers Kohn berichtet, dass der Kreisleiter ihre Mutter einmal vorgeladen und ihr gesagt habe: »Lassen Sie sich von ihrem jüdischen Mann scheiden und Sie haben Ruhe.«

Wie muss es Brändle da getroffen haben, als ihm von der Kreisleitung Memmingen-Land 1935 unterstellt wird, seine eigene Firma O. F. Brändle in Altusried beziehe Waren vom jüdischen Kaufhaus Seligmann in Memmingen. Empört weist der Kreisleiter das zurück.[163]

Schwer verletzt haben muss Brändle auch sein Ausschluss aus der SA im Frühjahr 1933. Grund: Brändle verbietet seinen SA-Leuten, einen Befehl des SA-Sonderbeauftragten für Schwaben, Major Ritter von Schöpf, auszuführen. Weil er sich zugleich bei mehreren Persönlichkeiten über Schöpf »in unerhörter Form beschwert und die Absetzung eines Vorgesetzten verlangt«, zieht Brändle den Kürzeren. Er verliert nicht nur den Rang eines Sturmbannführers, sondern wird aus der SA ausgeschlossen. Gauleiter Wahl, der Schöpf loswerden will, assistiert seinem Kreisleiter: verweist darauf, dass der Major ein haltloser Trinker sei und sich seine Räusche wochenlang auf Parteikosten angetrunken habe. Vergeblich. Erst im August 1934 wird Brändle wieder in die SA aufgenommen und ihm sein Dienstgrad wieder zuerkannt.[164]

»So wünscht sich die Mutter den Sohn und den Mann der Tochter, die Eltern den Vater der Enkel«, tönt Brändle einmal; im Vorwort zu einem von ihm herausgegebenen Straßenverzeichnis schreibt der Kreisleiter 1937: »Die Nationalsozialistische Deutsche Arbeiterpartei ist die organisierte Lebenskraft des deutschen Volkes. Ihre Organisation ist das Blutader- und Nerven-

system des Volkskörpers. Die politischen Leiter sind die verantwortlichen Regler des Lebensstromes. So mag auch das vorliegende Organisationsgeleise dem Anschwellen unserer völkischen Kraft und Größe nach dem Befehl des Führers dienen.«[165]
Oberbürgermeister Merkts vorübergehende Absetzung im Frühjahr 1933 könnte in Brändle die stille Hoffnung geweckt haben, dessen Nachfolger zu werden. Die Wiedereinsetzung jedenfalls – so schreibt Herbert Müller – nehmen er, die SA und die NSDAP »in harter Disziplin« hin.[166] Später dagegen erkennt Brändle offensichtlich an, was Merkt für Kempten bewirkt und erreicht.
Das langjährige Stadtoberhaupt versucht dennoch vorzubauen, dass Brändle nicht sein Nachfolger werden kann. Vielleicht richtet sich eine Satzungsänderung, dass nur ein Jurist das wichtigste Amt Kemptens bekommen darf, aber in Wirklichkeit gegen einen anderen Kreisleiter. Aus dem Juli 1942, als das Ende von Merkts Amtszeit besiegelt ist, existiert ein Brief des Oberbürgermeisters an einen Freund. Darin heißt es: »Der Kreisleiter Kempten-Land, PG Schädler, ist von unbändigem Ehrgeiz beseelt; er will auch Kreisleiter von Kempten-Stadt werden. ... Er ist ein kleiner Bauer aus dem Landkreise Sonthofen, will nach Kempten ziehen und dort regieren. Infolgedessen musste der Kreisleiter von Kempten-Stadt beseitigt, befördert werden. Dafür schien geeignetes Amt das des Oberbürgermeisters in Kempten. PG Brändle selbst hat das, wie ich zu seiner Ehre feststelle, nicht gewollt, er hat aber schließlich zugestimmt.«[167]
28.11.1942: Der Bürgermeister von Altusried wird nun doch Oberbürgermeister von Kempten. Dem Vorgänger, Jurist und Verwaltungsfachmann, kann Brändle nicht das Wasser reichen. Er habe sich im Oberbürgermeisteramt vorrangig als Parteifunktionär verstanden, urteilt Buchautor Herbert Müller.[168] Er weist auch darauf hin, dass die strenge Staatsaufsicht damals nur noch Initiativen zulässt, die völlig im Sinne des Nationalsozialismus sind. Eine solche ist zweifellos die Umbenennung des Königsplatzes in Platz des Führers, der Königstraße in Adolf Hitler-Straße, der Sedanstraße in Mussolini-Straße. Der 1933 nach Hitler benannte

Anton Brändle (Foto: Bundesarchiv)

Platz wird nach Meinung des neuen Oberbürgermeisters der Bedeutung des Führers nicht gerecht.
Anton Brändle ist lange der Kirche treu geblieben. Erst Ende 1942 verlässt er sie. Den Austritt begründet er in einem neunseitigen Brief an politische Leiter und Parteigenossen. Die Schlusssätze lauten: »... Wen anderen aber soll das ganze Volk als Treuhänder der Wahrheit und Richter in diesem Kampfe anerkennen als den Führer, durch den es sichtbarlich von der Vorsehung gesegnet worden ist. Solche Antwort allein weiß ich auf die von Gott gestellte Frage an mein und der ganzen deutschen Nation Gewissen.«[169]
Am Ende der Amtszeit dieses Stadtoberhaupts stehen Durchhalteappelle noch kurz vor dem Fall Kemptens. Mitte April – amerikanische Truppen nähern sich Schwaben bereits – spricht er auf vier Veranstaltungen zu Volkssturmmännern und Reichsbahnbeschäftigten. Er versteigt sich zu den Worten: »Wir stehen vor dem Gipfel. Wenn wir müde werden, können wir ihn nicht bezwingen.«[170] Am 17. April 1945 schreibt Brändle im »Allgäuer Tagblatt« unter der Über-

schrift »Wird Kempten verteidigt?« einen langen Artikel für seine »lieben Volksgenossen«. Er endet mit den Worten »Ich glaube an den deutschen Sieg und damit an den Sieg Europas; ich glaube an Adolf Hitler! Heil dem Führer!
Euer Kreisleiter.«
Der Brief enthält noch ein weiteres persönliches Bekenntnis Brändles: »Ich selbst bleibe mit meiner Familie in der Stadt und werde, was auch kommt, solange ich lebe, jede Möglichkeit nutzen, dem am Ende doch sicheren Siege zu dienen. Sollte ich aber lebend in die Hände des Feindes fallen, so mag sein grundloser Hass sich an mir austoben, und dafür vielleicht andere vorerst schonen. Keinesfalls aber werde ich selbst Hand an mein Leben legen. Unser Leben gehört nicht uns, es gehört bis zum letzten Blutstropfen unserem Volke.«
Als Kempten wenige Tage später von amerikanischen Truppen besetzt wird, bleibt Brändle indes nicht in der Stadt. Er stiehlt sich im Gewand eines katholischen Geistlichen davon. Am 27.4.45 stellt er sich. Bevor die Amerikaner ihn in ein Internierungslager bringen, fahren sie ihn auf dem Kotflügel eines Autos durch die Stadt – Triumphzug und Zurschaustellung eines Gefangenen. Eine üble, auch durch die Sieges- und Befreiungsstimmung nicht zu rechtfertigende Demütigung eines Menschen!
Die Entnazifizierung Anton Brändles zieht sich über mehrere Instanzen bis 1950 hin. Brändle versucht keine Ausflüchte. Er bekennt sich offen als überzeugter Anhänger des Nationalsozialismus und Hitlers. Eine Zeugin sagt aus, dass der Kreisleiter einem Gegner des Nationalsozialismus, den er der Gestapo hätte ausliefern können, stattdessen 1.000 RM für seine Unterstützungskasse abgeknöpft und der in Not geratenen Frau eines führenden Kommunisten aus dieser Kasse 100 RM gegeben habe. Auch andere berichten, dass der Kreisleiter ihnen geholfen hat. »Die Handlungen sprechen wohl für eine angeborene Sauberkeit im Denken und Handeln, für edle Beweggründe, für Menschlichkeit«, folgert diese Spruchkammer. Die Berufungskammer München nennt Brändle einen »untadeligen Menschen, der für seine Person den verbrecherischen Praktiken des Nationalsozialismus nicht huldigte und für Recht und Gerechtigkeit eintrat.« Wirklich? Auch für Recht und Gerechtigkeit gegenüber den Juden? Urteil der letzten Instanz: Brändle wird als Aktivist eingestuft, für dreieinhalb Jahre in ein Arbeitslager eingewiesen, muss zehn Prozent seines Vermögens abgeben u. a.m.
Anton Brändle wird nur 54 Jahre alt. 1953 erliegt er einem Herzschlag. »Hilfsbereitschaft gegenüber jedermann und Pflichtbewusstsein haben ihn in besonderem Maße ausgezeichnet. Ehre seinem Andenken!«, heißt es in der Todesanzeige der Stadt Kempten. Am Tag der Beisetzung flaggt das Kemptener Rathaus halbmast. Oberbürgermeister Fischer überbringt bei der Beisetzung den Dank der Stadt und ein prächtiges Blumengebinde.
Ein Kemptener Bürger ist mit den Ehrungen Brändles nicht einverstanden. Er schreibt an den stellv. Ministerpräsidenten Dr. Wilhelm Högner. Aus der Antwort: »Mögen noch manche Vorgänge anlässlich des Hinscheidens des früheren Oberbürgermeisters und Kreisleiters Brändle beim Betrachter ein Kopfschütteln hervorrufen, so können sie doch keinen Anlass bilden, eine Untersuchung mit dem Ziel eines förmlichen Dienststrafverfahrens gegen die beteiligten Bürgermeister und Beamten einzuleiten. Jetzt, wo Brändle verstorben ist, sollte man die Dinge wohl auf sich beruhen lassen. Wenn allerdings – was hier nicht bekannt ist – unabhängig von diesem Einzelfall in Kempten von neonazistischen Umtrieben gesprochen werden kann, müsste der Sache ernstlich nachgegangen werden«.[171]

Gespräch mit Dr. Hermann Brändle

Bis ins dritte Glied

Welche Erinnerungen haben Sie an Ihren Vater?
H. Brändle: Ich bin 1938 geboren. Das war die Zeit, in der mein Vater so richtig politisch aktiv war. Davon habe ich nichts mitbekommen. Dann war mein Vater jahrelang eingesperrt. Zurückgekehrt ist er als ein gebrochener Mann. Er starb dann früh, 1953. Da war ich 15 Jahre alt. Ein Alter, in dem man seine Fragen noch nicht stellt.

Und wie denken Sie über ihn?
H. Brändle: Als Junge wünscht sich jeder einen Vater, auf den er stolz und der sein Leitbild ist. Hat man wenig Kontakt mit der Realität, dann macht man sich ein Bild. Meines ist sicher ein sehr ideales Bild. Ich habe es durch meine Mutter bekommen, die mir eben nur die positiven Dinge gesagt hat. Mein Vater ist sicher ein Romantiker gewesen, anfällig für überspannte Ideen, sicher ein Idealist.

Gab es nie Stunden einer sehr engen Vater-Sohn-Beziehung?
H. Brändle: Einmal in den großen Ferien hatte mein Vater eine komplizierte Blinddarmoperation. Ich habe ihn dann drei Wochen täglich mit dem Fahrrad besucht. Das war die beste Zeit, die ich mit meinem Vater hatte.

Wurde in der Familie über die Rolle des Vaters im Dritten Reich gesprochen?
H. Brändle: In der Familie war Politik oder zumindest die politische Vergangenheit ein Tabu. Es wurde nie darüber gesprochen, wohl auch meinetwegen.

In der Grabrede ist gesagt worden, dass Ihr Vater nach dem Krieg eine starke innere Wandlung durchgemacht habe. Stimmt das?
H. Brändle: Ich meine, mein Vater hat den Weg zurück zur Kirche genommen. Meine Mutter war eine sehr fromme Frau, katholisch. Sie hat ihn in diese Richtung zu bewegen versucht.

Denken Sie, dass die Menschen aus der Geschichte lernen?
H. Brändle: Die Mehrheit nicht, einzelne ja.

Leiden Sie unter der Rolle, die Ihr Vater im Dritten Reich gespielt hat?
H. Brändle: Ich akzeptiere natürlich, dass wir Deutsche den Juden gegenüber eine generelle Schuld haben und dass meine Familie da mitbeteiligt ist. Das belastet mich schon. Ich habe neulich auch eine unserer Töchter gefragt, ob ihr das etwas ausmacht, und sie hat gesagt, sie leidet darunter. Ich habe nicht gedacht, dass sich das bis ins dritte Glied fortpflanzt.[172]

Dr. Otto Merkt (Kempten)

»Wenn Widerstand, dann durch Merkt«

Es gibt immer zwei Möglichkeiten. Dr. Otto Merkt war von 1919–1942 Oberbürgermeister von Kempten. Um sein Amt behalten zu können, trat er 1933 der NSDAP bei. Deren Vertrauen erwarb er sich nicht.

*

Dr. Otto Merkt ist ein Einzelgänger gewesen, kantig, von unbeugsamer Härte, widersprüchlich. Ihn gerecht zu beurteilen ist schwierig. Fest steht: Für »sein« Kempten hat er viel geleistet. Am 15. November 1932 spricht Dr. Merkt vor dem Kreistag von Schwaben und Neuburg, dessen Präsident er ist. Sein Thema »Öffentliche Fürsorge und Unfruchtbarmachung«. Einige Zitate:
»... Ist es noch zu verantworten, wenn wir schon ein Heer von Arbeitslosen unterstützen, wenn wir schon ein zweites Heer von Nichtarbeitsfähigen lebenslänglich unterhalten, dass wir noch länger zusehen, wie dieses zweite Heer Jahr für Jahr und Tag für Tag neuen Zuzug erhält, wie diese Ballastexistenzen Kinder zeugen, die wieder Ballastexistenzen sein werden, sein müssen, Kinder zeugen und – der öffentlichen Fürsorge überlassen.« ...
»... mehr wie 100 Prozent dessen, was uns zusteht, was wir dem Steuerzahler abnehmen, geben wir aus für die wirtschaftlich Toten, für eben diese Ballastexistenzen. 0 Prozent bleiben übrig für die wirtschaftlich Lebendigen, für Förderung von Landwirtschaft und Gewerbe, Handel und Industrie, für Gesundheit und Kultur.« ...
»... Die Sterilisierung, die Verringerung der Zahl der Unterstützten, ist das einzige Mittel, um unser Haushaltelend wirklich und dauernd, von Jahr zu Jahr mehr zu beseitigen, unsere Fürsorgelasten von Jahr zu Jahr kleiner werden zu lassen. Man stelle sich vor: 20 Jahre, dann sind die vorhandenen Abnormalen weggestorben, neue sind nicht mehr oder nur in wesentlich geringerer Zahl hinzugekommen, die Anstalten sind leer geworden.«[173]
Merkt geht im November 1932 nicht leichtfertig mit diesem Thema um. Er zitiert Mediziner, katholische Moraltheologen, Juristen. Er greift eine Diskussion auf, die in den zwanziger Jahren

Zeichnung eines Mithäftlings im Internierungslager von Dr. Otto Merkt (Foto: Lienert)

unter vielen Wissenschaftlern geführt wird. Irritierend ist, dass Kemptens Oberbürgermeister einige Monate später darauf verweisen wird, in dieser Sache schon länger mit den Nationalsozialen übereingestimmt zu haben. Die sind mittlerweile an die Macht gekommen. In den Schulen werden die Kinder bald ausrechnen, wieviele Wohnungen gebaut werden könnten, wenn die »Ballastexistenzen« (welch böses Wort!) dem Staat nicht zur Last fielen. Wieder ein paar Jahre später wird mit der Beseitigung eben dieser Menschen begonnen werden.

Otto Merkt »klebt« an seinem Amt als Oberbürgermeister. Um dieses zu behalten, tritt er am 1.4.1933 in die NSDAP ein, die ihm bis dahin wenig sympathisch ist. Er nennt sich einen »alten Demokraten«,[174] wählt vor 1933 demokratische Parteien. Zweimal gibt er allerdings auch den Nationalsozialisten seine Stimme: als Hitler nämlich ohne Blutvergießen das Rheinland und das Saarland militärisch besetzen ließ. Im Dritten Reich stimmt er nicht mehr für diesen: »Weil in der Nazizeit eine freie Wahl nicht mehr möglich war, habe ich grundsätzlich mit Stimmschein gewählt in irgendeinem Nachbardorf unter dem Vorwand, dass ich einen Sonntagsausflug machen wolle. Ich fürchtete, es könnte aufkommen, dass ich ihn nicht gewählt habe. Ich könnte beschreiben, wie man trotz ›geheimer Wahlen‹ das feststellen kann.«

Dr. Merkt ist Kemptener, 1877 geboren, Sohn eines Bezirkstierarztes. Jurastudium, Promotion als Doktor beider Rechte mit summa cum laude. Erster beruflicher Höhepunkt: Liberale, Zentrum und Sozialdemokraten wählen ihn 1914 zu Münchens 2. Bürgermeister. 1919 macht ihn der Stadtrat einstimmig zum Bürgermeister Kemptens, der Heimatstadt, »seiner« Stadt. Sein Amt übt er ziemlich autokratisch aus. »Seine kommunalpolitischen Methoden hätten vermutlich weitgehend den Beifall Machiavellis gefunden«, zitiert Buchautor Herbert Müller einen Zeitgenossen Merkts.

9. März 1933: Merkt soll das Hissen der Hakenkreuzfahne und der schwarzweißroten Farben des alten Deutschen Reichs am Rathaus genehmigen. Er lehnt das ab. »Die beiden Fahnen sind heute politische, nicht gesetzliche Symbole. Ich aber bin der Hüter des Gesetzes in hiesiger Stadt und habe mich einer jeglichen politischen Stellungnahme zu enthalten.« SA und SS kümmert das Verbot wenig. Am Abend werden beide Fahnen am Rathaus aufgezogen. Der Ortsgruppenleiter spricht vom Balkon zu 3.000–4.000 Menschen, die sich draußen versammelt haben. Dann rollen die Nationalsozialisten die Fahnen ein und ziehen wieder ab.

11. März 1933: SA stürmt das Rathaus. Hintergrund ist die zuvor von Merkt verfügte Freilassung des örtlichen Reichsbannerführers und sozialdemokratischen Stadtrats Albert Wehr. Kempten erlebt einige dramatische Stunden. Die »Augsburger National-Zeitung« berichtet darüber zwei Tage später: »Am Samstagabend, 10 Uhr, zog der erste SS-Sturm der I/29 SS-Standarte Kempten mit Infanterie- und Maschinengewehren bewaffnet vor das Kemptener Rathaus und besetzte dasselbe ohne Gegenwehr. Gleichzeitig wurden von weiteren SS-Abordnungen der Bahnhof und das Hauptpostgebäude besetzt. SA-Formationen besetzten das Elektrizitätswerk, das Gaswerk und das Bezirksamt. Im Verlaufe der Besetzung wurde Oberbürgermeister Dr. Merkt seines Amtes als Stadtoberhaupt

Erster Parteitag des Kreises Kempten-Stadt der NSDAP 1934 im Kemptener Rathaus mit Dr. Otto Merkt (mit Amtskette) sowie Anton Brändle (rechts von Merkt und der Hitler-Büste) (Foto: Stadtarchiv Kempten)

enthoben. .... Nach einiger Zeit wurde Oberbürgermeister Merkt wieder in sein Amt eingesetzt, jedoch wurden ihm die polizeilichen Machtbefugnisse entzogen.«

Merkt ruft an diesem Tag gegen den braunen Aufmarsch den Hauptmann Dietl mit einer Kompanie Gebirgsjäger zur Hilfe. Vergeblich! Der Hauptmann greift nicht ein. Der Oberbürgermeister wird vorübergehend unter Hausarrest gestellt. Vier Tage später wird Merkt während einer dienstlichen Reise im Augsburger Hotel Kaiserhof verhaftet und ins Gefängnis Katzenstadel eingesperrt. Nach zehn Tagen ist er wieder im Amt.

5. April 1933: Merkt, mittlerweile Mitglied der NSDAP, glaubt sich wieder sicher im Amt. Da fällt er einer Intrige, bei der ihm persönliche Bereicherung vorgeworfen wird, zum Opfer. Erneut wird er als Oberbürgermeister abgesetzt, wenige Tage später nach einer Kreistagssitzung in Augsburg verhaftet. Erneut Katzenstadel, erneute Freilassung nach einigen Tagen.

Die Erklärung dafür liefert der Oberbürgermeister mehr als ein Jahrzehnt später im Entnazifizierungsverfahren: Er sei von seinem früheren Lindauer Kollegen und späteren bayerischen Ministerpräsidenten Siebert befreit und wieder eingesetzt worden.

Merkt wird in jenem turbulenten Frühjahr nicht nur Parteigenosse; er übernimmt auch den Posten des Kreisamtsleiters für Kommunalpolitik, des Überwachers der Partei für Rathäuser und Bürgermeister. Auf diese Weise, so Merkt verschmitzt, sei er sein eigener Vorgesetzter gewesen und habe ohne die Störungen durch einen radikalen Nazi arbeiten können.

Seinem Freund Siebert schreibt er in jenen Tagen: »... Umlernen muss ich ebenso wenig wie Du vor wenigen Jahren nicht umlernen musstest. In manchen Dingen bin ich ja seit langer Zeit der eifrige, wenn auch erfolglose Vorkämpfer nationalsozialistischer Ideen gewesen, zum Beispiel hinsichtlich Rassehygiene und Sterilisierung. Ich habe bisher den Grundsatz vertreten, dass der Bürgermeister parteilos sein soll, damit er über den Parteien stehe. Das war richtig, aber nur so lange als es zahlreiche Parteien gab, die immer wieder in irgendeiner Kombination eine Koalition machten. Heute wäre diese Neutralität nicht nur unangebracht, sondern gegen die nationalen Belange. Denn heute haben wir nur eine dauernde Regierung, keine wechselnde mehr, und nur eine Partei, die hinter dieser Regierung steht und deswegen muss jeder nationale Mann sich dieser Partei anschließen. National aber bin ich und war ich, so lange ich lebe.«[175]

Ein paar Wochen später wird Hermann Esser auf Antrag Merkts Ehrenbürger Kemptens. Esser ist der Gründer der örtlichen NSDAP-Ortsgruppe, ab 1923 Propagandaleiter der braunen Partei, wirkt im Dritten Reich u. a. in Goebbels Reichspropagandaministerium. Zur Verleihung der Ehrenbürgerwürde erscheint Merkt in SA-Uniform. Esser rühmt er als »großen Staatsmann und Wegbereiter der nationalsozialistischen Idee im Allgäu«.[176]

Merkts Anbiederung an die neuen Herren rettet ihm also sein Amt. Viel Freude haben die Nationalsozialisten jedoch an ihm nicht. Nach dem Krieg sagt er aus, dass er:

- das Parteiabzeichen nur bei Anwesenheit einer Parteiobrigkeit getragen habe;
- nicht erlaubt habe, am Rathaus einen »Stürmer«-Kasten anzubringen;
- frischgetrauten Ehepaaren nicht Hitlers Buch »Mein Kampf« gegeben habe. »Der diesbezügliche Wunsch der Partei war schon beinahe ein Befehl. Ich erklärte, dass jungen Brautleuten anderes näher liege als dieses Buch zu lesen«;
- niemals jemanden wegen unvorsichtiger Äußerungen über die Partei angezeigt, niemals einem Kaplan wegen kritischer Äußerungen Unannehmlichkeiten bereitet habe;
- abgelehnt habe, in Kempten Straßen nach Ludwig Siebert und Karl Wahl zu benennen;
- als Oberbürgermeister und Parteigenosse jeden Sonntag in die Kirche gegangen sei, vorbei an SA und Hitlerjugend. Er habe sich jederzeit zu seinem Glauben als »Altkatholik[177] nach Geburt und Überzeugung« bekannt.

Sehr viel schwerer wiegt zweifellos die Haltung Merkts gegenüber Menschen, die das Dritte Reich damals verfolgt. Ein enges Verhältnis verbindet ihn mit dem jüdischen Bankier Sigmund Ullmann, bis 1929 Mitglied des Stadtrats. Merkt besucht diesen auch während des Dritten Reichs in dessen Wohnung. In der Zeit schlimmster Bedrängnis auch der Kemptener Juden vereinbart der Oberbürgermeister mit Ullmann, dass die Israelitische Gemeinde ihren kleinen Friedhof der Stadt übereignet. Merkt lässt um diesen herum eine dichte Hecke pflanzen, so dass die Steine mit teils hebräischen Inschriften von außen nicht mehr zu sehen sind. Das Tor versieht er mit Kette und Schloss. Der Friedhof bleibt unangetastet.

Nach dem 9. November 1939 versteckt der Oberbürgermeister Kultgeräte aus dem Betsaal der Juden im Rathaus. Ullmann hatte sie ihm in seiner Not gebracht. Bei einer Durchsuchung von Ullmanns Wohnung entdeckt die Gestapo eine Torarolle, Leuchter, hebräische Bibeln u. a. m. Ein Teil der heiligen Gegenstände wird zur Versteigerung in die Leihanstalt gegeben. Der Oberbürgermeister löst die Ritualien aus, übergibt sie dem Pfleger des Museums zur Aufbewahrung.

»Herzlich und einstimmig dankt der Stadtrat Ihnen für alle unserer geliebten Stadt Kempten geleisteten Dienste« hatte es 1929 bei der Verabschiedung des jüdischen Bankiers, Stadtrats und Handelsrichters Sigmund Ullmann geheißen. 1942 erhält auch dieser die Nachricht, dass er deportiert wird. Der Oberbürgermeister ruft die Gestapo in Augsburg an, bittet darum, den fast blinden 88-Jährigen zu verschonen. Merkt später: »Der Mann am Telefon wunderte sich und war der Meinung, die Juden hätten mich bestochen. … Ullmann musste fort. Die Nachbarn halfen ihm, sein Gepäck zur Bahn zu tragen. Auf dem Bahnsteig in Hegge erklärte der Transportführer: Das brauchen Sie alles nicht mehr! Ein menschliches Drama, das ich leider nicht verhindern konnte.«

Gewichtigster Entlastungszeuge Merkts ist nach dem Ende des Dritten Reichs Bruno Kohn, der angesehene Kemptener Geschäftsmann, Überlebender des KZ Theresienstadt. Seine Tochter Margot erinnert sich, dass die Mutter einmal gesehen hat, wie »Bürgermeisters Marie«, die Haushälterin Merkts, einen Umschlag in den Briefkasten einwirft. »Wir waren hocherfreut über zehn DM, damals für uns eine Menge Geld. Alle unsere Konten waren gesperrt.«

Bruno Kohn bescheinigt dem Oberbürgermeister, von diesem mehrfach mit recht ansehnlichen Geldbeträgen unterstützt und vor Not bewahrt worden zu sein. Kohn in einer schriftlichen Erklärung vom 25.7.1946: »… Herr Oberbürgermeister Merkt hat in einer Zeit, in welcher die Juden Kemptens hilf- und rechtlos waren, nichts unversucht gelassen, deren Los im

Rahmen der ihm damals zur Verfügung stehenden geringen Möglichkeiten zu erleichtern und ihnen seine Hilfe angedeihen zu lassen. Als einer der wenigen noch überlebenden Juden Kemptens fühle ich mich verpflichtet, ihm für seine vornehme und menschliche Haltung meinen tiefsten Dank auszusprechen. Herr Dr. Merkt hat durch seine Stellungnahme zur Diffamierung der Juden seinen ablehnenden Standpunkt zum Nationalsozialismus in klarer Form zum Ausdruck gebracht. Ohne der Entscheidung der Spruchkammer vorgreifen zu wollen, spreche ich den aufrichtigen Wunsch aus, dass Herr Oberbürgermeister Dr. Merkt in seinen Bemühungen um eine Rehabilitierung Recht und Gerechtigkeit widerfahren möge.

gez.: Bruno Kohn«

Klar, dass den Nationalsozialisten dieser Oberbürgermeister bald ein Dorn im Auge ist, je länger desto mehr. Einer von dessen mächtigsten Gegenspielern ist seit Jahren schon Georg Schädler, Kreisleiter von Kempten-Land. Im November 1941 verklagt Merkt Schädler vor dem Parteigericht. Natürlich zieht er gegen den überzeugten Nationalsozialisten den Kürzeren. Schädler rächt sich. Als Merkt in seiner Eigenschaft als Präsident den Bezirksverband (der frühere Kreistag von Schwaben und Neuburg) einberuft, erscheinen nur drei Kreisräte. Die übrigen boykottieren die Sitzung. Schädler könne es nicht mehr mit seiner Ehre vereinbaren, mit Merkt an einem Tisch zu sitzen. Deshalb werde auch er nicht mehr an Sitzungen des Bezirksverbands teilnehmen, schreibt beispielsweise am 31.3.1942 der Günzburger Kreisleiter Deisenhofer in seiner Absage. Kreisleiter Hans Vogel aus Lindau verhält sich genau so. Nicht einmal der Anrede halten die beiden Briefschreiber Merkt noch für wert. Der Gauleiter in Augsburg mag den schwierigen Oberbürgermeister schon längst nicht mehr. Einmal lässt er diesem vor einem Besuch in Kempten ausrichten, er wünsche Merkt nicht zu sehen.

Merkt steckt solche Beleidigungen ein, weil er sein Amt behalten will. Sein Biograf Alfred Weitnauer schreibt, der Oberbürgermeister habe versucht, sich mit Lippenbekenntnissen auf seinem Bürgermeisterstuhl zu halten: »Aber die Partei hat ihm zu keinem Augenblick getraut – mit gutem Recht.«[178] Erstaunlich ist, dass Merkt sich überhaupt bis 1942 im Amt halten kann. Wohl weil er eine Absetzung seit langem befürchtete, hat er vorgesorgt: »Den schwersten und am längsten dauernden Kampf habe ich geführt, um die Hauptsatzung für den Stadtkreis Kempten aufgrund der Deutschen Gemeindeordnung. Ich gestaltete sie so, dass Kreisleiter Brändle niemals mein Nachfolger hätte werden können, indem ich für den Oberbürgermeister juristische Vorbildung verlangte.« Ob der Regierungspräsident (und Gauleiter) Wahl den Trick durchschaut, muss dahingestellt bleiben. In Augsburg ist man jedenfalls der Meinung, es genüge auch, wenn der zweite Mann der Stadt rechtskundig sei. 1942 aber ist kein zweiter Bürgermeister vorhanden gewesen – »also hätte der Oberbürgermeister Jurist sein müssen« (Merkt in der Spruchkammerakte). Doch Merkts Hinweise auf die Rechtslage bleiben erfolglos. Dessen 65. Geburtstag nimmt der Gauleiter zum Anlass, das unbequeme Kemptener Stadtoberhaupt endlich loszuwerden. Auch Merkts Einwände, er sei gesund, arbeitsfähig, 1928 lebenslang gewählt und die Einwohnerschaft werde es nicht verstehen, wenn er sich während des Krieges zur Ruhe setze, während andere mehr arbeiten müssten als früher, fruchten nichts. Merkt geht, Brändle kommt.

Doch wie Merkt sich bis zuletzt an sein Amt klammert, ist bei Weitnauer nachzulesen: »Aber Dr. Merkt denkt nicht daran, das Rathaus zu verlassen, denn er fürchtet, dass die neuen Herren Dummheiten über Dummheiten zum Schaden der Stadt machen werden. Er ignoriert es einfach, dass die Gauleitung einen neuen Kemptener Bürgermeister eingesetzt hat und tut weiter seinen Dienst, als wäre nichts geschehen. So muss ihm in der Stadtratssitzung vom 20. November 1942 mit wenig freundlichen Worten bedeutet werden, seine weitere Anwesenheit im Kempter Rathaus sei unerwünscht. Acht Tage später verabschiedet sich Dr. Merkt von seinen alten Beamten und langjährigen Mitarbeitern. Nach 23jähriger selbstloser Arbeit verlässt er das Rathaus, ohne dass jemand von ihm Notiz genommen, geschweige denn ein Wort des Abschieds oder Dankes an ihn gerichtet hätte.«[179]

Drei Jahre nach diesem verbitterten und bitteren Abschied schöpft Merkt Hoffnung, doch noch lebenslang Oberbürgermeister Kemptens zu werden. Das Dritte Reich ist ein Scherbenhaufen. Die amerikanischen Befreier setzen ihn wieder in sein altes Amt ein. Aber nur für kurze Zeit. Im Sommer 1945 muss auch Merkt den Weg vieler Nationalsozialisten in ein Lager gehen – wenn auch nur für zehn Monate. Mit den Ersten wird er im Mai 1946 wieder entlassen, aber zehn Monate seines Lebens seien verloren gewesen, klagt Merkt. 1949 stufen ihn Spruchkammern als Entlasteten ein: »In der Ausübung seines Amtes als Oberbürgermeister hat er nur das Wohl der Stadt Kempten im Auge behalten …« Karfreitag 1951 erliegt Dr. Merkt einem Gehirnschlag. Bei sturzbachartigen Regenfällen, Schneefällen, Hagelschauern wird er am Ostermontag – mit einer Sondergenehmigung – im Hölzlerstobel beigesetzt. Der Wunsch, dass ihn auf dem letzten Gang nur die beiden Testamentsvollstrecker, die Haushälterin und ein Geistlicher begleiten mögen, bleibt unberücksichtigt. Am einsamen Beerdigungsplatz finden sich viele Menschen ein, die Merkts letzten Wunsch nicht kennen. Manche geben auf dem aufgeweichten Weg über Wiesen und durch Gestrüpp hin zum Beisetzungsort auf. Kostbare Kranzschleifen werden unleserlich. Das Fuhrwerk mit dem Sarg bleibt im Morast stecken. Weitnauer: »Es war ein stilvoller Schluss.«[180] Erbe des Dr. Merkt ist die Alt-katholische Gemeinde Kempten: »Sterben will ich im alten katholischen Glauben, in dem ich geboren bin und in dem ich gelebt habe. Ihm danke ich das Glück, dass ich katholisch sein durfte und deutsch zugleich.«

*

In den Akten des Kemptener Stadtarchivs befindet sich ein Brief von Merkts Nachfolger Anton Brändle, geschrieben am 5. Oktober 1947 im Lager in Regensburg. Mag sein, dass der Brief mit dem Hintergedanken zu Papier gebracht wurde, auch den Schreiber in ein günstiges Licht zu rücken. Es wäre jedoch ungerecht, ihn nicht zu zitieren: »Es hat in Kempten Menschlichkeiten, aber keinen Terror gegeben, es hat aber auch kein totalitäres System, sondern einen demokratisch fundierenden und regierenden Ausgleich gegeben. Sein Name ist Dr. Merkt. Er hat sich nicht nur geweigert, die Hakenkreuzflagge zu hissen, ja mit Strafe gedroht, sondern auch in aller Deutlichkeit vor allem Volk seinen Eintritt in die Partei mit der unmissverständlichen Erklärung dokumentiert: ›Nachdem es keine Parteien mehr gibt, bin ich der Partei beigetreten.‹ Und er blieb ihr Antipode bis zum Schluss, jede Möglichkeit der oppositionellen Handlung wahrnehmend, ohne seine Haltung als deutscher Mann damit preiszugeben. Wie hat er seinen Nicht-Pg-Beamten in Schutz genommen. Wie hat er es raffiniert angegangen, unumgängliche Führerehrungen außerhalb der Stadt anzubringen, wie weit hat er seine Sabotage des Reichserbhofgesetzes getrieben. Wie hat er sich der Juden angenommen. … Wenn es eine Widerstandsbewegung in Kempten gegeben hat, so heißt sie Dr. Merkt.« (Den letzten Satz hat Brändle unterstrichen.)

Richard Euringer (Augsburg)

Des Führers dichtender Soldat

Es gibt immer zwei Möglichkeiten. Richard Euringer war einer der bekanntesten Dichter des Nationalsozialismus. Worte des Bedauerns über seine Verherrlichung Hitlers fand er nach dem Zusammenbruch des Dritten Reichs nicht.

*

»Das Bewusstsein der Kraft und der wiedergewonnenen Einigkeit, die tiefe Überzeugung von unseren Aufgaben zum Wiederaufbau des Reiches, veranlassen uns, in dieser ernsten Stunde vor Ihnen, Herr Reichskanzler, das Gelöbnis treuester Gefolgschaft feierlichst abzulegen.«[181]

Die Namen von 88 deutschen Schriftstellern befinden sich unter diesem Treuegelöbnis aus dem Oktober 1933. Einer davon: Richard Euringer, 1891 in Augsburg geboren, Sohn aus angesehener Familie. Der Vater Hermann Euringer ist praktischer Arzt, ein Nervenspezialist. Von 1901 bis 1910 besucht Richard Euringer das Königlich Humanistische Gymnasium St. Stephan. Nach dem Abitur erfüllt er sich seinen Berufswunsch: Er wird Soldat – und bleibt es im Kopf bis ans Lebensende.

1913 meldet Euringer sich zur damals jüngsten Waffengattung: zur Fliegerei. Ausbildung in der Fliegerschule auf dem Lechfeld, im Weltkrieg Einsätze an der Westfront, dann im Sinai und am Suezkanal. Er wird mehrfach ausgezeichnet. 1917 wird er Chef der Fliegerschule 4 auf dem Lechfeld, an der er selbst ausgebildet worden ist. Der Krieg verschlingt viele Flieger. Euringer bildet die nachwachsenden aus. Als Hauptmann scheidet er nach der deutschen Niederlage beim Militär aus. Eine Welt bricht für ihn zusammen und nicht nur für ihn. Den Vertrag von Versailles empfindet er als eine Schande – wie viele Rechtsnationale; das Rätesystem in Bayern entsetzt ihn – wie viele Rechtsnationale; die Weimarer Republik lehnt er ab – wie viele Rechtsnationale.

Eher lustlos studiert Richard Euringer für einige Zeit Musik in München. Dann greift er zur Feder. »Wie ich Soldat geworden war, weil ich noch nicht Dichter sein durfte, so wurde ich nun Dichter, als ich nicht mehr Soldat sein durfte«, bekennt er später.[182] Märchen, Gedichte entstehen, dann ein Drama »Der neue Midas«. Die Kammerspiele in München, auch damals schon eines der besten deutschen Theater, nehmen es zur Uraufführung im Herbst 1920 an. Doch die Kritiken reißen Euringer schnell aus Träumen von künftiger Berühmtheit.

Joachim Friedenthal in der Badischen Landeszeitung« vom 21.10.1920: »Nie wurde es einem ernsthaften Menschen schwerer, keine Satire zu schreiben, statt einer Kritik. Aber versuchen wir – was dem Publikum nicht immer gelang – ernsthaft zu bleiben vor diesem angeblichen ›Festspiel zum Wiederaufbau Deutschlands‹;

Lion Feuchtwanger in der »Münchner Montagszeitung« vom 18.10.1920: »Rühmendste Anerkennung dem wohldisziplinierten Publikum! Das schmiss nicht mit Stinkbomben. Nein, vor, hinter, neben mir biss man sich heldenmütig die Lippen wund, um die Freunde des Autors nicht durch Heiterkeit zu stören.«

Solche Worte tun weh. Doch wenn sich auch die Kritiker im Verriss einig sind, für Richard Euringer sind es die jüdischen wie Friedenthal und

Richard Euringer
(Bild: Archiv Jürgen Hillesheim)

der später weltberühmte Feuchtwanger, die ihn niedermachen. Antisemit ist er freilich längst. Statt des Mephisto verkörpert im faustisch angehauchten »Neuen Midas« ein Jude das Böse. Vorübergehend zweifelt Euringer nach den Verrissen an seinen Talenten. Er verdingt sich als Holzarbeiter, wird Volontär bei einer Bank. Doch der Drang zu schreiben gewinnt bald wieder die Oberhand. Neue Stücke und Bücher folgen. 1929 stellt sich mit »Fliegerschule 4. Buch der Mannschaft« über die Zeit auf dem Lechfeld der erste Erfolg ein, mit dem der Massenarbeitslosigkeit gewidmeten Roman »Die Arbeitslosen« zwei Jahre später ein zweiter. Ende der zwanziger Jahre verlässt der Schriftsteller Augsburg. Das westfälische Stadtlohn wird neuer Wohnsitz.

DEUTSCHE PASSION

»Heut beten die Kleinen für ›Onkel Adolf‹, dass sein Engel ihn bewahre. Heut danken die Männer dem Schicksal Deutschlands, das ihm diesen Mann geschickt hat, dem zu gehorchen Mannesstolz ist. Heut wissen die Mütter, dass ihre Söhne nicht fruchtlos in den Tod gesunken. Denn wieder weist er auf die Opfer als die, denen aller Dank gebührt, wo er nur die Treue fordert. ... Heil dir, Führer! Führ uns an.«[183]

Richard Euringer

Am Gründonnerstag 13. April 1933 widmen sämtliche deutschen Rundfunksender ihre »Stunde der Nation« der »Deutschen Passion 1933«. Autor des an mittelalterliche Mysterienspiele anknüpfenden Thingspiels ist Richard Euringer. Das Hörwerk in sechs Sätzen wird bald auch auf Freilichtbühnen, in Theatern, Fabrikhallen aufgeführt, für die Chöre der Toten, Jungdeutschlandregimenter, seligen Krieger werden in Berlin z. B. tausend Mitwirkende aus Betrieben mobilisiert. Prominente Schauspieler wie Franziska Kinz und Heinrich George wirken mit. Gezeigt wird die »Deutsche Passion« in der Reichshauptstadt anlässlich Hitlers Geburtstag – und das nicht zufällig. Denn die Hauptgestalt, der Erlöser aus dieser Passion, ist Christus und Hitler zugleich. »So wahr ich lebe, mitten im Tod: Ein Mann, ein Mann tut Deutschland not«, heißt es in Euringers Stück.

»Deutsche Passion 1933« – das ist die Geschichte des namenlosen deutschen Frontsoldaten. Eines bestimmten Gefreiten?

»Not. – Not. – Not. –
Hunger. Und kein Brot.
Herd, und kein Brand.
Und kein Vaterland«

jammern die Kinder, laut Regieanweisung dünn und armselig.

Angesichts der Not, des Elends, der Korruption steht der Frontsoldat auf aus seinem Grab. Katholik Euringer verbindet in seinen Werken häufig Religion und Politik. So auch hier: Wie Christus am Kreuz trägt der Auferstandene eine Dornenkrone – nur besteht die seine aus dem Stacheldraht des Weltkriegs. Euringer verknüpft nicht nur in diesem Bild und in diesem seiner Werke Nationalsozialismus und Religion.

Und wer ist schuld am Elend des Volkes? Euringer lässt seinen Vorurteilen literarischen Lauf: Die Weimarer Republik und die Juden. Höhnt der Böse Geist:

»... Nie gab's auf der Welt so viel Tanz und Pläsier,
sie schwimmen in Geld (und wär's Papier).
Ob ihr platzt vor Neide:
die Stallmagd geht in Seide.
Man küßt sich und herzt sich und paart sich zum Paar.
und trennt sich ohne Traualtar.
Kein Dienst mehr und kein Dienen.
Die Arbeit machen Maschinen.
Die Männer gehen flanieren,
die Weiber zum Soupieren.
Kein Drill mehr, kein Fluchen, kein Militär,
kein Strammstehn, kein Kommissknopf mehr.
Der Staat klappt wie ein Automat,
das fault und lebt vom Wohlfahrtsstaat«...

»Im Felde unbesiegt« schreien viele Rechte nach dem Ersten Weltkrieg. Auch diese »Dolchstoßlegende«, nach der die Heimat der Front in den Rücken gefallen ist und die Niederlage auf dem Gewissen hat, bringt Euringer unter:

»... Man lag da an der Somme und so,
vor Ypern, Verdun, ich weiß nicht wo,
da haben sie's angezettelt, Phantasten und Literaten,
Verbrecher und Demokraten,
Juden und Pazifisten, Marxisten und Himbeerchristen. ...
Sie hassten die Herrschaft, das Militär,
sie wollten keine Wehrpflicht mehr,

dafür dem Schieber freie Bahn.
So haben sie sich zusammengetan. …
Was kümmert Muskoten die Politik.
Sie zerbrachen uns das Genick.«

Rettung verspricht nur das Dritte Reich. Der namenlose Soldat, zum guten Geist geworden, schwebt zuletzt gen Himmel: »Es ist vollbracht«; der Böse Geist dagegen endet böse:

»Das auch noch! Da zerplatz doch gleich!
Das also gibt's: ein drittes Reich.
(Regieanweisung: Mit Getöse in die Tiefe. Aus den Himmeln Orgelton).«

Ohne Frage: Mit der »Deutschen Passion 1933« ist Richard Euringer ein eindrucksvolles Hörspiel gelungen. Entworfen Weihnachten 1932, vollendet im März 1933, umgesetzt im nationalen Schwung und Überschwang, die den Dichter offenbar in jenen Monaten und Wochen erfüllen. Ihm gelingt ein Stück, das dem damaligen Zeitgeist vieler Menschen entspricht und das dem Nationalsozialismus dient. Die »Passion« ist eine der besten schriftstellerischen Leistungen, die Autoren des Dritten Reich zu Papier bringen. Wissenschaftler, die sich heute mit der Literatur jener Zeit beschäftigen, können an Euringers Hörwerk nicht vorbeigehen.
Für die »Deutsche Passion 1933« wird Richard Euringer mit dem Stefan-George-Preis, 1934 erstmals als Deutscher Nationalpreis verliehen, ausgezeichnet. Der Dichter ist berühmt. Überschwänglich bedankt er sich bei Propagandaminister Dr. Goebbels:
»Ich werde weiter mein Leben verschleißen, Ihres Aufrufs wert zu werden. Heute Abend aber werde ich mit meiner lieben Frau und den getreusten Kameraden in der Ufa-Tonwoche den Augenblick doch noch erleben, da Sie einen der unbekannten Soldaten des Schrifttums beordern in die geistige SA.
So werden wir unter Ihren Augen den heißen Dank zusammenfassen in den Heilruf auf den Führer, der Sie in seiner Mannschaft ehrt.
Hochverehrter Herr Dr. Goebbels – erlauben Sie mir zum Schluss das Volkswort! – ich danke Ihnen mit Heil Hitler! Gott erhalte uns den Führer und die Treuesten seiner Treuen!

Gez. Richard Euringer und Frau Trude
zugleich für Kind und Kindeskind.«[184]

BÜCHERVERBANNUNG

»Klagt nicht über ›Barbareien!‹ Wenn das Berliner Tageblatt aus einem Lesesaal verschwindet, stürzt der Kosmos noch nicht ein. Nur das Chaos stürzt vom Sockel.
Wenn der Hetzer Heinrich Mann auf den Unrathaufen wandert, fällt nicht die Gesittung ein. Sie besinnt sich nur auf Sitte.
Wir sind so ›gebildet‹ und so ›gründlich‹, so ›literarisch‹ und so ›kulturell‹, so ›systematisch‹ und ›wissenschaftlich‹ und weiß Gott was noch alles gewesen: Lasst uns denn einmal ›Barbaren‹ sein.«[185]
Richard Euringer

1933 wird in Essen der Verleger Theodor Reismann-Grone Oberbürgermeister. Er hat den Ehrgeiz, seine Stadt zum Weimar des »Kohlenpotts« zu machen. Einen Nationalpreisträger als Direktor der Stadtbücherei zu gewinnen, das erscheint dem Stadtoberhaupt als eine Art Krönung seiner Vorstellungen. Zunächst lehnt Euringer ab, er möchte sich nur noch der Schriftstellerei widmen. Doch schließlich gibt er nach, obwohl er für dieses Amt keinerlei Erfahrung mitbringt. Aber bekanntlich zählt in jener Zeit Gesinnung mehr als Kompetenz und Wissen.
In diesem Sinne verbannt Euringer denn auch zuerst einmal aus der Essener Bücherei alle Literatur, die den Nationalsozialisten missliebig ist. Was diesen als undeutsch, zersetzend, entartet, marxistisch, kommunistisch gilt, was dem Geist der braunen Zeit widerspricht, sortiert er aus. Das gilt nicht nur für Bücher, sondern auch für Zeitungen. Mehr als 18.000 Bände fallen der »Säuberungsaktion« zum Opfer, 95 Abonnements werden gekündigt, darunter so angesehene Blätter wie die »Frankfurter Zeitung« und das »Berliner Tageblatt«. Ein Teil der unerwünschten Bücher wandert in die Magazine, ein anderer Teil wird auf dem Essener Gerlingplatz verbrannt. »Euringer feierte die Bücherverbrennung als Befreiungsschlag: ›Dieses Geschreibsel wird nun heute in Flammen aufgehen. Das ist schön, symbolisch, bildhaft‹. Nach seiner Rede zündete dann der SA-Standartenführer Dahlem den Bücherberg mit den Werken von Thomas und Heinrich Mann, Erich Maria Remarque, Ernst Toller, Kurt Tucholsky und anderen an«, berichtete 1999 der heutige Essener Stadtbücherei-Direktor Klaus Wisotzky in einem

Vortrag. Man bedenke: Ein Schriftsteller, Nationalpreisträger, Büchereileiter bei einer Bücherverbrennung! Das könnte selbst im Dritten Reich beispiellos gewesen sein.

Euringer hält Büchereien für mitentscheidend bei der Erziehung des neuen deutschen Menschen. Er begnügt sich deshalb nicht mit der Säuberung seiner Stadtbücherei. Die Bevölkerung wird aufgerufen, dem Beispiel zu folgen und die private Bibliothek zu durchforsten. Auch in den Leihbüchereien möchte er »aufräumen«. »Was nutzt es, wenn unsere Jugend im Jungvolk und der HJ dem falschen Schein und der Phrase abschwört und an jeder Straßenecke doch der bunten Schmach begegnet, als sei sie staatlich anerkannt«, begründet er seine literarische Diktatur.[186]

Euringer bemüht sich auch, neue Leserschichten zu erschließen Der Versuch wird nicht von Erfolg gekrönt. Er fordert Bücherbusse. Er bringt Literatur hin zu Leser und Leserin, indem er gemeinschaftlich mit NSDAP-Ortsgruppen in Vororten und Stadtteilen Autorenlesungen organisiert: »Vom Herd weg und vom Arbeitsplatz weg sollen die Leute genau so kommen, wie es ihr Tagwerk eben gibt.« Aber die Zahl der Bücher, welche in der Stadtbibliothek ausgeliehen werden, geht in seiner Amtszeit zurück – von 597.350 im Jahr 1931 auf 382.215 im Jahr 1936.

1935 möchte Euringer nochmals 12.000 Bücher vernichten. Reismann-Grone fällt ihm in den Arm. Der Oberbürgermeister lässt die Bände zur Aufbewahrung in den Rathauskeller schaffen. Nach einer Auseinandersetzung der beiden kündigt Euringer 1936. Das Stadtoberhaupt ist froh, ihn loszuwerden; die nationalsozialistische Presse des Ruhrgebiets sieht ihn ungern scheiden. Längst ist der Dichter ein gefragter Mann: Ratsherr in Essen, Mitglied der Verwaltungsbeiräte von Reichsschrifttumskammer und Reichsrundfunkkammer, im Reichskultursenat. 1936 erhält er aus der Hand »seines Führers« das Deutsche Olympia-Ehrenzeichen 2. Klasse.

Unter den weiteren Büchern, die Euringer in jenen Jahren schreibt, sind insbesondere der historische Roman »Die Fürsten fallen« sowie die Fliegerromane »Vortrupp Pascha« und »Der Zug durch die Wüste« erfolgreich. Peinlich ist sein Graubündner Tagebuch »Eine Reise zu den Demokraten«. Ein Aufenthalt in der Schweiz liefert dem nationalsozialistischen Autor willkommene Gelegenheit, seinem Abscheu vor der Demokratie und seinem Judenhass freien Lauf zu lassen. Genau so stellen sich die Nationalsozialisten ihre Dichter vor …

DIE VERANTWORTUNG

»Die Verantwortung des Wortes ist die furchtbarste des Lebens. Es wäre besser, wir würden stumm, als dass wir die Macht missbrauchten, die im Wort uns wahr geworden. Es wäre uns besser, alle Blätter aller Pressen erschienen weiß und unbedruckt, als dass ein ehrfurchtsloses Wort den Teufel in die Saaten säete.[187]

Richard Euringer

Der Mann, der dieses schreibt, stellt sich selbst der Verantwortung für seine Worte nicht, als die »tausend Jahre« des Nationalsozialismus nach zwölf Jahren endlich abgelaufen sind. Hitlers dichtender Soldat erlebt das Ende des Dritten Reichs als Oberstleutnant im Generalstab in Tirol. Der Gefangenschaft folgen Internierungslager in Deutschland, England, Belgien – insgesamt elf an der Zahl. Einige Wochen davon verbringt der prominente Nationalpreisträger im Sommer 1945 sogar in seiner Heimatstadt. In der Bärenkeller-Siedlung sind bald nach Kriegsende eine Anzahl Häuser vom amerikanischen Militär beschlagnahmt worden, in der Bärenkeller-Schule befindet sich ein Verhörzentrum. Reichsmarschall Hermann Göring, Außenminister Ribbentrop, der Generalbevollmächtigte für den Arbeitseinsatz Fritz Sauckel und andere »Größen« des Dritten Reichs sind vorübergehend in diesem Lager. Und zeitweise auch Richard Euringer.

Über seine – gewiss schlimme – Odyssee durch die Lager schreibt der Dichter später das Buch »Die Sargbreite Leben – Wir sind Internierte.« Er bemitleidet sich darin. Und beweist, dass er sich nicht geändert hat:

- Farbige Soldaten nennt er »Die ›Schwarzen‹ (nun Ausdruck für Ami-Neger)«.
- Gegen eine Predigt, in der vom Pfarrer das »Reich des Antichrist« angeprangert wird, Hunderttausende und Millionen seinem blutigen Ehrgeiz geopfert zu haben, begehrt er auf: »Nicht etwa dem Schutz des Vaterlandes vor jenen, denen man vordem, auch so von der Kanzel herunter, alle diese Frevel nachgesagt?«

- Wie in der »Deutschen Passion 1933« klingt es über den gleichen Gottesdienst: »Da knien sie, deren gefallene Söhne sich wieder in den Gräbern umdrehen, den Tümpeln ihrer Massengräber.«
- Von einem Film über die Konzentrationslager des Dritten Reichs lässt Euringer sich nicht überzeugen. Sonst würde er nicht einen Mitgefangenen zitieren, der behauptet, einer der Leichenhaufen zeige in Wahrheit Opfer der Bombardierung Dresdens durch alliierte Luftstreitkräfte.
- Den Nürnberger Prozess gegen die Hauptkriegsverbrecher nennt er einen Schauprozess;
- Gar an die »Dolchstoßlegende« nach dem Ersten Weltkrieg erinnern Sätze wie »Die Truppe hat nicht versagt. Die Stäbe haben – militärisch – nicht versagt. Keine Luftwaffe der Welt hätte geleistet, hat geleistet, was die Waffe geleistet hat.«

Sich selbst reklamiert Euringer wohl als Opfer:

»Verfemt, geschlagen und beraubt.
Warum?
Ich hab geopfert und geglaubt.«[188]

Nein, dieser Autor hat nicht nur geglaubt. Fanatisch hat er das Unrechtssystem propagiert und dessen Anführer verherrlicht: »Heil dir Führer. Führ' uns an! …« Leser und Hörer sind es vielmehr, die ihm, dem angesehenen Autor Euringer, geglaubt haben und von ihm irregeführt worden sind. Aber Einsicht in seine Mitverantwortung durch Worte bringt der Dichter nicht auf.

Am 8. August 1946 wird Euringer aus der Internierung entlassen. Bittere, harte Jahre liegen hinter ihm. Doch sind es nicht die letzten. Zurückgekehrt ins Asetal stellt er fest, dass sein Haus von englischen Offizieren bewohnt wird, seine Frau als Hausangestellte geduldet wird. Das Ehepaar mietet zwei möblierte Zimmer. Vom Arbeitsamt wird Euringer als Waldarbeiter, Sodaschipper, Zahnpastaabfüller eingesetzt. Im Entnazifizierungsverfahren wird er als – Mitläufer eingestuft, sein Vermögen eingezogen, das Schreibverbot aber aufgehoben. Zu seinen Büchern in der Nachkriegszeit gehört »Die Sargbreite Leben. Wir sind Internierte.« Der zweite Teil des Titels verrät Euringers Einstellung: Wir sind Internierte – Gefangene – nicht von einem Unrechtsregime Befreite. Das Buch erscheint 1952. Ein Zeitpunkt, zu dem sich Euringer nicht mehr darauf berufen kann, von den im Dritten Reich verübten Gräueltaten noch nichts gewusst zu haben.

Zahlreiche weitere Bücher Euringers folgen der »Sargbreite«, alle unpolitischen Inhalts. Zeitweise benutzt er das Pseudonym Florian Ammer. Erfolge wie in früheren Jahren stellen sich nicht mehr ein. Allein die Kampfzeit des Nationalsozialismus und das Dritte Reich trugen diesen Dichter.

Am 13. September 1950 schreibt Richard Euringer einen Brief an Dr. Hans Rost in Westheim. Rost hat vor dem Ersten Weltkrieg Gedichte, Euringers erste literarische Gehversuche, in der »Augsburger Postzeitung« abgedruckt. Im Dritten Reich hat Rost schweigen müssen. Anders als der ebenfalls gläubige Katholik Euringer hat er sich nicht für Hitler entschieden und Schreibverbot erhalten. Nun schreibt der Dichter des Dritten Reichs ungeniert an das Opfer des Dritten Reichs:

»Lieber verehrter Herr Dr. Rost,

… Und nun leben Sie in dem lieben Westheim, das meine eigentliche Heimat war, trotz des geliebten Datschiburgs. Es war noch nicht Mode, nach Westheim zu ziehen, als mein Vater das Haus gegenüber der Bahn auf einem Grundstück des Bauern Seitz baute, unser liebes Westheimer Häusel. Jetzt erscheint es mir nicht mehr so besonders. Damals hing mein Herz daran. …

Nun möchten Sie gewiss gern wissen, was aus mir geworden ist. Ich sehe dem Affentanz, der sich in den Schwanz beißt, wie dem Eiertanz der Ent- und Remilitarisierung (ohne mich!!) mit dem bedauernden Lächeln eines Mannes zu, der Dummheit gewohnt ist, aber doch staunt über so viel Dummheit. Übrigens gehe ich meinen Weg mit der Ruhe derer, die wissen, dass all das nicht so wichtig ist. Wichtig ist, dass man nach Vermögen dem dient, was man als Vorsehung erkennt oder zu erkennen meint. Der Rest wird irgendwie doch nachgeworfen und Wohlleben, Anerkennung, sog. Ruhm etc. wiegen ja alle jenen letzten Luxus nicht auf, den sich zu leisten die letzten Grandseigneurs ausmacht: seinen Charakter. Ich leiste ihn mir noch. Ich habe also lange geschwiegen und die Flut der Gehässigkeit, der Lüge und Verleumdungen erst einmal etwas ablaufen lassen, wissend, dass man keine

Reden halten soll, während Revolutionskolonnen die Straßen durchdonnern, wenigstens nicht mitten auf solchen Straßen. …
Dass der ›teuflische Dämon Hitler‹ der Antichrist Nr. x war, bezweifle ich deshalb, weil der Antichrist Christo ja zum Verwechseln ähnlich sieht, nicht also der notorische Teufel ist als den ihn – nachträglich – alle Welt so deutlich erkannt hat … Jedenfalls hätte er den Schmutz und Schund, der heute floriert, wie er nie florierte, mit rauem Besen ausgekehrt. Denn Stoßseufzer nutzen ja nichts. …«[189]

Offensichtlich beantwortet Rost diesen Brief nicht.
Am 29.8.1953 stirbt Richard Euringer in Essen. Beigesetzt wird er auf dem Katholischen Friedhof Hermanstraße seiner Heimatstadt Augsburg. Einen Dichter, der das geistige Klima der im Dritten Reich verübten Gräueltaten in seinen Werken vorbereitet habe, nennt ihn Jürgen Hillesheim, der beste Kenner von Euringers Werken.[190]

»Augsburg ist treu«

»Es gilt, auf dem Posten zu sein. Und Augsburg ist denn doch auf dem Posten. Augsburgs klassische Zeit mag um sein: Augsburgs deutscheste Zeit beginnt erst. Auf das Bewahren folgt das Bewähren. Wir glauben es mit gutem Grund. Wir haben all das überwunden, was auch Augsburg im Inneren geschwächt hat. Wir kämpfen nicht mehr Klassenkämpfe. Wir trampeln nicht mehr auf dem herum, was dem anderen heilig ist. Wir hadern nicht mehr so eifersüchtig und ängstlich um äußere Parität. Nein, wir messen unsere Lauheit an der Tatkraft der Ergriffenen. Wir sind wieder ehrfürchtig vor dem Bleibenden, was geworden, weil wir voll der Zukunft sind. Aber wir haben auch den Mut, aus der Leistung dieser Zeiten und im Geist, der uns beseelt, unsere eigene Tradition zu entfalten, zu entwickeln. Wir wissen wieder um das Volk als die Gemeinschaft der schaffenden Kräfte, ja der schöpferischen Kräfte. Wir starren nicht nur immer nach Süden; wir haben das Blickfeld freigemacht auch nach Norden und nach Osten. Und wir wissen, dass das Schicksal gestaltet wird durch Charaktere, durch die Härte von Naturen, die seltener sind, einsamer und unbeugsamer als der Spießertyp des Bürgers. Und wir bauen wieder am Reich.
Wann ist denn Augsburg niedergebrochen, je und je, in der Geschichte? – Immer dann, wenn das Reich versank, oder wenn im Kampf der Gewalten die Stadt auf eine Seite neigte.
Heute zieht die Reichsgewalt alle Stämme, alle Städte herrscherlich in ihren Bann. Heute weiß ein einziger Wille wegweisend den einen Weg.
Augsburg ist treu. Augsburg hat – bis ins Verderben oft – die Treu gehalten dem und denen, die auf solche Treu gezählt. So wird – diesmal zum Gedeihen – Augsburg sich von keiner Stadt übertreffen lassen in der Treu zu einem Führer, der dies neue, Dritte Reich baut. Ihm treu, wird es sich selber treu sein. Ihn stärkend, wird es wieder stark sein, wie je zuvor und nie zuvor. Die Macht des Reichs macht Städte mächtig. Des Reiches Stärke macht sie stark. Im Dienst am Reich wird dies Augsburg seinen wahren Eigennutzen, sein wahre Freiheit finden. Und wir zweifeln nicht daran, dass die ausersehenen Kräfte schon am Werk sind, ihr in harter Alltagsarbeit und großzügigem Selbstbewusstsein eine Mitarbeit zu sichern am Großenganzen in Volk und Reich, die Augsburgs würdig, und deren es wert ist. Auf dass es, seiner Sendung sicher, werde, noch einmal, und wahrhaftig eine deutsche, freie Reichsstadt!«

Aus einer Rede an die Augsburger,
gehalten von Richard Euringer
am »Tag aller Augsburger« 1936
vor dem Ulrichsmünster

Dr. Hans Rost (Augsburg/Westheim)

Unbeirrbar in seinem katholischen Glauben

Es gibt immer zwei Möglichkeiten. Dr. Hans Rost schrieb das Büchlein »Christus! – nicht Hitler«. Der Titel besagt, wie er sich im Dritten Reich entschied. Die Nazis verboten dem Journalisten und Schriftsteller, seinen Beruf weiter auszuüben. An seiner Einstellung zum Hitler-Regime änderte das nichts.

*

Nicht viele Schriftsteller haben so schöne Worte über Augsburg und so treffende über die Augsburger gefunden wie der Dr. oec. Hans Rost. Dabei ist am Beginn seiner Lebensbeschreibung zu lesen: »Ein gebürtiger Bamberger zu sein, das ist doch ein besonderes Glück.«[191] Die Liebe zu seiner fränkischen Heimatstadt ist in seinen 92 Lebensjahren nie erloschen. Aber als er Augsburg zur Wahlheimat macht, da lässt er sich auch vom herben Charme der Stadt an Lech und Wertach faszinieren: »Die Stadt ist schön!«

Hans Rosts Vater ist Gärtner. Vielleicht macht die Nähe zur Erde aus dem Sohn einen Journalisten und Schriftsteller, der so schreibt, dass ihn ein jeder versteht. Dabei ist die Liste seiner Bücher lang, sind viele ihrer Themen anspruchsvoll: »Die Kulturkraft des Katholizismus« (1930), »Die Bibel im Mittelalter« (1939), »Das konfessionelle Schicksal Deutschlands« (1958) und »Die Fehlwege der Deutschen – weltgeschichtliche und weltanschauliche Korrekturen« (1958) – das sind einige von insgesamt 45 Rost-Titeln. Es ist so gut wie sicher, dass eines von seinen Büchern ganz anders ausgefallen wäre, wenn Rost es nach 1945 geschrieben hätte und nicht 1907. Das sind seine »Gedanken und Wahrheiten zur Judenfrage«. »Nicht Judenhass ist unser Motiv«, heißt es im Vorwort. Das angeblich gewaltige Übergewicht der Juden im Wirtschaftsleben untersucht der Autor. Sein Ziel ist es, den Anteil der Katholiken in diesem Bereich zu vergrößern. Sorge um die Berufschancen katholischer Glaubensbrüder führt ihm also die Feder. Aber die Antisemiten jener Zeit werden Rosts Gedanken wie Wasser auf ihre Mühlen genutzt haben.

Religiöse Gründe führen auch zu Hans Rosts Beschäftigung mit dem Thema Selbstmord. Sein Münchner Universitätsprofessor Dr. Georg von Mayr erwähnt in einer Vorlesung über Moralstatistik, dass eine Arbeit über die Entwicklung des Selbstmords im Königreich Bayern eine Doktorarbeit abgeben könnte. Rost greift das Thema auf und macht es für lange Zeit zu seinem Anliegen. Der glaubensstrenge Katholik erkennt und hofft, dass die Zahl der Selbsttötungen nicht zuletzt mit religiösen Mitteln und Hilfen gesenkt werden könnte. Ergebnisse dieser Forschungen sind eine umfangreiche »Bibliographie des Selbstmords« (1927) sowie die mit etwa 800 Bänden mutmaßlich größte Sammlung von Selbstmordliteratur in der Welt. Sie befindet sich heute in der Staats- und Stadtbibliothek Augsburg. In die schwäbische Hauptstadt kommt der Dr. oec. nach dem Studium von Germanistik und Staatswissenschaften 1904. Er ist beauftragt worden, die mehrjährige Erhebung der Wohnungssituation in der Stadt durchzuführen. Das Wohnungselend, das er dabei auch kennen lernt, erschüttert den sensiblen und sozialen Katholiken. »Vor allem grübelte ich viel darüber, wie den kinderreichen Familien geholfen werden könnte, die erfahrungsgemäß schier jedes halbe Jahr ausziehen mussten, weil der Hausherr die Kinder nicht leiden konnte und die Wohnung zu stark abgenützt würde.« Einige Zeit später schreibt er den flammenden Artikel »Die Wohnungsnot, ein seelsorgerisches Problem«. Dieser erscheint in fast 100 katholischen Zeitungen und Kirchenblättern. Rost: »Ich schrieb, dass wir beim Jüngsten Gericht nicht danach gefragt werden, ob wir unsere Kunst- und Wertgegenstände durch die Jahrtausende hindurch gerettet hätten, sondern ob wir für das große Zeitübel des Wohnungsmarkts Opfer gebracht hätten.« Als Konsequenz regt er an, die kirchlichen Kreise sollten überflüssige Kultusgegenstände und Kunstgegenstände verkaufen und mit dem Erlös Wohnungen für Kinderreiche finanzieren[192].

Rosts entschiedenes Eintreten für die benachteiligten Kinderreichen lässt einen Plan reifen, für die Familien in Schwaben 36 Doppelhäuser, acht davon in Kempten, zu bauen. Hochherzige Spender bieten einen Teil des notwendigen Geldes an. Aber der Augsburger Bischof nimmt die schon erteilte Einwilligung zurück. »Die Durchführung dieses Gedanken wäre die größte So-

Dr. Hans Rost (Privatbild)

zialleistung der katholischen Kirche im 20. Jahrhundert gewesen, sie hätte selbst die Fuggerei in Augsburg in den Schatten gestellt«, trauert Rost dem Fehlschlag seines Planes nach.
Obwohl er nicht wenig ertragen muss in der Zeit des Nationalsozialismus, nennt Rost später seine Biographie »Erinnerungen aus dem Leben eines beinahe glücklichen Menschen«. Den Fehlschlag seines Wohnungsprojekts nennt er darin das bitterste Erlebnis in seiner Augsburger Zeit. Die Not anderer trifft diesen Mann mehr als das Leid, das ihm selbst 1933 und in den folgenden Jahren angetan wird. Seit 1906 ist Rost verantwortlicher Redakteur für den Feuilletonteil, die Kulturpolitik und die Literaturbeilage der »Augsburger Postzeitung«. Neben der »Kölnischen Volkszeitung« und der Berliner »Germania« ist dieses Blatt damals die bedeutendste katholische Stimme in Deutschland. »Eine ehrliche, furchtlose Kämpferin für Gott, Christus, Kirche und die großdeutsche abendländische Staatsauffassung«, nennt Rost sie.[193] Und sein Wort hat in der »Augsburger Kattl«, wie der Volksmund das Blatt nennt, besonderes Gewicht. Das bekommen auch die Nationalsozialisten zu spüren. Furchtlos warnt Rost vor Hitler und dessen Plänen. Er warnt unverblümt, wie es die Art dieses mutigen Journalisten ist. »Christus! – nicht Hitler« überschreibt er entgegen dem Rat von weniger mutigen Kollegen eine Artikelserie in der Postzeitung. Sie erscheint auch als Broschüre. Rost nennt diese Serie einen »bescheidenen Beitrag zur Aufklärung über das Antichristentum Adolf Hitlers«.[194]
Die Nationalsozialisten reagieren massiv auf Rosts Veröffentlichung. Josef Sewald, Hauptschriftleiter der »Neuen National Zeitung« antwortet mit einer Gegenbroschüre. Nachdem Rost in der Postzeitung dazu Stellung genommen hat, greift Sewald diesen am 18. und 19.2. 1933 mit zwei Artikeln an, die insgesamt fast eine Zeitungsseite ausmachen. Sewald hält Rosts Ansichten für verstaubt, kann ihn sich gut als Inquisitor etwa zur Zeit Karl V. vorstellen. Seine »Abrechnung« mit dem Kollegen von der »Postzeitung« endet mit Worten, die mit einer Auseinandersetzung in der Sache nichts mehr zu tun haben: »Ich gebe Ihnen den Rat, machen Sie es wie Cicero, der sich immer auf sein Landgut Tusculum zurückzog, wenn er sich in Rom eine besonders schwere Abfuhr geholt hatte. Ziehen Sie sich nach Westheim zurück und widmen Sie sich dort weiterhin dem Gartenbau. Man sagt heute schon, dass Ihre gelben Rüben genießbarer seien als Ihre Schriften. Welche Aussichten für einen Philosophen vom Range des Herrn Dr. Rost.«
Am 13. März 1933 beschließt die Polizeidirektion München: »Aufgrund § 7 der Verordnung des Reichspräsidenten zum Schutze des deutschen Volkes vom 4. Februar 1933 … und Ziffer II der Bekanntmachung des Staatsministeriums des Innern vom 8.2.1933, Nr. 2188 fb 6 zum Schutze des deutschen Volkes … wird die Flugschrift »Christus! – nicht Hitler« von Dr. Hans Rost, Druck Literarisches Institut Haas und Grabherr, Augsburg und Druckerei-Verlag Hans Rösler, Augsburg für das Gebiet des Freistaats Bayern polizeilich beschlagnahmt und eingezogen.
Gründe:
Die Flugschrift ›Christus! – nicht Hitler‹ von Dr. Hans Rost enthält eine einseitige und übertriebene Darstellung der Einstellung des Nationalsozialismus zum Christentum. Sie ist geeignet, die öffentliche Sicherheit und Ordnung zu gefährden.
Der kommissarische Polizeipräsident
H. Himmler.«[195]

Der Unterzeichner, das ist der Mann, der später als Reichsführer SS und Chef der deutschen Polizei einer der mächtigsten und gefährlichsten Politiker des Dritten Reichs wird.

Rost erlebt damals, was es heißt, Dämme gegen die braune Flut errichten zu wollen. SA-Männer werfen mit Steinen Fenster seines Hauses im Westheimer Himmelreich 7 ein. Er wird für vier Wochen als »Schutzhäftling« in das Augsburger Gefängnis Katzenstadl eingesperrt. Der Polizist, der ihn abführt, bekennt, dass das für ihn »die unangenehmste Verhaftung seines Berufslebens« ist. Aber, so Rost: »Andere liebe Westheimer gaben ihrer Freude unverhohlen Ausdruck.«[196] Der größte Teil seiner Broschüren muss verbrannt werden. Und nach dem großen Feuer, das die Augsburger Sängerhalle 1934 zu Schutt und Asche werden lässt, erlebt Rost auch eine Haussuchung. Die Nationalsozialisten halten den Mann der Feder offenbar einer Brandstiftung für fähig – oder wollen ihn einschüchtern.

1934 erhält Hans Rost, der unbeugsame Katholik und Journalist, Berufsverbot. So bringen die Nationalsozialisten Menschen, die anders denken als sie, zum Schweigen. Rost geht auch auf dieses Verbot nur kurz ein in seinen Erinnerungen, wenngleich seine Worte etwas bitter klingen: »Im Jahre 1906 bin ich auf Veranlassung des mir wohlgesinnten alten Verlegers Adolf Haas in die Redaktion eingetreten. Im Juli 1934 bin ich ohne ein Wort und eine Zeile des Dankes und ohne einen Pfennig Geld entlassen worden, während die Postzeitung selbst ihren Untergang ein Jahr später erlebte. Ich sehe hier davon ab, ein Stück Zeitungs- und Weltgeschichte aufrollen zu wollen. Dafür will ich lieber auf die Grundstimmung meiner Lebenserinnerungen zurückgehen und fröhliche Dinge erzählen.«[197]

Langeweile plagt den Dr. Hans Rost in den Jahren des Berufsverbots nicht. Er beschäftigt sich in Westheim [heute Teil der Stadt Neusäß] intensiv mit der Bibel, schreibt Bücher über die Heilige Schrift im Mittelalter und seine Jugendjahre. Aber die fröhliche Grundstimmung seines Lebens kann nicht immer ungetrübt gewesen sein. Am härtesten wird ihn trotz der unerschütterlichen Glaubenskraft getroffen haben, dass von den sieben Kindern zwei Söhne im Zweiten Weltkrieg fallen. Von 1945–1958 dient er acht Jahre der Gemeinde Westheim als Gemeinderat.

92 Jahre alt wird Dr. Hans Rost, dieser ungewöhnliche Mann. Als er 1970 stirbt, heißt es in Georg Josef Speckners Nachruf in der »Augsburger Allgemeinen«: »Haft, Schreibverbot und noch manches andere gerade für einen aktiven Journalisten Deprimierende konnten Rost zwar vom Redaktionsstuhl drängen, ihn aber nicht veranlassen, seine Einstellung zu ändern oder anzugleichen. Rost blieb der gerade Mann bis zuletzt.« Worte, die diesen glaubensstrengen Mann charakterisieren und ihn ehren.

»CHRISTUS! – NICHT HITLER«

Zitate aus Hans Rosts Streitschrift

»›Die Zukunft unserer Bewegung‹, schreibt Hitler in seinem Buch vom Kampf, ›wird bedingt durch den Fanatismus, ja durch die Unduldsamkeit, mit der ihre Anhänger sie als die allein richtige vertreten und allen anderen Gebilden ähnlicher Art gegenüber durchsetzen.‹ Mit diesen Worten wird der Nationalsozialismus als unfehlbar erklärt. Eine gegnerische andere Meinung oder das Bekenntnis zu anderen Grundsätzen wird daher nicht geduldet. Diese Diktatur der Unduldsamkeit wird von Hitler so weit ausgedehnt, dass er erklärt, dass man dem Gegner nicht einmal den ›Schimmer eines Rechts‹ zugeben dürfe, weil sonst der Grund zum Zweifel an dem eigenen Rechte schon gelegt sei.« (S. 5)

»AN DIE WAND GESTELLT«

»Die Sozialdemokratie hatte früher dem schönen Spruch gehuldigt: ›Und willst du nicht mein Bruder sein, so schlag ich dir den Schädel ein.‹ Der Nationalsozialismus aber hat sich den menschenfreundlichen Vers erdacht: ›Wem es bei Hitler nicht gefällt, der wird glatt an die Wand gestellt.‹« (S. 6/7)

GOEBBELS UND RÖHM

»Wenn Hitler auf dem Boden des Christentums steht und von den Geboten der katholischen Moral durchdrungen ist, warum lässt er sich von einem Dr. Goebbels die Wege bereiten, der als Katholik eine geschiedene Frau mit nichtkatholischer Kindererziehung heiratete, warum enthebt er ferner nicht den SA-Führer Röhm seines

Amtes, der als homosexuell schwer belasteter Mensch doch in jeder Partei, in jedem Staate eine absolute Unmöglichkeit wäre? Durch Röhm bleibt, wie Ludendorff mit vollem Recht bemerkt, ›deutsche Jugend noch weiter verderblichen Einflüssen ausgesetzt‹.« (S. 14)

MORDSUCHT ALS PRIVILEG

»Ist es nicht schließlich eine in der ganzen Weltgeschichte nahezu unerhörte Tatsache, dass ein Führer, der sein Volk zu Zucht, Sitte, Ordnung, zu positivem Christentum erziehen und erheben will, Angehörige seiner Partei, die in Gemeinschaft einen feigen Meuchelmord an einem Gegner (im Fall Potempa)[198] verüben, nicht nur nicht aus seinen Reihen ausschließt, sondern diese Mörder sogar seiner unverbrüchlichen Treue versichert und damit die Mordlust zum Privileg erhebt! Auf Grund all dieser Tatsachen müssen wir daher die Schlussfolgerung aussprechen: Jede Stimme für Hitler (d. h. den Nationalsozialismus) ist ein Verrat an Christus.« (S. 15/16)

DER CHRIST MUSS SICH ENTSCHEIDEN

»Ein Katholik kann unmöglich Nationalsozialist sein.
Wir fassen die Begründung kurz zusammen:

1. Hitler kommt von der Los-von-Rom-Bewegung her.
2. Hitler hat den Hass als Triebfeder seines Handelns und seiner Bewegung erklärt.
3. Hitler nennt das Papsttum ein System der Knechtschaft; Rosenberg nennt den Papst einen ›unfehlbaren Gott‹ und einen ›Medizinmann‹.
4. Hitler ist ein Christ auf Kündigung.
5. Der Homosexualismus und der Meuchelmord werden im Nationalsozialismus zugelassen und gebilligt.
6. Der Nationalsozialismus ist in seiner politischen Propaganda durchaus vom Geiste des Kulturkampfes beseelt.
7. Der Nationalsozialismus hat sich in einer Reihe von Vertretern und in seiner Presse gegen die Bibel des Alten Testamentes erklärt.
8. Für den Katholiken ist die Ehe ein heiliges Sakrament. Für den Nationalsozialismus ist die Ehe nur eine Einrichtung zur Verbesserung der Rasse und des Blutes.
9. An Stelle der christlichen Konfessionsschule will der Nationalsozialismus eine verwässerte so genannte ›christliche Gemeinschaftsschule‹ setzen.
10. Auch der gläubige Protestantismus bekämpft den Nationalsozialismus mit den gleichen religiösen Einwänden wie der Katholizismus.
11. Das ›positive Christentum‹ des Nationalsozialismus ist nicht das Christentum Jesu Christi.

Der katholische Christ muss sich entscheiden für Christus oder für Hitler.
Er muss sich dafür entscheiden, ob er auf seinem Sterbebette mit dem Hakenkreuz in der Hand oder mit dem Kreuze Christi des Gekreuzigten an den Lippen in die Ewigkeit zur Verantwortung hinübergehen will. Das Hakenkreuz ist das Symbol des Neuheidentums. Das Kreuz Christi zeigt nach oben ins Reich Christi, der keine Erlösung durch die Rasse, sondern nur eine Erlösung durch seinen Tod am Kreuze uns gelehrt hat. Nur in diesem Zeichen allein ist Heil und Sieg!« (S. 39/40)

Karl Alois Schenzinger (Neu-Ulm)

Der »Quex«-Autor war nie in Hitlers Partei

Es gibt immer zwei Möglichkeiten. Karl Alois Schenzinger war Arzt, Weltreisender, Schriftsteller. Erstmals berühmt machte ihn in Deutschland das Buch »Hitlerjunge Quex«. Schenzinger entschied sich, nicht Mitglied in Hitlers NSDAP zu werden.

*

Als der Autor dieses Buches zehn oder elf Jahre alt war, ist er wie die anderen »Pimpfe«[199] des Jungzuges in den Film »Hitlerjunge Quex« geführt worden. Er hat seitdem viele Filme gesehen, die Titel der meisten hat er vergessen. Nicht aber den »Quex«. Die Nationalsozialisten verstanden sich teuflisch gut darauf, Menschen in ihrem Sinn zu beeinflussen, nicht zuletzt durch Propagandafilme. Den Roman, nach dem der »Quex« gedreht wurde, hat Karl Alois Schenzinger geschrieben. Von ihm stammen auch eindrucksvolle Bücher unseres Industriezeitalters: »Anilin« oder »Metall« zum Beispiel. Die hat der Autor damals ebenfalls »verschlungen« – Bücher, die nicht für den Nationalsozialismus warben. Nichtsdestoweniger hat er Autor Schenzinger lange Zeit für einen hundertprozentig nationalsozialistischen Schriftsteller gehalten. Ein Irrtum!

Aber wohl ein verzeihbarer: Die Amerikaner erliegen dem gleichen Irrtum. Sie sperren den Schriftsteller nach dem Kriegsende für kurze Zeit ins Lager Mauerkirchen in Tirol ein. Doch Schenzinger überzeugt sie, dass er niemals Mitglied der NSDAP oder gar der SS oder der SA gewesen ist. Nicht einmal der Hitler-Jugend hat der Autor des »Hitlerjungen Quex« angehört. Nur in der Reichsärztekammer, der Reichskulturkammer, der Nationalsozialistischen Volksfürsorge (NSV) ist er Mitglied gewesen – ein Beitragszahler ohne Rang, ohne Amt. Schenzinger über Schenzinger: »Ich bin kein Dichter. Ich will nur berichten, was los ist. ›Anilin‹ habe ich geschrieben, ohne ein Chemiker, ›Metall‹ ohne Techniker, ›Atom‹ ohne Physiker – Quex ohne Nazi zu sein. Ich habe nur erzählt, was ich als Berliner Krankenkassenarzt gesehen habe. Übrigens habe ich vieles am Nationalsozialismus bewundert. Ich bewundere auch Schmeling. Trotzdem kann ich das Boxen nicht ausstehen.«[200]

Einige nationalsozialistische Sündenfälle lädt Schenzinger im Dritten Reich allerdings doch auf sein Gewissen. »Der erste deutsche Mai«[201] heißt das schmale Buch, zu dem er sich 1933 hergibt. Nur sechs von 63 Seiten sind aus seiner Feder. Hektisch, atemlos beschreibt er den Aufstieg zur Rosstrappe im Harz. Da ist Hitlers Jugend zur Mai-Feier versammelt:

»Der Jugendführer spricht.
Ein Holzstoß flammt auf. Die Fahne steigt in roter Glut zum Himmel. ›Der Mai ist gekommen! Die Bäume schlagen aus!‹
Hitlers Jugend grüßt den ersten deutschen Mai.«

Sofort weiter nach Berlin, auf das Tempelhofer Feld:

»›Heil -!« schrie dieser menschliche Sturm.
›Heil—!!‹ schrien die Millionen.
›Heil —!!!‹ fegte ein lebendiger Orkan.
Der Kanzler war gekommen.
Der Kanzler sprach!
Und wie ein Schrei der Erlösten stieg endlich aus der gläubigen Andacht der Millionen heiß und lokkend die Hymne der deutschen Nation.«

Danach Propagandabilder wie das Dritte Reich sie liebt: Frohe Arbeiter. SA. Kampfbereite deutsche Jungens. Massen erhobener Arme. Hakenkreuzfahnen. Danach 1. Mai-Reden: Von Hindenburg, Goebbels, Hitler, Schirach. Wie heißt's doch in Goethes Faust: »Es tut mir in der Seele weh, wenn ich dich in der Gesellschaft seh.« Nur Hindenburg, der greise Reichspräsident, muss da ausgenommen werden. Ein Sündenfall des Schriftstellers, ohne Frage.

Ähnliches gilt für den »Herrgottsbacher Schülermarsch« (1934), der den Weg katholischer Jugendlicher in die HJ schildert und Baldur von Schirach »in treuer Kameradschaft« gewidmet ist; es gilt bedingt auch noch für »Der schwarze« Ritter« (1936) mit den Kriegserlebnissen des Fliegers Eduard Ritter von Schleich. Erklärbar werden diese Bücher nur dadurch, dass Schenzinger anfangs durchaus Hoffnungen auf Hitler setzt. Aber: »Im Frühjahr 1935 machte ich einen dicken Strich.«

Schenzinger, 1886 in Neu-Ulm geboren, ist das, was landläufig »ein unruhiger Geist« genannt wird. Er selbst sagt einmal, um nicht ein unzufriedener Stammtischbruder zu werden, müsse man den Mut haben, wegzulaufen und neu anzufangen, wenn man Fliegenleim unter den Füßen spüre. Gesagt, getan: Zunächst will er Apotheker werden, dann studiert er Medizin in Freiburg, München, Kiel; ist Militärpsychiater im Ersten Weltkrieg, danach in Heilanstalten tätig, schließlich Nervenarzt beim Versorgungsamt in Hannover. Dort entdeckt er seine literarische Ader. Kurt Schwitters, einer der Väter des Dadaismus,[202] wird sein Freund, »Schenz« schreibt ein expressionistisches Theaterstück, gründet ein Kästner-Theater.

1923 verspürt er offenbar Fliegenleim unter den Füßen. Er reist nach Amerika. Schlägt sich als Nacht-Ambulanzarzt im New Yorker Hafen und als Hausmeister durch; schreibt die expressionistischen Dramen »Ass! Ass! Ass« und »+++« (1925 in Berlin uraufgeführt); gründet die aus ihm allein bestehende Filmgesellschaft »West Star Film Company« und filmt von einem in der Brandung schwankenden Fischerboot aus die Landung des Zeppelins in Bermuda. 1925 nach Deutschland zurückgekehrt, wird er Besuchsarzt der Berliner Ortskrankenkasse. Schenzingers »Abitur am Niagara« wird sein erster Bucherfolg und in der »Frankfurter Illustrierten« gedruckt, die ihn 1928 vor neuem Fliegenleim bewahrt: Sie schickt den schreibenden Psychiater nach USA, Kanada und in die Südsee.

1930 Rückkehr nach Berlin, auch Hauptstadt deutscher Arbeitslosigkeit, proletarischen Elends, der Straßenschlachten zwischen Rot und Braun. Schenzinger haben selbst in der aufregenden neuen Welt die Elendsbilder aus der Zeit als Besuchsarzt nicht losgelassen. Seine Krankenbesuche haben ihn damals in die Elendsquartiere am Wedding, in Moabit, in Neukölln geführt: 40 Mal am Tag, 30.000 Mal in zwei Jahren. Er denkt daran, einen Roman über die kriminellen Berliner Ringvereine oder über Jugend-Cliquen zu schreiben: »Ich kannte unzählige Jungens, rote und braune, schwarze und schwarz-weiß-rote. Ich suchte aber nach einer typischen Gestalt des damaligen Berlin. Die Zeit zeigte sie immer deutlicher. Es war auf der einen Seite der Rot-Front-Junge, auf der anderen der Hitler-Junge. Ich schrieb den Quex. Als Tatsachenroman.«[203]

»Hitlerjunge Quex«, das ist die Wandlung des Heini Völker aus dem roten Berliner Beußelkitz; trostlos die Straße, trostlos das Haus, trostlos die Wohnung mit blinden Fensterscheiben, vergilbter Tapete. Trostlos auch die Familienverhältnisse: Vater ein Roter, ohne Arbeit, Trinker. Mutter nimmt sich das Leben. Heini wird gerettet. Die kommunistische Clique »Nordstein«, in die einer wie er von Natur aus gehört, ist ein disziplinloser gewalttätiger Haufen. So wird aus ihm der Hitlerjunge Quex. Bei der braunen Jugend findet er endlich die Kameradschaft, die er sucht, Disziplin, Ordnungsliebe. Quex wird er von den anderen genannt, weil er so quecksilbrig ist. Bis ihn seine Freunde eines Nachts an der Ecke des Bellevueplatzes finden, das Gesicht nach unten, eine klaffende Wunde über dem linken Ohr, die Arme schlaff herabhängend. Hitlerjungen stehen um das Bett im Krankenhaus herum, als er ein paar Tage später stirbt. Schenzinger im »Quex«:

»Mit aufgerissenen Augen sitzt Heini aufrecht im Bett. Der Blick flattert, sieht keinen an, sieht ins Leere und schließt sich langsam wieder. Die Schwester legt den Kranken zurück. Sein Mund spricht. Deutlich hören es die Kameraden, aber es ist nichts, was man verstehen könnte. Dann aber packt sie das graue Entsetzen. Heini singt. Sie stehen wie versteinert da. Sie verstehen nicht die Worte, aber die Melodie kennen sie, die aus diesem Munde hervorsickert, röhrt und röchelt. Sie singen sie fast täglich, auf jedem Abend, jedem Marsch, auf jeder Fahrt. Sie haben sie mit Quex zusammen gesungen, neulich noch. Es ist furchtbar, ihn so singen zu hören –

Die Schwester winkt ihnen stumm zu. Sie schleichen sich weg, erschüttert, verstört, verzweifelt. Sie fühlen es. Keiner spricht davon. Jeder weiß es: hier singt der Tod.

Am Morgen darauf ist Heini gestorben.«

Kurze Sätze, Tempo, Tempo: Schenzinger ist ein Mann, der spannend schreiben kann. Keine Frage, dass er dieses Buch 1932 mit Sympathie für Hitlers Jugend geschrieben hat, dass ihm die Kommunisten nicht sympathisch waren. Vorbild für den »Quex« ist der Hitlerjunge Herbert Norkus, den Kommunisten Anfang 1932 ermordeten. Der nationalsozialistische »Völkische Beobachter« veröffentlicht in der Weihnachtsausgabe einen Abschnitt aus dem Buch, druckt Anfang 1933 den gesamten Roman in Fortsetzungen ab.

In den Buchläden ist »Hitlerjunge Quex« kein Erfolg. 350 von 3.000 Exemplaren finden bis Januar 1933 Käufer. Erst als die Nationalsozialisten sich des »Quex« bemächtigen und die UfA-Verfilmung in die Kinos kommt, wird auch das Buch mit 360.000 Exemplaren zu einem frühen Bestseller.

Angeblich hat der Reichspropagandaminister Dr. Joseph Goebbels die UFA zwingen müssen, den Quex-Film[204] zu drehen. Einige der besten deutschen Schauspieler werden verpflichtet, allen voran der berühmte Heinrich George. Er spielt den Vater Völker. Neben Stars wie Hermann Speelmanns, Franziska Kinz, Rudolf Platte, Rotraut Richter, Hans Richter wirken ungenannte Berliner Hitlerjungen mit. Auch der Quex-Darsteller ist im Programm namenlos. Spielleiter Hans Steinhoff hat schon in vielen Filmen Regie geführt. Er ist Nationalsozialist durch und durch. Ab 1933 wird er einer der Starregisseure des Dritten Reichs. »Der alte und der junge König«, »Robert Koch«, der antibritische »Ohm Krüger« sind weitere bekannte Filme, die er später im Sinne des Systems dreht. Wenige Tage vor Kriegsende kommt er bei einem Flugzeugabsturz ums Leben.

Zur Uraufführung des »Films vom Opfergang der deutschen Jugend« am 12. September 1933 kommen Adolf Hitler und sein Stellvertreter Rudolf Heß in den Münchner UfA-Palast. Baldur von Schirach, der »Reichsjugendführer«, tritt vor den Bühnenvorhang und hält eine Rede. Von Schirach hat das Marschlied der Hitlerjugend geschrieben, das am Anfang und am Ende des Films erklingt: »Unsere Fahne flattert uns voran...« Jeder, der im Dritten Reich Hitlerjunge gewesen ist, hat es immer und immer wieder singen müssen.

Der »Hitlerjunge Quex« wird, wie es heute heißen würde, eine Kultfigur des Dritten Reichs. Kein Wunder, dass Buch und Film nicht mit dem tausendjährigen Reich beerdigt worden sind. Der »Quex« fehlt in wohl keiner Untersuchung über Literatur zwischen 1933 und 1945. »Bücher über die ›Kampfzeit der Bewegung‹ und ihre (jugendlichen) ›Helden‹ wie der *Hitlerjunge Quex* haben – zum Beispiel als gemeinsame HJ-Heimabendlektüre – sicher ihr Teil zur Verbreitung und Glaubwürdigmachung der pseudosozialistischen Phrasen des deutschen Faschismus beigetragen«, urteilen Renate Jaroslawski/Rüdiger Steinlein.[205] Curt Riess erwähnt »Quex« in seinem »Buch der schönsten Filme unseres Lebens: Das gab's nur einmal.« In Francis Courtades und Pierre Cadars »Geschichte des Films im Dritten Reich« heißt es 1975: »Der bayerische Regisseur Hans Steinhoff drehte den ersten wirklichen Nazi-Film ... In einem entscheidenden Augenblick der deutschen Geschichte präsentiert sich ›Hitlerjunge Quex‹ als ein kämpferischer Film, der alle diejenigen zu gewinnen sucht, die dem Nationalsozialismus feindlich gegenüberstehen oder die noch jung genug sind, sich zum erstenmal zu engagieren.« Das »Deutsche Institut für Filmkunde« geht 1983 der Frage nach, ob der »Quex« in politischer Bildungsarbeit, Schule oder Hochschule eingesetzt werden könnte. Es bejaht sie aus historischen, medienpädagogischen und politischen Aspekten.[206] Das Nürnberger Theater zeigt gar 1989 eine »kritische Dramatisierung« des Stoffes. Pimpf Quex stirbt diesmal nicht den Märtyrertod. Am Schluss steht er in abgerissenem Militärmantel da als einer aus der betrogenen und verführten Generation. Heulend sagt er: »Ich glaub' keinem mehr, ich trau keinem mehr – das ist vorbei – ich glaub' keinem mehr!«[207]

Arzt und Schriftsteller Dr. Karl Aloys Schenzinger (Foto: Privatarchiv August Welte)

Zurück ins Jahr 1933: Kurz nach der Uraufführung, am Heiligen Abend, liefert ein Bote des Reichsjugendführers bei Schenzinger einen Brief sowie ein Schächtelchen ab. Im Umschlag ein Foto von Hitler und Schirach, unterschrieben mit »Herzlichst Baldur von Schirach«. Auf der Rückseite steht: »Lieber Schenzinger! Hiermit verleihe ich Ihnen das goldene HJ-Abzeichen. Frohes Fest und glückliches 1934.« Das Abzeichen spielt 1948 im Spruchkammerverfahren gegen den »Quex«-Autor in Landau an der Isar eine wichtige Rolle. Schenzinger ist 1943 in Berlin ausgebombt worden, dann Luftwaffenarzt gewesen, lebt und praktiziert anschließend in Wien, nach 1945 in Niederbayern. Er habe wesentlich zur Begründung, Stärkung und Erhaltung der nationalsozialistischen Gewaltherrschaft beigetragen, heißt es in der Klageschrift. Wichtigstes Beweisstück der Anklage ist das Goldene HJ-Abzeichen. Zudem sei er der Verfasser des – auch verfilmten – »Hitlerjunge Quex«.
Schon seit 1935 bewundert Schenzinger Hitler nicht mehr. Er weiß sich vor der Spruchkammer zu rechtfertigen. Das Abzeichen sei zu jener Zeit noch nicht – wie später – ein Orden gewesen, er habe es nie angesteckt, es habe ihn zu nichts verpflichtet. Und den Versuchen des Dritten Reichs, mit dem »Quex« auch ihn für sich zu vereinnahmen, in die Freiheit des Schrifttums einzugreifen, habe er seinen passiven Widerstand entgegengesetzt. Die Staatsführung habe von ihm einen BDM-Roman erwartet. »Ich habe ihn nicht geschrieben.« Ein Roman des Deutschen Ordens sei gewünscht worden, und Wünsche seien damals soviel wie Befehle gewesen. Er habe auch diesen Roman nicht geliefert. Er sei aufgefordert worden, den »Völkischen Beobachter« zu abonnieren, aber er sei dazu nicht bereit gewesen; er habe sich auch geweigert, Vorträge vor der Hitlerjugend zu halten. Dass sein Roman 1933 verfilmt wurde, habe ihm geschmeichelt. Drehbuch-Schreiber sei er geworden, um Verdrehungen vorzubeugen; doch habe bald der Reichsjugendführer das Protektorat übernommen, sich ein Filmdramaturg eingeschaltet. Es seien Änderungen verlangt worden und schließlich habe der Film einen anderen Schluss bekommen als vom Autor gewünscht.
Statt eines BDM- oder Ordens-Roman erscheint im Herbst 1936 »Anilin«, unpolitischer Roman in politisch bewegter Zeit über die Erfindung des Farbstoffs Anilin. »Es ist trostlos, dass selbst die so genannten Gebildeten an den Erfindungen der letzten Jahrzehnte vorübergehen, wie eine Bauersfrau es eben hinnimmt, dass die Straßenbahn fährt«, erkannte Schenzinger. Da er so schreiben kann, dass jeder Leser auch technische Vorgänge versteht, wird »Anilin« ein gewaltiger Erfolg: 1,8 Millionen Exemplare in mehreren Sprachen. Die braunen Machthaber freuen sich nicht mit dem Autor. Schenzinger: »Es wurde als eine Absage aufgefasst. Ich wurde nicht mehr auf die Reichsjugendführung zitiert. Ich bin aber auch von mir aus nicht hingegangen. Das ›Schwarze Korps‹ weigerte sich, meine Bücher zu besprechen. Mein 50. Geburtstag wurde in der Presse totgeschwiegen.«
Schenzingers Schlusswort im Spruchkammerverfahren: »Das Gesetz heißt Säuberungsgesetz oder Gesetz zur Befreiung von Nationalsozialismus und Militarismus. D. h., dass der Gesetzgeber will, dass aus dem deutschen Volke der Nationalsozialismus ausgerottet wird und der deutsche Mensch wieder frei denken lernt. Ich habe aber schon vor 13 Jahren das nationalsozialistische Gedankengut dispensiert. Schiller hat auch seine Räuber geschrieben und niemandem ist eingefallen, ihn als Räuber zu verdächtigen.«
Urteil des Gerichts: »Die Kammer hält den Widerlegungsbeweis für geführt.« Karl Alois Schenzinger wird als Mitläufer eingestuft, weil er trotz seiner politischen Passivität am Drehbuch des Films mitgearbeitet hat – »und zwar zu einer Zeit, als die nationalsozialistische Gewaltherrschaft bereits errichtet war.« Schenzinger muss 800 DM an einen Wiedergutmachungsfond zahlen. Bis 1949 erhält er Schreibverbot.
1950 bricht Schenzinger das ihm auferlegte literarische Schweigen. Mit »Atom«, »99% Wasser« und weiteren Büchern greift er hochaktuelle Themen auf. Wieder hat der »Klassiker des Sachbuchs«, wie er gerühmt wird, Erfolg. 1962 erliegt er in Prien am Chiemsee einem Herzschlag. Der Schriftsteller Horst Mönnich nennt ihn am Grab »einen großen Humanisten mit der Sehnsucht, sie, diese Welt, zu begreifen.« Schenzinger ist es auch gelungen, sie Millionen anderer Menschen begreiflicher zu machen.[208]

Donauwörther Anzeigeblatt

Besser manches nicht sagen…

»Es ist besser, manches
nicht zu sagen,

An unsere geschätzten Leser!

Als unter der Regierung Hitler-Hugenberg die ›Germania‹, das Zentralorgan des deutschen Zentrums, verboten wurde, bloß weil es den Aufruf der großen, katholischen Organisationen Deutschlands veröffentlicht hatte,

Als nacheinander die führenden und angesehensten Zentrumsblätter im Norden den neuen Presseparagraphen zum Opfer fielen,

Als die Verbotspraxis dann auch auf Bayern übergriff und Blätter wie das Organ des Prälaten Leicht in Bamberg und schließlich sogar der Altöttinger Liebfrauenbote vom Schicksal ereilt wurden,

Als alles das geschah und das große Schweigen anhob in der katholischen Presse, da fiel uns das Wort des Propheten ein:

›Das sind die schlechtesten Zeiten, wenn die Guten schweigen!‹

Und weiter dachten wir: wenn uns eines Tages selber der Bannstrahl treffen sollte, dann befinden wir uns mindestens in keiner schlechten Gesellschaft.

Der Tag kam früher, als wir dachten. Durch Anordnung der Regierung von Schwaben und Neuburg vom 5. März wurde das ›Donauwörther Anzeigeblatt‹ auf drei Tage verboten.

Wir haben unsere Leserschaft von dem Verbot durch eine Sonderausgabe verständigt. Dagegen ist es uns nach den herrschenden Bestimmungen und der besonderen Anordnung der Regierung nicht erlaubt, unseren Lesern die Gründe mitzuteilen, die zu dem Verbot geführt haben. So gern wir an dieser Stelle das Wort zu unserer Verteidigung ergriffen hätten: es bleibt uns nichts anderes übrig als uns dem strikten Verbot zu fügen und zu schweigen.

Nur ein paar ganz allgemeine Feststellungen seien uns gestattet: wenn es heute möglich ist, dass ein *bayerisches* Blatt, das von jeher eine betont *bayerische* Politik betrieb und die weißblaue Fahne hochhielt, von einer *bayerischen* Behörde verboten werden musste, dann möge der Leser daraus seine Schlüsse ziehen, wie es unter der Herrschaft der neuen Presseverordnung um das freie Wort bestellt ist. Wir selber haben aus diesem ›Betriebsunfall‹ die Lehre gezogen, dass es heute besser ist, manches nicht zu sagen und zu schreiben, was im Interesse unserer bayerischen Heimat gesagt und geschrieben werden müsste. Aber der Leser braucht deshalb noch lange nicht zu fürchten, dass es uns nun die Sprache verschlagen hat. Wir nehmen das Verbot gelassen hin in dem Bewusstsein, dass unser Kampf einer guten Sache, nämlich der bayerischen Sache gilt, wir werden auch weiter eine bayerische Sprache führen, so lange und so weit das nach den neuen Presseparagraphen noch erlaubt ist, wir werden uns in diesem Endkampf um Bayerns Lebensrecht im Reich unserer Verantwortung und Verpflichtung als gutbayerisches Blatt bewusst sein und nicht müde werden, allen Gewalten zum Trotz einzutreten für Wahrheit, Freiheit und Recht in unserem deutschen Vaterlande.

In diesem Kampf erbitten wir uns die Unterstützung unserer Leser. In Treue fest!«

Ihr tapferer Protest half den Redakteuren des Anzeigeblatts nicht. Seine Tage im Dritten Reich waren gezählt… Das Blatt bestand nur noch bis Mai 1933. Dann wurde es »gleichgeschaltet«, wie das damals hieß, und zur »Donauwörther National-Zeitung«.

Anton Mündler (Neuburg/Donau)

»Diese Brüder trifft unsere Faust tödlich«

Es gibt immer zwei Möglichkeiten. Anton Mündler entschied sich für Hitler. Er wurde schon als junger Mann Mitglied der NSDAP und verdankte dieser Partei seine Karriere.

*

»Er war streng, aber ich habe keine schlechten Erfahrungen mit ihm gemacht«, urteilt seine frühere Sekretärin über Anton Mündler. Der Polizistensohn ist ein früher Parteigänger Hitlers: das 1592. Mitglied, das die NSDAP aufnimmt. Er hat den Ersten Weltkrieg mitgemacht, wird bei der Schlacht in Flandern verschüttet, wirft 1919 mit dem Freikorps Probstmayr die Räte-Bewegung in München und Augsburg nieder. Mit Hitlers Machtergreifung beginnt Mündlers Aufstieg: Der Justizinspektor und NSDAP-Kreisleiter wird zuerst ehrenamtlicher 2. Bürgermeister seiner Heimatstadt Neuburg, nach der Pensionierung von Karl Mayr im Herbst 1933 1. Bürgermeister. Damit nicht genug: Die NSDAP macht ihn auch zum Landtags- und Reichstagsabgeordneten, zum Gauinspekteur, stellvertretenden Gauleiter (ab 1942). Er bringt es bei der SS zum Standartenführer, bekommt Orden wie das Goldene Parteiabzeichen. Als Mündler 1. Bürgermeister wird, hält dessen Freund und Kampfgenosse Julius Streicher eine Rede.

Anton Mündler
(Foto: Stadtarchiv Neuburg/Donau)

Andere Zeitzeugen haben Mündler anders in Erinnerung als die einstige Sekretärin. »Einen sehr ausgeprägten Nazi«, nennt ihn einer; als »fanatischen Parteigenossen«, »allmächtigen Kreisleiter«, »gefürchteten Mann« bezeichnen ihn andere. Auch von »stadtbekannter Rigorosität« ist im Entnazifizierungsverfahren die Rede.[209]

Für diese Rigorosität gibt es Beispiele:

Am 14.6.1933 beschweren sich Verlag und Verlagsleiter des »Neuburger Anzeigeblatt« bei der Regierung von Schwaben und Neuburg. Auf Antrag Mündlers setzt die NSDAP-Fraktion im Stadtrat durch, dass Berichterstatter des »Anzeigeblatts« nicht mehr zu den öffentlichen Sitzungen des Stadtrats zugelassen sind. Zitiert wird außerdem ein Leserbrief Mündlers aus den »Neuburger Neuesten Nachrichten«. Darin heißt es: »Ich kämpfte doch nicht Jahre und wieder Jahre gegen die Bayer. Volkspartei und ihre Mitläufer, um jetzt im Dritten Reich mit ihnen zu paktieren. Wenn wir Loibl und Konsorten bei der Machtübernahme schonten, so war das nationalsozialistische Ritterlichkeit. Trotzdem aber trifft diese Brüder unsere Faust tödlich ...« Geschäftsführer Martin Loibl empfindet diese Äußerung als Morddrohung.

Hintergrund des Journalisten-Ausschlusses: Mündler will ein Blatt mundtot machen, das vor dem 30. Januar 1933 gegen die NSDAP und den Führer Stellung genommen hat. Weder der Bayerische Ministerpräsident Siebert noch die Kreisregierung nehmen die Beschwerde zum Anlass, einzuschreiten. Pressefreiheit gibt es im Dritten Reich nicht mehr.

1935 sind die »Neuburger Neuesten Nachrichten« an der Reihe. Inzwischen gibt es die »Neuburger National-Zeitung«. Mündler versendet an alle Behörden, Lehrer und NSDAP-Amtswalter dieses Schreiben: »Durch verschiedene Umstände wurde mir bekannt, dass es in Neuburg a. D. Stadt und Bezirk noch Beamte gibt,

die es geflissentlich vermeiden, sich eine N.S. Zeitung zu halten, die es im Gegenteil vorziehen, nur sog. neutrale Zeitungen zu lesen. …«
Auch Verleger Johann Prechter erleidet in Augsburg eine Abfuhr. Die Gauleitung schließt sich, wie sollte es anders sein, der Stellungnahme ihres Kreisleiters an und weist die Beschwerde zurück.[210]
Auch mit Juden springt Mündler übel um. Ein Beispiel ist die Behandlung des Benjamin Riemer aus München, der auf den Neuburger Dulten Damen-Seidenwäsche, Strümpfe, Strickwaren anbietet. 1935 möchte ihn die Stadtverwaltung am liebsten nicht mehr zulassen: »Es besteht nämlich in Neuburg a. D. die Gepflogenheit, Juden zu bedeuten, dass ihre Anwesenheit auf den Märkten als Fieranten nicht erwünscht ist. Bestehen dann die betreffenden Juden trotzdem auf Zulassung, so werden sie selbstverständlich gemäß der Entschließung des Staatsministeriums des Innern … zugelassen. Sie werden dann aber auch darauf hingewiesen, dass wir selbstverständlich nicht garantieren können für ein Unbehelligtsein des Juden.«
So also ist das in Neuburg. Riemer zeigt Mut. Er besteht 1935 auf dem Recht, seine Ware in Neuburg anbieten zu dürfen. Als ihm ein Jahr später die Erlaubnis verweigert wird, beschwert er sich beim Wirtschaftsministerium in München. Er weist darauf hin, dass er nicht wisse, wie er Steuern und Lieferanten bezahlen solle, wenn ihm der Handel verboten werde. Die Stadt Neuburg macht einen Rückzieher, Riemer bezieht seine Dultbude. Doch kommt es zu einem Zwischenfall: Ein zu Besuch weilender Münchner SA-Hauptmann verabreicht dem Juden eine Ohrfeige. Der Fierant packt unter Polizeischutz seine Sachen zusammen und verlässt Neuburg. In seinem Bericht an das Bezirksamt nennt Mündler den Mann »einen rasseechten Juden«, der durch sein anmaßendes und freches Benehmen auf die arische Bevölkerung aufreizend wirke. »Besonders bezeichnend für sein herausforderndes und unverschämtes Benehmen selbst Behörden gegenüber ist der Ausspruch, den er sich dem Leiter des Polizeiamtes … gegenüber, der selbst Träger des Blutordens und des Goldenen Ehrenzeichens ist, geleistet hat, als er diesem vorwarf, Gehaltsbezieher zu sein.« Ob der Zwischenfall auf der Dult von Mündler oder dessen Leuten eingefädelt worden ist oder spontan zustande kam, ist nicht mehr feststellbar. Jedenfalls bittet Mündler die vorgesetzte Behörde, gegen den SA-Hauptmann nicht vorzugehen. Der sei ein tadelloser, treuer Nationalsozialist, der Typ des alten SA-Mannes.[211]
Auch die Dr. med. Else Heidegger hat den Anton Mündler in schlechter Erinnerung. Weil sie einen jüdischen Vater hat, machen die Nürnberger Rassegesetze 1935 aus der evangelischen Ärztin einen jüdischen Mischling. Sie muss die Praxis aufgeben. Bald darauf darf sie zwar wieder praktizieren, aber keine Kassenpatienten mehr behandeln. Von da an ist sie auf Privatzahler angewiesen, viel zu verdienen ist da nicht. Erst als 1939 durch die Einberufung zahlreicher Mediziner zur Wehrmacht die ärztliche Versorgung in Neuburg in Gefahr gerät, darf sie wieder jeden Patienten behandeln, der von ihr behandelt werden möchte.
1940 wird Juden verboten, Rundfunkempfänger zu besitzen. Auch Dr. Heidegger soll ihr Radio abgeben. Sie wehrt sich dagegen. Unter der Korrespondenz in dieser Sache befindet sich ein Schreiben Mündlers vom 1.10.1940 an die Reichsärztekammer, Ärztliche Bezirksvereinigung Mittel- und Nordschwaben in Burgheim. Der Tonfall des Briefes beweist den fanatischen Judenhass des Bürgermeisters:
»Die Beschwerde der Jüdin Heidegger ist bezeichnend; sie beleuchtet so recht die Frechheit und Unverfrorenheit des gesamten Judentums. – Wenn die Jüdin Heidegger nicht durch einen schlauen Schachzug, der ebenfalls typisch jüdisch ist, evangelischer Konfession wäre, so wäre sie auch auf Grund des § 5 Abs. 2a der Ersten Verordnung zum Reichsbürgergesetz vom 14.11.1935 … Jüdin, denn sie stammt von zwei volljüdischen Großeltern auf Grund der vorgelegten Urkunden ab. Die sog. Taufe ihres Vaters geschah erst am 7. Januar 1904. – Dadurch bleibt sie blutsmäßig aber trotzdem Jüdin. Es genügt dem frechen Frauenzimmer nicht, dass es dadurch, dass deutsche Ärzte bei den Waffen stehen, in des Wortes wahrster Bedeutung Kriegsgewinnlerin wurde; sie beschwert sich vielmehr noch über Maßnahmen der Sicherheitspolizei und des Sicherheitsdienstes, die im Einvernehmen mit dem Herrn Reichsmarschall Göring getroffen worden sind. …

Ich bitte Sie, der Reichsärztekammer bekannt geben zu wollen, dass ich ihr in meiner Eigenschaft als Bürgermeister der Stadt Neuburg a. Do. und alter Nationalsozialist sehr dankbar wäre, wenn sie die alte nationalsozialistische Hochburg Neuburg a. d. Donau von der Schande, eine Jüdin als Ärztin zu haben, alsbald befreien würde. Bei aller selbstverständlichen Anerkennung der gesetzlichen Bestimmungen ist es immerhin eine Frage des Geschmackes, einen jüdischen Mischling innerhalb seiner Gemeinschaft als Arzt zu haben.«[212]

In ihren jungen Jahren hatte Dr. Else Heidegger davon geträumt, wie Albert Schweitzer im Urwald Kranken zu helfen. Die Verwirklichung des Wunsches scheiterte am fehlenden Geld. Sie hätte sich sonst zwölf Jahre der Angst und Diskriminierung im Dritten Reich erspart. Der Mann, der ihr später das Leben in Neuburg schwer macht, wohnt anfangs sogar im gleichen Haus wie die Familie Heidegger. Der Vater Anton Mündlers lässt sich übrigens auch im Dritten Reich von der jungen Ärztin behandeln. »Er schlich sich in meine Praxis«, erinnert sie sich.

Die Heideggers stammen aus Lothringen. Der Vater stammt aus einer jüdischen Familie, die Mutter aus einer christlichen. Rudolph Heidegger leitet bis zur Pensionierung das Straßen- und Flussbauamt. Er hat gute Verbindungen nach München. Einer seiner Bekannten in Augsburg kann denn auch gegen Kriegsende verhindern, dass Else Heidegger nach Theresienstadt deportiert wird. Sie berichtet, dieser habe ihre Akte verschwinden lassen. Zu den Menschen, die ihr damals beistanden, gehört auch Dr. Max Schneider. »Er hat mir unheimlich geholfen und sich für mich eingesetzt.«

Zurück zu Anton Mündler. Noch 1945 lässt dieser eine Neuburgerin verhaften, die in einem Fleischerladen die Behandlung der Juden im Dritten Reich kritisiert hat und denunziert wird. In einem Brief an die Alliierte Militärregierung berichtet die Frau nach dem Krieg, der Bürgermeister und Kreisleiter habe sie angeschrien: »Der Jude ist unser erster Staatsfeind und den haben Sie unterstützt. Und das noch dazu jetzt, wo der Feind in seinen letzten Zuckungen liegt. Ich lasse sie deshalb einsperren und erschießen.« Zehn Tage habe sie in der Furcht, hingerichtet zu werden, im Gefängnis zubringen müssen.

Ein Zeitzeuge aus Ried berichtet ähnliches. Seinem Vater sei u. a. von Mündler fälschlich unterstellt worden, Hitler u. a. wegen des Nichtangriffspakts mit Russland öffentlich kritisiert und vorgeworfen zu haben, er betreibe antideutsche Politik. »Aber so dumm war mein Vater nicht.« Dennoch habe der Vater von Frühjahr bis Herbst 1940 in der Psychiatrischen Abteilung des Stadelheimer Gefängnisses zubringen müssen.

Ein Fall ist aktenkundig, der Mündler bescheinigt, einer von der Judenverfolgung betroffenen Familie geholfen zu haben. Die »arische« Ehefrau des jüdischen Viehkaufmanns Siegfried Strauss in Augsburg wendet sich an Mündler, als die Geheime Staatspolizei 1944 der Familie die Wohnung wegnehmen will. Er verhindert das, weil das Ehepaar Strauss katholisch getraut worden ist, seine Kinder christlich erzogen worden sind und weil Siegfried Strauss Schwerkriegsbeschädigter des Ersten Weltkriegs ist.

Als Anton Mündler 1933 1. Bürgermeister wird, sagt Julius Streicher in seiner Rede, Neuburg werde die Ernennung seines Freundes nicht zu bereuen haben. Das werden viele Bürger der Stadt spätestens nach dem Zusammenbruch des Dritten Reichs anders gesehen haben. Auch wenn Mündler sich ohne Zweifel bemüht hatte, die Donaustadt voranzubringen.

Matthias Schieber, heute der Kreisheimatpfleger, hat den Kreisleiter[213] und Bürgermeister aus seiner Zeit als Pimpf in Erinnerung: »Ich erinnere mich, wie er in seiner braunen Uniform auftrat mit dieser Schirmmütze; und was mir heute noch vor Augen steht, das war dieses unwahrscheinlich feiste Genick, das also sozusagen über den Kragen etwas vorquoll; und unter dem Mützenrand hatte Mündler ein immer hochrotes Gesicht.«

1951 ordnet der bayerische Minister für politische Befreiung ein Verfahren in Sachen Anton Mündler an. Zitate aus den Spruchkammerakten:

- Mündler ist unmittelbar nach bestandenem Examen und Ernennung zum Justizinspektor durch wesentliche Einwirkung der Parteistellen und in der Gemeindeverwaltung tätigen Parteigenossen Bürgermeister von Neuburg a. D. und später auf Lebenszeit dort Bürgermeister geworden;
- Schon die während der ganzen Dauer der Par-

teiherrschaft nebeneinander bezogenen Einkünfte als Bürgermeister und Reichstagsabgeordneter stellen etwa das Dreifache dessen dar, was er gehabt hätte, wenn er in der Laufbahn des mittleren Justizbeamten geblieben wäre. … Das rechtfertigt es, von einem sehr erheblichen Nutzen zu sprechen, den er aus seiner Verbindung mit der nationalsozialistischen Gewaltherrschaft gezogen hat;

- Von einem Manne, der wie der Verstorbene bis zum Zusammenbruch der Partei in hohen Stellungen in derselben tätig gewesen ist, der durch Goldenes Parteiabzeichen, Totenkopfring und dauernde Mitgliedschaft im Reichstag – was nicht auf freier Wahl nach dem Volkswillen erreicht war – ausgezeichnet wurde und alle diese Vorzüge bis zum Schluss behielt, kann nicht gut davon gesprochen werden, dass er … Handlungen aus anti-nazi-Motiven begangen habe;
- Das Unterlassen der Weitergabe einer bei ihm als Bürgermeister abgegebenen Denunziation gegen das Ehepaar … geschah offenbar nicht aus anti-nazi-Motiven, sondern weil der Verstorbene beide Eheleute seit seiner Jugend gut kannte;
- Dass er als Bürgermeister einem Krankenhaus der Barmherzigen Brüder keine Schwierigkeiten bereitete, sollte für den Bürgermeister im Interesse seiner Gemeindeangehörigen doch wohl eine selbstverständliche Amtspflicht sein.

Ferner heißt es in den Akten, dass der ehemalige stellvertretende Gauleiter bei Lebzeiten in die Gruppe der Hauptschuldigen eingestuft worden wäre. Deshalb fällt sein Vermögen bis auf 3.000 DM nicht an seine Witwe.[214]

Mündler selbst kann nach dem Zusammenbruch des Dritten Reichs nicht mehr zur Verantwortung gezogen werden. Er nimmt sich beim Einmarsch der amerikanischen Armee im Mai 1945 in Augsburg das Leben.[215]

Dr. Max Schneider (Neuburg/Donau)

Sein Herz schlug für die Zwangsarbeiter

Es gibt immer zwei Möglichkeiten. Ob Dr. Max Schneider Hitlers NSDAP angehörte, ist nicht ganz klar. Fest steht dagegen, dass er in einer von Unmenschlichkeit geprägten Zeit menschlich gehandelt hat.

*

Was für das Ruhrgebiet auch heute noch die Kohle bedeutet, das ist für Neuburg an der Donau die Kieselkreide. Einer von den Betrieben, die dort das Gestein abbauen, sind die Kreidewerke Fritz Schulz jun. AG (heute Globuswerke). Der Diplom-Ingenieur Dr. Max Schneider, 1906 in der Donaustadt geboren, tritt 1932 als Volontär in das früher der Familie gehörende Unternehmen ein, wird bald dessen Betriebsingenieur, ab 1943 Chef und Seele der kriegswichtigen Firma. Denn ohne Kreide keine Reifenproduktion – und auch Autoräder sollen damals bekanntlich für Hitlers Sieg rollen.

Junggeselle Schneider wird von Leuten, die ihn gekannt haben, als Mann mit Geist und Charme beschrieben. Er feiert gern, liebt es, sich zu verkleiden, Moritaten zu dichten – plant aber auch, einmal die Geschichte der Kieselkreide zu schreiben. Schade, dass er das nicht wahrmacht. Schneider kennt sich in diesem Fachgebiet so gut aus, dass Geologen ihn den »Kreide-Papst von Bayern« nannten.

Der Globus-Chef muss aber nicht nur ein fröhlicher Mensch gewesen sein, sondern auch ein grundehrlicher. Als er nach dem Zweiten Weltkrieg entnazifiziert wird, bekennt er freimütig, in die NSDAP eingetreten zu sein, weil er andernfalls geschäftliche Nachteile für die Fabrik befürchtet habe. Aus gleichem Grund sind viele Deutsche Parteimitglieder geworden, nur haben die Wenigsten es zugegeben.

Schneiders Nichte Liselotte Riedel-Pfaffenberger sagt, dass der Bau der Autobahnen, die Olympischen Spiele 1936 in Berlin und manches andere den Onkel im Dritten Reich beeindruckt haben. Ihr eigener Vater sei politisch weitblikkender und eindeutig ein »Anti-Hitler« gewesen. Aber viel hält auch Max Schneider nicht

Dr. Max Schneider (Privatbild)

vom Nationalsozialismus. Als Hitler bereits an der Macht ist, tritt er in den »Stahlhelm« ein; er habe diesen Bund der Frontsoldaten für geeignet gehalten, den Nationalsozialismus in den nötigen Schranken zu halten[216] – eine zweifellos etwas naive Einschätzung, da dieser Verband schon vor 1933 heftig mit der NSDAP sympathisierte. Ende 1933 werden denn auch größere Teile des »Stahlhelm« in die SA eingegliedert.
Einer der neuen SA-Männer ist Dr. Max Schneider. Häufig legt er die braune Uniform aber nicht an. 1937 soll SA-Mann Schneider dann auch in die NSDAP eintreten. Ob er tatsächlich deren Mitglied Nr. 3960697 geworden ist, bleibt unklar. Er füllt den Aufnahmeantrag aus. Gibt nach Kriegsende auch an, NSDAP-Mitglied gewesen zu sein, korrigiert das aber gegenüber der Spruchkammer bald: »In dem bei der Militärregierung abgegebenen Fragebogen trug ich versehentlich ein, dass ich Mitglied der NSDAP gewesen wäre. Das ist nicht richtig, denn auf der erhaltenen rosa Quittungskarte ist ausdrücklich vermerkt, dass der Inhaber nicht das Recht besitzt, sich Mitglied zu nennen, dies würde erst durch die Aushändigung des Mitgliedsbuches der Fall sein.« Ein solches Mitgliedsbuch erhält Schneider, wie er angibt, aber nie ausgehändigt.
Ob Parteimitglied oder nicht: Wie ein Gefolgsmann des Führers Adolf Hitler verhält er sich jedenfalls nicht. Der Onkel sei zwar schlau genug gewesen, im Interesse seiner Fabrik einen »guten Draht zum mächtigen und gefürchteten Kreisleiter Mündler zu pflegen«, sagt Liselotte Riedel-Pfaffenberger; aber für den Nationalsozialismus schlägt sein Herz nicht. Es schlägt vielmehr für Menschen, die ihm anvertraut sind. Für die Arbeiter der Kreidewerke, die ihn »unglaublich geschätzt haben«, so die Nichte, im Krieg dann auch für die jüdischen Zwangsarbeiter und die damals Fremdarbeiter genannten Männer und Frauen aus Polen und Russland. Das lässt sich beweisen:
Im Herbst 1939 werden den Kreidewerken 12 (nach anderen Angaben 13) jüdische Arbeitskräfte zugewiesen. Deren Namen sind bekannt: Julius Regensburger, Benno Gutmann, Eduard Buckmann, Josef Buckmann und Max Badmann aus Oettingen, Siegfried Bühler, Benno Schweissheimer, Moritz Hamburger und Heinrich Eisenmann aus Nördlingen, Hermann Reiter, Willy Aufhäuser und Martha Aufhäuser aus Hainsfarth.[217] Schneider bringt sie in einer aus drei großen Räumen bestehenden Unterkunft unter, das Ehepaar Aufhäuser bekommt ein Zimmer für sich. An den Wochenenden dürfen sie in ihre Heimatorte fahren. Es ist ihnen auch erlaubt, nach ihren Glaubensregeln zu leben. Er habe allerdings darauf gesehen, dass außer ihm niemand davon gewusst habe, sagt Schneider nach dem Krieg aus.
Martha Aufhäuser kocht für die jüdischen Zwangsarbeiter. Chef Schneider erlaubt ihr, in Neuburger Geschäften einzukaufen. Kreisleiter Mündler verbietet das daraufhin. Die Neuburger Ärztin Dr. Else Heidegger berichtet darüber im Entnazifizierungsverfahren: »In mehrfachen persönlichen Vorstößen gegen Kreisleiter Mündler, bei welchen die Schärfe des von Dr. Schneider angeschlagenen Tons für diesen kaum gefahrlos war, wurde die Einkaufsmöglichkeit und darüber hinaus die freie Bewegung der Juden im Ortsgebiet erreicht.«
Aber der ungewohnten Arbeit in den Kreidegruben sind die jüdischen Männer körperlich nicht gewachsen. Ärztin Heidegger stellt ihnen Atteste aus. Vier kommen Ende 1939 in einen anderen Betrieb, der Rest darf ins Ries zurückkehren.

Nach einigen Monaten kommen vier von diesen Leuten zurück. Benno Gutmann, Benno Schweissheimer und das Ehepaar Aufhäuser. Sie bitten darum, wiederum bei den Kreidewerken arbeiten zu dürfen. Diesmal bringt Schneider sie bei Bauer Johann Ballis in Kreut (Gemeinde Oberhausen) unter. Er ist der Pächter eines Ökonomieguts, das den Kreidewerken gehört. Die Juden können in einem kleinen Haus des Anwesens leben. Als die Lebensmittelzuweisungen immer geringer werden, unterstützt Bauer Ballis sie. Aber die Denunzianten des Dritten Reichs wachen überall:

Im November 1941 nimmt die Neuburger Polizei Ermittlungen auf: »Betreff: Verkehr mit Juden.«[218] Frau Aufhäuser soll bei einer Verlobungs- und einer Hochzeitsfeier auf Kreut im Sommer 1941 als Köchin gewirkt haben, ihr Ehemann und die beiden anderen jüdischen Zwangsarbeiter sollen gar als Gäste eingeladen worden sein. Mehr noch: Frau Aufhäuser soll auch für die Kreuter Familien Müller und Ballis Haushaltungs- und Näharbeiten verrichten, beim Einkauf von Lebensmitteln soll sie bevorzugt worden sein. Die Ermittlungen verlaufen – wohl auch dank guter Beziehungen Max Schneiders – im Sande. Weder Frau Aufhäuser noch die drei jüdischen Männer hätten an den Festen teilgenommen; genäht habe sie für die beiden Familien, weil niemand sonst zu bekommen sei. Fazit der Ermittlungen: Keine strafbare Handlung. Doch Ruhe kehrt nicht ein. Immer wieder taucht die Polizei in Kreut auf, findet einmal eine Henne in Frau Aufhäusers Kochtopf. Das Tier sei eingegangen und von ihr als ungenießbar weggeworfen worden, redet Frau Ballis sich heraus.

Ende März 1942. Die Deportation vieler bayerischer Juden nach Piaski steht bevor. Auch die in den Neuburger Kreidewerken erreicht die Aufforderung, ins Sammellager Milbertshofen zu kommen. Dr. Max Schneider will die Vier retten: Landrat, Arbeitsamt, Deutsche Arbeitsfront, Wirtschaftsministerium… Er telefoniert von Pontius bis Pilatus. Niemand greift ein. Da fährt Schneider nach München. Erklärt den zuständigen Leuten in SS-Dienststellen, dass es sich um unersetzliche Fachkräfte handele, deren Abzug den kriegswichtigen Betrieb zum Erliegen bringe. Daran ist kein wahres Wort, die Männer werden als Hilfsarbeiter eingesetzt. Aber sie werden zurückgestellt. Vorläufig gerettet – außer Benno Schweissheimer. Er will bei der Familie sein. Wird deportiert. »Verschollen Piaski« heißt es in den Namenslisten der Opfer.

Aus der Zeit der Zwangsarbeit in Neuburg: Martha Aufhäuser mit Benno Gutmann und einem unbekannten Kind (Privatbild)

Nicht nur für Max Schneider, sondern auch für seine drei ebenfalls im Haus auf der Klause lebenden Schwestern sind die jüdischen Zwangsarbeiter Menschen, die der Hilfe bedürfen. Immer wieder ist die Rede von ihnen, wenn die Familienmitglieder beisammen sitzen. Liselotte Riedel-Pfaffenberger erinnert sich beispielsweise an diesen Dialog:

Tante Mathilde: »Max, das ist ja furchtbar mit dem Aufhäuser in der Kreide. Kann der nicht woanders arbeiten?«

Onkel Max: »Ich muss ihn da lassen, nur das rettet ihn!«

Der Onkel habe aber den Arbeitern gesagt: »Gebt dem Willy Aufhäuser eine Schaufel in die Hand und was er dann macht ist wurscht. Er ist zu schwach. Ihr müsst halt seine Arbeit mitmachen.«
Auch dieses hat sich Liselotte Riedel-Pfaffenberger eingeprägt: »Ich bin einmal mit der Tante 'raus aus der Stadt. Gegenüber vom Saliter war eine Wiese, auf der mehrere Frauen Heu machten. Eine davon war eine dunkelhaarige Frau mit lebhaften braunen Augen. Die hat meine Tante angelacht und auch so ein bisschen ehrfürchtig gegrüßt. Meine Tante hat lachend zurückgegrüßt: ›Ach, Frau Aufhäuser…‹ Ich war damals so zehn, elf Jahre alt und hatte schwarze Zöpfe bis zur Taille. Mir ist aufgefallen, dass die Frau mich so gedankenverloren angeschaut hat und ich habe dann gefragt: ›Wen hast Du denn gegrüßt?‹ Und da sagte meine Tante: ›Ja, kennst Du denn die Frau Aufhäuser nicht?‹ Ja, den Namen hatte ich schon oft gehört auf der Klause. Die Aufhäuserin, hat's geheißen, die kann dieses und jenes und die näht so gut. Das ist eine nette Frau. Es hatte auch öfter geheißen: ›Ja, gebt das doch der Aufhäuserin.‹ Dieser gedankenverlorene Blick… Ich denke, dass sie, als sie mich sah, an ihre Tochter gedacht hat, die mit dem Kindertransport nach England reisen musste.«[219]
Dann ist da noch die Geschichte von der Nähmaschine. Die Deportation im März 1942 hat Schneider gerade noch verhindern können. Nun sorgt er sich, die SS könnte kommen, um sich von der vorgeblichen Unentbehrlichkeit der jüdischen Zwangsarbeiter im Kreidewerk zu überzeugen. Vor allem Martha Aufhäuser könnte dann Gefahr drohen. Für die jüdischen Männer und für sich einzukaufen und zu kochen, das dürften Kontrolleure kaum als kriegswichtig einstufen. Deshalb kauft Schneider eine Nähmaschine und sagt zu Martha Aufhäuser: »So, da nähen Sie jetzt Presstücher.« Solche Tücher bestehen aus einem harten Material und werden zum Schlämmen von Kreide benötigt.
Ein Zeitsprung in die Nachkriegsjahre. Nichte Liselotte hat geheiratet. Eines Tages bringt ihr Onkel Max eine Nähmaschine. »Das ist die Aufhäuser-Nähmaschine«, sagt er. Als er bemerkt, dass Lieselotte Riedel-Pfaffenberger ihn etwas verständnislos anblickt, erzählt er ihr nochmals, warum er diese Nähmaschine für die jüdische Frau gekauft hat. Seitdem habe sie in der Klause gestanden. Er fügt hinzu: »Du wirst auch einmal nähen müssen. Und sollte die Frau Aufhäuser doch einmal zurückkommen, dann gibst du sie ihr.«
Martha und Willy Aufhäuser sowie Benno Gutmann kommen nicht zurück. Im März 1943 kann Max Schneider deren Deportation nicht mehr aufhalten. Er kann lediglich erreichen, dass die Drei die Nacht vor dem Abtransport aus Kreut nicht im Gefängnis verbringen müssen, sondern in ihrer Wohnung schlafen dürfen. Der Abschied ist tränenreich. Die drei Menschen beteuern immer wieder ihren Dank sowie die Hoffnung, einmal zurück nach Kreut und Neuburg kommen zu können. Bauer Ballis fährt sie in einem Fuhrwerk zur Bahn. Als unterwegs eine Sternschnuppe fällt, sagt Benno Gutmann: »Der Krieg ist verspielt. Mein Wunsch ist es, dass ich wieder hierher komme. Mein erster Weg wird zu Dir und Dr. Schneider sein.«[220] Ein paar Tage darauf erfährt Schneider, wo die Drei auf den Abtransport warten. Er fährt sofort nach München und findet einen Weg, ihnen Lebensmittel und Rauchwaren zukommen zu lassen. Das ist der letzte Liebesdienst, den der Neuburger Firmenchef diesen Menschen erweisen kann. Sie sind ihm ans Herz gewachsen.
Nur einmal gibt es noch einen Hinweis auf das weitere Schicksal der Aufhäusers. 1944 erhält Schneider den Besuch eines Soldaten. Er habe Willy Aufhäuser bei Rodungsarbeiten in Lettland getroffen und solle von diesem Grüße ausrichten. Martha Aufhäuser, so erfuhr der Soldat weiter, sei inzwischen nach einer Unterleibsoperation verstorben.[221]
Es gibt noch andere Männer und Frauen in den Kreidewerken, für die Max Schneider sich einsetzt. Das sind die so genannten Fremdarbeiter, 60 Ukrainer und um die 50 Polen. Der Chef sorgt für ausreichende sanitäre Einrichtungen in deren Unterkünften, richtet entgegen allen Vorschriften keine Lagerwache ein, lässt den Männern und Frauen viel Freiheit. Es gibt nur eine Kantine, die osteuropäischen Arbeiter bekommen das gleiche Essen wie die deutschen. Die jungen Leute dürfen sonntags tanzen, sie spielen Theater, organisieren Weihnachtsfeiern. Als einmal einige beim Ausgang von SS-Angehörigen aufgegriffen werden, holt Schneider seine Männer aus dem Konzentrationslager zurück.

Geheimnisumwittert bis heute ist die Hinrichtung von zwei Fremdarbeitern kurz vor Kriegsende. Es gibt darüber ein Schriftstück, das Max Schneider am 19.4.1981 verfasste. Darin heißt es: »Der Pächter Johann Ballis des ehemaligen Gutes Kreut … beschäftigte 1943 Ausländer als landwirtschaftliche Hilfskräfte. … Unter diesen war ein Ukrainer, dessen Hauptnamen mir nicht mehr bekannt ist, sein Vorname war Orest. … Anfang 1944 wurde Orest überraschend durch ein aus München gekommenes Kommando der Gestapo verhaftet. … Später wurde Pächter Johann Ballis dann auch mitgeteilt, dass Orest zusammen mit einem anderen nicht in Neuburg beschäftigten Russen oder Ukrainer einen Mordanschlag gegen ihn beabsichtigt und vorbereitet hatte. Durch einen anderen Fremdarbeiter, vielleicht einen Polen, habe die Gestapo einen Hinweis erhalten.«

In den ersten Apriltagen 1944 kommt ein Exekutionskommando aus München, mit Orest und einem Russen oder Ukrainer. Auf der Kuppe des Oberhauser Berges, um den die B 16 eine leichte Schleife macht, wird am Waldrand ein Galgen errichtet, werden dann die beiden Männer erhängt.[222] Dr. Schneider und die Fremdarbeiter aus Polen sollen die Exekution mitansehen. Schneider weigert sich. 20 Polen, die von einem SS-Standartenführer abgeholt werden, empfiehlt er, die Augen geschlossen zu halten. Liselotte Riedel-Pfaffenberger: »Mein Onkel hat danach tagelang nichts gegessen.«

Die Namen der Hingerichteten sind heute bekannt. Einer der Männer heißt tatsächlich Orest. Das Standesamt Oberhausen beurkundet am 5. April 1944 ihren Tod. Ausgestellt werden die Totenpapiere nach einer schriftlichen Mitteilung der Geheimen Staatspolizei, Staatspolizeileitstelle München. »Verurteilt zum Tode durch den Strang«, heißt es an deren Ende. Akten eines gerichtlichen Verfahrens gegen die beiden Männer haben sich bisher nicht finden lassen. Wahrscheinlich auch das ein Fall, in dem kein Richter, sondern Hitlers Geheime Staatspolizei selbstherrlich über Leben und Tod entschieden hat. Um ein Exempel zu statuieren?

Es muss Dr. Schneider sehr getroffen haben, dass auch sein und seiner Familie Eigentum nach dem Krieg von Fremdarbeitern geplündert wird. Eine Ausnahme seien die Ukrainer gewesen, sagt Liselotte Riedel-Pfaffenberger: »Die Ukrainer, die waren treu wie Gold. Die haben zu meinem Onkel gesagt: ›Wir möchten in Deiner Fabrik bleiben.‹« Die Amerikaner wollen nach der Besetzung Neuburgs Dr. Max Schneider zum Bürgermeister machen. Er lehnt ab. Die Kreidewerke, in den letzten Kriegswochen noch weitgehend durch Bomben und Granaten zerstört, brauchen ihn. Die Spruchkammer stuft ihn bei der Entnazifizierung als minderbelastet ein. 2.000 RM muss er zur Sühne in einen Wiedergutmachungsfond einzahlen.

An die hingerichteten Ukrainer erinnert auf dem Friedhof in Kreut ein Gedenkstein. Die Toten ruhen dort nicht mehr. Sie sind eines Tages exhumiert und abtransportiert worden. Niemand weiß wohin.

**** (Nördlingen)*

»... dass Juden nicht mehr behandelt werden«

Es gibt immer zwei Möglichkeiten. Obwohl der hippokratische Eid jeden Arzt zur Hilfeleistung verpflichtet, entscheidet sich der Vertreter der Reichsärztekammer für Nord- und Mittelschwaben in Nördlingen, Schreiben der Reichsärztekammer an seine Kollegen weiterzuleiten. Sie verlangen, Juden nicht mehr medizinisch zu behandeln.

*

Israelitische Kultusverwaltung

2. Januar 1939

An das Bezirksamt Nördlingen

»... Nach Mitteilung der hiesigen Ärzte dürfen dieselben zufolge höherer Anordnung schon seit längerer Zeit ihre jüdischen Patienten nicht mehr besuchen und behandeln. Dieser Zustand hat große Besorgnis bei den hiesigen Juden eingeflößt.

Es befinden sich hier 4 jüdische Frauen im Alter von über 80 Jahren, die öfters Beschwerden haben, jedoch in Anbetracht des Verbotes einen Arzt nicht zuziehen, obwohl sich öfters Krankheitssymptome schwerer Art bemerkbar machen, es befinden sich ferner einige Frauen hier, die schon länger wegen Gallen- und Herzleiden in ärztlicher Behandlung waren, ferner eine Frau, die erst aus dem Krankenhause in München entlassen wurde und auch jetzt noch ärztliche Hilfe von Zeit zu Zeit in Anspruch nehmen sollte. ... Bei einem 10jährigen Jungen zeigte sich vor einiger Zeit starke Halsentzündung, man befürchtete Diphterie und konnte keinen Arzt befragen.

... Wir haben hier eine jüdische Gemeinde von 45 Seelen in allen Altersklassen. Ich bitte deshalb wiederholt das Bezirksamt, in Anbetracht der wahrheitsgetreu geschilderten Umstände zu veranlassen, dass dieses Verbot wieder aufgehoben wird, dessen Folgen doch Menschenleben in schwere Gefahr bringen.

Der Vorstand der Israel. Kultusgemeinde
[Oettingen]
Max Israel Badmann«

Ein ähnlich erschütterndes Schreiben richtet unter dem gleichen Datum die Israelitische Kultusgemeinde in Hainsfarth an das Bezirksamt: »Wir haben hier eine jüdische Gemeinde von 26 Seelen, meist ältere und alte Leute, die öfters dringend auf ärztliche Hilfe angewiesen sind. Infolge des Verbotes, daß die Oettinger Ärzte jüdische Patienten nicht mehr beraten und besuchen dürfen, gestatte ich mir, mich dem Gesuch des Vorstandes der Oettinger Gemeinde anschließen zu dürfen, mit der Bitte um Befürwortung desselben.

Der Vorstand der jüdischen
Gemeinde Hainsfarth
Salomon Gutmann«

Eine Referenten-Notiz beweist, dass das Bezirksamt Nördlingen sich inzwischen mit dem Thema bereits beschäftigt – vermutlich weil auch andere Israelitische Gemeinden in Nord- und Mittelschwaben vorstellig geworden sind. Unter »Betreff: Ärztliche Betreuung der Juden im Amtsbezirk« vom 30. Dezember 1938 heißt es: »In mehrfachen Fällen wurde dem Amt Klage vorgetragen, dass den Juden ärztliche Hilfe versagt wurde. Nach dem Willen des Herrn Gauleiters und Regierungspräsidenten, sowie im Einvernehmen mit dem Herrn Kreisleiter ergeht Weisung, dass im Notfalle und Ernstfalle, erkrankten Juden im Amtsbezirk von den im Amtsbezirk ansässigen Ärzten ärztliche Hilfe zu leisten ist. Es besteht auch kein Bedenken dagegen, dass der in Ruhestand befindliche jüdische Arzt Dr. Heimann Juden ärztlichen Rat auf Ersuchen zuteil werden lässt, wobei ihm allerdings nur Ersatz der Aufwendungen für Reise- und Fahrtkosten zu erstatten ist.* Entgegenstehende Anordnungen des Leiters der Bezirksstelle für Nord- und Mittelschwaben der Reichsärztekammer sind nicht mehr in Geltung.

* Dabei bemerke ich, dass der jüdische Arzt Dr. Heimann ärztliche Medikamente nicht verordnen darf, weil ihm die Bestallung entzogen ist, sodass dieser Satz vielleicht weggelassen werden kann.«[223]

Am 12.1.1939 antwortet der Landrat in Nördlingen ohne Anrede dem Kultusvorstand Badmann in Oettingen: »... Auf Ihr Gesuch vom 2. Januar 1939 wird Ihnen mitgeteilt, dass im Einvernehmen mit dem Herrn Kreisleiter die Weisung ergangen ist, dass im Notfall- und Ernst-

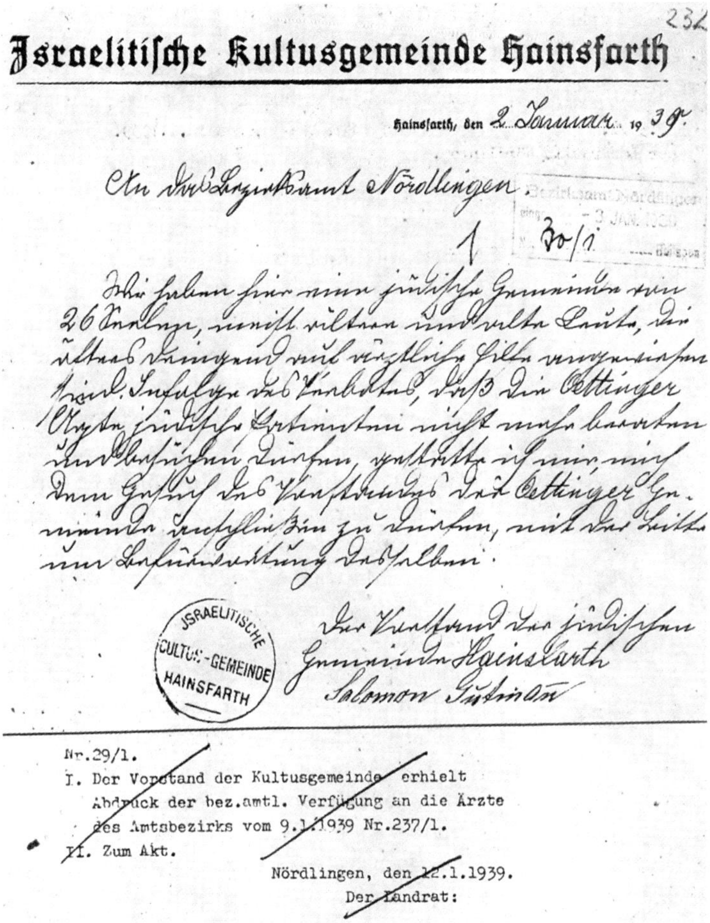
Israelitische Kultusgemeinde Hainsfarth

Hainsfarth, den 2. Januar 1939.

ISRAELITISCHE CULTUS-GEMEINDE HAINSFARTH

Nr.29/1.
I. Der Vorstand der Kultusgemeinde erhielt Abdruck der bez.amtl. Verfügung an die Ärzte des Amtsbezirks vom 9.1.1939 Nr.237/1.
II. Zum Akt.

Nördlingen, den 12.1.1939.
Der Landrat:

Hainsfarther Bitte um ärztliche Hilfe

falle erkrankten Juden im Amtsbezirk von den im Amtsbezirk ansässigen Ärzten ärztliche Hilfe zu leisten ist.«

Das Thema ist damit nicht erledigt. Am 22. Mai 1941 teilt der Nördlinger Beauftragte der Reichsärztekammer und Leiter des Amtes für Rassepolitik im Kreis Nördlingen einem Kollegen mit:

Reichsärztekammer
Nördlingen, den 22. Mai 1941
i. A. ***
Betreff: Jüdische Behandler.
»Im Auftrage der Reichsärztekammer habe ich Ihnen bekannt zu geben, dass keine Veranlassung mehr besteht, dass Juden von deutschen Aerzten und Aerztinnen – selbstverständlich mit Ausnahme von Nothilfeleistungen – behandelt werden. Der Leiter der Aerztekammer erwartet, dass deutsche Aerzte und Aerztinnen die ärztliche Behandlung von Juden in Zukunft ablehnen. Besonders für die Angehörigen der NSDAP und ihrer Gliederungen sowie für Mitglieder und Anwärter des NS-Aerztebundes können sehr unangenehme Weiterungen entstehen, wenn sie in Zukunft, ausser in wirklich noch dringenden Notfällen, Juden behandeln.
Ich bitte Sie, von obigem Kenntnis zu nehmen und danach Ihre Tätigkeit zu richten.
Heil Hitler ... «

Drei Tage später sendet der angeschriebene Nördlinger Arzt das Schreiben zurück mit der Frage: »Ich habe seit langem Juden untersucht und wenn nichts Dringendes vorlag, keine Verordnung gegeben und keine Bezahlung verlangt. Aber eines möchte ich wissen: wohin kann ich Juden zu einem Judenaugenarzt schicken, wenn es sich um Operationen u.s.w. handelt? Heil Hitler! ...«[224]

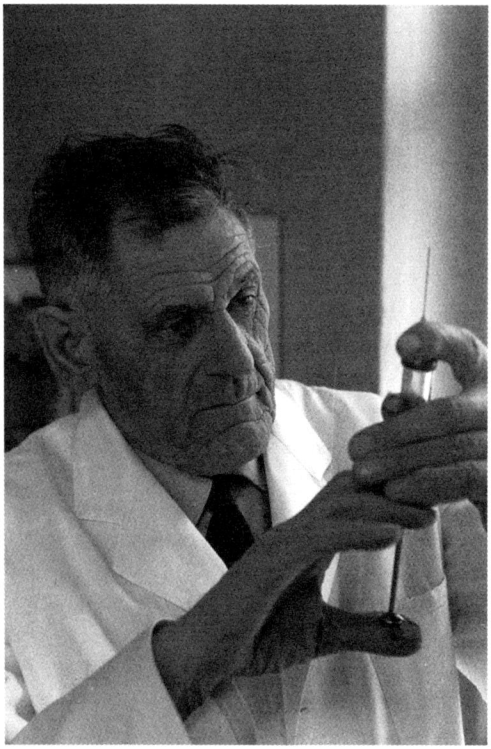

Oettinger Arzt Dr. Hans Koch

Dr. Hans Koch (Oettingen)

Bei Nacht jüdischen Kranken geholfen

Es gibt immer zwei Möglichkeiten. Dr. Hans Koch entschied sich, getreu seinem hippokratischen Eid und aus Christenpflicht, ohne Rücksicht auf die Vorstellungen der Reichsärztekammer Juden zu behandeln, wenn sie ärztlicher Hilfe bedurften.

*

»Ewiger Dank und Anerkennung gebührt dem Dr. Koch von Oettingen. Dieser ehrwürdige Held setzte sich in Lebensgefahr, dem nationalsozialistischen bestialen Gesetz zum Trotz, im Schatten der Nacht als Beweis seiner Nächstenliebe jüdischen Mitbürgern ärztlich Hilfe zu gewähren.« Diese Worte des Dankes an den Arzt finden sich in einem 1997 geschriebenen Brief Meir Steinharters. Dieser ist in Hainsfarth aufgewachsen, er lebt heute als Rabbiner in USA. Die Steinharters – Vater Bernhard, seine Frau Jeanette sowie die sechs Söhne und Töchter – sind die wichtigste Familie in der letzten Israelitischen Gemeinde Hainsfarths. Alle verlassen Deutschland schließlich. Die meisten Angehörigen der frommen Familie siedeln sich in Israel an, die Söhne Jacob und Meir in USA.
Vater Bernhard Steinharter ist »der Lebenspuls der jüdischen Gemeinschaft« in dem Ries-Dorf. Er verkauft ambulant Bettwäsche, Decken usw. Meist ist er im Ingolstädter Raum unterwegs, Kunden sind zumeist Bahn- und Postbeamte. Kommt er freitags heim, bereitet er die Rede für den Sabbat-Gottesdienst am Abend in der Synagoge vor. Bernhard Steinharter ist das Muster eines rechtschaffenen Deutschen. Er praktiziert Nächstenliebe und seine Ehrlichkeit ist sprichwörtlich. Meir Steinharter: »So ehrlich wie der Bernhard hieß es damals in Hainsfarth.«
Aus dem Mund eines Angehörigen dieser frommen Familie wiegt das Lob für den Oettinger Arzt Hans Koch schwer. Schon dessen Vater Konrad Koch praktiziert in der Stadt, setzt sich als Stadtrat außerdem für das Gemeinwohl ein. Als Hans Koch Studium und Praktikum hinter sich hat, behandeln der Herr Sanitätsrat und sein Sohn eine Reihe von Jahren gemeinsam. In den dreißiger Jahren geht die Praxis an den Sohn über. Doch als Dr. Hans Koch im Zweiten Weltkrieg eingezogen wird, springt der Vater in die Bresche und vertritt den Sohn. Die Kochs, so darf gesagt werden, machen sich in zwei Generationen um die Gesundheit der Oettinger verdient. Und nicht nur der Oettinger. Aus den Dörfern der Umgebung kommen ebenfalls viele Patienten. Auch aus Hainsfarth – wie die Steinharters.
Im Entnazifizierungsverfahren vor der Spruchkammer gibt Dr. Hans Koch an, sich vor 1933 nicht politisch betätigt und keiner Partei angehört zu haben. Im Februar 1935 wird er ärztlicher Betreuer im SA-Sanitätstrupp. Er hat bis dahin dem Frontkämpferbund »Stahlhelm« angehört. Als der sich 1935 auflöst, räumt die NSDAP den »Stahlhelm«-Männern ein, ihr trotz einer Aufnahmesperre beizutreten. Denkbar, dass Dr. Hans Koch so zur SA gekommen ist. Drei Jahre später wird er auch Mitglied der Hitler-Partei. Er gibt nach dem Krieg vor der Spruchkammer[225] an, dass er nie ein Mitgliedsbuch bekommen habe. Dr. Koch gehört außerdem dem Roten Kreuz an und fördert den Bund der Kinderreichen. Im Entnazifizierungsverfah-

ren wird er als Mitläufer eingestuft. Zwei Monate lang darf er den Beruf nicht ausüben. Zugehörigkeit zu SA und später der NSDAP hindern Dr. Hans Koch nicht, jeden Menschen zu behandeln, der ärztlicher Beratung und Hilfe bedarf. Da die Denunzianten auf der Lauer liegen, macht er nach dem November-Pogrom 1938 die Krankenbesuche bei Juden in der Nacht. Für die der Familie Steinharter geleistete Hilfe bedankt sich Sohn Jacob nach dem Krieg ausdrücklich bei einem Besuch in Oettingen. Er stattet den Dank einer Tochter ab, da Dr. Hans Koch 1981 nach dem Sturz von einer Leiter verstorben ist. Nicht nur die Familie Steinharter blieb dem Oettinger Arzt dankbar. Gertraud Cascorbi geb. Koch besitzt einen Schrattenhofener Krug, mit dem sich die Jüdin Badmann für seine Hilfe in Stunden der Not bedankte. Tochter Gertraud berichtet, dass der Vater auch dorthin im Schutz der Dunkelheit gehen musste.

Dr. Franz Petzold und
Dr. Adalbert Wohllaib (Krumbach)

Erschüttert vom Pogrom gegen die Juden

Es gibt immer zwei Möglichkeiten. Auch den Medizinern Dr. Franz Petzold und Dr. Adalbert Wohllaib im mittelschwäbischen Krumbach müssen im Dritten Reich die Aufforderungen der Reichsärztekammer zugeleitet worden sein, keine jüdischen Patienten mehr zu behandeln. Beide Ärzte helfen erkrankten Juden dennoch.

*

Sommer 1938. Die Nationalsozialisten schalten endgültig die jüdischen Ärzte aus. Diesen wird ab 30. September die Bestallung (Approbation) aberkannt. Sie dürfen sich nur noch Krankenbehandler nennen, sollen keinem »Arier« mehr medizinisch beistehen, sondern nur noch Juden. Für viele Patienten jüdischen Glaubens hätte das eine Katastrophe bedeuten können. Denn in Schwaben z. B. praktizieren jüdische Ärzte nur in Augsburg, Lindau, Kempten, Sonthofen, Ichenhausen, Nördlingen. Erschwerend kommt hinzu, dass viele jüdische Gemeinden überaltert sind. Von den jüngeren Leuten haben viele Deutschland inzwischen verlassen; im Land geblieben ist vornehmlich die ältere Generation. Die ist anfälliger für Krankheiten als die junge. Zum Glück jedoch gibt es auch damals Ärzte, die ihrem hippokratischen Eid folgen, nicht der nationalsozialistischen Rassen- und Gesundheitspolitik. In Krumbach gibt es zwei Beispiele dafür.

1938, November-Pogrom. Wie andere Jüdinnen wird Bella Weiskopf von Nationalsozialisten in die Synagoge geschleppt. Nach dem Krieg schreibt sie auf, was sie in dem Gotteshaus erlebt hatte: »Dort mussten wir helfen, die Synagoge räumen. … Während unserer Tätigkeit wurden immer wieder einzelne Juden ins Gemeindehaus geholt und kamen schwer misshandelt zurück. Jakob Klopfer wurde von seiner Frau u. mir nachhause geführt, da er infolge der erduldeten Misshandlungen unfähig war, allein zu gehen. Gustav Goetz musste in den Leichenwagen kriechen u. die anderen Juden hatten ihn ein Stück weit zu fahren. … Sonntag,

Krumbacher Arzt Dr. Franz Petzold

13. Januar, Vormittag kamen dieselben Leute wiederum in meine Wohnung, misshandelten mich derart, dass ich wegen innerer Prellungen auf Veranlassung von Dr. Wohllaib tags darauf mit dem Sanitätsauto ins Krankenhaus gebracht werden musste.«[226]
Auch Anni Buff wird in jenen Stunden gezwungen, mit anderen das ihr heilige jüdische Gotteshaus leer zu räumen. Dem ist das junge Mädchen nicht gewachsen: Es erleidet einen Nervenzusammenbruch. Die Familie ruft »ihren« Arzt, den Dr. Petzold (1880–1951), zu Hilfe.[227] Er kommt, obwohl in Krumbach in jenen Stunden »die Hölle ausgebrochen ist«, obwohl tausend Augen wachen, ob etwa einer der »arischen« Ärzte jüdische Patienten behandelt.
Der Vater, so erinnert sich Tochter Marianne Winkler, ist Mitglied in der NSDAP gewesen. Antisemitismus jedoch habe es in ihrem Elternhaus nicht gegeben. Dr. Franz Petzold, in Bamberg geboren, habe nach der Heirat 1920 eine Praxis gesucht, um sich als praktischer Arzt niederlassen zu können. In Krumbach sei eine frei geworden. So sei er in die Kammelstadt gekommen und geblieben. Auch jüdische Familien – sie nennt die Namen Höchstädter, Oettinger, Adler – seien in seine Sprechstunden gekommen. Der Vater habe diese sogar »seine mit Abstand besten Patienten« genannt. Hätten doch Juden nie gesagt, ein anderes Medikament sei aber besser oder so. Das Lob habe der Vater ihnen gezollt, »weil sie ohne wenn und aber strikt befolgt haben, was er ihnen verordnet hat, und sie seien damit auch am besten gefahren.«
Und als die Machthaber durchsetzen wollen, dass »Arier« keine jüdischen Patienten mehr behandeln? Marianne Winkler: »Da ist der Vater dennoch hingefahren, auch während des November-Pogroms.« Über die Gefahr, die dem Arzt dabei droht, gibt die Spruchkammerakte[228] Auskunft. Dr. Petzold berichtet darin, dass er es wegen des gewaltigen Aufruhrs nicht wagen konnte, vor dem der Synagoge gegenüber liegenden Haus des jüdischen Lehrers zu parken. Er habe befürchten müssen, dann angegriffen zu werden. Er lässt das Auto in der Augsburger Straße stehen und durchquert zu Fuß den Hexenkessel, um mehrere im Lehrerhaus wartende Juden und Jüdinnen ärztlich zu versorgen. Die Tochter erinnert sich, dass der Vater sehr erschüttert heimgekehrt ist.
Die Familie Buff, die das Dritte Reich noch verlassen kann, vergisst dem Dr. Franz Petzold seine ärztliche Hilfe und Verbundenheit in der Zeit der Verfolgung nicht. Im Spruchkammerfahren bestätigt Julius Buff dem Arzt, dass der jüdischen Krumbachern stets beigestanden habe, so dass Dr. Petzold als »Mitläufer« eingestuft wird. Und die herzliche Freundschaft zwischen Fred Buff und dessen Schwester Anni mit Marianne Winkler währt trotz der großen Entfernung zwischen Krumbach und New York nun schon Jahrzehnte. Man besucht sich, man schreibt sich.
Auch für Dr. Adalbert Wohllaib (1889–1964), geboren in Billenhausen, ist es keine Frage, seinen jüdischen Patienten im Dritten Reich stets beizustehen, wenn sie ärztlicher Hilfe bedürfen. Der Sohn, später in die Fußstapfen des Vaters getreten, erinnert sich gut an die Familien Landauer, Oettinger, Prinz, Goetz. Sein Vater ist – nominell – Mitglied der Hitler-Partei gewesen. Als die Oettingers Krumbach verlassen, kauft Dr. Wohllaib Julius Oettinger dessen Anteil an der Webwaren-Großhandlung Simon Landauer

Krumbacher Arzt Dr. Adalbert Wohllaib (Privatbilder)

ab. Als stiller Teilhaber, wie das in der Fachsprache heißt, führt der Arzt die Firma gemeinsam mit dem Textilkaufmann Stähle[229] weiter.

Gegen Ende des Zweiten Weltkriegs wird Krumbach zur Lazarettstadt. Dr. Wohllaib leitet die Verwundeten-Krankenhäuser in der Kammelstadt sowie in Krumbad. Als dienstältester Offizier am Ort übergibt er zusammen mit Bürgermeister Karl Kling die Stadt Ende April 1945 an einen amerikanischen Offizier, den gebürtigen Krumbacher Hans Höchstädter. »Obgleich Krumbach als Lazarett-Stadt deklariert ist und infolgedessen nicht verteidigt werden darf, gelingt es Oberstabsarzt Dr. Adalbert Wohllaib nur mit größter Anstrengung und unter Lebensgefahr, einen wildgewordenen ›SS-Häuptling‹ von der sinnlosen Verteidigung Krumbachs in letzter Minute abzubringen. Er hatte schon ein Panzerabwehrgeschütz auf dem Marktplatz in Stellung gebracht«, heißt es Jahrzehnte später in den »Mittelschwäbischen Nachrichten«. So hat sich Arzt Dr. Wohllaib nicht nur um Krumbacher verdient gemacht, vielmehr auch um Krumbach, die Stadt.

Ulrich Graf (Bachhagel)

Die deutsche Geschichte wäre anders verlaufen, wenn …

Es gibt immer zwei Möglichkeiten. Ulrich Graf war Mitglied Nr. 8 der NSDAP, Hitlers erster Leibwächter und diesem lange Zeit treu ergeben. Es heißt jedoch, dass er »seinen Führer« 1939 gewarnt habe, einen Krieg zu beginnen.

*

9. November 1923: Ein paar Sekunden lang liegt an diesem Tag der Lauf der Weltgeschichte in den Händen eines Bauernsohns aus dem schwäbischen Dörfchen Bachhagel. Schützend wirft der sich als Kugelfang vor Adolf Hitler. Bricht, von mehreren Schüssen und Handgranatensplittern durchsiebt, zusammen. Es kann kaum ein Zweifel bestehen, dass die Geschosse sonst Hitler getroffen hätten.

Am Abend zuvor haben Hitler, der damals mit ihm sympathisierende General Ludendorff und SA-Leute den Bürgerbräukeller in München gestürmt, die »Nationale Revolution« ausgerufen, Reichs- und Bayerische Regierung für abgesetzt erklärt. Tags darauf, am 9. November, marschieren Hitler und seine Anhänger durch die Innenstadt. An der Feldherrnhalle werden sie von Landespolizei gestoppt. Schüsse fallen. 15 Putschisten, vier Polizisten, ein Unbeteiligter sterben. General Ludendorff und andere werden verhaftet. Hitler flüchtet. Er wird später in einem Versteck gefunden und ebenfalls festgenommen.

Ulrich Graf ist Hitlers – erster – Leibwächter. Zehn Jahre nach dem blutigen Marsch der Nationalsozialisten schreibt er im »Völkischen Beobachter«, wie er die Geschehnisse erlebte: »… In dem Augenblick marschierte ungefähr acht Schritt vor uns Landespolizei, die durch die Feldherrnhalle gedeckt, vorher unserer Sicht entzogen war, im Laufschritt in zwei Gliedern vor uns auf und brachte ohne weiteres ihre Karabiner gegen uns in Anschlag. … In dieser Sekunde war mir klar, dass jetzt Ungeheures eintreten müsste. Ich sprang ganz instinktiv vor Hitler, deutete mit der rechten Hand auf Ludendorff, der rechts neben Hitler stand, und rief mit gellender Stimme der Polizeiabteilung zu: ›Ludendorff – wollt Ihr auf Eueren General schießen – Hitler und Ludendorff!‹ Kaum hatte ich dies gerufen, prasselte uns eine Gewehrsalve entgegen und schwerverwundet sank ich vor Adolf Hitler aufs Pflaster. Ich sah nun am Boden liegend, wie Ludendorff ruhigen Schrittes, die Hände in den Manteltaschen (er war in Zivil), die Feuerlinie durchschritt. Dieser Augenblick war für mich schrecklich, weil ich Hitler nicht mehr sah. Ich selbst konnte mich trotz wiederholter Versuche nicht erheben oder nur drehen; es waren mir außer einem schweren Lungen- und Bruststeckschuss noch beide Oberschenkel und der rechte Arm vom Ellenbogen bis zum Schulterblatt durchschossen. Ich konnte mich daher nicht mehr überzeugen, ob mein Führer etwa auch verwundert hinter mir liegt. Leider war es so. Mit zerschmettertem Schlüsselbein lag auch Hitler zwischen Toten und Verwundeten.«

[Anmerkung: Im »Völkischen Beobachter« vom 8.November 1933 steht tatsächlich »verwundert« statt verwundet]

Ulrich Graf, 1878 zu Bachhagel im Kreis Dillingen geboren, geht bereits als Dreizehnjähriger auf Wanderschaft. Er will Müller werden. Als Siebzehnjähriger meldet er sich zum Militär, ist mit 19 Unteroffizier, tritt dann in die Dienste der Stadt München. Bei der Freibank arbeitet er als Fleischstempler, später als Wäger und Meister. Die Teilnahme am Novemberputsch kostet ihn seine Stelle. Als alter Soldat sei er von der ersten Stunde der Novemberrevolte 1918 an ein erbitterter Gegner der neuen Machthaber und ihrer »Segnungen« gewesen, heißt es am 7. November 1935 in einer Lebensbeschreibung Grafs im SS-Blatt »Das Schwarze Korps«. Irgendwann 1919 sitzt Graf in einer Kneipe in Münchens Dachauer Straße. Am Nebentisch hört er einen ihm Unbekannten reden, der so denkt wie er. Es ist Adolf Hitler. Einige Zeit später ist Graf dessen Mann. Er fehlt in keiner Zusammenkunft von dessen Leuten, sichert mit acht weiteren Männern Sprechabende und Versammlungen Hitlers und der Partei. Als Angehöriger der 1920 gegründeten Sturmabteilung (kurz SA genannt) nimmt Graf eine Sonderstellung ein: Er untersteht dem direkten Befehl Hitlers. »Wo der Führer dabei war, sah man auch seinen ständigen Begleiter Graf«, heißt es im »Schwarzen Korps« auch. Das ändert sich erst durch den November-Putsch 1923. Als Adolf Hitler aus der Festungshaft in Landsberg am Lech entlassen wird, will Graf die alte Aufgabe wieder übernehmen. Doch die Folgen seiner Verletzungen lassen das nicht mehr zu.

Im April 1924 haben sich Hitler, Ludendorff und acht weitere Angeklagte vor einem Gericht für den Putschversuch verantworten müssen. Hitler nutzt selbst den Gerichtssaal, um seine politischen Ideen zu propagieren. Graf lobt er über den grünen Klee: »Er ist der treueste, redlichste und aufrichtigste Mensch, der sich jederzeit selbst für mich würde totschießen lassen.« Der Verteidiger sattelt noch drauf: »So stelle ich mir die deutsche Treue vor.«[230] Der Gerichtsvorsitzende ist ein rechtskonservativer Mann, die Urteile fallen milde aus: Freispruch für Ludendorff u. a., je fünf Jahre Festungshaft für Hitler und drei Mitangeklagte. Obwohl Ausländer, wird Hitler nicht des Landes verwiesen. Von der Strafe sitzt er in Landsberg lediglich acht Monate ab, darf Besucher empfangen, sein Buch »Mein Kampf« schreiben.

Das Verbot der NSDAP bis Februar 1925 und Hitlers Haftzeit lassen seine Partei vorerst auseinanderfallen. Graf verliert vorübergehend seine politische Heimat, doch fehlt es nicht an völkischen Parteien ähnlicher Gesinnung. Im Dezember 1924 kandidiert er auf der Liste der »Großdeutschen Volksgemeinschaft« Alfred Rosenbergs für den Münchner Stadtrat. Rosenberg wird im Dritten Reich der Chefideologe des Nationalsozialismus und 1946 vom Nürnberger Gerichtshof zum Tode verurteilt. Graf wird in den Stadtrat gewählt. Nach dem Zweiten Weltkrieg wird ein ehemaliges sozialdemokratisches Mitglied des Münchner Parlaments im Entnazifizierungsverfahren aussagen, dass Graf sachlich oder rednerisch nie in Erscheinung getreten sei; dafür hätten ihm die intellektuellen Fähigkeiten gefehlt. Er nennt ihn aber einen der »rabiatesten nationalsozialistischen Stadträte, bei jedem Radau und Gewaltakten gegen die Linke jeweils prominent beteiligt.«[231]

Zumindest einmal macht Graf jedoch von sich reden. »Große Lärmszenen im Münchner Rathaus« überschreibt die »Augsburger Abendzeitung« am 18. Februar 1925 den Bericht. Zwei Nationalsozialisten, Graf und Amann, ist von

Beschützt von Leibwächter Graf (rechts) spricht Hitler 1923 in der Fröttmaninger Heide bei München zu SA-Männern (Foto: Scherl/Süddeutscher Verlag-Bilderdienst)

der Polizei der Waffenschein verweigert worden. Die beiden bringen den Fall vor das Stadtparlament. Erregte Szenen folgen: »Im weiteren Verlauf der Aussprache über den Antrag kam es zu wüsten Beschimpfungen zwischen den Nationalsozialisten Graf und Amann einerseits und den Sozialdemokraten andererseits, wodurch längere Zeit die Sitzung unterbrochen werden musste. St.-R. Graf, der beschuldigt wurde, nach seiner Pistole gegriffen zu haben, wurde vom Bürgermeister Scharnagl aus dem Saale geleitet.«

Mit der Machtergreifung der Nationalsozialisten 1933 erntet Graf seinen Lohn für die Rettungstat von 1923. Von da an wird er von den Nationalsozialisten als Retter, Kugelfang, Schutzschild des Führers gefördert, gefeiert, verehrt, beschenkt. Die Stadt München stellt ihn wieder ein, er wird Oberamtmann und Koreferent im Personalreferat. Hitler ernennt ihn zum »Ratsherrn der Hauptstadt der Bewegung«. Er erhält höchste Auszeichnungen der NSDAP: Blutorden, Goldenes Parteiabzeichen, Totenkopfring. 1936 wird er Reichstagsabgeordneter. Klar, dass auch sein Geburtsort nicht zurückstehen will. Bachhagel macht ihn 1934 zum Ehrenbürger. »Die Kreisleitung Dillingen begrüßt stolzerfüllt des Führers treuesten Soldaten als Ehrenbürger der Gemeinde Bachhagel mit einem kräftigen Sieg Heil«, erreicht ihn ein Telegramm aus der Donaustadt.

Anfang Juli 1937 wird gar eine »Burg« nach Ulrich Graf benannt. In dieser so genannten Burg haben indes nie Raubritter oder anmutige Burgfräulein gehaust, vielmehr bis Anfang der zwanziger Jahre das Elektrizitätswerk für das Bach- und Egautal GmbH mit Sitz in Bachhagel und sodann andere Besitzer und Pächter. Zuletzt wurden in den Gebäuden Feuerwehrschläuche produziert. Ab 1936 wird das anders. »Der Kreisleiter der NSDAP sah von seiner Wohnung auf das stattliche, burgähnliche, leerstehende Gebäude Hs. Nr. 91 auf dem Birgele und fand es geeignet für eine NS-Schulungsstätte«, heißt es in Bachhagels Ortschronik.[232]

Gesagt – getan. Am 3. und 4. Juli 1937 feiert das Bachtal Namensgebung und Eröffnung der »Ulrich-Graf-Burg«. Und wie Graf gefeiert wird! Die Ortschronik beschreibt auch das:

»In Kicklingen grüßte am Dorfeingang ein Triumph-

bogen mit: ›Der ist in tiefster Seele treu, der die Heimat so liebt wie Du!‹
in Dillingen, am Stadteingang bei der Donaubrücke, ein Bogen mit ›Dem treuen Sohn der Heimat einen ersten Gruß!‹,
in Lauingen an der Stadteinfahrt: ›Die Parteigenossen des Kreises Dillingen grüßen den alten Begleiter des Führers in seiner Heimat!‹ und bei der Stadtausfahrt: ›Zu Ehren Ulrich Graf's!‹
in Oberbechingen, von einer Wand mit frischen Fichtenzweigen: ›Gekämpft hast Du für Ehr' und Recht, die Treue adelt Dein Geschlecht!‹
Im Dorf Bachhagel herrschte noch alleremsigstes Treiben. Kies und Schotter wurden angefahren. Lastwagen brachten Fahnenstangen. Die Triumphbögen erhielten den letzten Schmuck.
Am östlichen Dorfeingang standen diese Worte:
›Herzlich wilkommen in der Heimat des alten Begleiters des Führers!‹
Am östlichen Dorfeingang las man: ›Heil dem, der Hitler sich verschwört, durch Treue seine Heimat ehrt!‹
An der Abzweigung von der Hauptstraße zur Schulungsstätte war am mächtigsten Triumphbogen in meterhoher Schrift angebracht: ›Treue um Treue.‹«
Dazu: Hakenkreuzfahnen; ein nächtlicher Sternmarsch der Hitlerjugend nach Bachhagel; ein Kinderfest; der Kreistag der NSDAP; prominente Gäste mit Gauleiter Wahl an der Spitze, Tausende von »Volksgenossen« aus nah und fern – und natürlich Ulrich Graf. »Die ›Ulrich-Graf-Burg‹ – ein Denkmal der Treue« überschreibt der »Völkische Beobachter«, offizielles Blatt der Nationalsozialisten, am 5. Juli den großen Bericht aus dem kleinen Bachhagel.
Im Jahr darauf, 1938, wird Ulrich Graf 60. Hitler kommt zu ihm in die Wohnung und beglückwünscht ihn. Das Geburtstagsgeschenk der Stadt München besteht, in gehorsamer Erfüllung eines von Hitler geäußerten Wunsches, aus einer Villa am Isar-Ufer. Wohl kein nationalsozialistisches Blatt, das nicht über den Jubilar berichtet. »Er trägt die drei hohen Ehrenzeichen der Partei. Seine schönsten und höchsten Ehrenzeichen aber sind die Narben der Kugeln, die er als Begleiter des Führers abfing«, versteigen sich die »Münchener Neuesten Nachrichten«. Wie dicht aber Vergötzung und Lächerlichkeit beieinander liegen, verdeutlicht Dr. Jost Rieblinger, der NSDAP-Kreisleiter Dillingens. Er gibt zu Grafs Sechzigstem eine kleine Schrift heraus. Vom Titel »Ulrich Graf, der Bachtalsohn« abgesehen, gibt diese erst auf der 74. und letzten Seite den Namen des schwülstig bedichteten Helden preis. Leseprobe von dessen Wanderschaft in der Schweiz:
»Urle war bei einer Wanderschaft auf einem Hügel zwischen St. Gallen und dem Bodensee angelangt. Seine Augen suchten unverwandt Deutschland, während sein Herz Deutschland schon gefunden hatte! Da – was schält sich so klar und silbern aus dem Dunst des aufsteigenden Morgennebels? Wilder, stürmischer schlägt sein Herz. Er hört, wie es an die harten Wände der Brust klopft, als wollte es hinaus aus der Enge des Leibes, fort, fort.
›Das muss das große Wasser sein, der Bodensee! Ja, ja er ist's ! –
Und drüben ist meine Heimat, da ist mein Vaterland! – Deutschland! – ›
Ganz laut spricht er es vor sich hin und in ihm schreit es wild: ›Heim! – Heim!‹«
Sogar den Klosterfrauen in Altenberg wischt der Autor des NS-Dichtwerks ganz im nationalsozialistischen Sinn »eins aus«, wie man so sagt. Besagter Urle ist Ministrant. Als besonderen Ehrendienst darf er für den Herrn Pfarrer in Altenberg die Hostien abholen: Zwei Stunden läuft er dann über die Wiesen, die Füße stecken auch bei Eis und Schnee meist nur nackt in seinen Schuhen; Höslein und Jöpplein sind kein Schutz gegen die eisigen Bachtalwinde. Oft muss er eine Stunde warten im Kloster, aber nicht in einem warmen Stüblein sondern auf dem eisig kalten gepflasterten Gang. Und ein Tellerchen heiße Suppe bieten ihm die Klosterfrauen auch nicht an. »Vielleicht sind jene da droben doch keine Heiligen, wie er glaubte«, denkt sich der Urle.
Und wer ist der Urle vom Bachtal? Dem, der es bis dahin nicht geraten hat, offenbaren es die letzten Worte des Ergusses: »der schwäbische Landsmann Parteigenosse Ulrich Graf«.
Im Dritten Reich übrigens verlässt der ehemalige Ministrant, wie so viele Nationalsozialisten, die Kirche.
Graf hat auch Neider. Die Nationalsozialisten verstehen sich meisterhaft auf propagandistische Wirkungen. Seit 1933 marschieren die alten und neuen Kämpfer Jahr für Jahr am 9. November mit Hitler an der Spitze wieder zur Münchner Feldherrnhalle. Graf, der Retter, ge-

nießt das Vorrecht, an Hitlers linker Seite gehen zu dürfen. Das gönnen ihm einige Leute nicht. Sie behaupten, nicht Graf habe 1923 Hitler das Leben gerettet, sondern sie selbst. Die Einsprüche bleiben erfolglos, Graf behält seinen Platz. Die Eifersüchteleien beweisen aber, was es im Dritten Reich Menschen bedeutet hat, in der Nähe »ihres Führers« zu sein.

Graf selbst geht angeblich mit den Jahren auf eine gewisse Distanz zum nationalsozialistischen System, zuletzt wohl gar zu Hitler. 1937 soll er zu einem ehemaligen sozialdemokratischen Stadtrat gesagt haben, alles glaube er ja nicht. Er glaube nur das, »was unser Führer uns anfangs gelehrt hat.«[233] Doch scheint später auch der Glaube an den von ihm lange vergötterten Führer nachgelassen zu haben. General Ludendorff hatte sich bei einer Begegnung mit Graf besorgt über einen möglichen Krieg gezeigt. Als der sich im Sommer 1939 immer klarer abzeichnet, reist Graf zu seinem alten Freund Hitler nach Berlin, um ihn vor einem Krieg zu warnen. Der Führer soll, so heißt es, den unerbetenen Rat erbost zurückgewiesen haben.

»Zum 65. Geburtstag 1943 erhielt Graf ein Glückwunschschreiben Hitlers. Die Tochter las es ihm vor. Der ›Führer‹ bedauerte, ›dass ich Ihnen als meinem getreuen Schutzengel nicht alles sagen kann.‹ ›Schmeiß den Brief weg, er kommt viel zu spät‹, sagte Graf. Die Tochter verbrannte die Glückwünsche im Heizungsofen.«[234]

1943 wird Graf noch zum SS-Brigadeführer befördert. Im gleichen und im folgenden Jahr machen ihn Schlaganfälle zu einem Pflegefall, er altert vorzeitig. Das Kriegsende erlebt er im Krankenhaus. Er wird in Dachau und Ludwigsburg interniert, Ende 1946 als haftunfähig in die Heilanstalt Schönbrunn entlassen. In den Entnazifizierungsverfahren sagen Zeugen unterschiedlich über ihn aus. »Graf ist mir bekannt als rücksichtsloser Vertreter des Nationalsozialismus«, sagt einer; ein ehemaliger kommunistischer Stadtrat nennt ihn den anständigsten von allen NSDAP-Angehörigen. Und obwohl ihm Linke und Juden wenig sympathisch gewesen sind, bewirkte er durch ein Telefongespräch mit Heinrich Himmler die Freilassung eines SPD-Stadtrats aus dem KZ Dachau, setzte er sich ein für eine Halbjüdin. Die Hauptspruchkammer München gesteht ihm zu, »unparteiisch und gerecht« gewesen zu sein, Beamten und Angestellten, die in Schwierigkeiten geraten waren, geholfen zu haben.

Angelastet wird Graf von den Spruchkammern, dass er aus dem Nationalsozialismus ungeheuren Nutzen gezogen habe: die allein aus politischen Gründen erfolgten Beförderungen zum Amtmann und Oberamtmann, das geschenkte Haus, aus städtischen Mitteln bezahlte Arzthonorare von 12156 RM u. a. Hängt es auch mit einer Vergünstigung zusammen, dass Graf sich in Fragebogen aus der NS-Zeit als zu 60 % kriegsbeschädigt bezeichnet, obwohl seine Verletzungen doch vom Novemberputsch stammten?[235] Die Verfahren, zuletzt von Grafs Tochter weitergeführt, ziehen sich bis 1951 hin. Graf wird schließlich als Belasteter eingestuft, 75 Prozent seines Nachlasses werden eingezogen. Das Ende seiner Entnazifizierung erlebt Hitlers Retter nicht mehr. Er stirbt am 3. März 1950.

»Was wäre aber, so fragen wir, gekommen, wenn der Führer uns an jenem schicksalsschweren 9. November 1923 entrissen worden wäre, wenn Ulrich Graf nicht den Führer mit dem eigenen Leibe gegen die todspeienden Gewehrläufe gedeckt hätte? So wächst die Gestalt Ulrich Grafs zu einer geschichtlichen Größe empor, zu der heute ganz Deutschland und vor allem seine schwäbische Heimat mit den Gefühlen tiefster Dankbarkeit und höchster Bewunderung als dem unvergänglichen Symbol echter, wahrhafter Mannentreue aufblickt.« So hatte im Juli 1937 beim Fest um die Graf-Burg Kreisleiter Rieblinger gefragt.[236]

Die Antwort lautet anders als von Rieblinger gedacht: Ohne die Rettungstat Grafs wäre der Welt wahrscheinlich viel erspart geblieben, wären Millionen andere Menschenleben gerettet worden.[237]

Fräulein Anna (Memmingen)

Ein Versuch, bei Hitler zu protestieren

Es gibt immer zwei Möglichkeiten. Anna M. stammte aus einem kleinen Dorf und war ein einfacher Mensch. Sie wollte bei Hitler selbst gegen die Judenverfolgung protestieren.

*

Das Fräulein Anna M. stammt aus Ungerhausen. Es ist 1903 geboren. Der Vater ist Postbeamter. 1908 wird er nach Memmingen versetzt. Die Familie wohnt im Postamt. Anna M. wäre nach dem Besuch der Volkshauptschule am liebsten Lehrerin geworden. In Memmingen besteht damals das Ludwigs-Lehrerinnenseminar. Die Aufnahme dort hängt nicht allein von den Schulzeugnissen ab, sondern auch von einem amtsärztlichen Gesundheitsbescheid. Und darin heißt es: »Für den Lehrerinnenberuf untauglich.« Nicht nur das Fräulein Anna fällt aus allen Wolken, sondern auch ihre Lehrerinnen können dieses medizinische Urteil nicht fassen. Aber mit den Medizinern wird Fräulein Anna später noch häufiger schlechte Erfahrungen machen.

Auch Fräulein Annas Mutter, das soll noch erwähnt werden, trifft das amtsärztliche Untauglichkeitszeugnis wie ein Schlag. Nennt der Doktor ihre Tochter doch »gering ernährt«. Das Fräulein Anna hat einen Lebenslauf hinterlassen. Darin nimmt es die Mutter vehement in Schutz: »Von wegen gering ernährt ...« Anna schreibt: »Meine Mutter hatte alles für uns Kinder getan, sowohl in körperlicher als in seelischer Hinsicht uns gut erzogen und war da selbstverständlich auch von unserem Vater unterstützt worden. Nur das Eine muss betont werden, als in der Kriegszeit die Lebensmittel so knapp wurden und wir heranwachsenden Kinder einen wahren Heißhunger (ich besonders nach Fett) entwickelten, da durfte anfangs meine Mutter nicht um alle Welt zum ›Hamstern‹ gehen, weil mein Vater als Beamter es nicht mit seinem Gewissen vereinbaren konnte, auf diese Weise ein Gesetz zu übertreten.« Nun, als die Ernährung immer unzureichender wird, kümmert die Mutter sich nicht mehr um die Ehrpusseligkeit des Vaters. Sie fährt – Beamter hin oder her – zum Hamstern, um die Familie gut durch den Ersten Weltkrieg zu bringen. Das scheint ihr auch gelungen zu sein.

Das Fräulein Anna unternimmt noch einen Versuch, Lehrerin zu werden. Es tritt 1919 in die Memminger Frauenarbeitsschule ein und will sich dort auf das Examen als Handarbeits-Lehrkraft vorbereiten. Doch ab 1920 darf dieses Institut keine Lehrerinnen mehr ausbilden. Aus der Traum! So wird die junge Frau am 5. Juli 1920 kaufmännisches Lehrmädchen bei der Tuchgroßhandlung Julius Heilbronner – und bleibt dort bis zum bitteren Ende. Denn die Heilbronners sind jüdisch. Mit Hitlers Machtergreifung 1933 beginnt nicht nur für diese Familie eine schreckliche Zeit.

Das Fräulein Anna ist tüchtig und zuverlässig. Es darf nach der Lehre in der Firma bleiben und wird im Büro die rechte Hand Alfred Heilbronners, des Chefs. Zu notieren ist noch, dass ihr 1924 ein Arzt bescheinigt, »körperlich und geistig vollkommen gesund und frei von ansteckenden Krankheiten« zu sein.

Indes: Ab Weihnachten 1934 fühlt sich Fräulein Anna gesundheitlich nicht mehr so recht auf der Höhe. Mitte Januar 1935 lässt der Appetit nach, die junge Frau leidet unter Schlaflosigkeit. Der Chef rät, einen Arzt aufzusuchen. Anna geht nicht. Schließlich erleidet sie einen Nervenzusammenbruch. Der hat einen politischen Grund. Durch Memmingen marschieren zu jener Zeit immer wieder braune Marschkolonnen. Sie singen Lieder wie »Köpfe rollen, Juden heulen, die SA marschiert...« oder »Wenn's Judenblut vom Messer spritzt, dann geht's nochmal so gut...« Das sind wahrhaftig Gesänge, die einem Menschen auf die Nerven gehen müssen.

Das Fräulein ist so ein Mensch. Es schreibt in seinem Lebenslauf: »Am 8. April (um Mitternacht) fuhr ich plötzlich auf und verlangte im Telefonamt, die Reichskanzlei zu sprechen. Ich vermeinte dem Kanzler sagen zu müssen, dass es wohl auch nicht in seinem Sinne gelegen sei, wenn anständige Menschen, die nichts anderes tun als ihrer Arbeit nachgehen, nicht einmal mehr des Nachts ihre Ruhe finden dürfen, weil die Memminger Nationalsozialisten sich nicht genug tun können, ihre Hassgesänge zum Himmel zu schmettern, und er möge nur einmal genau prüfen, ob nicht unter den verfemten ›Juden und Schwarzen‹ auch ehrliche Leute seien, die bestimmt in seinem Sinne arbeiten, auch wenn sie keine eingeschriebenen ›Hitler‹ sind.« Sie wisse – so will Anna Hitler ferner sagen – dass der Antisemitismus unbegründet sei; sie arbeite schließlich für den Alfred Heilbronner, kenne den Hugo Günzburger… In seiner großen Erregung schneidet sich das Fräulein Anna damals zudem mit einer Stickschere die Haare ab.

Das Fräulein Anna wird natürlich nicht mit Adolf Hitler verbunden. Es wird ein paar Tage später in das Memminger Bezirkskrankenhaus eingewiesen, dann bringen eine Krankenpflegerin und ihre Schwester die junge Frau in die Heil- und Pflegeanstalt bei Kaufbeuren. »… Wo ich jetzt mit größtem Vergnügen meiner vollständigen Gesundung entgegenharre«, schließt ihr in der Anstalt geschriebener Lebenslauf.

Das Fräulein Anna hat in jener Nacht in Memmingen wirklich »durchgedreht«. Es lebe in dem Wahn, einem anderen passiere etwas und davor müsse es diesen schützen, diagnostiziert ein Arzt den Zustand. Derjenige, den die junge Frau schützen will, ist gewiss ihr Chef, Alfred Heilbronner. Dessen Sohn Hans glaubt sogar, »dass Frl. Anna verliebt in meinen Vater war, obwohl ich nicht sicher bin, dass sie es sich selbst eingestanden hat.« Es ist sogar wahrscheinlich, dass die Kontoristin zu jenem Zeitpunkt »anstaltsbehandlungsbedürftig« ist. Sie äußert mal, dass sie acht Brüder habe (was nicht der Fall ist), fällt vom Weinen ins Lachen und umgekehrt; dann aber ist sie auch wieder unauffällig, fleißig und geschickt im Büro, in dem sie offenbar zu Arbeiten herangezogen wird.

Aber das Vergnügen, mit dem das Fräulein Anna der Gesundung entgegenharrt, nimmt ein schlimmes Ende. Seit dem 1.1.1934 gibt es das nationalsozialistische »Gesetz zur Verhütung erbkranken Nachwuchses«. Auch Fräulein Anna wird dessen Opfer. Aus der Krankengeschichte:

1.9.1935: »Pat. war heute sehr verstimmt, sie blieb deshalb zu Bett, ihre Verstimmung begründete sie mit der bevorstehenden Sterilisierung. Sie äußerte, dass sie jetzt nie mehr ein lachendes Gesicht zeigen werde, nachdem man sie so zugrunde richten wolle.«

12.9.1935: »Unfruchtbarmachung wurde am 10.9.35 in Sitzung Kempten beschlossen.«

5.10.1935 »Wird heute zum Zweck der Durchführung der Unfruchtbarmachung in das städt. Krankenhaus Kaufbeuren verbracht. Gilt als entlassen.«

Die Verbindung zwischen Arbeitgeber und Beschäftigter bleibt auch in der Zeit bestehen, die das Fräulein Anna in der Heil- und Pflegeanstalt verbringen muss. Alfred Heilbronner besucht seine Kontoristin mehrfach. In Kaufbeuren entlassen, nimmt sie die Tätigkeit in der Tuchgroßhandlung wieder auf. Bis die Firma »arisiert« wird, die Heilbronners Deutschland verlassen, in USA eine neue Heimat finden. Briefe halten vor und nach dem Zweiten Weltkrieg den Kontakt aufrecht. 1974 besucht Alfred Heilbronners Sohn Walter die Geburtsstadt. Dass er dieses eine Mal zurückkehrt nach Memmingen, hat auch mit Fräulein Anna zu tun, sowie einigen anderen Menschen. Walter Heilbronner: »Alles einfache Menschen, die immun geblieben waren gegen Hitlers Ideologien.«

Von 1938 bis 1958 ist Anna Buchhalterin in einer Glasgroßhandlung. 1954 erleidet sie nochmals einen Nervenzusammenbruch. 1958 geht sie in

Frl. Anna mit ihrem Chef Alfred Heilbronner (Privatbild)

den Ruhestand. »Depressive Symptomatik« bescheinigt ihr ein Arzt. Zum Aufenthalt in Kaufbeuren 1935 schreibt dieser Mediziner mit deutlicher Distanzierung zur Diagnose während des Dritten Reichs: »Von dort aus Sterilisierung veranlasst unter der Diagnose einer Schizophrenie.« Auch ein prominenter Psychiater, der die Krankenakte von Fräulein Anna kennt, zweifelt das damalige Untersuchungsergebnis »Schizophrenie« an: Er habe in den Krankengeschichten aus der Zeit des Dritten Reichs zwischen den Zeilen zu lesen gelernt. »Jede schwierige Person bekam damals leicht die Diagnose Schizophrenie gestellt. Wenn heute jemand manische oder depressive Störungen hat, überlegt der Arzt sich gründlich, ob er die Diagnose Schizophrenie stellen würde.«
Das Fräulein Anna, lebte es denn noch, hätte seinen vergeblichen Anruf bei Hitler niemals Widerstand gegen die braune Diktatur genannt. Das Fräulein Anna, das sehr religiös gewesen ist, hat die nationalsozialistische Hetze gegen die Juden als Unrecht empfunden. Und hat nicht dazu geschwiegen – im Gegensatz zu so vielen Deutschen.[238]

Wilhelm Schwarz (Memmingen)

Die Synagoge verschwand vom Erdboden

Es gibt immer zwei Möglichkeiten. Wilhelm Schwarz entschied sich für Hitler – und obwohl Jurist, verstieß er gegen Gesetze.

*

Zuerst Daten: Wilhelm Schwarz ist Memminger, 1902 geboren. Der Vater ist Studienprofessor, die Mutter stammt aus einer Lehrerfamilie. Die Schulzeit: Volksschuljahre in Rothenburg ob der Tauber und Uffenheim; Besuch der Progymnasien in Uffenheim und Memmingen, zuletzt des St. Anna-Gymnasium in Augsburg. Nach dem Abitur studiert Wilhelm Schwarz in Erlangen und Tübingen, zuerst neue Sprachen, dann sattelt er um auf Rechtswissenschaft und Volkswirtschaft. Bei Memminger Behörden wird er Referendar und Assessor, ab April 1930 ist er Rechtsanwalt in seiner Heimatstadt.
Um im Ersten Weltkrieg mit ins Feld zu ziehen, ist Schwarz zu jung. 1920 schließt er sich dem Deutsch-Völkischen Schutz- und Trutzbund an, der antisemitisch ist und die Weimarer Republik ablehnt. 1921–1923 gehört er, wie viele frustrierte Soldaten des Ersten Weltkriegs, dem Bund Oberland an. »Teilnahme am aktiven Widerstand im besetzten Gebiet«, heißt es dazu im Lebenslauf[239] von Wilhelm Schwarz – keine näheren Einzelheiten. Als Student tritt er einer radikal-völkischen Verbindung bei. 1925 stößt er zur SA. Im Mai 1926 wird Schwarz NSDAP-Mitglied. Er dient der braunen Partei in vielen Ämtern: Bezirksleiter für Memmingen, Illertissen, Mindelheim, Leutkirch[240] und Kreisleiter (zuerst für Memmingen Land, ab 1936 für Memmingen Stadt); Gauinspekteur ab 1929, Stadtrat und Ratsherr ab 1929; Reichstagsmitglied ab 1930; Gauinspekteur, Aufsichtsratsmitglied der Lech-Elektrizitätswerke sowie Mitglied der Akademie für Deutsches Recht ab 1934; Aufsichtsratsvorsitzender der »Gemeinnützigen Siedlungs- und Baugemeinschaft Memmingen« ab 1936. Das sind nur einige von vielen Posten des dynamischen NSDAP-Funktionärs. Erwähnenswert auch noch: 1938 Austritt aus der evangeli-

schen Kirche. Ein Mann, wie die braune Partei sie schätzt.

Schwarz' wichtigstes Amt ist ohne Zweifel das des Kreisleiters. Er übt es aber – im Gegensatz zu vielen Kollegen – nicht hauptberuflich aus. »Brotberuf« bleibt der des Rechtsanwalts. Die Buchautorin Claudia Roth sieht das in wirtschaftlichen Vorteilen begründet: »Solange er als Rechtsanwalt und damit freiberuflich tätig blieb, erhielt er neben seinem Einkommen die Diäten als Reichstagsabgeordneter in voller Höhe ausbezahlt. Bei Verwendung als Berufskreisleiter wäre eine Verrechnung der Abgeordnetenbezüge von jährlich 7200 RM mit dem Parteisold erfolgt, womit seine Bezüge wesentlich geschmälert worden wären.«[241]

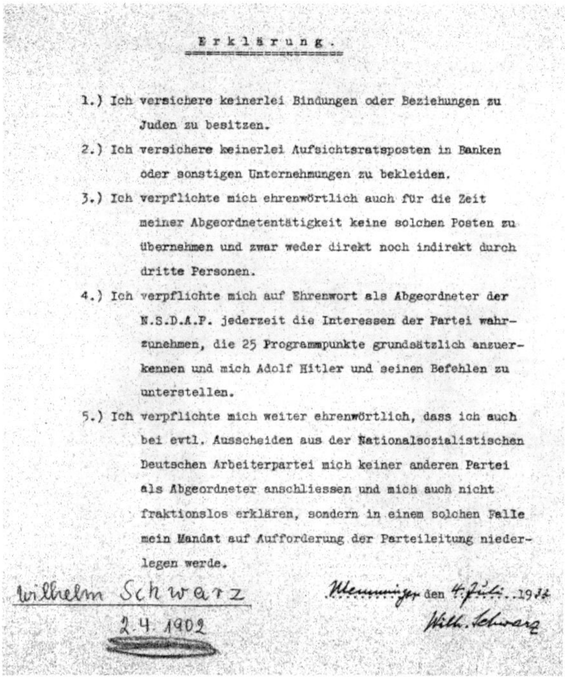
Erklärung.

1.) Ich versichere keinerlei Bindungen oder Beziehungen zu Juden zu besitzen.

2.) Ich versichere keinerlei Aufsichtsratsposten in Banken oder sonstigen Unternehmungen zu bekleiden.

3.) Ich verpflichte mich ehrenwörtlich auch für die Zeit meiner Abgeordnetentätigkeit keine solchen Posten zu übernehmen und zwar weder direkt noch indirekt durch dritte Personen.

4.) Ich verpflichte mich auf Ehrenwort als Abgeordneter der N.S.D.A.P. jederzeit die Interessen der Partei wahrzunehmen, die 25 Programmpunkte grundsätzlich anzuerkennen und mich Adolf Hitler und seinen Befehlen zu unterstellen.

5.) Ich verpflichte mich weiter ehrenwörtlich, dass ich auch bei evtl. Ausscheiden aus der Nationalsozialistischen Deutschen Arbeiterpartei mich keiner anderen Partei als Abgeordneter anschliessen und mich auch nicht fraktionslos erklären, sondern in einem solchen Falle mein Mandat auf Aufforderung der Parteileitung niederlegen werde.

Wilhelm Schwarz
2.4.1902

Memmingen den 4. Juli ..19[illegible]
Wilh. Schwarz

Wozu sich ein Kreisleiter der NSDAP verpflichten musste … (Quelle: Bundesarchiv)

»RASSENSCHANDE«

»Memmingen, d. 24.4.1926
Königspromenade 41

Sehr geehrter Herr Hauptlehrer,

Als Nationalsozialist verfolge ich seit Jahren mit größtem Interesse und mit höchster Anerkennung Ihren deutschen Kampf gegen Alljuda, gegen die Rassenschande insbesondere. Vielleicht kann Ihnen der folgende, allerdings ziemlich dürftige Hinweis einen Fingerzeig geben zur Enthüllung eines neuen Falles der Rassenschande.

In Erlangen habe ich, als ich noch Student war, im Januar dieses Jahres zufällig die beiden Schwestern Anni und Betti M., 28 bzw. 26 Jahre alt aus Fürth … kennengelernt; die jüngere ist in der Luxuspapierwarenfabrik Bing (Jude!) in Fürth im Büro. Es sind richtige Großstadtmädel, die wohl zu allem zu haben gewesen wären; von deutschem weiblichen Empfinden war jedenfalls nichts zu merken. Die Betti M. hat gelegentlich auch von ihren jüdischen Kavalieren erzählt und dabei einen Stammtisch Dr. S. und Kommerzienrat S. – Fürth? oder Nürnberg – erwähnt; das Lokal oder die anderen Namen sind mir leider nicht mehr erinnerlich. Geschwärmt hat sie von der ›schönen Villa‹ des Juden S.; aus einem Gedicht an den Stammtisch, das die beiden Schwestern verfasst hatten u. mir teilweise mitteilten, geht unzweideutig hervor, dass Geschlechtsverkehr mit den Juden stattgefunden hat; auch von ›guten Pralinés‹ war die Rede. Mehr konnte ich leider nicht in Erfahrung bringen; insbesondere nicht, ob es sich nur um verwerfliche oder auch um strafbare Handlungen dreht. Ich halte es aber angesichts der Fälle S., S., M., u. G. für meine Pflicht, Ihnen davon Mitteilung zu machen. – Diesen Brief bitte ich als vertraulich zu betrachten. –

In der Überzeugung, dass dem jungen nationalen und sozialen Deutschland die Zukunft gehört, grüßt Sie als den verdienstvollen Führer der deutschen Freiheitsbewegung nach außen und nach innen mit deutschem Treugruß Ihr sehr ergebener Wilh. Schwarz, Referendar«

[Die abgekürzten Namen sind im Originalbrief ausgeschrieben.]

Dieser Brief befindet sich im Stürmer-Archiv.[242] Mit dem Hauptlehrer dürfte niemand anders als Julius Streicher gemeint sein. Zumindest 1926 hat »Der Stürmer« die angebliche Rassenschande nicht angeprangert.

»ALLGÄUER BEOBACHTER«

Wilhelm Schwarz weiß um die Macht des Wortes. Unermüdlich propagiert er den Nationalso-

Kreisleiter Wilhelm Schwarz etwa im Jahr 1940 (Foto: Stadtarchiv Memmingen)

zialismus. Er hält nicht nur viele Reden. Gesprochenes ist flüchtig. Das gedruckte Wort dagegen erreicht auch die, die nicht zu den Versammlungen kommen. Deshalb gründet Schwarz 1930 den »Allgäuer Beobachter«. Wer die Parteizeitung heute liest, könnte meinen, das Blatt habe sich Streichers »Stürmer« zum Vorbild genommen. Es hetzt insbesondere gegen das jüdische Warenhaus »Wohlwert« in Memmingen; hetzt gegen jene »Arier«, die trotz aller Aufforderung zum Boykott in Läden kaufen, die Juden gehören; hetzt auch gegen den Wochenmarkt. Stilbeispiele:

»Auf dem Memminger Wochenmarkt hat in letzter Zeit der Knoblauchgeruch zugenommen. Nicht wegen vermehrten Angebotes. Man sieht zugleich viele Plattfüße und seltsame Erker, die nicht in das Memminger Stadtbild passen. Der Wochenmarkt ist nämlich in letzter Zeit zu einem beliebten Aufenthaltsort für die Memminger Juden geworden. Mit spöttisch verzogenem Mund, geifernden Augen und gespreizten Beinen stehen sie da und machen seelenruhig ihre Betrachtungen. ... So nebenbei denken sie auch wohl, irgendein ›Geschäftche‹ zu machen. Sie rechnen mit der Geduld der ›Gojims‹. Aber nicht mehr lange! Weil wir nämlich der Ansicht sind, dass der Memminger Wochenmarkt kein Juden-Dorado und kein Tummelplatz für Plattfußindianer ist. Das mögen sie sich merken! Kohlrabis sehen wir sonst gerne auf dem Wochenmarkt. Aber nicht die der Juden.« (Ausgabe vom 11.10. 1938)

»Da fuhren in den Nachmittagsstunden zwei Kutschen mit einer ›kostbaren‹ orientalischen Last durch die Straßen der Stadt. Schon die Aufschrift zeigte, dass es sich um Isis und Rebekkas Auszug aus der Stadt handelte. Drinnen saßen ›prächtige‹ Gestalten, Glanzstücke aus Jehovas Musterkollektion. Isi mit hohem Zylinder, riesigem Zunken und tellergroßen Ohren mauschelte mit mehreren ›Freinden‹ über die wirklich traurigen Zeiten, die für den Stamm Israel eingezogen sind. Und erst Rebekka! Sie war anscheinend unmittelbar aus einem jüdischen Schönheitssalon importiert worden. Mit ihrer ebenfalls ellenlangen Nase, ihrem Speckhals und ihrer sonstigen ›einnehmenden Gestalt‹ war sie eine wahrhaft prächtige Erscheinung aus dem auserwählten Volk. Die Gruppe ... rief überall helles Lachen hervor. (Über den Memminger Faschingszug, Ausgabe vom 22.2.1939)«

Schwarz lässt in den Landkreis-Gemeinden durch die Ortsgruppenleiter kontrollieren, welche Zeitungen die Bürger abonniert haben. Nach der Machtübernahme 1933 werden neu der NSDAP beigetretene Parteimitglieder sowie Funktionäre vom Ortsgruppenleiter aufwärts verpflichtet, eine nationalsozialistische Zeitung zu abonnieren.[243]

STAATSFEINDE

Die Unterschrift des Kreisleiters tragen politische Beurteilungen von Bürgern für die Augsburger Gestapo. Ein Memminger Küfer fällt unangenehm auf, weil er demonstrativ nicht »Heil Hitler« grüßt, nicht die Hakenkreuz-Fahne heraushängt, bei Geldsammlungen für NSV und Winterhilfswerk nichts oder nur wenig gibt. Ein Käsermeister »ist in Frickenhausen als ein ausgesprochener Meckerer im schlimmen Sinne bekannt« und erscheint politisch unzuverlässig. Beide werden von Schwarz als »Staatsfeinde« bezeichnet.[244] Eine Einschätzung, die für die Betroffenen schlimme Folgen haben kann.

DER POGROM

»Im Vergleich zu den übrigen Orten im Gau Schwaben ging es in Memmingen am wildesten zu.« Das stellen Richter 1949 in einer neuen Verhandlung gegen Beteiligte an den Ausschreitungen vom 10. November 1938 in Memmingen fest. Wilhelm Schwarz ist bereits ein Jahr zuvor im Haupt-Prozess gegen 35 Angeklagte verurteilt worden.[245]

Die Machthaber des Dritten Reichs stellen den Pogrom vom 9./10./11. November 1939 als Folge des Volkszorns wegen der Ermordung des deutschen Diplomaten Ernst vom Rath durch einen Juden hin. In Wahrheit warten die Nationalsozialisten schon länger auf einen Vorwand, um eine gewaltsame Aktion gegen die Juden vom Zaun brechen zu können. So kommt es zu dem in die Geschichtsbücher eingegangenen, von hoher Stelle organisierten Pogrom. In Memmingen verschwindet damals das Gotteshaus der Juden innerhalb weniger Tage vom Erdboden!

Bevor das geschieht, überlegen der Kreisleiter und ein SS-Führer, ob das massive Bauwerk zu einem Hallen-Schwimmbad oder zu einer Jugendherberge umgebaut werden könnte. Sie verwerfen solche Überlegungen. Was dann in Gang gesetzt wird, schildern die Prozessakten so: »Der Abbruch wurde sofort in Angriff genommen. Die Bänke wurden herausgetragen. Die Dachziegel heruntergenommen, die Dachstuhlsparren und Balken abgenommen und der Kronleuchter abmontiert, wobei er ein Stück weit herunterfiel. Die Holzvertäfelung, die Wände und die Marmorplatten des so genannten ›Altars‹ wurden abgenommen und der Altar selbst, der aus Beton war, zerschlagen. Wertvolle Schriftstücke und dergleichen wurden in Kisten verpackt; wohin diese kamen ist nicht bekannt. Die Bänke wurden in eine Schule gefahren, das Bauholz auf den Bauhof. Gebetbücher, Sitzkissen und Zylinder wurden auf einen Haufen geworfen und anscheinend verbrannt. … Da der Abbruch der massiven Kuppel, wie es hieß, eine Arbeit von Wochen gewesen wäre, wurde beschlossen, die Mauern zu sprengen. Die Sprengung … forderte über einen Zentner Sprengstoff. Die Kosten des Abbruchs und einer ›Brotzeit‹ für die Arbeiter im Betrage von insgesamt etwa 12.000 RM hatte später die jüdische Kultusgemeinde zu bezahlen.«

In Memmingen werden damals auch Wohnungen und Geschäfte von Juden demoliert. Ein Zeuge schildert, dass einige der Wohnungen aussahen, als hätte eine Granate eingeschlagen. In einigen Wohnungen sieht der Kreisleiter zu, als die Männer dort alles kurz und klein schlagen. Als der Zerstörungstrupp ins Haus des Käsehändlers Rosenbaum will, gibt es Schwierigkeiten. Schwarz verschafft den Parteigenossen Einlass.

Im Prozess 1948 bezeichnet Schwarz sein Mitwirken beim Pogrom 1938 als Henkersarbeit. Er habe daran keine Freude gehabt, sie sei ihm auf die Nerven gegangen und in der Seele zuwider gewesen. Dass er die Aktionen für befohlen gehalten und an einen übergesetzlichen Notstand geglaubt habe, nimmt das Gericht dem Juristen nicht ab. Es hält ihm aber zugute, dass er nicht als wilder Mann geschildert werde, sondern als Mensch, der bemüht war, auszugleichen. Er wird wegen Zerstörung eines Bauwerks in Tateinheit mit gemeinschädlicher Sachbeschädigung und wegen Landfriedensbruchs in Tateinheit mit schwerem Hausfriedensbruch zu zwei Jahren Gefängnis verurteilt. Im Dezember 1949 erlässt der bayerische Justizminister dem Juristen Schwarz einen Teil der Strafe. Er darf das Zuchthaus Kaisheim vorzeitig verlassen.

ENTNAZIFIZIERUNG

Wie andere Männer und Frauen, die Teil des nationalsozialistischen Machtapparats waren, kommt auch Wilhelm Schwarz nach dem Zusammenbruch 1945 sofort in ein Internierungslager. Wie sie alle wird er entnazifiziert, wie das damals heißt. Erstmals in Nürnberg. Dort muss er sich einer Spruchkammer des Lagers Nürnberg-Langwasser stellen. In einem Arbeitsblatt aus jenem Verfahren wird er als treibende Kraft der Nazibewegung in Memmingen beschrieben, als unduldsam gegen Andersdenkende, als Hetzredner. »Schwarz galt in Memmingen als Vertreter des Reichstages wie ein Abgott, der in seinem Größenwahnsinn nur Hitler und seine Verbrecher kannte«, heißt es da.[246]

Später folgt ein zweites Verfahren: »Der Kreisleiter war in den ländlichen Bezirken, also auch im Landkreis Memmingen, der sogar als ›freie

Republik im 3. Reiche‹ bezeichnet wird, der Allgewaltige und derjenige, der gegenüber den gesamten Volksgenossen die ganze Verantwortung für die Politik, für die getroffenen Regierungsmaßnahmen und alle diesbezüglichen Anordnungen zu tragen hatte. Was in einem Kreis in dieser Hinsicht geschehen ist und unterlassen wurde, ging ausschließlich auf die Kappe des Kreisleiters. Gerade Kreisleiter Schwarz genoss auf Grund aller Erhebungen und Aussagen ein solch hohes Ansehen in allen Volksschichten und hatte so viel Machtbefugnisse, dass er mit einem Worte und mit einem einzigen Gutachten über das Schicksal des einzelnen Volksgenossen und ganzer Gruppen entscheiden konnte.«

Diese Worte zur Macht von Kreisleitern im allgemeinen und der Macht von Wilhelm Schwarz im Besonderen stammen aus dem Verfahren der Hauptkammer Kempten gegen Schwarz. Bevor diese den ehemaligen Kreisleiter als Hauptschuldigen einstuft, sagt der in seiner Verteidigungsrede, »dass in der Memminger Chronik mit ihm die Namen der Richter festgehalten würden, die die Urteile gesprochen hätten.«[247] Eine Drohung? Die Berufungskammer München hebt den Kemptener Spruch auf. Schwarz kommt in die Gruppe II der Belasteten.

Spruchkammern stufen ehemalige Nationalsozialisten nicht nur in fünf Kategorien ein – von Hauptschuldigen bis zu Entlasteten; sie verhängen auch weitere Sühnemaßnahmen. Als Beispiel sei hier aus dem Spruch der Berufungskammer München gegen Wilhelm Schwarz zitiert:

III. »Er wird auf die Dauer von 3 Jahren in ein Arbeitslager eingewiesen, um Wiedergutmachungs- und Aufbauarbeiten zu verrichten. Die nach dem 8.5.1945 erlittene politische Haft wird voll angerechnet.

IV. Von seinen Vermögen wird ein Betrag von DM 100 zu einem Wiedergutmachungsfond eingezogen.

V. 1. Der Betroffene ist dauernd unfähig, ein öffentliches Amt einschl. des Notariats und der Anwaltschaft zu bekleiden;

2. Der Betroffene verliert seine Rechtsansprüche auf eine aus öffentli. Mitteln zahlbare Pension oder Rente;

3. Er verliert das Wahlrecht, die Wählbarkeit und das Recht, sich irgendwie politisch zu betätigen und einer politischen Partei als Mitglied anzugehören;

4. Der Betroffene darf weder Mitglied einer Gewerkschaft noch einer wirtschaftlichen oder beruflichen Vereinigung sein;

5. Es ist ihm auf die Dauer von – 5 – (fünf) Jahren untersagt:

a.) in einem freien Beruf oder selbständig in einem Unternehmen oder gewerblichen Betrieb jeglicher Art tätig zu sein, sich daran zu beteiligen oder die Aufsicht und Kontrolle hierüber auszuüben;

b.) in nicht selbständiger Stellung anders als in gewöhnlicher Arbeit beschäftigt zu sein;

c.) als Lehrer, Prediger, Redakteur, Schriftsteller oder Rundfunkkommentator tätig zu sein.

6. Er unterliegt Wohnungs- und Aufenthaltsbeschränkungen;

7. Der Betroffene verliert alle ihm erteilten Approbationen, Konzessionen und Berechtigungen, sowie das Recht, einen Kraftwagen zu führen.«

Schwarz behauptet vor der Berufungskammer, dass er niemals etwas von einer nationalsozialistischen Gewaltherrschaft gewusst, noch dass er jemals bewusst und gewollt eine derartige Gewaltherrschaft unterstützt hätte… Das Gericht hält es für bewiesen, dass er Verbrechen gegen Opfer und Gegner des Nationalsozialismus begangen, als Kreisleiter Verhaftung, Inschutzhaftnahme sogar die Einlieferung in das KZ veranlasst und zu verantworten gehabt hat. Andererseits schließen die Spruchkammer-Mitglieder aus Aussagen von Entlastungszeugen sowie eidesstattlichen Erklärungen, dass Schwarz seine Ämter und Stellungen, »abgesehen von seinem zeitweiligen Übereifer«, jederzeit sachlich und gerecht ausgeübt habe.«

Mehrfach bemüht sich Schwarz in den folgenden Jahren, dass die gegen ihn verhängten Sühnemaßnahmen aufgehoben werden. Im August 1958 hat er Erfolg. Er darf wieder als Anwalt arbeiten. 1975 stirbt er. »Am Donnerstag vertrat er noch einen Mandanten vor Gericht, am Samstag starb er«, schildert die Tochter die bis zuletzt ungebrochene »Arbeitswut« des Vaters; ein »Nachtmensch« sei er gewesen, der gern bis zwei Uhr in der Kanzlei gearbeitet habe. Die Tochter hält ihn für einen Idealisten, der es ehrlich gemeint und keine Vorteile durch das Dritte Reich gehabt habe. Für sie, das 1931 geborene Kind, habe der vielbeschäftigte Vater nie Zeit gehabt, zum Glück habe das ihre sehr liebevolle Mutter ausgeglichen. Dagegen habe sich Wilhelm Schwarz später sehr seiner Enkelin gewidmet. Er sei wegen seines Schicksals nach dem Krieg nicht verbittert, auch nicht von Hassgefühlen erfüllt gewesen.

Für sie selbst, berichtet die Tochter, ist es wie ein Schock gewesen, als sie und die Mutter nach dem Einmarsch amerikanischer Truppen von einem Tag auf den anderen ihre Mietwohnung verlassen mussten. Sie könne sehr gut die Gefühle der im Dritten Reich aus ihren Wohnungen vertriebenen Juden nachempfinden.

WAHL-WORTE

Karl Wahl, Schwabens Gauleiter im Dritten Reich, glaubt, in seinem zweiten (Rechtfertigungs-)Buch auch einige seiner Kreisleiter hervorheben zu sollen. Wilhelm Schwarz ist einer von diesen. Wahl: »... In Wirklichkeit hatte der Gau Schwaben durchwegs ausgezeichnete Kreisleiter. Alle waren in der Kampfzeit aus ihrem Arbeitsgebiet herausgewachsen und mit der Mentalität ihrer Kreisbevölkerung bestens vertraut. Auf sie war in allen Situationen Verlass, sie wetteiferten untereinander im Vertrauen um die Menschen ihres Kreises und gaben ihr Bestes in deren Betreuung. Zu Übergriffen ist es nie gekommen. Heute noch bin ich dem Schicksal dankbar, dass es mir so gute Mitarbeiter geschenkt hat, denn davon hing alles ab. Jeder einzelne von ihnen hätte ein Denkmal verdient. Nachdem sich aber in dieser Welt der Idealismus nie auszahlt, stehen auch sie am Pranger, obwohl keiner von ihnen sich auch nur das Geringste zuschulden kommen ließ. ... Unvergängliche Verdienste erwarb sich der Memminger Kreisleiter, ein Rechtsanwalt, durch seine vielseitige Tätigkeit als geschickter Redner beim früheren Aufbau der Gau-Organisation ...«[248]

Wendelin Immler (Augsburg)

Die Rettung der Torarollen

Es gibt immer zwei Möglichkeiten. Wendelin Immler (1892–1977) aus Augsburg war Ingenieur. Er gehörte der NSDAP Hitlers an. Er handelte aber nicht in deren Sinn.

*

Bezirksrabbiner Ernst Jacob war kein Augsburger. Aber er war seiner Jüdischen Gemeinde so stark verbunden, dass er aus Springfield/Arizona viele Jahre lang Rundbriefe an die Augsburger Gemeindemitglieder verschickte, die wie er der Verfolgung durch die Nationalsozialisten entkommen waren. Im Rundschreiben vom 15. April 1948 findet sich diese Mitteilung:

»Laut einer Bescheinigung des jetzigen Rabbiners David Horowitz hat die Gemeinde eine Anzahl Kultgegenstände, darunter zehn Torarollen, zurückerhalten; dies ist natürlich nur ein kleiner Teil des früheren Besitzes. Aber die näheren Umstände sind bemerkenswert. Der Mann, der sie gerettet hat, Wendelin Immler, schreibt in einem Brief an Fred Regensteiner: ›Die Gegenstände waren beim SD Augsburg gegenüber meinem Büro bei der AEG eingelagert. Ich erfuhr davon und machte mich an den Hausdiener des SD, Jenning, der ein absoluter Nazigegner war, und veranlasste ihn, immer zur gegebenen Zeit, so oft eben die Luft rein war, d. h. wenn die Herrschaften ausgeflogen oder besoffen waren, mir in mein Büro am Abend eine der Torarollen nach der anderen herüber zu schmuggeln. Hierzu, um die Sache unauffällig zu machen, brauchten wir fast ein halbes Jahr. Einzig und allein der Pfarrer von St. Anton und meine Familie wussten von der Sache. Seine Adresse ist Thelottstr. 32.«

Immler ist seit 1914 Oberingenieur im AEG-Büro Augsburg, Frohsinnstr. 20. In die NSDAP sei er – so gibt er nach dem Krieg vor der Spruchkammer[249] an – auf ausdrücklichen Wunsch seiner Vorgesetzten in Berlin eingetreten. Man habe damit verhindern wollen, dass auf seinen Posten ein »wirklicher Nazi« komme. Sowohl seine Beiträge für die Partei als auch für die Nationalsozialistische Volksfürsorge NSV und die

Die Fliegerei war das Steckenpferd von Wendelin Immler

Deutsche Arbeitsfront seien von der Firma bezahlt worden. Diese sei schließlich als Judenfirma verschrien gewesen.
Immler kann vor der Spruchkammer noch mehr für sich ins Feld führen:

- dass er sich nie um Rüstungsaufträge bemüht und bei eiligen Arbeiten für die Augsburger Flugzeugfirma Messerschmitt Sonntagsarbeit abgelehnt habe;
- dass er seine jüdischen Bekannten Wassermann, Arnold, Bacharach, Waitzfelder, Regensteiner, Aufhäuser trotz deren Warnungen auch während des Dritten Reichs auf der Straße gegrüßt und sich mit ihnen unterhalten habe. Als dem Elektroingenieur David nirgendwo mehr Material verkauft worden sei, habe er diesen beliefert;
- dass er daheim ausländische Sender empfangen und verschiedene Bekannte mit Kopfhörern versehen habe, so dass diese ebenfalls »Feindsender« abhören konnten;
- dass er seine Töchter nicht in den BDM geschickt habe.

Luitpold Jenning (1902 - 1972) war der Hausmeister im Dienstgebäude des SD Augsburg. Eine schöne Dienstwohnung hatte ihn in das Haus Frohsinnstraße 21 gelockt. Die dort als Beute der SS verwahrten Torarollen schaffte er heimlich ins gegenüberliegende Büro von Wendelin Immler

24 Zeugen sprechen für Immler. Auch holländische Arbeiter sagen zu seinen Gunsten aus. Am stärksten aber entlastet ihn Luitpold Jenning. Der Hausmeister im schwäbischen Gestapo- und SD-Hauptquartier gegenüber dem AEG-Büro bestätigt die Rettung der Kultgegenstände. Er schildert darüberhinaus ein Gespräch, das er nach dem Attentat auf Hitler im Juli 1944 im SD-Haus mit anhörte. Darin sei es um die eventuelle Verhaftung von Hitler-Gegnern gegangen. Auch Wendelin Immlers Name sei genannt worden.
Es treten auch Zeugen auf, die Immler belasten. Nachgesagt wird ihm u. a., bei besonderen nationalsozialistischen Anlässen wie der Feier des 1. Mai sein Haus im Thelottviertel ungewöhnlich stark illuminiert zu haben. Er sei nicht der schlechteste Parteigenosse gewesen.

Aber die Spruchkammer beschließt nach eingehender Prüfung, dass Wendelin Immler »nach seiner Gesamthaltung kein Nationalsozialist war, den Nationalsozialismus nicht förderte, sondern ihm stets schadete. Aufgrund seines dauernden Widerstands musste er täglich mit seiner Verhaftung rechnen.« Immler wird am 15.4.1947 als Entlasteter eingestuft.
Von Leuten, die ihn gekannt haben, wird dieser Mann »leutselig« genannt. Enkel Stefan Lodisch erinnert sich an ihn als guten Großvater, nennt ihn »fast einen Lausbuben; er hat mit mir als Kind den größten Blödsinn gemacht.« Die letzte Lebensphase freilich, nach dem langen Sterben seiner Frau Karolina und dem Tod von zwei der drei Kinder, sei er sehr viel stiller geworden. Eines von Immlers Steckenpferden ist die Zauberei gewesen, ein anderes die Fliegerei. Er hat den Ersten Weltkrieg als Flieger erlebt, ist mit dem Eisernen Kreuz II. Klasse und dem Bayerischen Militärverdienstorden III. Klasse mit Krone und Schwertern ausgezeichnet worden.
Nicht zu vergessen: 1943 wird Immler Mitglied der katholischen Gesamtkirchenverwaltung. Auch in der Gemeinde St. Anton engagiert er sich. Er ist praktizierender Katholik. Von seiner Haltung im Dritten Reich und der Rettung der Kultgegenstände macht er offenbar nach dem Zweiten Weltkrieg nicht viel Aufhebens. Dem Enkel erzählt er davon und von der Rettung der Kultgegenstände nie etwas.

Hugo Gold (Augsburg)

Der Gestapo-Chef als Mitläufer

Es gibt immer zwei Möglichkeiten. Hugo Gold tritt 1933 in die NSDAP ein, um nicht von Beförderungen ausgeschlossen zu werden. Er wird der Chef der gefürchteten Geheimen Staatspolizei in Augsburg.

*

»Viele ehemalige KZ'ler haben dem Gold ihre Leidenszeit zu verdanken«, heißt es auf einem Blatt der Spruchkammerakten.[250]
»Als langjähriger Kriminalrat habe ich dem Staat gegenüber stets nur meine Pflicht erfüllt«, heißt es dagegen aus Golds Feder in diesen Akten.
Hugo Gold, Sattler aus Mammendorf (Oberbayern), wird nach der Heimkehr aus dem Ersten Weltkrieg Schutzpolizist in Augsburg, weil er im erlernten Beruf keine Stelle findet. Er heiratet eine Köchin, die Tochter schickt er ins Institut der Englischen Fräulein, um ihr eine gute Erziehung zukommen zu lassen. 1923 wird er zur Kriminalpolizei versetzt. »Infolge meiner Brauchbarkeit und meinem Fleiß wurde ich alsbald zum Kriminalassistenten, dann zum Oberassistenten und schließlich zum Kriminalsekretär befördert«, schreibt Gold über Gold 1946 im 18seitigen Lebenslauf für das Entnazifizierungsverfahren.
Sein Vorwärtskommen ist Gold wichtig. Weil er in der beruflichen Laufbahn keinen Schaden erleiden will, wird er am 1. Mai 1933 Mitglied der NSDAP. Im Dritten Reich wird aus der politischen Abteilung der Kriminalpolizei schließlich die Gestapo abgekürzte Geheime Staatspolizei, Gold im Juli 1933 deren Chef. Nur der Polizeipräsident hat ihm noch etwas zu sagen. Beobachtung und Bespitzelung unliebsamer Personen und Organisationen sind der braunen Diktatur einen großen Aufwand wert. Aus einem nicht datierten – Geschäftsverteilungsplan[251] geht hervor, dass dem SS-Obersturmführer und Kriminalkommissar Gold in der Prinzregentenstraße mehr als 80 Polizisten und Verwaltungskräfte unterstehen. Kommunisten, ehemalige Mittel- und Rechtsparteien, Freimaurer, Judentum, unerwünschtes Schrifttum, Schleichhandel, Schwarzarbeit – alles was die Nationalsoziali-

sten bekämpfen und unterdrücken, gehört zu den Aufgaben des Personals. Gold ist ein mächtiger Mann in Augsburg.

Nimmt man seine Angaben im Lebenslauf für bare Münze, dann hat er stets eine »anständige und menschliche Haltung eingenommen«; ist er gegen Übergriffe durch SS-Männer »mit aller Heftigkeit aufgetreten«; hat er »unzähligen Volksgenossen dazu verholfen, dass sie die Freiheit wieder erlangten«; hat er Misshandlungen niemals beobachtet und hätte sie nie gebilligt, wenn solche vorgekommen wären.

»Ohne Befehl vom Herrn Polizeidirektor bzw. von höherer Stelle ließ ich mich grundsätzlich zu keiner Amtshandlung verleiten, die nicht gesetzlich war«, heißt es auch an einer Stelle des Lebenslaufs. Hat Gold sich hier sprachlich verheddert? Oder ist dieser Satz das Eingeständnis, dass er auf höheren Befehl sehr wohl zu ungesetzlichen Handlungen bereit gewesen ist?

Richtig ist, dass Gold nach dem Ende des Dritten Reichs für das Entnazifizierungsverfahren auch Zeugen aufbieten kann, die ihm Menschlichkeit bestätigen. Er habe durch seine Großzügigkeit »manche Träne in betroffenen Familien trocknen helfen«, wird ihm aus Lindau bestätigt. Gold sei Jahre hindurch Mitglied des Kirchenbauvereins gewesen, versucht ein Augsburger Pfarrer dem ehemaligen Gestapochef beizustehen. »Gerecht denkend« nennt ihn ein ehemaliger Angestellter des Sicherheitsdienstes Augsburg.

Gold präsentiert der Spruchkammer zu seiner Entlastung auch das Schreiben eines Neu-Ulmer Mediziners. Weil der mit einer Jüdin verheiratet ist, verliert er 1936 seine Stelle als Chefarzt des Neu-Ulmer Krankenhauses. 1938 und 1939 wird seine Frau verhaftet. Als 1941 eine neue Aktion der Gestapo droht, bittet der Arzt Gauleiter Wahl um Unterstützung. Nach einem langen Gespräch verweist der ihn an Gold. Der hört ihm zwei Stunden zu. Sagt beim freundlichen Abschied, der Mediziner könne ihn jederzeit anrufen, falls er das für nötig halte. »Ich hatte das Gefühl, dass er menschlich mitfühlte«, schreibt der Arzt. Genau besehen bestätigt der Brief nur ein langes Gespräch – zustande gekommen auf Wunsch des Gauleiters.

Sehr konkret sind Beschuldigungen, die gegen Gold vor der Spruchkammer erhoben werden:

Siegfried W. aus Gersthofen: Gold war »in ganz Augsburg bekannt und gefürchtet.«

Richard P. aus Augsburg über zwei Vernehmungen 1935 und 1936: »… Er bediente sich dabei der allerverwerflichsten Methoden, um nur ein Schuldbekenntnis herauszupressen. Er drohte mir mit folgenden Worten: ›Ich haue Dir die Schnauze voll, wenn Du das nicht zugibst.‹ Er packte mich an der Brust und schrie zornentbrannt: ›Du alter Lump kommst nach Dachau, da kommst Du vor die Walze, die 16 Mann ziehen, da werden sie Dir Deinen Kommunismus schon austreiben.‹ An einem anderen Tisch wurde von einem anderen Gestapo-Beamten ein älterer Mann vernommen. Bei diesem Verhör sprang Gold plötzlich auf, ging zu dem älteren Mann hin und schlug ihm rechts und links ins Gesicht und schrie dabei: ›Du alter Lump, Du verfluchter, Du willst uns auch noch anlügen. Solange schlag ich Dir in Gosch' ein, bis Du das Lügen aufhörst.‹«

Max H. aus Augsburg: »Als Chef der Gestapo ist Gold für all die unmenschlichen Schläge während der Vernehmungen … voll verantwortlich. Gold ist verantwortlich für die Überweisungen nach Dachau, weil seine Beamten ohne seine Zustimmung niemand einweisen konnten. …. Gold begnügte sich, während den Vernehmungen mit lächelnder Miene durch die Amtsräume zu gehen, und die blutig geschlagenen Häftlinge mit sadistischer Grausamkeit zu betrachten. Kein Wort des Tadels gegen diese jedem menschlichen Rechtsempfinden Hohn sprechende Vernehmungsmethode kam über seine Lippen. … Ob Gold selbst geschlagen hat, entzieht sich meiner Kenntnis.«[252]

Zeitzeugen und Zeitzeuginnen, die sich heute noch an Hugo Gold erinnern, gibt es nur noch wenige. Eine davon ist **Anna Pröll** geb. Nolan, im Dritten Reich Mitglied des kommunistischen Widerstands in Augsburg. Sie berichtet:

»Am 1. September 1933 wurde ich mit einer Gruppe junger Nazigegner verhaftet. Wir hatten vereinbart, keine Aussagen zu machen und uns auf keinen Fall gegenseitig zu belasten. Hans Müller hatte einen Hüftschaden. Bei einer Gegenüberstellung hat er mir vor den vernehmenden Gestapo-Leuten gesagt, dass er die Schläge nicht mehr ausgehalten und alles gesagt hat.«

Bei einer ihrer Vernehmungen durch die Gestapo seien ihr 1934 geprügelte Häftlinge gezeigt worden. Die Beamten hatten festgestellt, dass der jungen Frau der Anblick misshandelter Gefangener mehr zusetzte, als wenn sie selbst geschlagen worden wäre. Anna Pröll: »Albert Kraus aus Friedberg saß auf einem Stuhl in einer Ecke zusammengekauert. Ich wurde in das Zimmer beordert. Etwa vier Gestapoleute waren anwesend, als sie ihn anschrien: ›Schau sie dir doch an, kennst Du sie jetzt?‹ Erst jetzt konnte ich ihn auch sehen. Sein ganzer Kopf war verschwollen und blutunterlaufen. Ich habe ihn fast nicht erkannt. Er hat trotzdem langsam den Kopf geschüttelt. Heinrich Döppel aus München, der mit unserer Gruppe Verbindung hatte, hatte durch Vernehmungen in Augsburg zerschundene Beine. Nein, Hugo Gold brauchte nicht selbst zu schlagen.«

Die Augsburger Gestapo habe zwei Gesichter gehabt. Zu Leuten, die aussagten, seien Beamte durchaus auch freundlich gewesen. Wer schwieg habe dagegen mit brutaler Behandlung rechnen müssen. Anna Pröll berichtet zudem von einer infamen Taktik. Um sich die korrekte Wiedergabe der Aussagen bestätigen zu lassen, sei Verhörten nur die letzte Seite des Protokolls zum Unterschreiben vorgelegt worden. Die vorangehenden Seiten seien gefälscht worden mit angeblichen Beschuldigungen von Personen, gegen welche die Gestapo belastendes Material suchte.[253]

Auch der Historiker Gerhard Hetzer berichtet, dass bei der Augsburger Gestapo »Festgenommene offensichtlich körperlich misshandelt wurden«. Nach Abschluss eines Prozesses sei gegen Gold von privater Seite Strafantrag gestellt worden. In der Untersuchung von Wolfgang Domarus ist zu lesen, dass Gold engen Kontakt zur katholischen Kirche hielt und manchmal prokirchlichen und jüdischen Personen geholfen habe, andererseits gegen Kommunisten und Sozialisten hart vorgegangen sei.[254]

Im Februar 1940 erörtert Gold in einem Schreiben an das Reichssicherheitshauptamt Möglichkeiten, für die noch in Augsburg verbliebenen Juden ein Ghetto zu schaffen. Für die Israeliten ist dies bereits eine Zeit größter Bedrängnis. Die Mehrzahl hat längst ihre Wohnungen aufgeben und sich in so genannten Judenhäusern zusammenpferchen lassen müssen. Offensichtlich stört den Gestapochef, dass ein »ziemlich hoher Hundertsatz der Juden« noch nicht ausgewandert ist. »Schon aus diesen Erwägungen erscheint es wünschenswert, den Juden ein weniger angenehmes und sorgenfreies Leben innerhalb der deutschen Grenzen zu bereiten.« Eine Barackensiedlung in der Augsburger Schertlinstraße zum Ghetto zu machen oder die Juden nach Ichenhausen umzusiedeln erscheint ihm nicht machbar. Deshalb schlägt er vor, die noch in Schwaben lebenden 1222 Männer, Frauen, Kinder im Kloster Ottobeuren unterzubringen. Es könnten auch andere Klöster in Frage kommen, beispielsweise das Priesterseminar in Dillingen.

Im April 1941 schreibt Gold im gleichen Sinn an die Adjutantur des Gauleiters. Diesmal favorisiert er eine Evakuierung in Orte wie Ichenhausen, Oettingen, Binswangen, Altenstadt. »Ich neige ... zu der Ansicht, dass z. B. in Ichenhausen, das gegenwärtig immer noch mit 200 Semiten bevölkert ist, bei rücksichtsloser Zusammenlegung bestimmt eine größere Menge Juden unterzubringen sein müsste.« Ziel von Golds Vorstellungen ist es, auf diese Weise Wohnungen für »Volksgenossen« frei zu machen.[255]

Nochmals zurück ins Jahr 1940. Zum zweitenmal bringt Gold seiner Karriere wegen ein »Opfer«. Diesmal besteht dieses im Austritt aus der katholischen Kirche. Für einen örtlichen Gestapochef ist er lange Mitglied der Kirche geblieben. Nun befürchtet er, dieserhalb nicht befördert zu werden. Am 1.11.1941 wird er denn auch Kriminalrat. Zu diesem Zeitpunkt wirkt Gold bereits in Halle. Er selbst deutet im Spruchkammerverfahren an, dass der Ortswechsel mit seiner Nähe zur katholischen Kirche zu tun hat. Wahrscheinlich jedoch wird Gold versetzt, weil um jene Zeit die Stapo-Stelle Augsburg zur Außenstelle der Stapo München »degradiert« wird. Auch in Halle ist Gold, zumindest zeitweise, Leiter der Gestapostelle. Ansonsten berichtet Gold über diese Zeit in seinem Lebenslauf so gut wie nichts – außer dass Wohnung und Einrichtung der Familie bei einem Bombenangriff auf die Saalestadt zerstört werden. Halle bleibt jedoch nicht Golds letzte berufliche Station im Dritten Reich. Ein weltpolitisches Ereignis bewirkt, dass er ins Ausland versetzt wird. Diese Zeit erwähnt der ehemalige Augsburger Gestapochef indes im Lebenslauf überhaupt nicht. Es

gibt jedoch aus der Nachkriegszeit ein Verhörprotokoll.
Das weltgeschichtliche Ereignis ist der Putsch am 25. Juli 1943 gegen den italienischen Diktator Benito Mussolini, Hitlers engsten Verbündeten. Kurz zuvor sind amerikanische und englische Truppen auf Sizilien gelandet, bald darauf gehen sie im südlichen Italien an Land und dringen von dort nordwärts vor. Am 8. September vereinbart der neue italienische Staatschef Badoglio einen Waffenstillstand mit den beiden Westmächten. Am gleichen Tag beginnen die deutschen Truppen, die italienische Armee im nördlichen Italien zu entwaffnen.
Damals nehmen Deutsche auch die Judenverfolgung in Italien in die Hände. Mussolini hatte Hitler zuliebe ab Ende 1936 auch Maßnahmen gegen Juden getroffen. Man könne aber eher von einem künstlich eingeführten Staatsantisemitismus als von einem Antisemitismus der Bevölkerung sprechen, schreibt eine Historikerin.[256]
Ab Oktober 1943 organisieren Deutsche in schnell eingerichteten Dienststellen des Sicherheitsdienstes und der Sicherheitspolizei dann auch in Italien Aktionen gegen die Juden. War Hugo Gold daran beteiligt?
Aus Akten, die 1962 im Bundesarchiv gefunden werden, geht hervor, dass eine Reihe von ehemaligen Gestapo-Angehörigen »als Anerkennung für den besonderen Einsatz bei den Judenverfolgungen in Italien das Kriegsverdienstkreuz erhalten haben.« Die Zentralstelle für die Verfolgung von NS-Verbrechen beginnt wegen des Verdachts auf Mittäterschaft bzw. Beihilfe zum Mord zu ermitteln. Auch Hugo Gold wird verhört. Dieses aus zwei Gründen: Gold ist zu jener Zeit in Italien eingesetzt gewesen und er ist 1945 mit dem Kriegsverdienstkreuz 1. Klasse mit Schwertern ausgezeichnet worden.
Am 4. Mai 1964 wird Hugo Gold in der Landpolizeistelle Starnberg vernommen. Er gibt zu, was nicht bestreitbar ist: dass er im Sommer 1943 dem Befehlshaber der Sicherheitspolizei Italien, Dr. Harster, zugeteilt worden ist. Er gibt zu, dass er in Genua, Florenz und Bologna Dienst getan hat; er gibt zu, dass er in diesen Städten die Abteilung IV (Gestapo) geleitet hat. Aber an Aktionen gegen italienische Juden will Gold nicht beteiligt gewesen sein. Ein SS-Hauptscharführer, bei der Gestapo Genua Judenreferent, sagt aus, dass Festnahmen von Juden in Genua »stets über den Auftrag des Leiters des Ref. IV, Hugo Gold«, erfolgt seien. Gold will den Mann gar nicht gekannt haben. Mehr als ein Dutzend Mal sagt Gold dem vernehmenden Beamten, dass er sich nicht erinnern kann, ein Name oder ein Vorgang ihm unbekannt seien. Einmal äußert er: »Ich bin jetzt 70 Jahre alt, deshalb ist mein Gedächtnis nicht mehr gut.«
Und womit hat Gold sich 1945 das Kriegsverdienstkreuz I. Klasse mit Schwertern verdient? Seine Antwort: »Der Grund für diese Auszeichnung ist mir unbekannt. Ich halte es aber für möglich, dass der ständige Einsatz gegen italienische Partisanen ab Sommer 1944 der Grund für diese Auszeichnung ist.«[257] Die Justiz stellt die Ermittlungen ein.
Von Kriegsende bis Sommer 1948 ist Gold in mehreren Lagern interniert, u. a. in Dachau, Altenstadt bei Schongau, Göggingen. Damals kehrt er in die katholische Kirche zurück. Am Anfang des Entnazifizierungsverfahrens beantragt der öffentliche Kläger, den ehemaligen Gestapomann als Hauptschuldigen einzureihen. In vierter Instanz wird er letztendlich nur als Mitläufer eingestuft.
In seinem Lebenslauf nennt Gold sich einmal »mehr Karteimitglied als Parteimitglied« der NSDAP. Eine Notiz über Gold im Rundbrief des ehemaligen Augsburger Rabbiners Jacob endet dagegen mit den Worten: »So sehen die Führer der Nazis aus.«[258]
Gold stirbt 1977 in Tutzing.

Hans Hederer (Nördlingen)

Ein Göring-Witz und dessen Folgen

Hans Hederer

Es gibt immer zwei Möglichkeiten. Der städtische Oberinspektor Hans Hederer entschließt sich 1938, in die NSDAP einzutreten. Ein Amt übernimmt er in der Partei nicht, verhält sich auch nicht in deren Sinn, hilft zum Beispiel verfolgten Juden.

*

Auch in Nördlingen ist die Verfolgung der Juden schlimm gewesen. Es hat aber auch in dieser Stadt Menschen gegeben, die ihnen zu helfen versucht haben. Am meisten hat wahrscheinlich Hans Hederer für sie getan.

Hederer ist Nördlinger, 1893 geboren. Er stammt aus einer angesehenen Lodweberfamilie. 1910 tritt er in den Dienst der Stadt. 1934 wird er als Leiter des Hauptamts zugleich für die städtische Polizei zuständig. Ein Jahr später wird er Oberinspektor.

Hederer ist von 1935–1939 förderndes Mitglied der SS, ab 1938 gehört er der NSDAP an. Im Dritten Reich wird er als hundertprozentig korrekter Mann geschildert. »Krumme Sachen waren mit dem nicht zu machen«, sagt einer, der ihn gekannt hat. »Wortkarg« nennt ihn ein anderer; aber er habe den Ermessensspielraum zugunsten der Bürger, auch der jüdischen, genutzt, den er in seiner Stellung und als Vertrauensperson des Bürgermeisters Dr. Wilhelm Hausmann gehabt habe. Ein Dritter erinnert sich: »Jeder hat Respekt vor diesem Mann gehabt, niemand hat sich vor ihm gefürchtet.«

Carl Völkl geht in seinem Buch »Die dunklen Jahre im Ries«[259] auch auf den aus Lothringen stammenden Hausmann ein. Zum Missfallen der Nationalsozialisten gehört das Stadtoberhaupt anfänglich nicht der NSDAP an. Der tritt er erst im Juli 1933 bei. Aber – so Völkl: »Als in der ersten Sitzung des neuen Stadtrats die NSDAP-Fraktion den Antrag stellt, den Reichspräsidenten von Hindenburg und den Reichskanzler Adolf Hitler zu Ehrenbürgern zu ernennen, ist es Dr. Hausmann, der erklärt, dass ›der Kreis derjenigen Personen, die die Ehrung der beiden verdienten Männer wünschen, weit über den Kreis der Mitgliedschaft der Nationalsozialistischen Deutschen Arbeiterpartei hinausgeht‹, und vorschlägt, dem Antrag stattzugeben, was einstimmig geschieht.« Als die Nationalsozialisten einige Zeit später aber beantragen, jüdische Geschäfte von der Belieferung der Stadtverwaltung auszuschließen, stimmen Dr. Hausmann und drei Abgeordnete dagegen.

Es kann als sicher gelten, dass das Stadtoberhaupt und sein Polizeireferent Hederer sich in ihrer Ablehnung nationalsozialistischer Judenpolitik einig sind. In der so genannten »Reichskristallnacht« im November 1938 erklärt Dr. Hausmann das jüdische Gotteshaus zu städtischem Eigentum und schützt es dadurch – vorübergehend – vor Schändung und Demolierung. Tags darauf, am 10.11.1938, sei er mit dem Polizeireferenten Hederer an den jüdischen Geschäften und Wohnungen vorbeigegangen, um Ausschreitungen gegen sie zu verhindern, schreibt Hermann Keßler.[260]

1939 wird Dr. Hausmann zur Wehrmacht einberufen, 1941 wieder Zivilist und Beigeordneter sowie Kulturreferent in Straßburg. Die Nördlinger Nationalsozialisten werden nicht traurig darüber gewesen sein, dass Hausmann das Elsass dem Ries vorzieht. Sie waren 1939 froh, den

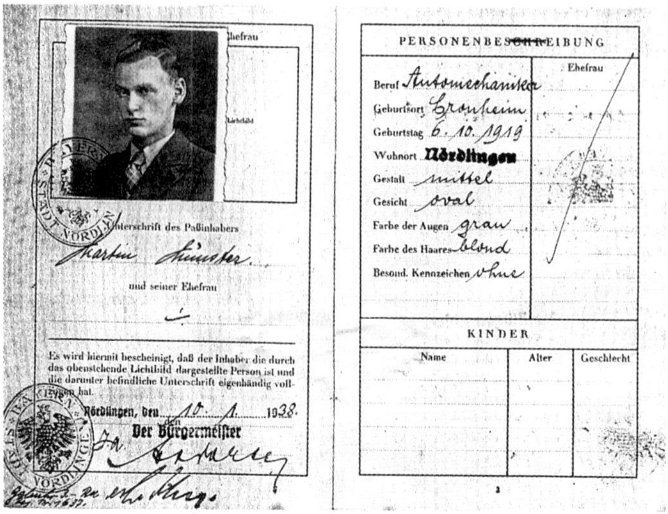

Martin Münsters Reisepass

mittlerweile unbequemen Mann loszuwerden, »der aus seiner kritischen Einstellung kein Hehl machte«. 1941 wechselt auch Hausmanns »rechte Hand« Hederer nach Straßburg. Dieser übernimmt dort das Amt eines Stadtkommissars. Ab 1943 wirkt er wieder in Nördlingen. Dr. Hausmann wird bei Kriegsende im Elsass verhaftet. Er stirbt nach qualvollen Transporten von Gefängnis zu Gefängnis.[261] Es könnte sein, dass Hederer seinem Chef nicht ganz freiwillig gefolgt war. Hederers Sohn Armin hat seiner Tochter berichtet, er sei seiner blonden Haare und seiner blauen Augen wegen für eine »Arierschule« auserwählt worden. Der Vater habe das nicht zugelassen, er sei deshalb nach Straßburg strafversetzt worden.

Die Distanz des Großvaters zum Dritten Reich belegt Enkelin Birgit mit einem weiteren Beispiel. Sie berichtet, dass ihr Vater sich ohne Wissen seiner Eltern der Hitlerjugend angeschlossen habe. Als er das Vater Hans mitteilte, habe er von diesem eine Ohrfeige bekommen.

Nach dem Untergang des Dritten Reichs berichten ehemalige Nördlinger jüdischen Glaubens, wie ihnen Hans Hederer geholfen hat:

- Norbert Neumann, ausgewandert nach USA: »Hederer hat uns in jeder Hinsicht korrekt behandelt.«
- Justin Seligmann, ausgewandert nach Israel: »Hederer hat mich vor der Einlieferung in das Konzentrationslager Dachau bewahrt, weil er einen Haftbefehl der Gestapo in seiner Schublade liegen ließ. Das hat mich gerettet.«
- Ernst Eisenmann, ausgewandert nach Israel: »Man sagte mir, Hans Hederer warnte Juden, wann immer er erfuhr, dass die Nazis Böses im Schilde führten.«

Martin Münsters Geschichte verdient es, nicht in einem Satz zusammengefasst zu werden. Es ist die Geschichte eines kleinen Witzes mit großer Wirkung. Finden doch einige Funktionäre des Dritten Reichs diesen Witz gar nicht spaßig und schalten die Justiz ein. Im Protokoll der Schutzmannschaft Nördlingen vom 10.10.1936 liest sich das so:

»Am 19.10.1936 vorm. gegen 10 Uhr kam Herr Kreisleiter und Bürgermeister Hippler und der Bürgermeister .... von ... auf hiesige Station. Letzterer machte folgende Mitteilung: ›Meine Tochter, welche die 5te Klasse Lyzeum im hiesigen Kloster besucht, erzählte mir am 16.10.36, dass ihre Mitschülerin, die Jüdin Anneliese Eisenmann, in der Schule folgenden Witz erzählt habe:

›Göring verbietet seiner Frau zu fliegen.
Diese fliegt doch.
Göring befiehlt ihr, sofort zu landen.
Sie antwortet: Kann nicht landen, treibe eben ab.‹

Im Auftrage des Herrn Kreisleiter Hippler wurde die Eisenmann von Unterzeichnetem befragt, von wem sie diesen Witz gehört hat. Eisenmann gab auf Befragen an: ›Am Samstag den 10.10.36 hatten wir in dem israelitischen Gemeindezimmer eine Zusammenkunft. Bei dieser Zusammenkunft erzählte mir der Mechanikerlehrling Martin Münster oben angeführten Witz über

Herrn Ministerpräsident Göring. Ich habe denselben in der Schule einigen Schülerinnen erzählt.‹ Auf dieses hin wurde der Mechanikerlehrling Martin Münster, der auch Jude ist, einvernommen, derselbe gab wie folgt an: ›Es ist richtig, dass ich fraglichen Witz der Anneliese Eisenmann bei einer Zusammenkunft im isr. Gemeindezimmer erzählt habe. Am gleichen Tage wurde mir derselbe von dem Kaufmann Albrecht Eisenmann bei einem Spaziergang durch die Stadt erzählt.‹ Der dahier Bergerstraße 2 wohnhafte Kaufmann Albrecht Eisenmann gab auf Einvernahme wie folgt an: ›Es ist richtig, dass ich dem Martin Münster am 10.10.36 den fraglichen Witz erzählt habe. Mir wurde derselbe am 11. oder 12.9. von dem Reisenden Theo Stein, wohnhaft in Stuttgart, Ernst-Weinstein-Str. 15b, II. Stock, erzählt. Dieser Theo Stein ist ein Verwandter von mir und dieser war mit seinen Eltern bei uns auf Besuch.‹ Nachdem dieser Theo Stein nicht in Nördlingen, sondern angeblich in Stuttgart wohnhaft sein soll, konnte dieser vorläufig zur Sache nicht vernommen werden. …«

19.3.1937: Der Reichsminister der Justiz ordnet Strafverfolgung an: »Ich ersuche, gegen die drei Beschuldigten Anklage vor dem Sondergericht erheben zu lassen.«

1.6.1937: Die Verhandlung des Sondergerichts in München platzt. Der Angeklagte Theo Stein nimmt schriftlich die gesamte Verantwortung auf sich, er hat sich aber in die Schweiz abgesetzt.

25.6.1937: Das Sondergericht München tagt in Nördlingen. Urteil: Je zwei Monate Haft wegen eines Vergehens gegen das Heimtückegesetz für Eisenmann und Münster.

In ihrer Urteilsbegründung definieren die Herrn Juristen, was ein Witz ist und was kein Witz mehr ist: »Ein echter Witz besteht, wenn er sich mit einer bestimmten Person befasst, meist darin, dass er gewisse wirkliche oder vermeintliche Schwächen dieses Menschen in humorvoller Weise geißelt. … Es gibt aber neben diesen eigentlichen Witzen eine große Anzahl von so genannten Witzen. Ihnen geht meist so gut wie alles ab, was einen richtigen Witz ausmacht. Sie bringen im Gewande des Witzes eine mehr oder minder starke Missachtung gegen die Betroffenen zum Ausdruck und können nicht einmal als bissige Satyre, sondern nur noch als Beschimpfung gewertet werden.« In diese bösartige Kategorie ordnen die Richter den Göring-Witz ein. Schlimmer noch: Sie fürchten, dass dieser Witz geeignet sei, das Vertrauen des Volkes zur politischen Führung zu untergraben! Außerdem stehe fest, dass die Angeklagten als Volljuden dem Dritten Reich ablehnend gegenüberstünden. Weil Eisenmann zur Tatzeit schon 16 ½ Jahre, Münster schon 17 gewesen seien, sei die Strafvollstreckung im öffentlichen Interesse geboten.[262]

Aber Martin Münster tut sich schwer, dem Gebot des öffentlichen Interesses gerecht zu werden und Einlass in ein Gefängnis zu finden. Als er im August 1937 in Donauwörth erscheint, um seine Strafe abzusitzen, erhält er zur Antwort: »Hier kommen sie nicht hin. Das ist nicht für Minderjährige.« Also auf ins Jugendgefängnis. Münster: »Es war auf einem Feld und hat ausgesehen wie eine richtige Festung.« Kein Zweifel, dass er das Jugendgefängnis Niederschönenfeld meint. Aber wieder ist Martin Münster an die falsche Adresse geraten: »Das ist hier nur für Straftäter, die über drei Monate Haft haben.« In Augsburg wird er endlich eingelassen… : »Ich war in Einzelhaft. Ich war ein gefährlicher Mensch. Jeden Tag hat es ein Stück Schwarzbrot gegeben. Am Sonntag gab es ein kleines Stück Fleisch mit Kartoffel- und Gurkensalat. Das hat mir so gut geschmeckt, dass ich es ab und zu wieder esse.« Und Albrecht Eisenmann? Nun, ihm macht die Justiz es nicht so schwer wie seinem Freund Münster. Er sitzt die zwei Monate in Nürnberg ab.

Jüdisch und vorbestraft! Martin Münster weiß nach der Freilassung, dass er in Deutschland keine Zukunft mehr hat. Er will auswandern. Aber welches Land nimmt schon einen Vorbestraften. Ein Nördlinger Rechtsanwalt ersucht in Münsters Auftrag um die Erlaubnis, dass Münster seine Haft im Führungszeugnis nicht angeben muss. Doch welch ein Widerspruch. Das Hitler-Regime will die Juden zwar aus Deutschland vertreiben, aber die Behörden richten Hürden auf dem Weg dorthin auf:

- Staatsanwaltschaft Ansbach: Antrag abgelehnt.
- Nördlingens Bürgermeister Hausmann: Den Antrag befürwortet, aber an die Regierung

von Schwaben und Neuburg nach Augsburg weitergegeben.

- Regierung von Schwaben und Neuburg: Bitte an die Geheime Staatspolizei Augsburg, zu diesem Gesuch Stellung zu nehmen.
- Geheime Staatspolizei Augsburg: Nein! Von einer Bagatellsache könne nicht die Rede sein, weil die Gefängnisstrafe höher als eine Woche sei.
- Nächste Instanz: Bayerisches Staatsministerium des Innern: Antrag befürwortet.[263]

Der Weg ins Ausland scheint frei. Doch ehe es noch so weit ist, bittet Hans Hederer Martin Münster eilig zu sich. Er, Hederer, sei angewiesen worden, alle politisch vorbestraften Personen verhaften und in ein Konzentrationslager – vermutlich Dachau – bringen zu lassen. »Ich gebe Ihnen vier Tage Zeit. Schauen Sie, dass Sie rauskommen!«

Martin Münster reist sofort nach Berlin. Erhält kurzfristig ein Visum für Argentinien. Wenige Tage später verlässt er Europa.

Albrecht Eisenmann verlässt Deutschland nach USA, Theo Stein erreicht Argentinien. Beide sind verstorben. Martin Münster lebt in der Nähe von Buenos Aires im Ruhestand. Er war ein erfolgreicher Geschäftsmann. Ist verheiratet mit der Nördlingerin Irmgard Pappenheimer.

Als Münster nach dem Krieg erstmals wieder in seine Geburtsheimat reist, will er Hans Hederer in Nördlingen aufsuchen, um sich zu bedanken. Doch Stadtoberamtmann Hederer, im Entnazifizierungsverfahren als Mitläufer eingestuft, ist 1961 verstorben. Martin Münster hält das Andenken dieses Mannes in Ehren: »Er war mein Lebensretter.«[264]

Pauline Kneissler (Irsee)

Kosenamen für Todgeweihte

Es gibt immer zwei Möglichkeiten. Pauline Kneissler ist Krankenschwester. Trotz ihres helfenden Berufs entscheidet sie sich, bei der von Hitler gewollten Tötung von Geisteskranken mitzuwirken.

Im Bezirkskrankenhaus Kaufbeuren erinnert eine Tafel an Verbrechen, die dort im Dritten Reich verübt worden sind: »Im Rahmen des nationalsozialistischen Euthanasieprogramms wurden zwischen 1939 und 1945 auch in Kaufbeuren/Irsee über 2.000 psychisch Kranke ermordet. … Die damaligen Ereignisse sollen uns ständig daran erinnern, wie eine menschenverachtende Ideologie ärztliches Handeln zu einem Instrument der Vernichtung machen konnte.«

An der Vernichtung menschlichen Lebens wirken damals nicht nur Ärzte, sondern auch Krankenschwestern mit. Eine davon ist Pauline Kneissler. 1946 wird sie von Amerikanern verhört. Sie schildert unter Eid:

»Ich wurde am 10. März 1900 in Kurdjomovka in der Südukraine geboren. Im Jahre 1920 erhielt ich meine deutsche Staatsangehörigkeit. Zwischen meinem 6. und 15. Lebensjahr hatte ich Privatunterricht in meinem Elternhaus in Russland. 1920 zog ich nach Duisburg am Rhein, wo ich als Krankenhilfe lernte. Ich wurde bis 1923 für meinen Beruf ausgebildet und bin am 1. Januar 1940 vom Innenministerium in Berlin angestellt worden. Beim Magistrat der Stadt Berlin war ich als Stadt-Schwester 15 Jahre tätig. Im April trat ich in die NSDAP ein. Ich war Mitglied der NS-Frauenschaft, der NSV, des Reichsluftschutzbundes und des Reichsschwesternbundes. …

1939 erhielt ich eine Berufung vom Polizeipräsidenten, mich am 4. Januar 1940 im Innenministerium, welches im Gebäude des Columbus-Hauses war, zu melden. Dort sprach ein Herr namens Blankenburg zu unserer Gruppe, welche aus 22 oder 23 Personen bestand. Er erörterte die Wichtigkeit der Geheimhaltung des Euthanasie-Programms und erklärte uns, dass der Führer ein Gesetz für Euthanasie ausgearbeitet habe, das mit Rücksicht auf den Krieg nicht veröffentlicht werde. Es war absolut freiwillig für die Anwesenden dieser Versammlung, ihre Mitarbeit zuzusichern. Keiner der Anwesenden hatte irgendwelche Einwände gegen dieses Programm und Blankenburg nahm uns den Eid ab. Wir wurden auf Schweigepflicht und Gehorsam vereidigt und Blankenburg machte uns darauf aufmerksam, dass jede Eidesverletzung mit dem Tode bestraft werde. …

Nach Beendigung dieser Versammlung fuhren wir im Omnibus nach Schloss Grafeneck, wo uns der Leiter dieser Anstalt, Dr. Schumann, empfing. … Eine meiner Aufgaben war es … nach den verschiedenen Anstalten zu fahren und dort Patienten abzuholen, um sie nach Grafeneck zu bringen. … Die Patienten, die von uns verlegt wurden, waren nicht unbedingt schwere Fälle, sie waren wohl geisteskrank, aber sehr oft in gutem körperlichen Zustand. Jeder Transport bestand aus ungefähr 70 Personen und wir hatten derartige Transporte fast täglich. Meine eigentliche Aufgabe bei diesen Transporten war lediglich die einer Begleitschwester.

Nach Ankunft der Patienten in Grafeneck wurden diese in den dortigen Baracken untergebracht, wo sie von Dr. Schumann und Dr. Baumhardt an Hand der Fragebogen oberflächlich untersucht wurden. Diese beiden Ärzte hatten das letzte Wort zu sprechen, ob ein Patient vergast werden sollte oder nicht. In einzelnen Fällen wurden Patienten von der Vergasung zurückgestellt. In den meisten Fällen wurden die Patienten innerhalb 24 Stunden nach Ankunft in Grafeneck getötet. …

Nach der Schließung von Grafeneck kam ich nach Hadamar und war dort bis 1943. In Hadamar wurde die gleiche Arbeit fortgesetzt mit dem Unterschied, dass man mit der Vergasung aufhörte und die Patienten durch Veronal, Luminal und Morphium-Skopolamin tötete. Ungefähr 75 Patienten wurden täglich getötet.

Von Hadamar wurde ich nach Irsee bei Kaufbeuren versetzt, wo ich meine Arbeit fortsetzte. Dr. Valentin Faltlhauser war der Direktor dieser Anstalt. Dort wurden die Patienten sowohl durch Einspritzungen als auch durch Tabletten getötet. Dieses Programm wurde bis zum Zusammenbruch Deutschlands durchgeführt.«

Schwester Pauline leitet anfangs in Irsee die mit den unruhigsten Patientinnen belegte Frauenstation F2, dann verlegt sie ihre unheilvolle Tätigkeit ins Landhaus mit den pflegebedürftigen Menschen. Sie will in Berlin nicht erfahren haben, dass sie in Kaufbeuren Geisteskranke töten soll. Die Schwester wird als freundlich geschildert. Sie habe »ihre Opfer mit ungewöhnlicher Liebenswürdigkeit aufgenommen und mit Kosenamen belegt«, sagt ein Geistlicher. Pauline Kneissler über Pauline Kneissler: »Ich habe die Kranken im allgemeinen sehr rücksichtsvoll behandelt. Es ist natürlich nicht ausgeschlossen, dass sich gelegentlich eine Kranke gegen die Einnahme eines tödlichen Medikaments gewehrt hat.«

Mit dem Eintreffen der Berliner Schwester schnellt auf der Frauenstation in Irsee die Todeskurve in die Höhe. »Bald war es klar, dass jede Patientin, die auf ihre Station kam, über kurz oder lang sterben musste«, notiert 1946 der katholische Pfarrer Joseph Wille. Schwester Pauline ist jedoch nicht die einzige, die das Beruhigungsmittel Luminal in erhöhten Dosen verabreicht. Der Anstaltsdirektor sagt später aus, dass er bei der Direktionsvisite, die mindestens einmal je Woche stattfindet, drei Pflegerinnen und einem Pfleger jeweils die Erwachsenen und Kinder genannt hat, die getötet werden sollen. Als Schwester Pauline einmal in Urlaub geht, fällt die Zahl der Toten.

Einige Wochen vor Kriegsende verschwindet Pauline Kneissler aus Irsee. Sie arbeitet dann in einem Lazarett in Füssen. Dort wird sie verhaftet. 1949 wird in Augsburg Professor Faltlhauser, von 1929–1945 Leiter des Bezirks-Krankenhauses Kaufbeuren-Irsee, zu vier Jahren Gefängnis verurteilt. Am 12. Juli berichtet die Schwäbische Landeszeitung aus dem Prozess: »Anschließend wurde Pauline Kneissler als Zeugin aufgerufen. Die ältlich aussehende stoische Frau, die vor dem Frankfurter Schwurgericht wegen einer nicht mehr festzustellenden Anzahl von Tötungen zu vier Jahren Zuchthaus verurteilt worden ist, machte nun vor Gericht einen sehr zweifelhaften Eindruck. Sie konnte sich an nichts mehr erinnern. Hunderte von Namen wurden ihr vom Vorsitzenden aus den Todeslisten verlesen. Sie schüttelte immer wieder den Kopf. In ihrer Irseer Abteilung sind, wie bekannt, 256 Frauen im Verlaufe eines Jahres verstorben. Nur an zwei Fälle konnte sie sich schwach entsinnen. ›Die sind an Typhus gestorben…‹ meinte sie.«[265]

Ab 1950 arbeitet Pauline Kneissler wieder in Berlin – als Pflegerin.[266] Sie ist verstorben.

Hermana Frieda Baur (Augsburg)

Eine Frau, die mit Brot und Gebeten half

Es gibt immer zwei Möglichkeiten. Für die Franziskanerin Hermana Frieda Baur freilich kam auch im Dritten Reich nur eine in Betracht: Gott zu dienen und notleidenden Menschen zu helfen.

*

Hermana Frieda Baur, der »Engel von Augsburg« (Foto: St. Elisabeth)

Irmgard Hirsch ist Jüdin. Als sie am 10. November 1938 in die Schule St. Elisabeth kommt, erfährt sie von Frau Ignatia, ihrer Französischlehrerin, dass sie und die anderen jüdischen Schülerinnen nicht mehr unterrichtet werden dürfen. »Adolf Hitler war der Ansicht, dass man arischen Schülerinnen nicht zumuten könne, den Klassenraum mit Juden zu teilen«, schreibt sie 1999 in ihren Lebenserinnerungen.[267] Frau Ignatia versucht zwar, das begabte junge Mädchen heimlich weiterhin zu unterrichten, aber überall lauern damals Denunzianten. Die unerlaubte Schulstunde wird entdeckt – und endet damit.

Irmgard Hirsch kann mit ihrer Mutter Deutschland noch verlassen. 1946 sieht sie ihre Geburtsstadt wieder. Sie gehört nun der Civil Censorship Division an, trägt eine amerikanische Armeeuniform. Ihr Weg führt die junge Frau auch nach St. Elisabeth im Augsburger Domviertel. Sie hat nur gute Erinnerungen an diese Schule und an die Ordensschwestern, die sie dort unterrichteten. An der Pforte trifft sie Frau Hermana, auch sie eine ihrer früheren Lehrerinnen. Frau Hermana erkennt Irmgard Hirsch sogleich wieder, sagt: »Hast Du gefühlt, dass ich jeden Tag für Dich und Deine Schwester Margot gebetet habe?«

Irmgard Hirsch antwortet: »Ja, das habe ich gefühlt.«

Es gibt damals auch in Klöstern Nationalsozialisten unter den Brüdern und Schwestern. Frau Hermana ist gegen das braune Gift immun. Sie stammt aus einer Pferseer Arbeiterfamilie. 60 Stunden in der Woche schuftet der Vater, 21 Mark Lohn werden ihm dafür ausbezahlt. Zu wenig eigentlich, um eine vierköpfige Familie zu ernähren. Aber es muss gehen.

Nach ihrer ersten Heiligen Kommunion ist Frieda Baur, wie sie damals heißt, oft schon zwischen fünf und sechs Uhr unterwegs zur Kirche. Auf ihrem Weg sieht sie die Arbeiterfrauen, die ihre kleinen Kinder in den Kindergarten bringen: Das Jüngste auf dem Arm, die anderen an der Schürze sich festhaltend. Fünf Minuten vor sechs pfeift es laut von den Fabriken. Eile, Eile... Den Frauen, die nicht pünktlich am Arbeitsplatz sind, schlagen die Pförtner die Fabriktore vor der

Nase zu und zudem müssen die Arbeiterinnen noch fünf oder zehn Pfennig Strafe zahlen. Viel Geld damals, eine harte Zeit.
»Ich wäre sicherlich Sozialdemokratin geworden, aber der Herr Geistliche Rat hat gesagt, das darf man nicht. Die Sozialdemokraten, die haben keine Religion«, erzählt Frau Hermana viele Jahre später in einem Rundfunk-Interview aus der so genannten guten alten Zeit, die für viele Menschen gar nicht gut war.[268]
Aus Frieda Baur wird also die Ordensfrau und Lehrerin Hermana, keine Sozialdemokratin. Aber wo sie auch unterrichtet, ob in Nördlingen oder ab 1925 bei St. Elisabeth in Augsburg: Die Not armer Leute, die sie in ihrer Kindheit und Jugend beobachtet hat, lässt sie nicht ruhen. »In Augsburg haben wir immer am Elisabeth-Tag, also am 19. November, aufgerufen zur Hilfe. Jede Klasse durfte dann eine kinderreiche Familie beschenken. Wir haben gespürt, wenn wir die Familien zu uns holten: Es ist Christus hier.«
Die Hitlerjugend soll im Dritten Reich die Heranwachsenden prägen, nicht die Kirchen. Deshalb schließen die Nationalsozialisten nach und nach die klösterlichen Schulen. Auch St. Elisabeth. Die Schwestern müssen sich entscheiden: Weltliche Lehrerin werden oder Klosterfrau bleiben. Frau Hermana: »Hitler hat gemeint, wir kommen in großen Haufen, und das ist nicht der Fall gewesen: Die einen wurden Krankenschwestern, die anderen für Büroarbeiten verwendet, die dritten wanderten aus, wir hatten den Ruf nach Brasilien.« Nur zwei der Lehrerinnen wollen weiterhin in St. Elisabeth bleiben.
Frau Hermana wird Pförtnerin. Als der Krieg immer mehr Opfer fordert, es auch auf Augsburg Bomben regnet, richtet sie in dem von den Luftangriffen nicht zerstörten Teil St. Elisabeths »ihre« Volksküche ein. Ausgebombten, Flüchtlingen, Verwundeten, Notleidenden, später auch Heimkehrern aus Krieg und Gefangenschaft hilft sie dort. Als »Mehlsorge und Seelsorge« wird die Hilfsaktion von St. Elisabeth-Frauen Jahrzehnte später einmal beschrieben werden. Die Mehlsorge ist vor allem Sache von Frau Hermana, die Seelsorge übernimmt Oberin Frau Ignatia.
Das Amt der Pförtnerin würde heute eine »Schlüsselposition« genannt. Frau Hermana hat die Lebensmittelkarten zu holen, Einnahmen und Ausgaben des Klosters obliegen ihr und vieles Wichtige mehr. Beim Abholen der Lebensmittelmarken hört sie einmal den Dialog: »Die häng ich schon noch einmal hin. Die kommt immer, wenn sie Marken holt und gibt nie den deutschen Gruß.« Eine andere Frau habe darauf geantwortet: »Das kannst Du nicht verlangen. Zuerst schmeißt sie der Hitler aus der Schule ›raus und dann soll sie auch noch ›Heil Hitler‹ schreien.«
In St. Elisabeth werden auch Widerstandskämpfer unterstützt. Als 1942 in Augsburg die Gruppe »Revolutionäre Sozialisten« um Bebo Wager und Hermann Frieb auffliegt, versuchen Stern-Schwestern zu helfen. Und das nicht nur mit Nahrungsmitteln für die notleidenden Familien der Widerständler. Eugen Nerdinger besorgen die Klosterfrauen für seinen Prozess einen guten Anwalt: Dr. Franz Reisert, der Anfang 1945 wegen seiner Kontakte zum Kreisauer Kreis selbst vom Volksgerichtshof zu fünf Jahren Zuchthaus verurteilt wird. Bevor der Prozess gegen Eugen Nerdinger stattfindet, begibt sich Frau Hermana zum Gericht: »Ich ging um das Justizgebäude ein paarmal herum und habe wirklich alle Engel aufgerufen.« Ihre Gebete werden offenbar erhöht. Eugen Nerdinger wird zu 3 ½ Jahren Gefängnis verurteilt, nicht hingerichtet wie Bebo Wager und Hermann Frieb.
Wie mühsam es damals ist, Verfolgten und Hungernden zu helfen und wie viele Menschen dazu ein paar Scheiben Brot beisteuern, das schildert Frau Hermana im Rundfunkinterview an einem Beispiel. Im Bischofshaus, so berichtet sie, habe ein großes Plakat auswärtige Pfarrer und andere Besucher aufgefordert: »Wenn Sie Brotzeit dabei haben oder etwas erübrigen können, bitte bringen Sie es hinüber nach St. Elisabeth an die Pforte.« Viele Pfarrer seien dann gekommen, um ihre Brotzeit abzugeben. Von Hand zu Hand geben die Klosterfrauen weiter, was sie auf diese Weise hereinbekommen.
Aber Frau Hermana wäre nicht Frau Hermana, wenn sie sich allein auf Plakate im Bischofshaus verlassen hätte. Unermüdlich bettelt sie bei deutschen Behörden und nach dem Zusammenbruch des Dritten Reiches bei den Amerikanern. »Mit ihrem Handwägelchen, auf dem Essensbehälter standen, war sie stadtbekannt. Keiner ging in

den Jahren 1944–1957 mit leerem Magen aus der Volksküche weg«, heißt es in einem Schreiben von St. Elisabeth.

Unmittelbar vor der Besetzung durch amerikanische Truppen spielt das Kloster St. Elisabeth sogar eine Rolle bei der Übergabe Augsburgs. Im April 1945 kann die »Freiheitsbewegung Augsburg«, angeführt von dem Mediziner Dr. Rudolf Lang, ihr Telefon im Blindenheim nach einem Artilleriebeschuss nicht mehr benutzen. Sie trifft sich daraufhin in St. Elisabeth. In der Klosterchronik berichtet Gereraloberin Frau Ignatia Walter, dass sie – weil sie gut Englisch spricht – am Nachmittag des 27. April dem Kommandanten der US-Einheiten das Übergabeangebot übermittelt.[269] Unter dem Datum 27. April 1945 trägt sie über diese dramatischen Stunden u. a. ein:

»Es eilt mit der Stadtübergabe. Im ›Riedingerhaus‹ ist der Stadtkommandant mit seinen Leuten, die um jeden Preis den Kampf um die Stadt wollen. Um 16.30 Uhr kommt Herr Rüggeberg, ein im Hause bekanntes Mitglied der Widerstandsgruppe. Er bittet, die zehn Punkte, die der Dolmetscher dem amerikanischen Offizier zur Übergabe vortragen muss, ins Englische zu übersetzen. Es handelt sich um das Angebot zur Übergabe der Stadt. Herr Rüggeberg verlässt das Zimmer. Da schrillt auch schon das Telefon. Der Höchstkommandierende der amerikanischen Truppen hat sich verfrüht; er ist schon am Telephon; und der Dolmetscher erscheint nicht. Die Punkte müssen vorgetragen werden; es hängt alles davon ab. Die Ami stehen … bei Aystetten. Es bleibt mir anderes nichts übrig, als zu handeln und selbst das Übergabeangebot dem Telephon anzuvertrauen.

Es gibt im Leben Stunden, wo man sich von unsichtbaren Mächten gedrängt, aber auch beschützt weiß. Eine wohlmeinende Stimme von der entgegengesetzten Seite gibt Mut zum Sprechen; also in Gottes Namen! Es geht alles in Ordnung; sogar die Frage nach einem Angriff ist erlaubt. ›Sagen Sie den Schwestern, sie brauchen keine Angst zu haben.‹

In letzter Minute kommt der Dolmetscher. Er kann nur noch bestätigen, dass alles geschieht, um den Stadtkommandanten umzustimmen oder ohne ihn zu handeln. Der amerikanische General will in einer Stunde noch einmal anrufen. Aber das Oberkommando in Aystetten wird nicht mehr erreicht. Nun geht die Sache ihren Gang.« Was bedeutet: Augsburg fällt kampflos.

Das Kriegsende bedeutet nicht das Ende des Hungers und der großen Not. Im Gegenteil: Frau Hermana bleibt reichlich Gelegenheit, ihre Mehlsorge fortzusetzen. 1951 nimmt sie zudem ihre Lehrtätigkeit wieder auf. Sie richtet hauswirtschaftliche, soziale und kinderpflegerische Grundlehrgänge ein. Als sie 1973 in den Ruhestand geht, ist – nicht zuletzt durch ihre Arbeit – aus St. Elisabeth ein Bildungszentrum für Frauenberufe geworden. Den anschließenden Ruhestand nutzt sie, um wiederum notleidenden Menschen zu helfen – diesmal Menschen in Brasilien, Afrika, Vietnam, Indien. »Frau Hermana gönnte sich keine Ruhe, auch nicht in schlaflosen Nächten, wenn ihr kranker Körper sie mit Schmerzen quälte. In beharrlichem Bittgebet trug sie Gott die Not der Menschen vor. Sie selbst klagte nicht. Ihr Drang zu helfen ließ ihr dazu gar keine Zeit.«[270]

»Genie der Hilfsbereitschaft« nennt die »Augsburger Allgemeine« sie.[271] Der Bayerische Rundfunk lobt sie gar als den »Engel von Augsburg«. Ehrentitel, die Frau Hermana verdient.

Sie stirbt im Herbst 1982, Hunderte kommen zur Beisetzung. So danken sie der Ordensfrau für deren gelebte Nächstenliebe.

Heinrich Schulz (Nördlingen)

Ein Pfarrer, der Kreisleiter wird

Es gibt immer zwei Möglichkeiten. Heinrich Schulz entscheidet sich sehr früh, Hitlers Partei beizutreten. Er studiert Theologie und wird Pfarrer. Dann tritt er als Kreisleiter ganz in den Dienst des Nationalsozialismus.

*

Auch Lebensläufe werden gern den Zeitläuften angepasst. Als sich Pfarrer Heinrich Schulz 1934 um eine Stelle als Studienrat beim städtischen Maria-Theresia-Gymnasium bewirbt, betont er in seiner Vita:

»... Mit sechzehn Jahren trat ich in das Freikorps Epp ein, 1920, und beteiligte mich an den Kämpfen im Ruhrgebiet. 1921 war ich mit ›Oberland‹ in Oberschlesien. 1923 gehörte ich zu einem Sprengkommando, das in der Pfalz und in der Eifel zu Sabotageakten eingesetzt wurde...«[272]

So eine Vergangenheit steht damals hoch im Kurs. Weist die Zugehörigkeit zu einem Freikorps den Bewerber doch als nationalen Mann aus.

Als der gleiche Heinrich Schulz sich nach dem Krieg vor einer Spruchkammer für seine Rolle im Dritten Reich verantworten muss, ist von Freikorps und Sabotageakten nicht mehr die Rede. Da rückt der Verteidiger die soziale Seite seines Mandanten in den Vordergrund: »... Schon frühzeitig interessierte er sich für die sozialen Probleme der Zeit. In den letzten Jahren seiner Gymnasialzeit und während des Universitätsstudiums musste er sich die Studiengelder als Landarbeiter, Kanalarbeiter, Heizer, Bauarbeiter, Bürohelfer usw. selbst verdienen und lernte auch hier die soziale Not der Zeit am eigenen Leibe kennen...«[273] Die nationale Denkweise wird der Erziehung auf Gymnasium und Universität zugeschoben.

Zwischen Gymnasium und Entnazifizierungsverfahren liegt ein ziemlich ungewöhnlicher Lebenslauf: Freikorpskämpfer, Student, Pfarrer, Gymnasiallehrer, NSDAP-Kreisleiter, kommissarischer Bürgermeister, Soldat, Internierter ...

Schulz, 1903 in München geboren, wird in »kleinen Verhältnissen« groß. Er ist der Sohn eines Lokomotivführers. Mit 16 (!) gehört er einem der Freikorps an, die sich nach dem verlorenen Ersten Weltkrieg zahlreich bilden. Ihren Hauptgegner sehen sie im Bolschewismus, wie der Moskauer Kommunismus damals und auch später im Dritten Reich genannt wird. Deshalb kämpfen die Freikorps gegen die nach dem Ersten Weltkrieg in Bayern entstehenden kommunistischen Räterepubliken. Sie unterstützen in jenen unruhigen Jahren jedoch auch den deutschen Selbstschutz, als es um die Abtretung von Gebieten an Polen geht. Im »Ruhrkampf« treten sie gegen französische und belgische Truppen an, als die 1923 das Ruhrgebiet besetzen.

Die Freikorps bestehen überwiegend aus ehemaligen Frontsoldaten. Doch auch Studenten, nicht zuletzt solche der Theologie, schließen sich ihnen zahlreich an. In Erlangen z. B. gehören zeitweise nicht weniger als 350 Studierende dem Freikorps Epp an, 415 einer »Studenten-Freiwilligen-Kompanie Erlangen«. Überall in »vaterländischem Geist«[274] dabei sind auch Männer konservativer Verbindungen wie der Uttenruthia, der Schulz – vermutlich 1923 – beitritt. In den Annalen der christlichen Verbindung ist zu lesen, dass im Sommer 1923 eine Anzahl Mitglieder »dem Zauber erlag, den Adolf Hitler ausströmte«. So geschehen am Deutschen Tag in Nürnberg, als mit Fahne und festlich geschmückten Chargierten auch Uttenreuther mit 70.000 anderen an Hitler vorbeimarschieren.[275]

Heinrich Schulz braucht »dem Zauber« (!) nicht mehr zu erliegen. Er ist zu diesem Zeitpunkt längst Gefolgsmann Hitlers. »Schon mit 17 Jahren sah ich in Adolf Hitler den Helfer aus all dieser Not«, bereits 1921 tritt er der NSDAP bei, Mitgliedsnummer 3836. Nach dem Münchner Putschversuch im November 1923 in München verschwindet die NSDAP bis 1925 von der Bildfläche. Doch diesmal hat es Schulz nicht so eilig, wieder Nationalsozialist zu werden: Erst 1930 beantragt er erneut die Mitgliedschaft. »Als NS-Vorsitzender der Erlanger Studentenschaft und als NS-Diskussionsredner glaube ich aber auch in der Zwischenzeit von 1924 – 1929 meine sich stets gleichbleibende Treue zum Führer unter Beweis gestellt zu haben.«[276] Genau das wird ihm auch im Buch »Pfarrer und Nationalsozialismus« bescheinigt: »In der Verbotszeit der Partei und in den späteren Jahren war Pg. Schulz

Oben: Heinrich Schulz nach dem Zweiten Weltkrieg als Vertreter der Essenzenfirma Esarom (Foto: Firmenbroschüre Esarom)
Unten: Dem Nordischen Gedanken verpflichtet (Quelle: Bundesarchiv)

DER VORSTEHER
DES SCHWABEN-KONTORS
DER NORDISCHEN
GESELLSCHAFT

beruft

Pg. Heinrich Schulz
Nördlingen

zum Mitglied der Nordischen Gesellschaft.

Die Mitglieder der Nordischen Gesellschaft sollen sich innerhalb ihres persönlichen und beruflichen Wirkungskreises zur Vertiefung des Nordischen Gedankens und zur Förderung der Aufgaben der Nordischen Gesellschaft verpflichtet fühlen.

AUGSBURG

Gauleiter und Regierungspräsident
Vorsteher des Schwaben-Kontors
der Nordischen Gesellschaft

als Studentenführer an der Eroberung der Universität Erlangen für den Nationalsozialismus beteiligt.«[277]

Schulz wäre gern Förster geworden. Doch dem Vater zuliebe studiert er Theologie und Volkswirtschaft in Erlangen und Tübingen. Lauben, Immenstadt, Nürnberg sind anschließend erste Stationen in der Theologen-Karriere des Heinrich Schulz. Im April 1931 kommt er als 2. Hausgeistlicher an die Evangelische Diakonissenanstalt nach Augsburg. Der junge Geistliche habe gute Jugendarbeit geleistet, wird ihm in Nürnberg bescheinigt. Auch in der Schule der Diakonissenanstalt soll er sich gut angelassen haben. Im Oberbann der Hitler-Jugend leitet er die Sozialabteilung, widmet er sich insbesondere der Jugendgerichtshilfe u. a. Ein starkes soziales Interesse ist Schulz nicht abzusprechen. Glaubt man seinen Worten, dann hat dieses ihn auch erneut zu den Nationalsozialisten geführt. Vor der Spruchkammer sagt er viele Jahre später: »Mein früherer Glaube, dass die Kirche die Notprobleme unserer Zeit lösen könnte, schwand immer mehr, es war mir klar geworden, dass dazu rein politische Macht gehörte; so trat ich im Jahre 1930 bei der Partei ein.«

1935 wechselt Schulz den Arbeitgeber. Er wird ein paar hundert Meter entfernt von der Diakonissenanstalt Religionslehrer am Städtischen Mädchengymnasium Maria Theresia. Zu jener Zeit gehört er bereits zwei Jahre lang dem Augsburger Stadtrat an, nicht gewählt, sondern erwählt von seiner Partei und dorthin entsandt. Die Stadt bemisst die Bezüge des bewährten Parteigenossen großzügig. Als Beginn des Dienstalters wird das Jahr 1927 festgelegt, auf die Wartezeit für die nächste Beförderung werden die in der Diakonissenanstalt verbrachten Jahre angerechnet, für die Pension soll eines Tages auch die Zeit im Dienst der Kirche berücksichtigt werden. Und am 1. Mai 1936 wird Studienrat Schulz bereits – mit erheblich höherem Gehalt – Studienprofessor. In der Begründung für die Beförderung heißt es u. a.: »Studienrat Schulz ist ein bewährter alter Kämpfer und hat bisher für seine Verdienste um die Bewegung eine Begünstigung nicht erfahren; es ist deshalb angebracht hiefür ein Entgegenkommen zu gewähren.«[278]

1937 schließlich entscheidet der Oberbürger-

meister, dass Schulz unwiderruflich bei der Stadt angestellt wird.
Der Anspruch des Nationalsozialismus, das Maß aller Dinge zu sein, führt im Dritten Reich bald zu einer Zerreißprobe in der evangelischen Kirche und spaltet sie. Diejenigen, die ihrer Kirche Freiheit und Eigenständigkeit erhalten wollen, sammeln sich in der Bekennenden Kirche. Eine Anzahl Theologen mit dem Hakenkreuz als Parteiabzeichen sowie zahlreiche Nationalsozialisten evangelischen Glaubens finden sich ab 1933 bei den Deutschen Christen unter einem Reichsbischof namens Ludwig Müller zusammen. Klar, dass Heinrich Schulz die evangelische Kirche verlässt und beim Reichsbischof mit von der Partie ist. Er wirbt auf Veranstaltungen um DC-Mitglieder. Ist 1934 sogar für vier Monate Gau-Vorsitzender der Deutschen Christen mit Ortsgruppen in Augsburg, Lindau, Sonthofen, Memmingen und Nördlingen. Die bei der NSDAP entlehnten Bezeichnungen Gau-Vorsitzender und Ortsgruppen verdeutlichen, wohin die Reise gehen soll. Doch Schulz will diese auf Dauer nicht mitmachen. Er verlässt die DC bald wieder. Deren Vorstellungen von einer deutschen Volkskirche mit germanischem Anstrich gehen ihm offenbar doch etwas »gegen den Strich«.
Der Augsburger Dekan Bogner, zur Bekennenden Kirche gehörend und im Dritten Reich mehrfach verhaftet, bescheinigt Schulz später ein korrektes und honoriges Verhältnis zu den anderen Geistlichen Augsburgs. Bogner: »Er hätte uns große Schwierigkeiten bereiten können, wenn er etwa aus unseren Konferenzen der Gestapo oder anderen Stellen der NSDAP berichtet hätte. Er hat das nie getan und ich habe ihm das angesichts der damaligen Verhältnisse und Versuchungen stets hoch angerechnet.«[279]
1938 gliedert Gauleiter Wahl die NSDAP-Kreise neu. Bei der Stadt Augsburg beantragt er, Schulz vom städtischen Schuldienst zu beurlauben. Grund: Er will ihn als Kreisleiter – laut Wahl Mittler und Vollstrecker des Willens des Führers – nach Nördlingen schicken. Des Gauleiters Wunsch ist der Stadt Befehl. Auch Schulz macht mit. Von der »Rieser Nationalzeitung« wird er am 15. Juli als »junger Draufgänger« begrüßt. Und markig klingen auch Reden, die er im Ries hält.
26. Oktober 1938 vor Frauen: »*Wir wissen, dass wir Gottes Willen erfüllen, wenn wir die Reinheit unseres Blutes bewahren. Wir denken nicht daran, Hass zu säen, aber wenn wir mit eigenen Augen sahen, wie der Jude gerade in den hinter uns liegenden schweren Tagen alles tat, um Deutschland in einen Krieg zu verwickeln …, so glauben wir, dass es keine deutsche Frau mehr geben kann, die nicht ihr Verhältnis zum Juden säuberlich gelöst hätte.*«
10. November 1938 nach Georg Elsers Attentat: »*Auf den einzelnen von uns … kommt es nicht an. Nur auf einen kommt es an und das ist der Führer. … Sein Leben blieb uns erhalten. Wir danken der Vorsehung für diese Gnade.*«
17. Februar 1945 vor Volkssturmmännern: »*Volk und Führung sind nicht voneinander zu trennen. Wir wollen anständig leben und wenn es sein muss, anständig sterben. Wir wollen immer da stehen, wo die Treue ist und die Tapferkeit der Herzen und in Stunden der Gefahr wird niemand feige sein.*«[280]
Eugen Goschenhofer lebt heute als Pfarrer im Ruhestand in Nördlingen. Als junger Mensch hat er den Nachfolger des abgelösten Kreisleiters Theodor Hippler oftmals erlebt. Im Schrannenhaus habe der sich sein Amtszimmer wie ein Oberbürgermeister ausgestattet. Ein guter Redner sei Schulz gewesen, gehetzt habe er nicht, aber häufig nationalsozialistische Parolen wie »Gemeinnutz geht vor Eigennutz« und »Du bist nichts, dein Volk ist alles« strapaziert. Pfarrer Goschenhofer erinnert sich auch, dass Schulz einer BDM-Führerin einmal sagte: »Du bist ein tüchtiges Mädchen. Dazu passt nicht, dass Du freiwillig den Religionsunterricht mitmachst. Lieber ist uns eine Führerin mit weniger Führungsqualitäten als eine gute Führerin, die sich noch an die Kirche hält.«
Zu dieser Äußerung passen Briefe, die Schulz im Frühjahr 1939 versendet. Vorausgegangen sind Rundschreiben aus dem Stab des Hitler-Stellvertreters Rudolf Heß. Kein politischer Leiter, Führer, Unterführer usw. dürfe ein kirchliches Amt oder Ehrenamt annehmen, hatte es darin geheißen. Nun erkundigt sich Schulz nach dem Stand der Dinge im Ries. Einige Ortsgruppenleiter melden Vollzug. In Ederheim dagegen weigern sich drei politische Leiter »unter selbsterfundenen falschen Äußerungen ihr Amt abzulegen.« In Kleinsorheim heißt es gar trotzig hinter drei von vier Namen: »… bleibt Kirchen-

vorstand, legt Amtsleiter der NS Volkswohlfahrt nieder, … bleibt Kirchenvorstand, legt Organisationsleiter nieder, … bleibt Kirchenvorstand, legt Walter des Reichsluftschutzbundes nieder.« Fast ein Aufstand![281]

Der Kreisleiter lässt es sich auch angelegen sein zu kontrollieren, wer bei Haussammlungen Geld spendet und wer nicht. Zwölf Nördlinger, die am 14./15.10. 1939 nichts gegeben haben, finden sich z. B. in einer heute noch vorhandenen Liste. Aus Dornstadt wird der Name eines Bauern mitgeteilt mit der Anmerkung: »Ich erwarte, dass hier etwas geschied« [so geschrieben!]. Eine Frau Metzgermeister tut den Hinweis des Sammlers, dass Kreisleiter Schulz ab und zu mal die Listen durchsieht, mit den Worten ab: »Da lasse ich mir vom Kreisleiter gar nichts vorschreiben, der soll nur zu mir kommen.«

Als in Schaffhausen der Altbürgermeister Löw 1940 die Partei verlassen will, sieht Schulz sich »gezwungen, Ihnen auf diesem Wege mitzuteilen: … Ich mache Sie als Ihr Hoheitsträger in freundschaftlichster und kameradschaftlichster Weise darauf aufmerksam, dass ich eine Austrittserklärung Ihrerseits auf keinen Fall annehmen würde, sondern gezwungen wäre, Ihren Ausschluss von mir aus zu vollziehen.«[282]

Eher kurios ist, wie den Nördlinger Kreisleiter gelegentlich seine Vergangenheit als Theologe einholt. Im Zug zwischen Nördlingen und Donauwörth begrüßt eine ehemalige Schülerin aus Augsburg den in Parteiuniform reisenden Kreisleiter lächelnd mit »Grüß Gott, Herr Pfarrer«. Der hört das wohl gar nicht mehr gern. »Was wollen Sie denn, das waren Sie doch mal«, versucht eine Zeugin Schulz nach dessen scharfer Erwiderung zu besänftigen.[283]

Als Nördlingens Erster Bürgermeister Dr. Hausmann im September 1939 zur Wehrmacht einberufen wird, übernimmt der Kreisleiter kommissarisch dessen Amt. Viel zu bewegen ist in dieser Zeit nicht mehr, der Krieg zwingt zu größter Sparsamkeit. Ende 1941 bittet Schulz, ihn von diesem Amt wieder zu entbinden, weil er als Kreisleiter überlastet sei. Später wird auch Schulz zu den Waffen gerufen, doch kehrt er im April 1944 von der Schweren Artillerie zurück. Je schlechter es draußen an den Fronten steht, desto wichtiger wird die innere Front. Auch Schulz wird da gebraucht. Aber nicht mehr lange. Dann wird Nördlingen von amerikanischen Truppen besetzt. Der Kreisleiter verlässt vorher die Stadt.

Jahre in Internierungslagern folgen, nicht nur für ihn, sondern auch für seine Frau. Schulz hat nach dem Tod seiner ersten Frau in Nördlingen ein zweites Mal geheiratet. Die neue Angetraute, Hilde geb. Asshauer, ist von 1938–1943 Gebietsführerin des BDM gewesen. Da auch sie nach Kriegsende in Internierungshaft kommt, wird die Familie auseinandergerissen. Die Wohnung geht verloren, Verwandte nehmen die beiden kleinsten Kinder auf, Ersparnisse und Hausrat werden beschlagnahmt.

Verglichen mit einigen anderen schwäbischen Kreisleitern hat Schulz in Nördlingen ein verhältnismäßig mildes Regiment geführt. Vor der Spruchkammer sagt sein Anwalt, dass Schulz sich inzwischen vom Nationalsozialismus belogen und betrogen fühle. Der habe sich als verlogener Schwindel herausgestellt. Der Verteidiger: »Damit ging ihm erst richtig die Erkenntnis auf, dass er unbewusst einem System gedient hatte, das gerade das Gegenteil seiner Ideale von Humanität und der Ehrfurcht vor dem Leben und der Menschenwürde bedeutete. Sein Idealismus ist damit angesichts der grausamen Wirklichkeit für immer zusammengebrochen.«

Schulz bereut auch, aus der Kirche ausgetreten zu sein. In der Familie sei dennoch täglich das Tisch- und Abendgebet gesprochen worden, sagt der Anwalt. Mehrere Zeugen entlasten Schulz. Ein Nördlinger Pfarrer sagt aus, dass der Kreisleiter die Kirche weder terrorisiert noch in ihrer Arbeit behindert habe. Hervorzuheben ist jedoch auch, dass der Spruchkammer-Vorsitzende in einer der Verhandlungen es unverständlich nennt, wie ein Mann von einem die übrigen Gefolgsmänner der Partei weit überragenden Bildungsgrad sich bis zuletzt für die NS-Ideologie einsetzen konnte. »Darin ist seine wesentliche Belastung festzuhalten.« Im Nachverfahren wird der ehemalige Kreisleiter 1949 als Mitläufer eingestuft.

Nach der Entlassung aus dem Internierungslager wird Schulz Vertreter für eine Essenzenfabrik. Er verlässt Nördlingen. Tritt wieder in die evangelische Kirche ein. 1972 verstirbt er in Bad Berleburg.

Wilhelm von Pechmann (Memmingen)

Widerstand in Briefen gegen die Antichristen

Es gibt immer zwei Möglichkeiten. Der Bankier Wilhelm von Pechmann war ein bedeutender Repräsentant der evangelischen Kirche. Er entscheidet sich, das Dritte Reich wegen dessen kirchenfeindlicher Haltung kompromisslos zu bekämpfen.

*

Wilhelm Freiherr von Pechmann ist ein ganz ungewöhnlicher Mann. 1859 im Fuggerhaus zu Memmingen geboren, ist er schon mehr als 70 Jahre alt, als 1933 das braune Unheil über Deutschland hereinbricht. Sich aktiv einer Widerstandsbewegung anzuschließen kommt da wohl nicht mehr in Frage. Aber der alte Edelmann findet seine eigene Form, das Dritte Reich zu bekämpfen. In Briefen verteidigt er das Christentum gegen die »apokalyptisch-antichristliche Diktatur« des Dritten Reichs.

Wilhelm von Pechmann wird im evangelischen Glauben seiner Mutter Ida groß. Vater Adalbert ist katholisch. Dieser ist Staatsanwalt in Memmingen, wird später Oberlandesgerichtsrat. Wilhelm von Pechmann besucht das Realgymnasium in Augsburg, studiert Philologie und Jura in München. Er hätte gern die akademische Laufbahn eingeschlagen. Am liebsten wäre er Rechtslehrer an einer Universität geworden. Nach dem frühen Tod des Vaters tritt er jedoch in die Bayerische Handelsbank ein – aus Verantwortungsgefühl gegenüber der Mutter und unversorgten jüngeren Geschwistern. 1898 wird er 1. Direktor der Bank, von 1937–1939 stellvertretender Vorsitzender von deren Aufsichtsrat. Alle die Ämter aufzuführen, die dieser Mann beruflich, nebenberuflich und kirchlich ausgeübt hat, würde Seiten füllen. Die bedeutendsten betreffen die evangelische Kirche: Von 1919–1922 ist er Präsident der Bayerischen General- bzw. Landessynode, 1924 in Bethel, 1927 in Königsberg, 1930 in Nürnberg der Präsident des Deutschen Evangelischen Kirchentages. Kommen hinzu bedeutende Ämter in Gremien des Welt-Luthertums und des Welt-Protestantismus.

Als der Erste Weltkrieg ausbricht, ist von Pechmann 55 Jahre alt. Das hindert ihn nicht, sich freiwillig an die Front zu melden. Als Kompanie- und Bataillonsführer kämpft er vorn in den Schützengräben. Ein Foto aus jenen Jahren zeigt den Major mit vielen Orden behängt. Ein mutiger Mann, wie sich auch später zeigen wird – und ein hochgebildeter dazu. Der schwedische Erzbischof Söderblom rühmt ihn, bei Aischylos und Sophokles ebenso zu Hause zu sein wie bei Descartes und den Klassikern des Luthertums; eine größere Bibliothek als bei von Pechmann habe er bei keinem anderen Privatmann gesehen. Auch der Goethe-Gesellschaft in Weimar gehört von Pechmann viele Jahre als Vorstandsmitglied an.

Wilhelm von Pechmann
(Foto: Landeskirchliches Archiv)

Als Wilhelm von Pechmann die Lateinschule verließ, wurde ihm August Vilmars »Geschichte der deutschen Nationalliteratur« geschenkt. Auf eine Innenseite schreibt er damals die Worte »Christlich und deutsch«. Sie werden seine Lebenslosung. In seinem Fragment gebliebenen Bericht »Aus meinem Leben« urteilt er Jahrzehnte später aus der Erfahrung mit dem Nationalsozialismus: »Ich ahnte damals nicht, dass mir am späten Abend meines Lebens eine Losung ganz anderer Art entgegenklingen würde:

Christlich oder deutsch! … Gewiss, mit Widersachern des Christentums hatte ich von Jugend an fort und fort zu tun. … Aber so mannigfach die Gründe waren, welche sie ins Feld zu führen wussten: Das ist keinem von allen in den Sinn gekommen, die Vernichtung des Christentums im Namen des Deutschtums zu verlangen.«[284]

Von Pechmann ist und bleibt konservativ. So sehr wie die Niederlage Deutschlands schmerzt ihn der Versailler Vertrag, den die Siegermächte des 1. Weltkriegs Deutschland aufzwingen. 1919 entsendet ihn die Bayerische Volkspartei in den Bayerischen Landtag. 1919 kehrt er dieser Partei den Rücken. Der im Kaiserreich aufgewachsene Mann hält nicht sehr viel von der Demokratie. Aber ganz und gar nichts hält er von der Diktatur Hitlers. Er bekämpft sie unermüdlich – mit seinen Worten.

Es bleibt ein Rätsel, wie dieser vielbeschäftigte Mann die Zeit zu so vielen Briefen findet, wie er sie zwischen 1933 und 1945 schreibt oder einem Sekretär diktiert: An den Reichskanzler, an Minister des Dritten Reichs, an Bischöfe, Theologen. Nie nimmt er darin ein Blatt vor den Mund. Schon 1934 fordert er seine Glaubensbrüder auf, nicht zur Verfolgung der Juden und der als Juden geborenen Christen zu schweigen. Beschwörend verlangt er die Solidarität der beiden großen christlichen Kirchen, um gemeinsam dem braunen Widersacher des Christentums entgegenzutreten. Als er ein einsamer Rufer in der Wüste bleibt, tritt der überzeugte evangelisch-lutherische Christ am 2. April 1934 aus der Deutschen Evangelischen Kirche aus. Die Briefe, in denen er mahnt und warnt, versendet er weiter. 1936 wird von Pechmann Mitglied der Bekennenden Kirche, die der nationalsozialistischen Gesinnung von Teilen der evangelischen Kirche entgegentritt.

Die unbeugsame Haltung Wilhelm von Pechmanns bleibt den Nationalsozialisten nicht verborgen. Es grenzt an ein Wunder, dass sie nicht auch diesen Mann verfolgen wie den Pastor Martin Niemöller und den Pater Rupert Mayer. In Briefen setzt er sich für diese beiden ein. Für Martin Niemöller, den U-Boot-Kommandanten des Ersten Weltkriegs, der auf Hitlers Anordnung 1934 wegen seiner führenden Rolle in der Bekennenden Kirche sein Pfarreramt verliert, 1937 verhaftet und ins KZ gebracht wird. Für Rupert Mayer, den schwer verwundeten Frontprediger des Ersten Weltkriegs, den die Nationalsozialisten wegen seiner Predigten erst ins Gefängnis, dann ins KZ schicken. »Ich erkläre, dass ich im Falle meiner Freilassung trotz des gegen mich verhängten Redeverbots nach wie vor, sowohl in München als auch im übrigen Bayern, aus grundsätzlichen Erwägungen heraus predigen werde«, schreibt Mayer 1939 an die Gestapo. Mehr Männer, die wie diese beiden entschieden ihren christlichen Glauben gegen die Nationalsozialisten verteidigen, wünscht Wilhelm von Pechmann sich.

Er wünscht sie sich insbesondere auf evangelischer Seite. Der Freiherr bewundert, dass die katholische Kirche deutlicher gegen den Nationalsozialismus Stellung nimmt als die evangelische. Aber erst 1946, im Alter von 87 Jahren, tritt er über und wird katholisch: »Nicht leichten Herzens, aber dem unausweichlichen Zwange des Gewissens folgend.«[285] Der Münchner Kardinal von Faulhaber spendet ihm am 12. Juni das Sakrament der Firmung. 20 Monate später, am 10. Februar 1948 stirbt Wilhelm von Pechmann. Von evangelischer Seite nimmt nur der Pfarrer August Rehbach an der Beisetzung auf dem Nordfriedhof teil.

Erst 50 Jahre später entsinnt sich die evangelische Kirche dieses mutigen Mannes, seines Kampfes für den christlichen Glauben und gegen die Tyrannis. Die 100. Tagung ihrer Landessynode 1998 in Memmingen verbindet die Evangelisch-Lutherische Kirche in Bayern mit dem Gedenken an ihren ersten gewählten Präsidenten. Wilhelm von Pechmann wird als »Vorbild evangelischer Frömmigkeit und guten, starken lutherischen Glaubens« gewürdigt.[286] Synodalpräsident Dieter Haack rühmt ihm nach: »Männern wie ihm oder Dietrich Bonhoeffer verdanken wir, dass zu unserer Geschichte 1933 bis 1945 nicht nur Verbrechen und Versagen gehören, sondern auch Widerstand gegen Unrecht, Aufstand des Gewissens, moralisches und sittliches Verhalten.«

Statt mehr über diesen vorbildlichen evangelischen Christen zu schreiben, sei nachstehend aus Dokumenten seines geistigen Widerstands zitiert.

- Über die Gefährlichkeit des Nationalsozialismus sowie über die ihm ergebenen »Deutschen Christen«:

»... Während wir schon vor Jahren wohlbedacht und mit vollem Erfolg die Kirchenfahne eingeführt haben, die schon von weitem ankündigt, dass über alle politischen Gegensätze hinweg die Kirche jedem offen steht, den nach der Kirche verlangt, musste an diesem Sonntag neben der Kirchenfahne nicht nur die alte Reichsfahne von den Kirchentürmen wehen, sondern auch die Hakenkreuzfahne. ... Für mich ist es im neuen Staat *die* Aufgabe der Kirche, alles, aber auch alles aufzubieten, um dafür zu sorgen, dass nach wie vor ohne Unterschied des politischen Denkens und Empfindens jeder evangelische Christ wenigstens in seiner Kirche das Heimatgefühl behält, das der neue Staat Hunderttausenden oder vielmehr Millionen seiner Angehörigen genommen hat und täglich von neuem nimmt: darunter nicht wenigen, die, ohne irgendwie Aufhebens davon zu machen, ... durch und durch deutsch und christlich, auch sozial gedacht, empfunden, gehandelt haben schon zu einer Zeit, als die übergroße Mehrzahl derer, die sich heute anmaßen, allein wirklich ›deutsche Christen‹ zu sein, überhaupt noch nicht auf der Welt waren« *(am 8.7.1933 an Landesbischof Meiser, München).*

»... Denn für viele von denen, die trotz allem und allem zu jeder Selbstverleugnung und zu voller Hingebung bereit sind, wenn es gilt, unserem Volk und Vaterland auch in seiner neuen Gestalt mit allen Kräften und mit Einsetzung der ganzen Person zu dienen, wird in einer Kirche kein Raum mehr sein, in welcher so, wie es die ›Deutschen Christen‹ wollen und deren Wortführer immer wieder verkündigen, die Zugehörigkeit zur Kirche gleichbedeutend ist mit dem Bekenntnis zum Nationalsozialismus und zu einem absoluten Staate, der wohl die katholische Kirche als eine selbständige Macht gelten lässt, der aber die evangelische Kirche seiner Totalität zu unterwerfen endgültig entschlossen ist...« *(am 20.7.1933 an den bayerischen Ministerpräsidenten Siebert, München)*

»... Ich trage namenlos schwer an der Tyrannis von heute, besonders schwer an der Unwahrhaftigkeit, mit der man wagt, von Recht und Freiheit und von Treue zu reden, obwohl wir nichts von alledem mehr haben, aber am schwersten doch vielleicht an der Bereitwilligkeit, mit welcher weite Kreise und führende Männer unseres evangelischen Kirchenwesens jener Tyrannis huldigen, von der doch am Tage liegt, dass sie mit großer Macht und viel List zielbewusst darauf ausgeht, unser Volk, vor allem seine Jugend zu entchristlichen. ...« *(am 5.6.1936 an Pfarrer D. Herz, Leipzig)*

»... Ich sehe mein deutsches Volk, seine Jugend, seine Zukunft von schlechthin tödlichen Gefahren bedroht, und dabei bin ich außer Stande, mir irgendwie zurecht zu legen, was man sich ... von einem Kampfe verspricht, der – darüber vermögen alle beschwichtigenden Reden keinen selbständigen Beobachter hinwegzutäuschen – nichts anderes als die Entchristlichung unseres Volkes zu seinem ungeheuerlichen Ziele hat ...« *(am 18.10.1937 an Reichsinnenminister Frick, z. Zt. München)*

- Über Rupert Mayer und Martin Niemöller:

»... wenn insbesondere Geistliche, von dem ganzen heiligen Ernste ihrer Verantwortung erfüllt, freimütig da sprechen, wo sie allein noch die Möglichkeit haben, den Widersachern der Kirche, des christlichen Glaubens entgegenzutreten, so werden sie ... von Spitzeln und Denunzianten umlauert ... Ich nenne jetzt nur M. Niemöller und auf katholischer Seite den P. Rupert Mayer S. J. Für jeden dieser Männer lege ich beide Hände ins Feuer. Wir können nicht dankbar genug sein, so vielbewährte Zeugen der christlichen Wahrheit unter uns zu haben. Sollten sie trotzdem verurteilt und ins Gefängnis geworfen werden, so würde das gerade Gegenteil von alledem erreicht, was durch jenes Gesetz erreicht werden soll. ... Der Schaden wäre unermesslich und unwiederbringlich, und zwar nicht für die Kirchen, um so mehr aber für den Staat.« *(Am 17.7.1937 an Staatssekretär Schlegelberger im Reichsjustizministerium)*

»... Pastor Niemöller wird nun seit 1. Juli 1937 in einer Haft gehalten, die dazu geeignet und wohl auch dazu bestimmt ist, die Gesundheit und Kraft des in Krieg und Frieden vielbewährten ausgezeichneten Mannes langsam, aber sicher zu zerstören (nicht zu reden von dem, was seine vortreffliche Frau und seine Kinder leiden): anfänglich längere Zeit ohne Urteil und Recht, seit 2. März 1938 im vollen Widerspruch zu dem rechtskräftigen Urteil des Sondergerichts, das

ihm nach gründlichster Untersuchung und nach Vernehmung einer ganzen Reihe von einwandfreiesten Gewährsmännern wie Sauerbruch u.s.w. unter Anerkennung seiner makellosen Ehrenhaftigkeit der Freiheit zurückgegeben hatte. Ähnlich wird auf katholischer Seite einer der verehrtesten Feldprediger aus dem Weltkriege, Pater Rupert Mayer S.J., seit Jahren verfolgt. Nachdem ich die mir anvertrauten Akten, insbesondere ein Urteil, durch das er zu sechs Monaten Gefängnis verurteilt worden war, auf das genaueste durchgelesen und die volle Überzeugung von seiner Unschuld gewonnen hatte, habe ich nicht etwa versucht, die Aufhebung des Urteils zu erreichen, wohl aber, zum ersten Male in meinem langen Leben, das Reichsjustizministerium gebeten, und zwar mit Erfolg gebeten, das Urteil vollstrecken zu lassen, um den schwerkriegsbeschädigten Mann aus den Händen der Geheimpolizei in die der gerichtlichen Strafvollstreckung zu bringen. Die Strafe ist längst verbüßt, Pater Rupert Mayer aber schon seit längerer Zeit unter den nichtigsten Vorwänden neuerdings verhaftet und, ich weiß nicht wohin, verschleppt: ein Mann, der sich beim Rücktransport eines Schwerverwundeten, als alle anderen vor einer Feuergarbe die Flucht ergriffen, über den Verwundeten warf, um ihn mit seinem eigenen Leibe zu decken.
Dies sind nur zwei Fälle … Jeder von ihnen genügt für sich allein, um die Rechtlosigkeit in einem Staate zu kennzeichnen, in welchem ›mit groß Macht und viel List‹ eine bedenkenlose Minderheit das ganze Volk in einer Weise tyrannisiert, wie sie, von Russland abgesehen, noch nie dagewesen ist. …« *(am 2./5.2.1940 an Pastor Gustav von Bodelschwingh, Berlin)*

- Über die Judenverfolgung:

»1: Wir bekennen uns zu allen Gliedern unserer Kirche ohne Unterschied der Abstammung, auch und heute gerade auch zu denen, die ganz oder teilweise jüdischer Abstammung sind. Wir fühlen mit ihnen und wir werden für sie eintreten bis zu den Grenzen des Möglichen.
2. An die Träger der öffentlichen Gewalt aber richten wir die ernste Mahnung, bei allem, was zur Abstellung von Missständen geschehen soll, die Grenzen nicht zu überschreiten, die durch die Gebote der Gerechtigkeit und der christlichen Liebe gezogen werden.« (*Vorschlag von Pechmanns für eine Sitzung des Deutschen Evangelischen Kirchenausschusses am 26.4.1933. Die Resolution fand keine Mehrheit).*
»… Kann und darf die Kirche schweigen? Nimmermehr! Sie kann und darf es vollends nicht, nachdem sich der Herr Ministerpräsident in seiner gestrigen Rede in Zusammenhang mit der ›Judenfrage‹ ausdrücklich auf die *Einsicht der Kirche* berufen hat: In einer Form, welche nicht mehr und nicht weniger als die Erwartung, ja das Verlangen erkennen lässt, dass zu der ›gesetzlichen und harten Regelung der Judenfrage‹ die christliche Kirche mitwirke, die endlich das Wort Christi befolgen müsse: ›Mein Reich ist nicht von dieser Welt.‹ … Mit allem, was mir an christlicher Überzeugung zu Gebote steht, bitte ich darum, … mit einem Worte ernsten Widerspruchs freimütig hervorzutreten. …« *(am 14.11.1938 unter dem Eindruck des Pogroms gegen die Juden an Landesbischof Meiser)*
»… Unter den dunklen Erscheinungen der vorigen Woche war es eine der dunkelsten, dass, wie und mit welchen Folgen in den Kampf gegen die Juden ohne jeden erkennbaren Anlass und Grund auch die katholische Kirche mit ihrem verehrungswürdigen Oberhirten hineingezogen wurde. Aber die kaum begreifliche ›Provokation‹ … könnte zur Quelle reichen Segens werden, wenn … unsere evangelische Kirche hier in Bayern den zweifachen Entschluss fände, sich erstens gegen die Judenverfolgung zu wenden, die für das deutsche Volk eine kaum wieder gutzumachende Niederlage ohnegleichen bedeutet, zweitens aber auch der katholischen Kirche zur Seite zu stellen, von welcher heute nicht politisiert, wohl aber – denken Sie nur an einen Mann wie Pater Rupert Mayer! – für das uns gemeinsam heilige Kreuz gekämpft wird.« *(am 15.11.1938 an den bayerischen Landesbischof Meiser)*
»… Ich meine die ungeheuerliche Juden- und Judenchristen-Verfolgung. … Nach wie vor kann ich nimmermehr davon abgehen, dass unsere Kirche sich einer schweren, auch folgenschweren Unterlassung schuldig macht, wenn sie nun auch zu all' dem neuen Unrecht schweigt und schweigt, durch welches – im vollen Widerspruch zu dem allenthalben erkennbaren gesunden Empfinden im Volke selbst – das deutsche Volk moralisch isoliert worden ist wie in seiner

ganzen langen Geschichte noch nie. …« *(am 20./21.12.1938 an Landesbischof Meiser)*

»… Es ist geradezu himmelschreiend, wenn man hört und sieht, dass neuerdings sämtlichen Juden ohne Ausnahme die Benützung der Straßenbahn verboten ist, dass aber die in Arbeit stehenden Juden trotzdem angehalten werden, ihre Arbeitszeiten genau einzuhalten. Auch die Sperrung öffentlicher Anlagen, sogar des Hofgartens und der Maximiliansanlagen u.s.w. für Juden gehört zu den Dingen, die, vom christlichen Standpunkt gar nicht zu reden, schon aus Gründen der Menschlichkeit geeignet sind, nicht weniger den deutschen Namen zu belasten, als die Opfer eines derartigen Sadismus zur Verzweiflung zu treiben.

Es fehlt … keineswegs an ernsten Zeichen, die dafür sprechen, dass die Leute, welche hinter dieser Judenverfolgung stehen, unter Umständen ganz ebenso gegen Christen vorgehen werden wie heute gegen die Juden. Wollen wir es darauf ankommen lassen, dass wir uns dann werden sagen müssen, wir haben es durch unser Schweigen verdient, dass es nun auch uns nicht besser geht? …« *(am 8.11.1941 an Landesbischof Meiser).*[287]

Franz Xaver Schwarz (Günzburg)

Ein Herrscher im Braunen Haus

Es gibt immer zwei Möglichkeiten. Franz Xaver Schwarz wurde schon 1922 Mitglied der NSDAP und als Schatzmeister der braunen Partei einige Jahre später einer von Hitlers engen Vertrauten.

*

Kommt die Rede auf die »Bonzen« des nationalsozialistischen Staates, dann fallen auch den Nachgeborenen umgehend neben Hitler die Namen Göring, Goebbels, Himmler, Bormann ein. Franz Xaver Schwarz wird so gut wie nie genannt. Er ist kein Regierungsmitglied, nicht Gauleiter gewesen, bekleidet aber ab 1925 eines der wichtigsten Ämter in der Hitler-Partei: das des Reichsschatzmeisters. 20 Jahre lang ist er des »Führers« oberster Kassenwart, nennt sich selbst einmal »den engsten und vertrautesten Mitarbeiter Hitlers«.[288]

Die Reichsleitung der NSDAP hat ihren Sitz nicht in der Regierungshauptstadt Berlin; sie bleibt von Anfang bis Ende des Dritten Reichs dort, wo das Unheil begann: in der »Hauptstadt der Bewegung«, in München. Dort im Braunen Haus laufen alle Fäden zusammen. Und der Reichsleiter Schwarz ist einer der Herrscher in diesem Braunen Haus. Ein Mann, der vermutlich nie ein Staatsamt anstrebt, sondern zufrieden damit ist, im Stillen zu wirken und die Parteifinanzen mit äußerster Korrektheit in Ordnung halten zu dürfen.

1932 erscheint eine Broschüre »Die Männer um Hitler«.[289] Edgar Schmidt-Pauli nennt darin Franz Xaver Schwarz »eine der sympathischsten Persönlichkeiten im Hause.« Diese Einschätzung muss nicht viel bedeuten, weil die Partei dem Autor schon damals kritische Anmerkungen über ihre Führungsriege nicht ungestraft hätte durchgehen lassen. Aber von Reichsleitern wie Propagandaminister Josef Goebbels oder dem Reichsführer SS und Chef der deutschen Polizei Himmler unterscheidet sich Schwarz. Allerdings nicht in seiner blinden Ergebenheit zu Hitler und dem Nationalsozialismus.

Schwarz, 1875 in Günzburg geboren, wird schon 1922 Parteimitglied. Die große Zahl von Parteien habe ihm nicht gefallen und er habe die Revolution gehasst, gibt er in einem Verhör nach dem Zweiten Weltkrieg an.[290] Als die NSDAP wegen des Putschversuchs vom 9. November 1923 verboten wird, tritt Schwarz der Nachfolgepartei »Großdeutsche Volksgemeinschaft« bei und kassiert dort Mitgliedsbeiträge und Spenden. 1925 wird er Mitglied Nr. 6 in der erneut gegründeten NSDAP. »Er war so sehr von den Ideen des Führers begeistert, dass er seine sichere Existenzgrundlage als Verwaltungsbeamter der Stadt München aufgab, um sich ganz der aktiven Arbeit für die Bewegung widmen zu können«, rühmt ihn der »Völkische Beobachter«.[291] Wenige Wochen später ernennt Hitler Schwarz zum Reichsschatzmeister der NSDAP. 1931 wird er Generalbevollmächtiger für alle vermögensrechtlichen Angelegenheiten der Partei. In seine Finanzhoheit gehören im Dritten Reich auch alle anderen Organisationen der NSDAP: Von SA und allgemeiner SS über NS-Studentenbund und NS-Frauenschaft bis hin zum NS-Bund Deutscher Technik. Die vielen braunen Formationen lassen sich gar nicht alle aufzählen.

Je größer die NSDAP wird, desto wichtiger und (später) mächtiger wird Schwarz. Er weiß das auch. Aber er gehört nicht zu denen, die durch die Parteikarriere auch Reichtümer erwerben wollen. Zeit seines Lebens übt er das Schatzmeisteramt ehrenamtlich aus. »Sein bescheidenes Einkommen als Pensionist und Stadtrat genügt ihm für seine Lebensbedürfnisse«, schreibt Schmidt-Pauli. Ungewöhnlich, aber im Dritten Reich bei Leuten der Partei eben möglich: Als Schwarz schon pensioniert ist, befördert die Stadt München den Reichsschatzmeister noch zum Oberamtmann. Nicht zu vergessen: Auch diesem Weggefährten schenkt Hitler zum Dank ein Grundstück.

Aus dem Artikel im »Völkischen Beobachter« geht auch hervor, welchen bedeutenden Anteil Schwarz am Aufstieg der NSDAP hat: »In den darauffolgenden Jahren des Kampfes um die politische Macht in Deutschland war es seiner zielbewussten Arbeit zu verdanken, dass die finanziellen Grundlagen geschaffen wurden, die der Partei in den entscheidenden Wahlkämpfen die Mittel gaben, um trotz des übermächtigen Ansturms der politischen Gegner weiterhin siegreich vorwärts schreiten zu können.« Es sei ein unvergängliches Verdienst des Reichsschatzmeisters, dass auch in der Zeit der schwersten Wirtschaftsnot die Partei finanziell nicht unterzukriegen gewesen sei, heißt es in dem Artikel weiter.

Ein so überzeugter Nationalsozialist begnügt sich nicht damit, nur Mitglied in der NSDAP zu sein. Schwarz ist von 1933–1945 Mitglied des Reichstags, viele Jahre Stadtrat in München; er gehört mit hohen Diensträngen SS, SA, dem Nationalsozialistischen Kraftfahrerkorps NSKK an, besitzt den Blutorden, das Goldene Parteiabzeichen, SS-Ring, SS-Ehrendegen und manches mehr, womit das Dritte Reich seine Getreuen ehrt.

Da will auch die Stadt Günzburg nicht zurückstehen. Das Dritte Reich ist noch keine drei Monate alt, da werden Hitler, sein Münchner Statthalter Ritter von Epp und – Franz Xaver Schwarz bereits zu Ehrenbürgern ernannt. Und die Institutsgasse, in der sein Geburtshaus steht, bekommt den Namen des Sohnes der Stadt: Franz-Xaver-Schwarz-Straße. Nach dem Krieg beeilt sich die Stadt, diese Ehrungen auszulöschen.

Hin und wieder führt sein Weg den Reichsschatzmeister wieder dort hin, wo er aufgewachsen ist:

»Er scheute sich nicht, seine Schwestern Antonie und Augustine bei gelegentlicher Anwesenheit hier in aller Öffentlichkeit zu besuchen«, heißt es in einem »Persilschein«, den ihm die Oberin vom Kloster der Englischen Fräulein nach dem Zusammenbruch des Dritten Reichs ausstellt. Schwarz hält in Günzburg auch markige nationalsozialistische Reden. Zum Beispiel, als am 15.10.1937 das nach ihm benannte Heim an die Hitlerjugend übergeben wird. Oberster Parteirichter Walter Buch, Reichsjugendführer Baldur von Schirach und Gauleiter Karl Wahl kommen aus diesem Anlass in die Kreisstadt.

In Paul Auers 1963 erschienener »Geschichte der Stadt Günzburg« heißt es verharmlosend (wie das gesamte Kapitel über das Dritte Reich): »Aus Günzburg stammt, als Sohn eines Bäckermeisters am 27. November 1875 geboren, der Reichsschatzmeister der NSDAP Franz Xaver Schwarz. Der Jugend seiner Vaterstadt stiftete er am südlichen Burgfrieden das HJ-Heim, das Buben und Mädeln mit weiten Sälen, mit Spiel- und Sport-

Hitler beim Treffen mit »Alten Kämpfern« 1929 im Münchner Hofbräuhaus. Rechts neben Hitler Franz Xaver Schwarz, ganz rechts Leibwächter Ulrich Graf (Foto: Scherl/Süddeutscher Verlag-Bilderdienst)

platz bis in den Krieg hinein die Stätte geselliger Spiele und Abende wurde.«
Schwarz sagt damals viel deutlicher, was die Nationalsozialisten mit dem HJ-Heim im Schilde führen: »Ich habe schon früher einmal die Jugend als Juwel einer Nation bezeichnet. Sie soll als wertvollstes Gut des Volkes von frühester Jugend an die Erziehung und Pflege des Nationalsozialismus empfangen. Es ist eines der Ziele dieses Hitlerjugendheimes: der Jugend den heißen Glauben und die unverbrüchliche Treue für die Ewigkeit des ›Dritten Reiches‹ im Herzen zu verankern.«[292]

Als Schatzmeister führt dieser Mann ein strenges Regiment. Seine Revisoren sind gefürchtet und unbeliebt. Der Düsseldorfer Gauleiter Florian soll sie als »in Dreck wühlende Schweine« bezeichnet, Führer-Stellvertreter Heß an Schwarz geschrieben haben, dass er endlich mit dem Revisionsfimmel aufhören solle. »Das Leben Schwarz's war ein einziger Kampf gegen die politische Führung«, sagt später im Spruchkammerverfahren[293] ein Zeuge aus. Doch hat Schwarz sich nicht nur bei »hohen Tieren« mit Ansprüchen, Korruption, Unterschlagung herumzuschlagen, sondern auch mit NSDAP-Kreisleitern. Vielerorts wachsen deren finanzielle Sorgen nach der Machtübernahme, weil sie sich in immer mehr Bereiche des politischen und gesellschaftlichen Lebens einmischen sollen; weil der Parteiapparat immer größer wird; weil aus ehrenamtlichen Mitarbeitern hauptberufliche oder neue Stellen geschaffen werden.[294] Auch das Amt des Reichsschatzmeisters dehnt sich nach den bescheidenen Anfängen im Dritten Reich immer mehr aus. Acht Hauptämter – von der Finanzverwaltung bis zur Reichszeugmeisterei – zeigt eine grafische Darstellung von 1937.[295] Um Geld in die Parteikasse zu bringen lässt Schwarz zweimal im Jahr in ganz Deutschland Lotterien veranstalten, lässt auf Veranstaltungen für hohe Summen Bausteine verkaufen. Bevor das Dritte Reich zusammenbricht, wird Schwarz noch Kommandeur eines Volkssturmbataillons in Grünwald. Die US-Armee interniert den Reichsschatzmeister der NSDAP. Im Gegensatz zu vielen anderen überlebenden Größen des NS-Regimes verkleinert er seine politische Rolle nicht. Am 3. März 1947 richtet er ein Schreiben an den Alliierten Kontrollrat in Berlin. Darin heißt es: »Ich übernehme als oberster Chef der ehemaligen Parteiverwaltung die alleinige Verantwortung über deren Arbeit und Tätigkeit. Ich habe niemals daran gedacht, mich dieser meiner Verantwortung jemals zu entziehen, am allerwenigstens durch die Flucht aus dem Leben. … Ich habe meine Ausführungen nach bestem Wissen und Gewissen gemacht, um damit dem Recht, der Gerechtigkeit und Wahrheit zu dienen. Ich bitte den Alliierten Kontrollrat, den automatischen Arrest für alle Angestellten, Mitarbeiter und Angehörige der Verwaltung der NSDAP aufzuheben.«[296]

In einem Verhör am 1.4.1947 durch einen Amerikaner bekennt er: »Ich habe nur 20 Jahre an einer Sache gearbeitet, von der ich dachte, dass sie gut sei. Ich bin der gemäßigte Nationalsozialist gewesen. Ich habe nicht Politik betrieben. Ich habe einen Kampf geführt gegen die politischen Hoheitsträger. Sie glauben nicht, was das für ein Kampf war.«[297] Im Dezember 1947 stirbt der ehemalige Reichsschatzmeister im Internierungslager in Regensburg.

Herbst 1948 und Frühjahr 1949 kommt es wegen des Nachlasses in München zu Spruchkammerverfahren. Es treten Zeugen auf, die Schwarz belasten (»war ein Tyrann und furchtbar sprunghaft in seinen Stimmungen«, »Meine Erfahrungen waren die, dass man gegen kleine Leute scharf vorging und die großen laufen ließ«); andere Aussagen entlasten ihn. Die Frau von Dr. Fritz Schäffer, später Finanzminister in der Regierung Adenauer, äußert Dankbarkeit. Schwarz habe 1944 bewirkt, dass ihr Mann bald wieder aus dem KZ Dachau entlassen worden sei.

Am Ende der Verhandlungen wird der ehemalige Reichsschatzmeister als Hauptschuldiger eingestuft. Sein Vermögen bis auf 3.000 DM eingezogen. »Die Kammer stellte fest, dass der Betroffene wesentlichen Anteil daran trug, dass die NSDAP die Macht in Deutschland ergreifen konnte. Der Betroffene wäre dadurch in höchstem Maße mit verantwortlich an der Aufrichtung der Gewaltherrschaft der NSDAP und an dem maßlosen Elend, in welches diese Gewaltherrschaft das deutsche Volk gestürzt hat. Daneben erschienen zusätzliche Be- oder Entlastungen … unwesentlich, wenn auch dadurch bewiesen wurde, dass der Betroffene in seiner Gesamthaltung von anderen nat.soz. Machthabern günstig abstach.«

Eugenie Scheller (Hainsfarth)

In der Nacht jüdischen Nachbarn geholfen

Es gibt immer zwei Möglichkeiten. Eugenie Scheller aus Hainsfarth kümmert sich im Dritten Reich nicht um die judenfeindlichen Parolen. Sie steht den Israeliten des Dorfes vielmehr bei in deren immer größer werdender Not.

*

Oskar Schindler hat über tausend Juden das Leben gerettet. Doch zeigt sich Menschlichkeit nicht nur in großen Taten, die später vielleicht sogar in den Geschichtsbüchern stehen.

Eugenie Scheller geborene Hallermayr hat keinem Juden das Leben gerettet. Und doch soll sie hier im gleichen Atemzug mit Oskar Schindler genannt werden, weil sie in ihrem kleinen Lebensbereich, dem Rieser Dörfchen Hainsfarth, menschlich in unmenschlicher Zeit gewesen ist. Sie steht in diesem Buch stellvertretend für andere einfache Menschen, die im Dritten Reich nicht den Parolen der Machthaber folgen, sondern Juden und anderen Verfolgten helfen. Männer und Frauen, deren Namen niemals in einem Geschichtsbuch niedergeschrieben werden.

Frau Eugenie Scheller besitzt damals in Hainsfarth ein Lebensmittellädchen. So weit sie zurückdenken kann, hat sie auch jüdische Kundschaft gehabt. Nicht alle Familien kaufen bei ihr ein; es gibt ja im Ort noch einen zweiten Laden. Aber mehrere jüdische Familien gehören zu Frau Schellers Stammkundschaft.

Theodor Scheller, der Sohn, erinnert sich beispielsweise an die Steiners. »Dort bekam ich oft ein Stück Berches, ein Zopfgebäck ohne Ei, und zum Pessachfest ein paar Stücke Matzen. Beim Tod des Sohnes David, nach einem Eisenbahnunglück an einem Lungenleiden verstorben, da durfte meine Mutter im Hause den Verstorbenen sehen. Ansonsten hatte meine Mutter eine gute Beziehung, ja fast Freundschaft, zu den Engländers. Die Frau hat Mutter und mich auch schon mal mit in die Synagoge auf die Empore genommen.«

Auch zur jüdischen Familie Steinharter ist die Beziehung eng. »Am Sonntag, wenn Mutter aus der Kirche zurück war, ist oft die Frau Steinhar-

Eugenie Scheller (Privatbild)

ter gekommen. Die Nachbarschaft hat ein bisschen aufgepasst und sie ist ein paar Mal angezeigt worden.«
Im Zweiten Weltkrieg verschlechtert sich die Lage der Juden immer mehr. Theodor Scheller: »Mutter hat Juden auch etwas verkauft, wenn sie keine Lebensmittelmarken hatten. Und als diese Kundschaft nicht mehr ›reingedurft hat in den Laden, ist man halt nachts gekommen. Die Juden haben ja viel weniger Lebensmittelmarken und Kohle-Bezugscheine gehabt als wir Nichtjuden.«
Aber der Mensch lebt bekanntlich nicht vom Brot allein... Eugenie Scheller hilft den Bedrängten auch mit Worten und kleinen Gesten. Theo Scheller: »Die Julie Gernsheimer hat immer Musik bei ihr gehört und der Bub hat von Mutter Schokolade oder so etwas bekommen, damit er auch etwas gehabt hat. Das ist eine gute Freundschaft gewesen und wenn Mutter etwas übrig gehabt hat, dann hat sie es halt erübrigt.«
Eugenie Scheller tut noch etwas: »Sie hat mit Juden gesprochen. Die waren ja schon so abgesondert von der anderen Bevölkerung.«
Von den damaligen Hainsfarther Juden leben nicht mehr viele. Aber von denen, die Deutschland noch verlassen konnten, ist die Hilfe der Eugenie Scheller nicht vergessen. Rabbiner Meir Steinharter im amerikanischen Baltimore: »Spät in der Nacht hat sie den Engländers in der Steingasse zu essen gebracht. Sie schlich mit einem vollen Korb hin und kam mit einem leeren zurück. Frau Scheller hat ihr Leben eingesetzt. Wenn sie verraten worden wäre, wäre sie schwer bestraft worden.«
Doch nicht alle Hainsfarther rechnen der Frau Scheller ihre große Nächstenliebe während des Dritten Reichs hoch an. Wenn ihr nach 1945 wieder einmal ein Dankesbrief eines überlebenden Juden ins Haus flattert, dann spricht sich das im ganzen Dorf herum. Und es gibt Leute, die sagen: »Hast Du schon wieder Post von Stinkejuden bekommen?«
Dabei hätten die Hainsfarther doch guten Grund, stolz zu sein auf ihre Eugenie Scheller. 1968 ist sie verstorben.

Ida Miller (Ulm)

Immun gegen die Vergötterung Hitlers

Es gibt immer zwei Möglichkeiten. Ohne wenn und aber geht die Hausfrau und Mutter Ida Miller auch im Dritten Reich den Weg, den ihr die strenge Religiosität weist.

*

Das alte Wiblingen ist ein eher dörflicher Stadtteil Ulms. Mittelpunkt ist das Schloss Heinrichs von Württemberg, bis 1807 jahrhundertelang ein Benediktinerkloster, dann ab 1820 Kaserne. Ganz nah dabei, im Lustgartenweg 15, ist Anton Miller mit seiner Familie daheim.

Anton Miller ist Polizist. Aber wo's langgeht, sagt seine Frau Ida Miller. Sie stammt von einem großen Bauernhof in der Nähe von Tettnang und das Heimweh nach dem Bodensee lässt sie in Ulm nie los. 500 Quadratmeter groß ist der Garten, den sie hegt und pflegt: Salat, Krautköpfe, gelbe Rüben und vieles mehr wachsen darin; sie hält Hühner, ein Schwein. »Wer wollte, konnte sich von dem, was Natur und Ida Miller wachsen ließen, etwas holen. Sie gab alles weg«, erinnert sich der Sohn Anton. »Das holen wir bei der Frau Miller«, sei in den schlechten Kriegsjahren nahezu ein geflügeltes Wort in Wiblingen gewesen.

Vater Anton Miller

Ida Miller wurzelt nicht nur in der nahezu heilen Welt des Weilers, in dem ihr Elternhaus steht. Ganz festen Halt gibt ihr auch der Glaube, in dem sie erzogen worden ist. Und genau so streng erzieht sie Sohn und Tochter. In religiösen Fragen wird nicht lang gefackelt. »Bub, du gehst in die Kirche«, kommandiert sie Anton Miller. Klar, dass der Messdiener wird. »Wenn es fünf Gottesdienste am Sonntag gegeben hätte, wäre ich fünfmal dorthin geschickt worden«, erinnert Anton Miller sich.

Ida Miller ist nicht nur Kirchgängerin. Sie lebt den katholischen Glauben auch. »Sie hat genau gewusst, was sich gehört und was nicht, was anständig ist und was unanständig«, bewundert der Sohn die Mutter. Sie sei, wie auch der Vater, ein völlig unpolitischer Mensch gewesen. Aber gegen Parolen wie die, dass die Vorsehung den Deutschen den »Führer« geschickt habe, ist sie immun.

Dass Ida Miller vom Nationalsozialismus nichts wissen will, hat auch damit zu tun, dass Verwandte im Bodenseegebiet den Schweizer Sender Beromünster hören. Dessen Nachrichten sind nicht zensiert wie alles, was in Deutschland zwischen 1933 und 1945 gedruckt und gesendet wird. Außerdem bekommt sie mit, was sich in der Umgebung tut, zum Beispiel im nahen Riedhof, Pflegeanstalt für verwirrte alte Menschen. Eines Tages wird im Dorf getuschelt, dass alte Leute abgeholt worden sind…

Ida Miller erlebt auch den Kirchenkampf eines Hitlerjugend-Stammführers mit. Anton Miller jun. erinnert sich an ein Fronleichnamsfest, an dem der Hitlerjugend-Dienst wieder einmal zur gleichen Zeit wie der Gottesdienst angesetzt ist. Miller: »Wir Buben sind in die Kirche gegangen, haben die Ministrantenkleidung angelegt und anschließend fand die Prozession statt. Es ging das Gerücht, dass die Hitlerjugend diese sprengen wolle. Als der Prozessionszug aus dem Klosterhof herauskam, stand links neben dem Klostertor ein Haufen brauner Knaben. Aber die Courage der Prozessionsteilnehmer, viele waren Wiblinger Bauern, war anscheinend so abschreckend, dass sie uns vorbeiließen. Es blieb bei der Drohung.« Versuche dieser Art, Jugendliche vom Besuch der Gottesdienste abzuhalten, gibt es damals zahlreich und nicht nur in Wiblingen.

Der Vater, erinnert sich der Sohn, sei eher ein

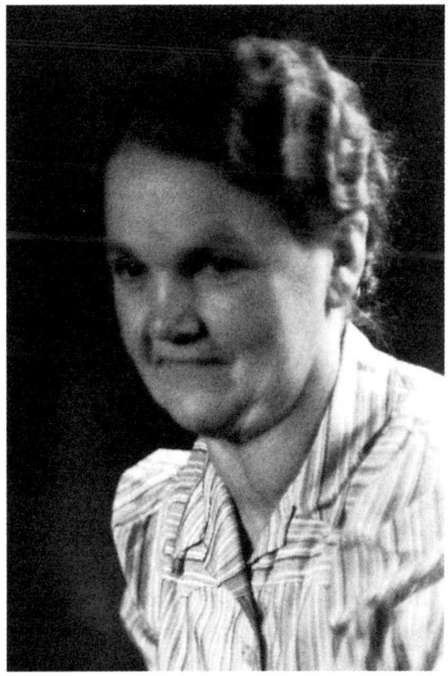

Ida Miller

weicher, gutmütiger Mann gewesen. Er habe grimmiger ausgesehen als er war. Erlernt hat er bei Ebner in Ulm den Beruf des Schriftsetzers. Als er in den zwanziger Jahren ohne Arbeit ist, wird er Polizist. Er habe stets gewollt, dass es gerecht zugehe in seinem Bereich, dass Sicherheit und Ordnung herrschten. Vater sei noch »der typische Schutzmann um die Ecke« gewesen, der gewusst habe, wo was wächst. Sei am Morgen ein Einbruch gemeldet worden, habe er überlegt, wer am Abend zuvor nicht daheim gewesen war…

Der Beruf bringt es mit sich, dass ein Polizist auch immer Teil des politischen Systems ist. Anton Miller – so schildert es der Sohn – zieht sich Feinde zu, weil es im Zweiten Weltkrieg zu seinen Pflichten gehört, Familien die Nachricht vom Tod des gefallenen Vaters, Sohnes, Bräutigams zu überbringen. Aber wenn ihm in den Hungerjahren ein Hamsterer begegnet, weicht er möglichst in den Wald oder in die nächste Gasse aus, um diesen nicht aufschreiben zu müssen. Auch in der Erziehung verhält sich der Vater anders als die Mutter: »Bua, du machst es schon recht«, vertraut er dem Sohn. Und was den Glauben angeht: Auch Vater Miller ist gut katholisch, doch bei weitem nicht so glaubensstreng wie die Mutter. Nichtsdestoweniger wird er im Ort der »Rosenkranz-Toni« genannt.

Als der Junior zehn Jahre alt ist, kommt er zum Jungvolk. Das ist zu jenem Zeitpunkt Pflicht. Eine Uniform kaufen ihm die Eltern nicht, ausgenommen ein Koppel. »Das Koppel trägt auch die Hos', a Hemd hast sowieso, da brauchst kein braunes«, entscheidet die Mutter. Anton Miller meint, sie habe dabei nicht einmal ans Sparen gedacht, sondern politisch; aber das sei eben das Schöne am Schwäbischen, dass man das eine schwätzt und das andere denkt.

Mit 14 endet die Jungvolk-Zeit, der Pimpf wird Hitlerjunge. Wie allen Gleichaltrigen wird Anton Miller der »Aufstieg« auf einer Urkunde bestätigt. Über dem Text befindet sich ein Hitler-Bild. Daheim nimmt die Mutter dem Sohn die Urkunde ab, wirft sie auf den Boden und tanzt auf dem Foto des »Führers« herum: »Der Saukerl kommt mir nicht ins Haus…«

Als der Zusammenbruch des Dritten Reichs nur noch eine Frage von Stunden ist, biegt ein Lastwagen »voller brauner Herrschaften« in den Lustgartenweg ein. Der ist eine Sackgasse. Eilends setzt der Fahrer zurück. Ob die Männer bereits dabei sind, ihre Uniformteile fortzuwerfen oder ob die Hose gar nicht von einem Parteigenossen auf dem Lastwagen stammt, ist unbekannt. Jedenfalls findet Vater Anton Miller eine braune Reithose. Als sparsamer Schwabe trägt er sie nach Hause: »Schau mal den guten Stoff an, zu schade, um weggeworfen zu werden«, sagt er zu seiner Frau. Die sieht das anders: »Tu das Dreckszeug 'raus«, sagt sie, verbrennt die Hose.

Nochmals 1944. Die Wiblinger Sägefeldschule wird Wehrertüchtigungslager für Hitlerjungen. Nicht weit entfernt befindet sich der Exerzierplatz des Wiblinger Artillerieregiments 41. »Als Buben sind wir da oft umeinandergerannt, haben Pfadfinder, Versteckerles, Aufstöbern gespielt. Auf eigentlich diabolische Art sind wir dann vom Spielen in den Krieg geführt worden. Wir haben Karabiner bekommen und sind wieder auf den von uns geliebten Exerzierplatz geführt worden.« Das Ende im April 1945 ist tragisch. Der Stammführer erhält den Auftrag, im Wald Proviantlager anzulegen. Er stellt – so Miller – eine Gruppe von Vierzehn- und Fünfzehnjährigen zusammen. Mit überlangen Karabinern ziehen die Buben in den Gögglinger Wald – offenbar ohne den Stammführer. Anton Miller muss das blutige »Kriegsspiel« der Kindersoldaten nicht miterleben. Der Vater fordert ihn von der Hitlerjugend als Melder an. Das ist sein Glück: Einer der Buben verliert im Feuergefecht mit Marokkanern das Leben, ein anderer wird an den Füßen schwer verletzt. Dann ist der Krieg vorbei. Den Stammführer hat Anton Miller als einen untersetzten, rundleibigen Mann in schlechter Erinnerung. »Er konnte nur brüllen. Das war ein Terrormensch.«

Mit dem Einmarsch alliierter Truppen wird Polizeimeister Miller interniert. Wie andere Wiblinger verhört ihn ein amerikanischer Offizier. »You can go«, sagt der am Schluss zu den Männern. Sohn Anton: »Die anderen gingen heim, der Vater in die Zelle.« Statt nach Hause sei er ins Internierungslager gekommen. Die Familie habe lange nicht gewusst, wo er geblieben war. Nach einigen Monaten wird er endlich auch im Lager verhört. Wieder sagt ein Offizier am Ende: »You can go.« Diesmal geht Vater Miller heim.

Wenn er vom Sterben seiner Eltern spricht, zitiert Anton Miller jun. Rilkes »Oh Herr, gib jedem seinen eigenen Tod.« Die Mutter muss ihr nahes Ende 1974 wohl geahnt habe. Wochen, bevor ein Auto sie überfährt, habe sie Versicherungsunterlagen herausgesucht. Der Vater sei 1962 an einer Lungenentzündung gestorben – »so still wie er gelebt hat.«

Am Weg, den der Sohn nimmt, würden die Eltern Miller ihre Freude gehabt haben. Nach dem Psychologiestudium und Stellungen in der Erziehungsberatung und Fürsorgeerziehung stellt ihn 1962 das Augsburger Arbeitsamt ein. Ein Glücksgriff für die jungen Menschen, die nach dem richtigen Beruf suchen, und für diejenigen, die Arbeit finden wollen. Von 1974 bis zur Pensionierung 1995 leitet Miller in Augsburg die Berufsberatung und ist zugleich der stellvertretende Leiter dieses Arbeitsamtes. Auch im Ruhestand bleibt er ein Mensch, der anderen Menschen zu helfen versucht.

Noch ein Schlusssatz Anton Millers über seine Mutter: »Die würde sich dagegen gewehrt haben, wenn ihre Ablehnung des Nationalsozialismus als Widerstand gesehen worden wäre. So selbstverständlich war ihre Haltung für sie.«

Allgäuer Beobachter (Memmingen)

»Halbjude will arisches Mädchen heiraten«

Am 15. September 1935 verkünden die Nationalsozialisten bei ihrem Parteitag die Nürnberger Rassegesetze, die schlimmste Dokumentation des damaligen Rassenwahns. »Zum Schutze des deutschen Blutes und der deutschen Ehre« werden u. a. Ehen und Liebesbeziehungen zwischen Juden und nichtjüdischen Deutschen verboten. Praktiziert werden Diskriminierungen dieser Art in vielen Orten schon längst. Der »Allgäuer Beobachter« in Memmingen prangert am 12. Juli 1935 sogar die beabsichtigte Eheschließung zwischen einem – so von den Nationalsozialisten genannten – »Halbjuden« und einem arischen Mädchen an:

»Unter den Aufgeboten dieser Woche steht auch der Halbjude …, Viehhändler in Memmingen, Künergasse 2, mit dem deutschen Mädchen … von Babenhausen. … ist zwar katholischen Bekenntnisses, aber sein Vater ist Vollblutjude. Nun will der filius, der Halbjude … ein arisches Mädchen heiraten und dadurch deutsches Blut schänden. Wenn der Halbjude … heiraten will, so soll er von uns aus ruhig eine Rebekka nehmen, aber kein deutsches Mädchen. Vielleicht werden die höheren Stellen hier eingreifen und ihm einen Strich durch die Rechnung machen.« (Ausgabe vom 12.7.1935, vor Erlass der Nürnberger Rassegesetze!)

Am 20.7.35 kann das Blatt melden, dass das Memminger und das Babenhausener Standesamt die Trauung verweigern: »Recht so«, lobt die Redaktion der NS-Zeitung, nachdem sie die Absicht der beiden jungen Leute zuvor »Rasseschändung« genannt hat. Die Weigerung der Ämter ist damals kein Wunder. Gilt doch damals allenthalben, dass »die Partei den Staat und auch die Gemeinde regiert.«[298]

Franziska Jiricka-Bissinger (Augsburg)

Immer auf der Seite der Schwächeren

Es gibt immer zwei Möglichkeiten. Mit 14 war Franziska Thekla Jiricka – wenn auch widerwillig – ein BDM-Mädchen. Mit 17 Jahren verliebte sie sich in einen Mann, der nach den Nürnberger Gesetzen Halbjude war. Sie hielt zu ihm.

*

Den Weg des evangelisch getauften »Halbjuden« Max Bissinger hat der Autor dieses Buches schon einmal beschrieben. »Evangelisch und doch verfolgt«, lautete der Titel über dem Kapitel im »Leidensweg der Juden in Schwaben«.[299] Bissinger befürchtete damals noch Nachteile, wenn sein Name gedruckt würde. »Nennen Sie mich Moritz Baumann«, bat er. Die Braut, die zu ihm gehalten hatte in der Zeit des braunen Rassenwahnes, nannte er Felicitas. In Wahrheit hieß sie Franziska Thekla Jiricka.

Bei einem Silvesterball in Augsburg begegnen sich Max Bissinger und Franziska Jiricka zum ersten Mal. Sie ist 17 oder 18 und ein BDM-Mädchen, er ein Jahr älter. Ein Jahr zuvor, 1935, hatten die Nationalsozialisten ihre Nürnberger Gesetze erlassen. Die Rassenarithmetik dieser Gesetze hatte aus katholisch oder evangelisch getauften Kindern jüdischer Eltern wieder Juden gemacht. Wer drei jüdische Großeltern hatte, galt ebenfalls wieder als Jude, ein Deutscher mit zwei jüdischen Großeltern war ein »Halbjude« usw. Die Bestimmungen, die der braune Rassenwahn hervorgebracht hatte, waren so kompliziert, dass sich selbst die Behörden in diesem Dschungel häufig verirrten. Immer wieder musste ihnen der Staat aufs Neue die Nürnberger Gesetze erläutern.

Auch Max Bissinger bekommt den Wirrwarr zu spüren. Ferdinand Bissinger, der Vater, ist jüdisch, die Mutter evangelische Adventistin. Der Sohn wird gleich nach der Geburt evangelisch getauft. Er soll Kaufmann werden. Die Eltern schicken ihn zur Ausbildung in die Schweiz. Weil es schließlich an Devisen fehlt, um Aufenthalt und Lehre im Ausland zu bezahlen, kehrt er 1935 zurück. Absolviert eine Lehrzeit im Textilhaus Wimpfheimer in der Bahnhofstraße, ist anschließend im Immobiliengeschäft des 1936 verstorbenen Vaters tätig. Die Nürnberger »Gesetze zum Schutze des deutschen Blutes und der deutschen Ehre« haben zur Folge, dass »Rassenmischling« Bissinger den TSV Göggingen verlassen muss. Und nachdem sich Max und Franziska in der Silvesternacht 1936/37 heftig ineinander verliebt haben, leitet die Augsburger Justiz gegen die beiden ein Verfahren wegen Rassenschande ein. Getrennt holen Polizisten die beiden jungen Leute zu Vernehmungen ab, befragen sie nach ihren intimsten Beziehungen: »Wissen Sie nicht, dass Sie sich strafbar gemacht haben? Dass außerehelicher Verkehr zwischen Juden und Staatsangehörigen deutschen oder artverwandten Blutes verboten ist?« Doch Max Bissinger ist nicht auf den Mund gefallen. Er belehrt die Ermittler, dass diese wohl die Nürnberger Gesetze nicht richtig kennen. Er sei kein Jude und wisse sehr genau, dass er sich nicht schuldig gemacht habe. Unter dem Aktenzeichen 4 Js 358/37 teilt die Staatsanwaltschaft beim Landgericht Augsburg dem Beschuldigten am 29. September 1937 denn auch mit: »Das Verfahren habe ich eingestellt.«

Das Damoklesschwert »Rassenschande«, das nach 1935 jede Beziehung zwischen »arischen« und als »nichtarisch« geltenden Männern und Frauen bedroht, kann die Liebe zwischen Max Bissinger und Franziska Jiricka nicht beeinträchtigen; die ständige Gefahr schmiedet das junge Paar eher noch enger zusammen. Katja Seton, die heute in USA lebende Tochter der beiden: »Mutter ist eine Frau gewesen, die für alles, was sie gerecht fand, kämpfen wollte. Sie war nie ein Massenmensch. Sie war eine individuelle Frau und ließ sich von niemandem etwas vorschreiben.«

Katja Seton sagt über die Mutter auch, dass diese immer die Schwächeren verteidigt habe. Das sei schon in deren Jugend so gewesen: »Sobald Mutters jüngerer Bruder sagte: ›Wenn du mich haust, dann sag ich es meiner Schwester‹, sind alle Angreifer davongerannt, denn die Schwester hat sämtliche Jungen verprügelt. Sie war eine Persönlichkeit mit Selbstvertrauen.«

1943 entgeht das Paar zum zweitenmal einem Prozess wegen Rassenschande. Weil sie sich in Augsburg zu sehr beobachtet fühlen, sind Max

Bissinger und Franziska Jiricka in den Bayerischen Wald verzogen. Sie sind nicht mehr zu zweit sondern zu dritt. Im März 1941 ist in München ihre Tochter Katharina zur Welt gekommen. Katja ruft die Mutter sie.

Max Bissinger hat zuvor die erdbraune Uniform des Reichsarbeitsdienstes und ein Jahr lang auch die feldgraue der Wehrmacht getragen. Bis schließlich »Rassenmischlinge« für wehrunwürdig erklärt werden. Er kehrt nach Augsburg zurück. Als das Paar sich dort zu stark beobachtet fühlt, verlässt es die Stadt. Wie es Bissinger damals gelungen ist, im Bayerischen Wald die Pension »Zwieseler Waldhaus« zu pachten, ist heute nicht mehr zu klären. Doch die Idylle währt nicht lang. Nach fünf Monaten wird der »halbjüdische« Pächter angezeigt: Wegen Beschäftigung »arischer« Hausangestellter, wegen Verstoßes gegen das Gaststättengesetz und – erneut wegen Rassenschande. Weil Jahre zuvor die Ermittlungen in Augsburg eingestellt worden waren, wird letztgenannter Vorwurf auch im Niederbayerischen nicht aufrecht erhalten. In den beiden anderen Punkten sei er zu 600 RM Geldstrafe und zum Verlassen des Gaugebietes verurteilt worden, berichtet Max Bissinger später. Sein selbstbewusster Einwand »Ich habe meine Pflichten als Staatsbürger getan und will hier meine Rechte in Anspruch nehmen«, stößt bei seinen Richtern auf taube Ohren.

Finanzielle Sorgen plagen Max Bissinger in den Jahren der Bedrängnis zum Glück nicht. Sein Vater Ferdinand, anfangs Töpfe anbietend von Bauernhof zu Bauernhof gezogen, hinterlässt dem Sohn zahlreiche Grundstücke. Von deren Verkauf kann Max Bissinger gut leben.

2. November 1944: »Max Bissinger, Augsburg, Schmidgasse 18 b. Glaser«, erhält von der Geheimen Staatspolizei eine »Gestellungs-Anordnung: Sie werden hiermit aufgefordert, sich zur Verwendung in vordringlichem Arbeitseinsatz am 7. November 1944 bis spätestens 7,30 Uhr im Arbeitserziehungslager Augsburg, Morellstraße 33a (Rückgeb.), Eingang gegenüber dem Versorgungsamt, einzufinden.« Andere Augsburger folgen dem Befehl. Sie kommen in Lager in Thüringen, um kriegswichtige Zwangsarbeit zu leisten. Max Bissinger will seine Freiheit behalten. Er täuscht einen Selbstmord im Ammersee vor. Ein Freund legt Wehrpass, Lebensmittelmarken, Geld ans Ufer, wirft Abschiedsbriefe in den Briefkasten. Er ist der einzige, der die Wahrheit kennt. Mutter und Braut weiht Bissinger nicht in sein Vorhaben ein. Er ist sich klar darüber, dass die Gestapo die beiden Frauen streng verhören, vielleicht sogar foltern würde. Franziska Jiricka allerdings kann der »Selbstmörder« nicht hinters Licht führen. Sie hat ihren Max mit Gepäck abziehen sehen, was Selbstmörder nicht zu tun pflegen. So schenkt die hochintelligente Frau dem Abschiedsbrief des Lebensgefährten keinen Glauben. Als der sich sicher ist, dass Franziska nun nicht mehr verhört wird, lässt er ihr ein Lebenszeichen zukommen; trifft sie schließlich sogar in der Wohnung des treuen Freundes. Ausgerechnet während dieses Wiedersehens erscheinen Polizisten. Sie suchen den Freund, weil der aus der Wehrmacht desertiert ist. Den Fahnenflüchtigen entdecken sie nicht, wohl aber das junge Paar. Doch wissen diese Beamten nicht, dass auch nach Bissinger gefahndet wird. »Ein Wunder« nennt Max Bissinger diese Fügung später.

Er erlebt bald darauf ein zweites Wunder. Inzwischen ist der »Selbstmörder« gemeinsam mit dem desertierten Freund auf der Flucht. Er findet zum zweitenmal zwischen Ingolstadt und Dachau einen Bauern, der ihn und den Freund versteckt. Weil aus dem KZ Dachau Häftlinge geflohen sind, kommen nachts Polizisten und stellen den Hof »auf den Kopf«. Hätten sie auch in den Gang hinter der offenstehenden Haustüre geschaut, wäre es um die beiden versteckten Männer geschehen gewesen.

Letzte Station der Flucht ist schließlich ein Max Bissinger gehörendes kleines Wochenendhaus im Holzweg in Holzhausen bei Augsburg: Wohnküche, links und rechts davon je ein kleiner Schlafraum. Strom gibt es nicht. Abends werden eine Petroleumslampe oder Kerzen angezündet. Das Wasser wird bei einer Pumpe geholt. Dort hinaus zieht Franziska Jiricka mit der Tochter. Einige ehemalige Häftlinge des KZ Dachau heben ihr heimlich einen blinden Keller aus. Um diesen zu erreichen, müssen ein Kleiderschrank beiseite geschoben und Fußbodenbretter herausgehoben werden. Katja sieht, dass die Mutter sich dahin verkriecht, wenn sie ausländische Rundfunksender hören will. Max Bissinger und Freund verbergen sich auf dem Spei-

cher: »Ich glaube, da stand ein Bett. Und einen Nachttopf haben sie auch gehabt, die beiden konnten ja nicht herausgehen.«
Katja Seton sagt, Max Bissingers Mutter habe an den Tod des Sohnes geglaubt. Sie sei zum Gauleiter gegangen und habe Franziska Jiricka wegen Rassenschande angezeigt, um das Häuschen in Holzhausen zugesprochen zu bekommen. Geschehen sei zum Glück nichts; aber ihre Mutter habe der späteren Schwiegermutter das in ihrem Herzen nie verziehen.
Katja bemerkt in Holzhausen lange Zeit nicht, dass sich zwei Männer im Haus befinden. Sie hört zwar mehrfach Geräusche, wenn sie abends ins Bett geht: »Mutti, was ist denn da oben? Ich höre etwas.« Aber die Mutter beruhigt sie: »Hab' keine Angst, das sind Mäuse da oben.« Und als sie eines Tages nach Hause kommt und drei Kaffeetassen auf dem Tisch sieht, antwortet ihr die Mutter: »Es ist jemand kurz vorbeigekommen zum Kaffeetrinken.« Meine Mutti hat mich immer zu meiner Freundin geschickt, damit mein Vati Zeit hatte, vom Speicher herunterzukommen.«

Franziska Jiricka

Katja Seton: »Aber einmal bin ich zu früh nach Hause gekommen. Ich bin zur Türe hereingekommen, als Vati unten war. Ich habe mich sehr gefreut, dass ich ihn gefunden habe.« Franziska Jiricka dagegen hat Angst, dass das Kind den Aufenthalt verraten könnte. Die Tochter: »Ich erinnere mich auch, dass ich auf den Omnibus wartete und Leute zu mir sagten: ›Wo ist denn dein Vati?‹ Ich habe ihnen nicht geantwortet. Und zu meiner Mutti habe ich nur gesagt, dass die Leute so neugierig sind.« Die Fünfjährige hält dicht, bis die Eltern eines Tages weiße Betttücher schwingen und amerikanische Soldaten ins Haus kommen: Die Befreier!
Auch an eine Pistole erinnert sich Katja: »Meine Mutter hatte einen großen, weiten Rock, der war orange und weinrot und unten hatte er zwei Riesentaschen. Da sind wir auf dem Rad gefahren und da hatte sie immer eine Pistole in der Tasche.«
Wozu?
»Um sich zu verteidigen.«
Hätte die Mutter denn geschossen, wenn im Haus nach Max Bissinger gesucht worden wäre?
»Meine Mutter eher als mein Vater. Meine Mutter konnte ganz radikal sein. Das ist eine sehr große Liebe gewesen zwischen den Eltern.«
Nach Kriegsende kehrt die kleine Familie zurück nach Augsburg. Sie mietet ein Haus in der Wolframstraße. Doch die Zeiten sind immer noch nicht normal. Eines Tages entdeckt Katja im Garten eine Pistole. Mutters? Es ist die Zeit, zu der Deutsche, die Waffen besitzen, schwer bestraft werden ... Eines anderen Tages findet eine Haussuchung statt – mit abenteuerlichem Hintergrund. Katja Seton sagt, irgendjemand habe dem Vater so genannte Skript-Dollars, deren Besitz nur US-Soldaten erlaubt und Deutschen damals streng verboten ist, in die Briefmappe geschmuggelt und ihn anschließend angezeigt. Die »Freunde« hätten gehofft, dass der Vater verhaftet werde; sie hätten während seiner Abwesenheit eine Liste mit Namen früherer Nazis aus dem Haus herausbringen wollen.
So klein Katja damals auch ist, sie erinnert sich heute noch an manches mehr aus jenen aufregenden Tagen. Zum Beispiel an Leute, die vom Vater Papiere ausgestellt haben wollen, weil doch nach dem Krieg keiner mehr ein Nazi gewesen sein will.
Am 25. Juli 1945 können Max Bissinger und Franziska Jiricka endlich den Bund für's Leben schließen. Er hält jedoch nicht so lange. 1952 wandert die kleine Familie nach USA aus. Max Bissinger kann dort keine Wurzeln schlagen. Er habe es – so Katja Seton – nicht geschafft, beruflich »auf eigenen Füßen zu stehen.« Er versucht es in vielen Städten: In New York, Miami, San Francisco, Los Angeles ... Die Tochter: »Ich glau-

Nach dem Zweiten Weltkrieg: Max Bissinger, seine Frau Franziska und Tochter Katja (Privatbilder)

be, ich habe elfmal die Schulen gewechselt. Vati meinte immer, das Gras wäre woanders grüner.« Max Bissinger erleidet auch mehrere gesundheitliche Zusammenbrüche. 1968 kehrt er für immer nach Augsburg zurück. Einige Zeit später wird die Ehe geschieden. Sie währte 25 Jahre.

Denen, die ihn in seinen letzten Lebensjahren in Augsburg gekannt haben, ist Max Bissinger als ein humorvoller Mann in Erinnerung geblieben. Er geht gern ins Café, ist gesellig, hat gute Freunde. 1990 stirbt er an Schilddrüsen- und Kehlkopfkrebs sowie einem Herzinfarkt.

Katja studiert nach der Schulzeit englische Literatur, heiratet den Rechtsanwalt Gilbert Dudley Seton. Sie engagiert sich für Menschen, die der Hilfe bedürfen. Bis sie sich eines Tages sagt: »Wenn meinem Mann etwas passieren sollte, könnte ich nicht einmal die vier Kinder ernähren.« Seitdem kauft sie Bauplätze, baut darauf Häuser, auch schon einmal ein ganzes Einkaufszentrum, und verkauft diese Immobilien – mit großem Erfolg.

Katja Seton nennt noch ein Motiv für ihren beruflichen Ehrgeiz. Es hat mit der Mutter Franziska zu tun. Sie habe die Mutter vergöttert, obwohl diese starr und unbeugsam in ihren Ansichten gewesen sei und es für sie stets nur einen Weg gegeben habe, ihren eigenen Weg. Dennoch: »Ich wollte durch meinen Beruf auch erreichen, dass ich immer so viel Geld habe, um meine Mutter gut versorgen zu können, weil diese gar nichts hatte. Jetzt, wo ich es ihr so schön machen könnte, ist sie nicht mehr da.« Mutter Franziska heiratet in USA nach der Scheidung von Max Bissinger noch zweimal. Aber ihre letzten 17 Jahre überschattet eine sich immer mehr verschlimmernde Alzheimer-Erkrankung. Zuerst sei sie weggelaufen, manchmal tagelang. Schließlich muss die Tochter sie in ein Heim geben: »Das hat mich fast umgebracht. Ich bin nachts aufgewacht: Ist Mutter zugedeckt? Ist sie aufgewacht? Hat sie Hunger? Sie konnte ja nicht mehr sprechen. Ich habe dann oft nachts im Heim angerufen: ›Bitte schauen Sie, ob meine Mutti zugedeckt ist. Bitte sorgen Sie, dass alles in Ordnung ist.‹ Ich habe jemanden bezahlt, der sie tagsüber aus dem Heim holte und sie nur zum Schlafen zurückbrachte.« 1995 beendet der Tod die lange Leidenszeit.

Kurz bevor er stirbt, besucht Katja Seton den Vater im Krankenhaus. Ohne dass sie sich das vorgenommen hat, sagt sie plötzlich zu ihm: »Weißt Du, ich konnte Dir nie vergeben in meinem Herzen, dass Du während und nach dem Krieg neben meiner Mutter Freundinnen hattest. Da sagte er: ›Es tut mir sehr leid. Ich war halt sehr jung. Aber ich liebte nur Deine Mutter.‹«[300]

**** (Memmingen)*

Den Judenfriedhof als Hühnerhof missbraucht

Es gibt immer zwei Möglichkeiten. Als 1943 sogar jüdische Friedhöfe zum Verkauf stehen, erwirbt die Stadt Memmingen den Gottesacker der Israeliten und verpachtet ihn zur Hühnerzucht.

*

»Die Reichsvereinigung der Juden Deutschlands wird jüdische Friedhöfe, die nicht mehr für die Bestattung von Juden benötigt werden, veräußern und in erster Linie den Gemeinden zum Verkauf anbieten. Die Erwerber brauchen gegenüber den Veräußerern keine Verpflichtung wegen der zukünftigen Verwendung des Friedhofsgeländes einzugehen. Danach können auch Teile eines Friedhofes, auf denen Beerdigungen stattgefunden haben, ohne weiteres zu Grünflächen umgestaltet werden.«[301]
So lautet ein Erlass des Bayerischen Innenministeriums vom Juli 1943. Dem Hitler-Regime bedeutet es nichts, dass ihr Glaube von den Juden verlangt, auf ewig die Toten ungestört ruhen zu lassen. Wichtig ist den Machthabern allein, möglichst alle Spuren der jüdischen Deutschen zu vernichten – sogar deren Friedhöfe. In Memmingen erwirbt die Stadt damals den Gottesacker der ehemaligen jüdischen Gemeinde. Sie verpachtet ihn einem Hühnerzüchter. Der Pachtvertrag ist erhalten geblieben.[302]

Der Bürgermeister der Stadt Memmingen, 30.Juni 1943.
I.Schr. Memmingen.
1
An
Herrn [redacted]
Memmingen.

Mit notariellem Kaufvertrag vom 27.Mai 1943 hat die Stadt den vormaligen Judenfriedhof -Flurst.1507 erworben(mit Wirkung ab 1.4.1943).
Da Sie schon längere Zeit das Grundstück zur Aufzucht von Junghühnern in Benützung haben und diese fortsetzen wollen, verpachtet es die Stadt an Sie ab 1.April 1943 zum gleichen Zweck.
Als Pacht wird der Betrag von 25.-- RM jährlich festgesetzt; er ist jeweils nachträglich am 11.Novbr. an die Stadtkasse zu entrichten. Erste Zahlung 25.--RM am 11.XI.1943. Sollte sich der verwendbare Platz durch Entfernung von Grabsteienen vergrößern ,so wird der Pacht entsprechend erhöht.
Die Stadt überläßt Jhnen dasGrundstück im jetzigen Zustand ,beabsichtigt auch vorläufig keine Änderungen und übernimmt auch keine Haftung für etwaige Schäden, die vielleicht durch Umsinken von Grabsteinen,Umstürzen von Bäumen entstehen können.oder bei der Wegbeförderung von Steinmaterial.
Die Grabsteine sind zu belassen ,wie sie jetzt stehen oder liegen und dürfen nicht beschädigt werden.
Zu einer anderen Verwendung des Grundstücks muß vorher meine Zustimmung erholt werden; eine Unterverpachtung ist nicht gestattet.

Wenn Sie die Wasserleitung benützen wollen,müssen Sie dies dem Städt.Wasserwerk melden.
Das Pachtverhältnis gilt vorläufig für unbestimmte Zeit;die Stadt behält sich das Recht zur sofortigen Lösung vor,wenn das Grundstück zu gemeindlichen oder sonstigen öffentlichen Zwecken dringend benötigt wird; zur Räumung wird dann noch eine Frist gewährt. Das Grundstück ist dann in ordentlichem Zustand - ohne grobe Spuren der Hühnerhaltung - unter Aushändigung der Schlüssel zurückzugeben. Jch ersuche Sie ,mir bis 10.7. Jhr Einverständnis mit diesen Pachtbedingungen zu erklären.

J. F. Wiedemann (Mönchsdeggingen)

Den Friedhof der Juden gerettet

Es gibt immer zwei Möglichkeiten. Johann Friedrich Wiedemann war Mitglied der NSDAP. Doch als schließlich im Dritten Reich selbst die Judenfriedhöfe nicht mehr verschont wurden, entschied er sich, den in Mönchsdeggingen gegen Übergriffe der Nationalsozialisten zu verteidigen und zu bewahren.

*

Den Juden ist die Ruhe ihrer Toten heilig. Auf christlichen Friedhöfen werden die Gräber für eine gewisse Zeit vergeben und dann neu belegt, auf israelitischen gehören sie für alle Ewigkeit den Toten. Deren Ruhe, so verlangt es der jüdische Glaube, darf niemals mehr gestört werden.
Durch die Jahrhunderte hinweg haben Antisemiten diese religiöse Vorschrift der jüdischen Minderheiten mit Füßen getreten. Zum Beispiel im mittelalterlichen Augsburg. Sabine Mütschele schreibt in ihrem Buch »Juden in Augsburg 1212–1440«: »Nach der endgültigen Vertreibung der Juden wurden die Grabsteine geplündert. Da man die fehlenden Steine für eine Treppe im Rathaus und den Turm der Sturmglocke nicht teuer bezahlen wollte, ›fuer man zu und nam den Juden all ihr Grabstain in dem Judenkirchhoff.‹«[303] Die Nationalsozialisten folgten in ihrem blinden Judenhass den schändlichen mittelalterlichen Beispielen. »Die Erwerber brauchen gegenüber den Veräußerern keine Verpflichtung wegen der zukünftigen Verwendung des Friedhofs einzugehen…«, heißt es in dem Erlass des Bayerischen Innenministeriums vom Juli 1943.[304] Aber zu jener Zeit waren viele Grabmale jüdischer Verstorbener bereits als Baumaterial verwendet oder Steinmetzen zur Weiterverwendung übereignet worden.
Umso höher einzuschätzen ist die Rettung des Judenfriedhofs in Mönchsdeggingen durch den Johann Friedrich Wiedemann. Ein

ungewöhnlicher Mann ist dieser Junggeselle gewesen: Mesner, 40 Jahre lang Totengräber, Leichensänger, Gemeinderat, Feuerwehrkommandant, Mitglied in 18 Vereinen, Türmer auf dem Nördlinger Daniel, Zeitungsschreiber und manches mehr. Er berichtet nicht nur aus seiner Heimatgemeinde Mönchsdeggingen. Auf dem Rad, im Rucksack die Luftpumpe, »klappert« er auch andere Ries-Dörfer ab – auf dass die Leser der sechs von ihm belieferten Zeitungen auch erfahren, was in ihrer kleinen Welt so alles geschehen ist. Damit nicht genug: Der Johann Friedrich Wiedemann ist auch lange Zeit Herz und Seele seiner Trichterpioniere. Regelmäßig lädt er seine Pionierkameraden aus dem Krieg zu Treffen nach Ansbach ein. 500–600 Einladungen verschickt er. Die Nichte Martha Beatrix Hertle erinnert sich noch gut, wie sie und andere Familienmitglieder helfen mussten, die Mitteilungen in die Kuverts zu schieben, Adressen zu schreiben, usw.

Die größte Leistung des Johann Friedrich Wiedemann aber bleibt ohne Zweifel die Rettung des jüdischen Friedhofs von Mönchsdeggingen

Johann Friedrich Wiedemann in der Feuerwehruniform

im Dritten Reich. Der »Döbler Fritz«, wie er nach dem Haus Nr. 2, aus dem er stammt, von den Leuten gerufen wird, interessiert sich nämlich nicht nur für das Neueste vom Tage, sondern auch für die Vergangenheit. Und Teil dieser Vergangenheit Mönchsdeggingens ist die von 1684–1879 bestehende Judengemeinde. Von dieser zeugen im Ort heute noch ein Gedenkstein an frühere Synagogen, das ehemalige Tauchbad und insbesondere der Judenfriedhof.

Zweifellos ist der Johann Friedrich Wiedemann auch zumindest im nahen Nördlingen noch Juden begegnet. Er gehört zu den Gründungsmitgliedern des Vereins Alt-Nördlingen und wirkt 1925 in der Uraufführung des Theaterstücks »Anno 1634« mit. Auch jüdische Nördlinger engagieren sich in diesem Verein; wahrscheinlich ist Wiedemann auch mit der Jüdin Klara Mayer zusammengetroffen, die in »Anno 1634« mehrfach die Hauptrolle der Hexe von Nördlingen spielt. Bis das im Dritten Reich nicht mehr gelitten wird.

Johann Friedrich Wiedemann wird auch Mitglied von Hitlers Partei. Er sei aber ein schlechter Nazi gewesen, erinnert sich die Nichte. Doch wie dem auch sei: An den Mönchsdegginger Judenfriedhof lässt dieser Mann nicht rühren. Auch wenn Parteigenossen die Nase rümpfen und ihn noch so beschimpfen: Der »Döbler-Fritz« hält die Begräbnisstätte auch während des Dritten Reichs instand. Vor Übergriffen schützt er sie, indem er sie zu »arischem« Eigentum erklärt. So wird der Mönchsdegginger Judenfriedhof in der Hitlerzeit nicht angetastet.

Wiedemann ist ein geschätzter Zeitungsschreiber, obwohl er doch nur die Dorfschule absolviert hat. Er wird aber auch ein Mann, der viel liest: Bücher, aber auch Zeitungen. Im Ersten und im Zweiten Weltkrieg muss er zu den Soldaten. Nichte Martha Beatrix Hertle erinnert sich, dass sie im Zweiten Weltkrieg für den Onkel fünf Jahre lang die tägliche Zeitung aufbewahren musste. Als Wiedemann aus russischer Gefangenschaft heimkehrt, türmen sich im Haus meterhoch die Zeitungsstapel. »Aber er hat die Blätter alle noch gelesen.«

1955 trifft Wiedemann ein schweres Unglück. Er hilft damals in Schaffhausen bei der Beisetzung eines Veteranen aus. Nach dem Lied vom guten Kameraden soll ein Böllerschuss abgefeuert werden, doch rührt sich nichts. Wiedemann geht hin, um nachzusehen, was die Ursache ist. Im gleichen Augenblick kracht der Böller los und zerfetzt ihm eine Hand. Auch mit dem Haken, der fortan die Hand ersetzt, tippt er auf einer Spezial-Schreibmaschine seine Berichte, fährt er Rad.

Ein wichtiges Stück seines Lebens ist auch die Zeit auf dem geliebten Nördlinger Wahrzeichen, dem Daniel. Elf Jahre lang versieht er den Wächterdienst über den Dächern der Ries-Stadt, singt um Mitternacht das »So, G'sell, so....« Nachdem er, schon hochbetagt, in den Ruhestand geschickt worden ist, klettert er bis fast zu seinem Tod Woche für Woche noch wenigstens einmal die über 300 Stufen herauf an den ehemaligen Arbeitsplatz.

Auch seine Verbundenheit mit der jüdischen Tradition des Ortes dauert bis ins hohe Alter an: Die Gedenktafel, die an die ehemalige Synagoge erinnert, bezahlt der Johann Friedrich Wiedemann trotz seines geringen Einkommens von seinem Geld. Im ehemaligen Tauchbad richtet er ein kleines Museum ein. Und er schreibt geschichtliche Beiträge über die ehemaligen Jüdischen Gemeinden im Ries. Wahrhaftig, ein erstaunlicher Mann!

Schon zu Lebzeiten gilt der »Döbler Fritz« als eines der letzten Rieser Originale. Er will es auch im Sterben bleiben. Deshalb lässt er eines Tages vom Steinmetz seinen Grabstein anfertigen, bis auf das Todesjahr nach seinen Vorstellungen beschriften und in der Mauer des Kirchturms anbringen. Er befindet sich genau gegenüber von dem Grab, in dem der gläubige evangelische Christ und langjährige Mesner 1991 beigesetzt wird. 94 Jahre alt ist er geworden. Aufgebahrt wird er in der Uniform des Feuerwehrkommandanten, mit all seinen vielen Orden und Medaillen auf der Brust.

Georg Deisenhofer (Günzburg)

Die Gewaltherrschaft gestützt und gefördert

Es gibt immer zwei Möglichkeiten. Georg Deisenhofer wurde erst verhältnismäßig spät Nationalsozialist. Er blieb es bis zur letzten Stunde des Dritten Reichs.

*

Zu Beginn des Jahres 1930 nimmt der Landwirt Georg Deisenhofer, Artillerist des Ersten Weltkriegs, noch an der Bezirksversammlung des Bayerischen Bauernbunds (BBV) teil. Der Vater, Landwirt in Waldkirch, ist alter Bauernbündler und Mitglied der Bezirksbauernkammer. Es liegt nahe, dass der älteste Sohn und Hoferbe sich ebenfalls für die Bauernpartei erwärmt. Er spricht bei Versammlungen, vertritt den BBV im Bezirkstag.

Mitte 1930 wechselt Georg Deisenhofer jedoch die Farbe: braun statt grün. Energisch setzt er sich bei der Reichstagswahl im September 1930 bereits für die Nationalsozialisten ein. »Ich habe, solange ich im Bauernbund war, gegen den Nationalsozialismus gesprochen, als ich aber sah, dass es in Deutschland immer schlechter wurde, habe ich mich dazu durchgerungen, der Partei beizutreten, weil die Nationalsozialisten in ihrer Propaganda gesagt haben, sie schaffen Arbeit und Brot.«[305] Ein Versprechen, das damals zunehmend mehr Männer und Frauen auf die NSDAP setzen lässt.

Der Hitler-Partei sind die Wählerstimmen der Bauern wichtig. Vielleicht hängt es damit zusammen, dass »Neuling« Deisenhofer sehr bald schon ihr stellvertretender Kreisleiter und bereits 1932, nach dem Unfalltod von Hans Weber, Günzburger Kreisleiter wird. »Deisenhofer hatte sich als Bauernbund Funktionär immerhin einen Namen gemacht und er war Katholik – schließlich sollte die Partei in ihrem Erscheinungsbild nicht als rein protestantische Partei dastehen«, mutmaßt der Historiker Zofka.[306]

Mit ausschlaggebend für den schnellen Aufstieg ist aber gewiss auch, dass Deisenhofer sich mit seinem Beitritt voll für die nationalsozialistische Partei ins Zeug legt: Eine Ortsgruppe in Winterbach gründet, Gauredner wird und SA-Mann.

Für die NSDAP verzichtet er schließlich sogar auf den Hof in Waldkirch. Diesen zu bewirtschaften und in seinen immer zahlreicher werdenden Ämtern gleichzeitig überall für die braune Partei präsent zu sein, das lässt sich im Dritten Reich nicht mehr machen. Aus dem 120 Tagwerk großen Hof zwei kleinere zu machen, das Land also mit einem Bruder zu teilen, verbietet das im September 1933 ergangene Reichserbhofgesetz. Es macht auch bei einem Kreisleiter keine Ausnahme. Blut-und-Boden-Ideologie und der »Reichsnährstand« sind den Nationalsozialisten heilig. Und Deisenhofer denkt genau so. Er ist von 1935–1945 auch noch Kreisbauernführer, setzt sich sehr für die Interessen der Landwirte ein. In diesem Amt habe er sich fachlich nichts zuschulden kommen lassen, wird ihm später in einem Entnazifizierungsverfahren bescheinigt werden.

»Der Betroffene muss … als Tyrann des Landkreises Günzburg und Krumbach angesehen werden. … An jeder Person, die nicht seine politische Ansicht teilte, übte er seine Macht brutal aus«, heißt es an anderer Stelle in Deisenhofers Entnazifizierungsakte.[307]

BEISPIEL 1

Brief des Kreisleiters Deisenhofer am 9. August 1933 an die Direktion der Heil- und Pflegeanstalt Günzburg:

»Der Ausgangspunkt und die treibende Kraft der maßlosen Hetze und Agitation gegen die deutsche Freiheitsbewegung hat neben der Ortskrankenkasse Günzburg Land ihren Sitz in der Heil- und Pflegeanstalt Günzburg. Würde sich die Kreisleitung auf einen strengen Standpunkt stellen, müssten sämtliche in der Heil- und Pflegeanstalt beschäftigten Mitglieder der SPD dem Gesetz zum Schutze des Berufsbeamtentums zum Opfer fallen. Es kann jedoch als mildernder Umstand betrachtet werden, dass diese Leute zu einem großen Teil dem Terror der 4 führenden Köpfe nachgeben mussten und als Verführte angesehen werden können. Die Kreisleitung betrachtet jedoch die Anwendung des Gesetzes auf folgende vier Beamte als unerlässlich: … [vier Namen].

Nicht nur, dass sich diese vier Marxisten als überaus tätige Funktionäre der Orts-, Bezirks- und Kreisorganisation betätigt haben, haben sie ihre Parteiarbeit in einer überaus gehässigen Form geführt, dass bei der Kreisleitung die Gewissheit besteht, dass eine innere Umstellung – wenn überhaupt möglich – so doch nur so langsam vor sich gehen könnte, dass immerhin ihre Belassung im Staatsdienst eine unmittelbare Gefahr für diesen sein dürfte. Heil Hitler, Deisenhofer.«

BEISPIEL 2

Ausschreitungen in Waldkirch nach der Wahl im März 1936:

In Deisenhofers Heimatort stimmen elf Wahlberechtigte nicht für die Nationalsozialisten. Stattdessen werfen sie Kalenderbilder, Zeitungsausschnitte, nackte Frauenzimmer in die Wahlurne. Wenn es eines Beweises bedürfte, dass im Dritten Reich das Wahlgeheimnis nur auf dem Papier steht, dann liefern ihn dieser Tag und dieser Ort. Die Nationalsozialisten wissen offenbar genau, wer die regimekritischen Wähler sind. Es kommt zu Ausschreitungen gegen Waldkircher Bürger, ein Haus wird schwer beschädigt, mehrere Männer – darunter der Pfarrer – werden in »Schutzhaft« genommen, einer davon 17 Tage lang.

Georg Deisenhofer wird nach dem Krieg nicht vorgeworfen, sich an den Ausschreitungen beteiligt zu haben. Es heißt im Günzburger Entnazifizierungsverfahren: »Der Betroffene erschien gemeinsam mit dem damaligen Landrat am Tatort und hätte auch hier ohne Zweifel als Kreisleiter durch dienstliche Anweisung an die verantwortlichen Parteileute für Ruhe, Ordnung und Sicherheit der Geschädigten eintreten können, zumal er als Partei-Hoheitsträger jederzeit die Möglichkeit hatte, seinen Parteianhängern bindende Weisungen zu geben. Dieses ist nicht geschehen.«

BEISPIEL 3

Ausschreitungen beim November-Pogrom 1938: Für das, was in jenen Tagen in Ichenhausen geschieht, muss sich Deisenhofer 1948 mit zehn weiteren Angeklagten vor einer Kammer des Landgerichts Memmingen verantworten. Er wird wegen schweren Landfriedensbruchs in Tateinheit mit Freiheitsberaubung und Nötigung zu einem Jahr und sechs Monaten Gefängnis verurteilt. Aus der Urteilsbegründung:

»Georg Deisenhofer ist … als Rädelsführer an-

Zur Einweihung des Günzburger Hitlerjugend-Heims erschien in der dortigen »National-Zeitung« 1938 dieses Foto: In der Mitte der NSDAP-Reichsschatzmeister Schwarz, ganz rechts Oberster Parteirichter Buch, Reichsjugendführer Baldur von Schirach, Bürgermeister Franz Hanner, Gauleiter Wahl und ganz links Kreisleiter Georg Deisenhofer (Reproduktion: Wagner)

zusehen. Als zuständiger Kreisleiter hat er sich in die Leitung der Aktion eingeschaltet. Zwar steht fest, dass die treibende Kraft des Unternehmens [der SS-Hauptsturmführer Franz] Haggenmiller war. Mit diesem hat sich aber Georg Deisenhofer verbunden und vom Rathaus aus sich an der Leitung beteiligt. Allgemein bestand der Eindruck, dass es sich um eine Aktion der Partei handelte. ... Seine Anwesenheit als oberster Parteifunktionär des Kreises bestärkte und vertiefte diesen Eindruck. Er hätte als solcher die Macht und die Möglichkeit besessen, einzuschreiten. Das hat er nicht getan.

Dass er auch aktiv geworden ist, hat die Hauptverhandlung ergeben. Der angeklagte Ortsgruppenleiter ... gibt glaubwürdig an, dass Georg Deisenhofer es war, der ihn ungehalten über seine bisherige Tätigkeit auf das Rathaus befohlen und ihn dabei als ›Schlappschwanz‹ bezeichnet hat, weil er noch nichts gegen die Juden unternommen habe. Er war ohne Widerspruch anwesend, wenn Haggenmiller seine Anweisungen gab. Dieses Verhalten unterstrich den parteiamtlichen Charakter dieser Anweisungen. Jeder Beteiligte wusste, dass der Kreisleiter anwesend war und fühlte sich dadurch bei seinem Vorgehen gedeckt. Neben Haggenmiller war er der maßgebende Mann bei dem Vorgehen gegen die Juden. Dessen war er sich auch bewusst. Er hat sich für das Ganze auch verantwortlich gefühlt und aus diesem Bewusstsein die demolierte Synagoge besichtigt und im Gefängnis sich um die verhafteten Juden gekümmert.« – Als Gewaltanwendung bewerten die Richter, dass Deisenhofer den Juden Regensburger genötigt habe, sich auf das Rathaus zu begeben. Die Gewalt habe darin bestanden, dass er Regensburger in die Mitte zwischen sich und einen anderen Nationalsozialisten genommen habe. Ein dritter Mann sei dem Juden in bedrohlicher Haltung gefolgt und habe diesem mindestens einen Schlag versetzt.

(Deisenhofer hat diese Gewaltanwendung bis an sein Lebensende bestritten. Nach Angaben des Sohnes hat später sogar Wilhelm Regensburger dem Vater die Richtigkeit seiner Aussage bestätigt.)

Die Juristen glauben dem einstigen Kreisleiter dagegen seine Aussage, dass es ihm nicht wohl bei der Sache gewesen sei.[308] Sie halten ihm auch zugute, dass es dank seiner Haltung nicht zu noch schärferen Ausschreitungen gekommen ist; und dass er sich bald nach dem Pogrom für einen Betsaal der Ichenhausener Juden eingesetzt habe, bringt ihm bei den Juristen ebenfalls Pluspunkte ein. Könnte es sein, dass Deisenhofer für sich selbst Gewalt ablehnt, aber zu schwach ist, um einzuschreiten, wenn andere Nationalsozialisten Gewalt ausüben und gegen das Recht verstoßen?

Wort-Gewalt spricht indes aus der Rede, die der Kreisleiter einige Tage nach dem Pogrom in Ichenhausen hält. Die Ankündigung von Deisenhofers Auftritt habe, so die »Günzburger Nationalzeitung« am 19. November 1938, »die arische Gesamtbevölkerung auf die Beine gebracht.« In dem Zeitungsbericht heißt es u. a.:

»Ein weiterer Korb mit Gold- und Silbergeräten, in Kassetten mit Perlen, Brillanten und Diamanten aus dem Besitz einer Familie, ist ein weite-

rer Beweis dafür, wie schlecht es den ›armen Juden‹ im Hitler-Deutschland ging. Geld und Gut genügten ihnen nicht. Sie erstrebten wieder die Macht. Die Schüsse des Mordbuben Grünspan, die diesem Ziel dienten, gingen nach hinten los. Nun wird aber Schluss gemacht mit falscher Humanität.
Die Aktion gab auch Einblick in einige Kundenbücher und Ihr versteht, sagte der Kreisleiter, dass mich die Neugier etwas plagte. ... Mein Interesse galt auch nicht Euren Namen, sondern vielmehr jenen, die außerhalb Ichenhausen wohnen. Ich kann verraten, dass ich recht interessante Feststellungen machte. Wir sind erst daran, das Material genau zu sichten. Wir werden uns dann die Namen all dieser Judenfreunde gut einprägen.«
Der Schlussabsatz des Zeitungsberichts spiegelt die in jenen Novembertagen weitverbreitete Stimmung: »Die oftmals mit stürmischem Beifall unterbrochenen Ausführungen beschlossen die begeistert gesungenen Nationallieder. ... Fahnenein- und Ausmarsch unter den Weisen der tüchtigen Musikkapelle Ichenhausen gaben der Veranstaltung ihren feierlichen Rahmen.«
Auch in Krumbach werden Menschenwürde und religiöse Gefühle von Juden in den Pogromtagen mit Füßen getreten, wenn auch erst einen Tag später als in Ichenhausen. Auch über die Krumbacher Ausschreitungen hält eine Memminger Strafkammer 1948 Gericht. Auch in diesem Prozess gehört Georg Deisenhofer zu den Angeklagten. Die Richter sprechen sämtliche acht Männer frei. »Die Feststellung des Sachverhalts war sehr erschwert. ... Von den Juden Krumbachs, die durch die damaligen Vorgänge in Mitleidenschaft gezogen waren und am besten über diese Ereignisse Auskunft geben könnten, stand kein einziger als Zeuge zur Verfügung«, heißt es im Urteil.[309] Die Richter hätten nur bei der Spruchkammer Krumbach nachfragen müssen. Dort hätten sie erschütternde Berichte von Bella Spanier, Emma Buff, Julius Buff vorgefunden. Auch Georg Deisenhofer wird darin genannt.
»Hauptschuldiger!« So stuft die Günzburger Spruchkammer Georg Deisenhofer 1947 ein. Der ehemalige Kreisleiter ist nicht einverstanden. Er legt mehrfach Berufung ein, die Verfahren ziehen sich bis ins Jahr 1951 hin. In einem dieser Verfahren nennt der Günzburger Nachkriegs-Landrat Ferdinand Merkel Deisenhofer »einen der schärfsten Kreisleiter in Schwaben«.
Deisenhofer verteidigt sich, andere hätten alles auf ihn abgewälzt. In einem Schlusswort bekennt er: »Ich war Nationalsozialist und trete nicht an, wie viele andere, die es nicht sein wollten, die den Nationalsozialismus gefördert haben. ... Ich war Kreisleiter, ich war Nationalsozialist, ich war Idealist und Sozialist. Ich verurteile genau so, wenn Scheußlichkeiten begangen wurden. Ich wusste aber nicht, was in den KZs vorgekommen ist. Ich habe im guten Glauben gehandelt und meinte es recht und gut zu machen. Ich habe nur eine Bitte, fällen Sie ein Urteil, das gerecht ist. Ich sehne den Nationalsozialismus nicht mehr herbei, ich habe meine Pflicht getan. Ich habe mein Vaterland geliebt und es ist mir hart, wenn ich sehe, wie es zusammengebrochen ist. Ich liebe mein Vaterland heute genau so noch, auch wenn es keinen Nationalsozialismus mehr gibt. Ich habe in den letzten Jahren schwer gearbeitet, war bei Kanalarbeiten eingesetzt, und habe alles getan, um die Schuld, die ich verbrochen habe, abzubüßen. Ich bitte um ein gerechtes Urteil.«
Wie 1947 die Spruchkammer in Günzburg entscheidet aber letztinstanzlich auch 1951 der Kassationshof in München: Georg Deisenhofer ist Hauptschuldiger. Er habe »die Gewaltherrschaft außerordentlich politisch und propagandistisch unterstützt und gefördert.«
Als dieses Urteil gesprochen wird, ist Georg Deisenhofer längst wieder ein freier Mann. Bis 1949 büßt er in Internierungslagern und im Gefängnis für Handlungen und Worte während der nationalsozialistischen Zeit. Er kehrt nach Günzburg zurück, mittellos. 1943 ist seine erste Frau während einer Schwangerschaft gestorben. Nun bedeutet die Gaststätte, die seiner zweiten Frau gehört, wirtschaftlich die Rettung. Später wird er Angestellter einer Firma.
Der 1937 geborene Sohn hat von seinem Vater im Dritten Reich nichts gehabt, ständig ist der im Dienste der Partei unterwegs. Auch als der Sohn nach dem Krieg heranwächst, spricht Georg Deisenhofer wenig über seine Rolle im Dritten Reich. Der Vater sei verbittert gewesen, habe sich zu Unrecht verurteilt gefühlt. Der Sohn weist auch darauf hin, dass im Deisenho-

fer'schen Haushalt während des Krieges eine Russin angestellt war. Das bolschewistische Russland sei damals der verhassteste Gegner gewesen, aber die Russin habe es gut gehabt in der Familie. Vorteile habe der Vater durch sein Amt keine gehabt. Geschenke, die dem Kreisleiter gemacht wurden, habe die Mutter dem Lazarett im Institut der Englischen Fräulein gespendet. Er habe nach dem Krieg auch Leute getroffen, denen der Vater im Dritten Reich geholfen habe.

Zur erschreckenden Wahrheit gehört, auch das wiederzugeben, was Georg Deisenhofers Sohn aus der Nachkriegszeit in Erinnerung geblieben ist. Unmittelbar nach dem Zusammenbruch des Dritten Reichs, so sagt er, sei die Wohnung des nunmehr ehemaligen Kreisleiters in Günzburg völlig ausgeräumt worden. Selbst Taufgeschenke seien mitgenommen worden. Zurückgeblieben sei allein eine aus einer Granathülse des Ersten Weltkriegs gefertigte Stehlampe, Hochzeitsgeschenk des Gauleiters Wahl.

Als der Bub zehn Jahre alt ist, möchte er die Oberrealschule besuchen. Er lebt damals bei Verwandten. Der Onkel habe ihm mitgeteilt, dass er trotz bestandener Aufnahmeprüfung nicht in die Oberrealschule aufgenommen werde. Der Direktor habe geäußert, es sei den anderen Schülern nicht zuzumuten, neben dem Sohn des ehemaligen Kreisleiters zu sitzen. Erst zwei Jahre später, unter einem neuen Schulleiter, habe er seine Oberschulzeit beginnen können. Sohn Deisenhofer: »Damals hat man auch die Kinder stigmatisiert.«

Matthäus Schulz (Augsburg)

Zum Gedenken an einen Vergessenen

Es gibt immer zwei Möglichkeiten. Für den Ernsten Bibelforscher Matthäus Schulz aus Augsburg gab es allerdings nur eine: Gegen Hitler, für Gott.

*

Die Namen vieler, die dem Dritten Reich Widerstand entgegengesetzt haben, stehen nicht in vergoldeten Lettern auf Gedenktafeln. Allenfalls finden sie sich noch in Archiven: in verstaubten Akten, Anklageschriften, Urteilen von Nazi-Richtern, die Unrecht verkündeten. Gelegentlich zitiert vielleicht ein Historiker den Namen in einem Buch, wenn auch möglicherweise nur in einer Fußnote. Widerstand als Fußnote der Geschichte – das ist dann alles, was an Erinnerung bleibt an einen Menschen, der sein Leben einsetzte oder es gar verlor.

Wie zum Beispiel Matthäus Schulz, 1882 in Allenbach im Kreis Aichach-Friedberg geboren, Hilfsarbeiter. Landwirte sind die Eltern, Dienstbursche bei einem Landwirt in Schiltberg wird der Sohn nach der Schulzeit. Später ist er Strekkenarbeiter der Reichsbahn, arbeitet bei der Augsburger Firma Thormann und Stiefel »am Bau«. Am längsten beschäftigt ist er bei der Maschinenfabrik Augsburg-Nürnberg (MAN), als Hilfsarbeiter und Nachtwächter, fast 25 Jahre lang.

Unterbrochen wird dieses Arbeitsverhältnis nur vom Ersten Weltkrieg. Schulz kämpft an der Westfront. Auszeichnungen für besondere Leistungen verdient er sich nicht, kommt auch ohne Verwundung davon, gerät aber 1915 in französische Gefangenschaft. Erst im März 1920 lassen ihn die Franzosen frei.

Ein wichtiges Ereignis in diesem Leben fällt in das Jahr 1907. Da heiratet Matthäus Schulz die Franziska Limmer. Sie bekommen fünf Kinder. Besondere Bedeutung kommt auch einer Entscheidung im Jahr 1928 zu. Da tritt Schulz aus der katholischen Kirche aus. Im Jahr darauf wird er in einer Augsburger Wohnung als Ernster Bibelforscher getauft.

Die Aufnahme in diese Glaubensgemeinschaft verändert das Leben dieses Mannes. Er nimmt

an vielen Versammlungen der Zeugen Jehovas teil, wie die Bibelforscher damals auch schon genannt werden, verkauft und vertreibt deren Schriften, wirbt um neue Glaubensbrüder und -schwestern. Eine Funktion in der Internationalen Bibelforscher-Vereinigung übernimmt er nie. Dem Matthäus Schulz genügt es, als einfaches Mitglied die Heilsbotschaft an andere heranzutragen.
Das alles hätte lange so weitergehen können, wäre nicht am 30. Januar 1933 Hitler an die Macht gekommen. Die braune Diktatur schätzt Leute wie die Ernsten Bibelforscher nicht. Die leben und handeln nach dem Grundsatz »Gebt dem Kaiser, was des Kaisers ist, und Gott, was Gottes ist.« Um keinen Preis der Welt leisten sie Wehrdienst und schon gar nicht sind sie bereit, Hitler als von der Vorsehung geschickten Retter Deutschlands zu akzeptieren. Nicht einmal mit »Heil Hitler« grüßen sie.
»Die Bibelforscher waren vor 1933 eine unter vielen gesellschaftlich einflusslosen Sekten«, schreibt der Historiker Gerhard Hetzer.[310] Die Nationalsozialisten nehmen diese Sekte indes ernster als viele andere. Im April 1933 löst das bayerische Innenministerium die »Internationale Bibelforscher-Vereinigung« auf, Ende Juni 1933 wird diese reichsweit verboten. Im Augsburger Raum dürften von diesen Maßnahmen etwa 70 Gläubige betroffen worden sein.[311] Aber auch in Günzburg, Mindelheim, Memmingen, Neuburg/Donau u. a. hat die Glaubensgemeinschaft Mitglieder.
Der Staat erreicht mit seinen Verboten nicht viel. Die meisten Bibelforscher bleiben ihrer religiösen Überzeugung treu. Nun also treffen sie sich illegal in den Wohnungen von Mitgliedern; als die Verfolgung noch massiver wird, versammeln sich die Augsburger zum Beispiel in den westlichen Wäldern. Ihr religiöses Schrifttum verteilen sie heimlich: Sie schieben es nachts unter Fußmatten oder verschicken es in Briefen ohne Absenderangabe. Haussuchungen, Verhaftungen, Verurteilungen nützen wenig. Wo Gruppen »auffliegen«, bilden sich bald darauf neue, schaffen Schriften und Bücher aus dem Ausland heran. Als die Ernsten Bibelforscher im Herbst 1934 schließlich die Reichsregierung in einer zentral gesteuerten Briefaktion davon in Kenntnis setzen, dass sie sich an deren Verbot nicht halten, verschärft die Staatsgewalt ihren Druck mehr und mehr.
Wie ernst die Diktatur die kleine Schar der Bibelforscher nimmt, beweist ein Schreiben der Politischen Polizei an alle Bezirks-Polizeibehörden. Unter dem Datum vom 1.2.1936 heißt es darin: »Die Gefahr, die von Seiten der Ernsten Bibelforscher dem Staate droht, ist nicht zu unterschätzen, um so mehr, als die Anhänger dieser staatszersetzenden Sekte jeder staatlichen Ordnung und Einrichtung aufgrund ihres ans Unglaubliche grenzenden religiösen Fanatismus äußerst feindlich gegenüberstehen.«[312]
Haussuchungen, Überwachung, Verhaftungen häufen sich von da an. Am 27.8.1936 steht auf der Liste einer vom Sondergericht München abgeurteilten Augsburger Bibelforschergruppe erstmals auch Matthäus Schulz. Mit Glaubensfreunden hat er aus der Schweiz stammendes Schrifttum der Bibelforscher befördert und verteilt. Die Strafe dafür lautet auf 9 Monate Gefängnis.[313]
Am 26. August 1937 tagt das Sondergericht München erneut im Schwurgerichtssaal des Landgerichts Augsburg. Nicht weniger als 19 Bibelforscher, samt und sonders aus Augsburg, haben sich diesmal zu verantworten. Einer davon: Matthäus Schulz.
Die Unbeugsamkeit, mit der zahlreiche Bibelforscher allen Verboten zum Trotz zusammenkommen und für ihren Glauben werben, bedeutet für Hitlers Geheime Staatspolizei ein schweres Stück Arbeit. In den Verhören dagegen machen es die Beschuldigten und Angeklagten den Beamten mitunter sehr leicht, so auch Matthäus Schulz. In seiner konsequenten Wahrheitsliebe sucht er keine Zuflucht bei Ausreden oder gar Lügen. Er nennt sogar, wenn er nach weiteren Beteiligten befragt wird, ehrlich die Namen anderer Glaubensbrüder.
Bei seiner Vernehmung bekennt Schulz, von Georg Grosshauser enthaltene Schriften in Hügelshart, Rinnenthal, Rehrosbach und an der Straße nach Eurasburg vor Hauseingänge gelegt oder auf Wagen geworfen zu haben. In Stätzling, Haberskirch, Derching, Wulfertshausen habe er Resolutionen ausgeteilt. Am Schluss seiner Vernehmung sagt er: »Die Schriften habe ich deshalb verbreitet, weil ich der Meinung bin, dass ich nach meinem Glauben hiezu verpflichtet war.

Dass ich mich dadurch strafbar mache, war mir bekannt. Wegen meines Glaubens kann ich den Deutschen Gruß nicht geben. Aus dem gleichen Grunde müsste ich im Falle eines Krieges den Militärdienst verweigern.«[314]

Wegen ihrer Verfolgung mussten die Augsburger Zeugen Jehovas sich heimlich treffen. Dieses Foto zeigt sie nach einer Zusammenkunft in den Westlichen Wäldern. Im Hintergrund in der Mitte Matthäus Schulz (Foto: Wachtturm-Gesellschaft)

Die gleiche Haltung wie in den Verhören und Gerichtsverhandlungen zeigen viele Bibelforscher später auch in den Konzentrationslagern. Die politische Gefangene Margarete Buber-Neumann, im KZ Ravensbrück Blockleiterin bei Bibelforscherinnen, erinnert sich: »Dieser Glaube verlieh den Bibelforschern eine ungeheure Kraft, und in den Jahren des Konzentrationslagers haben sie bewiesen, dass der Tod für sie keinerlei Schrecken hatte, dass sie im Namen Jehovas Unsägliches erleiden konnten, ohne schwach zu werden. Wie viel einfacher hat es doch ein religiöser Märtyrer, für den es ein leuchtendes Jenseits gibt, als so ein politischer ›Gläubiger‹, der stirbt, damit durch seinen Kampf und Opfertod die kommenden Generationen besser leben mögen.«[315]
Lina Haag erlebt in Konzentrationslagern ebenfalls mitgefangene Bibelforscher: »Ich weiß nur, dass sie zu den wenigen Menschen in Deutschland gehören, die auch den allgewaltigen Partei- und Gestapogöttern furchtlos sagen, was sie denken. Dass sie gegen den Krieg sind und dass die Gottähnlichkeit, die sich Hitler anmaße, lästerlich und verbrecherisch ist. ... Sie nehmen alle Beleidigungen und Rohheiten als eine von Jehova auferlegte Prüfung klaglos hin oder erwidern sie erhaben gleichmütig mit düsteren Prophezeiungen. Ihre Haltung ist mehr als bewundernswert, sie ist erschütternd, aber sie ist ›nicht von dieser Welt‹ und nicht für diese Welt, sie ist alttestamentarisch.«[316]
Es soll auch noch ein Buchtitel genannt werden. »Am mutigsten waren immer wieder die Zeugen Jehovas«, lautet der. Viele Überlebende von Hitlers Konzentrationslagern und Gefängnissen haben gleiches berichtet.[317]

Selbst manche Nazi-Richter beeindrucken Aufrichtigkeit und Auftreten der Bibelforscher. Als die Juristen damals in Augsburg nach eintägiger Verhandlung die Urteile gegen die 19 männlichen und weiblichen Angeklagten fällen, halten sie allen die Geständnisse zugute. Für Matthäus Schulz spricht in den Augen der Richter zudem, dass er im Ersten Weltkrieg als Soldat seine Pflicht getan hat. Das Urteil ist dennoch hart: Er wird zu einem Jahr und vier Monaten Haft verurteilt. Fünf Monate, die er in »Schutz«- und Untersuchungshaft verbracht hat, werden vom Strafmaß abgezogen.
Schulz verbüßt die Strafe im Gefängnis Bernau in Oberbayern. Von einer Amnestie im Herbst 1938 bleibt er ausgeschlossen. »Ungeeignet für bedingte Strafaussetzung« wird auf sein Vollstreckungsheft gestempelt. Weil er zum zweitenmal Schriften der Bibelforscher verteilt hat, juristisch also rückfällig geworden ist, wird Matthäus Schulz nach der Verbüßung nach Dachau überstellt. Das Konzentrationslager ist die letzte Station dieses Lebens. Am 24.2.1939 stirbt er dort. Es heißt, er sei verhungert.[318]
Die 2.000 in Konzentrationslagern des Dritten Reichs gepeinigten Ernsten Bibelforscher bleiben nach dem Zusammenbruch des Dritten Reichs lange Zeit »vergessene Opfer«.[319] Stellvertretend für viele andere ist deshalb hier Matthäus Schulz dem Vergessen entrissen worden. Er war ein Hilfsarbeiter, ein einfacher Mensch. Aber ganz stark im Glauben an seinen Gott.

Ein »arisches« Gymnasium

Hum. Progymnasium Oettingen.

(5klassige Oberschule i. E.)

Das Schuljahr 1938/39 beginnt Dienstag, 26. April 1938, vorm. 8 Uhr: die 1. Klasse wird als Oberschulklasse (mit Englisch) geführt; die übrigen Klassen werden unverändert als Gymnasialklassen weitergeführt.

Die **Aufnahmeprüfung** findet am Dienstag, 5. April, vorm. 8 Uhr, statt. Für **auswärtige** Prüflinge wird eine zweite Aufnahmeprüfung am Dienstag, 26. April abgehalten; die Anmeldung ist trotzdem bis zum 5. April vorzunehmen. Auswärtige Schüler finden gute Unterkunft im Oettinger Schülerheim (Johannespensionat).

Die Aufnahmeprüfung erstreckt sich auf den Lehrstoff der 4. Volksschulklasse in Deutsch, Rechnen und Religionslehre; daneben ist eine körperliche Eignungsprüfung abzulegen.

Auch **Mädchen** können hier aufgenommen werden.

Alle **Anmeldungen**, auch für höhere Klassen, sind bis zum 5. April vorzunehmen: schriftlich jederzeit; persönlich jeden Montag und Mittwoch von 11—12 Uhr beim Direktorat.

Vorzulegen sind: Geburts- und Impfschein, Uebertrittszeugnis der Volksschule, bezw. alle früheren Studienzeugnisse. Ein Gutachten der Grundschule ist beim Klaßleiter der Volksschule zu beantragen und von diesem rechtzeitig unmittelbar dem Direktorat zuzuleiten.

Anzugeben und im Zweifelsfalle nachzuweisen sind Staatsangehörigkeit, arische Abstammung, Erbgesundheit.

Bei der Anmeldung ist eine **Einschreibgebühr** von RM. 5.— zu entrichten.

Oettingen, 16. März 1938.

Das Direktorat.

»Es gibt immer zwei Möglichkeiten …« Wer ins Oettinger Progymnasium aufgenommen werden wollte, musste 1938 im Zweifelsfall arische Abstammung und Erbgesundheit nachweisen. Die Anzeige erschien am 19. März 1938 in der »Rieser National-Zeitung«.

Hugo und Lilly Höllenreiner (Ingolstadt)

Ein neuer Staat, die alten Vorurteile

Hugo Höllenreiner ist inzwischen Rentner. Er lebt in Ingolstadt. Die Wohnung befindet sich in einem modernen Neubau. Tochter und Sohn sind seit langem »aus dem Haus«. Von den Nachbarn unterscheidet sich dieser Mieter durch zwei Erfahrungen, auf die er gern verzichten würde. Er hat als Kind die Hölle von Auschwitz überlebt. Und er hat Vorurteile erlebt. Hugo Höllenreiner ist Sinto.

*

Am Stammbaum lasse sich nachweisen, dass die Vorfahren seit 500 Jahren in Deutschland zu Hause seien, sagt Hugo Höllenreiner. Er selbst stammt aus München. Der Vater ist damals in Giesing Fuhrunternehmer, besitzt sieben Pferde, mehrere Leiterwagen. Wer umziehen will, kann ihn bestellen. Als der Krieg ausbricht, wird der Vater Soldat. Er macht den Frankreich-Feldzug mit. Deshalb glaubt er auch nicht, dass ihm und der Familie Gefahr drohen könnte, als er 1942 aus der Wehrmacht entlassen wird. Ein Irrtum. Eines Nachts im März 1943 gegen vier oder fünf Uhr erscheinen Gestapo-Männer. Die ganze Familie muss mitkommen. Sie wird für einige Tage und Nächte in eine Gemeinschaftszelle des Polizeipräsidiums eingesperrt, dann in Viehwaggons nach Auschwitz gebracht.

Hugo Höllenreiner ist damals neun Jahr alt. Ankunft bei Nacht, grelles Licht, Wachtposten. Die Ankömmlinge müssen sich in Fünferreihe aufstellen. »Der Schwager meines Vaters wurde mit dem Gewehrkolben zusammengeschlagen, weil er aus der Reihe getreten war. Dann ging es in den Zugangsblock. Am nächsten Morgen mussten wir antreten zur Entlausung, wir wurden mit weißem Pulver eingestaubt. Die Erwachsenen standen nackt umher und schämten sich. Da wusste ich, es wird schlimm.«

Es wird schlimm! Die Kinder der Zigeuner, wie Sinti und Roma damals genannt werden, kommen von 10–15 Uhr in einen so genannten Hort. Dort sind sie sich selbst überlassen. Höllenreiner: »Mittags wurde eine Glocke geschlagen, wenn es Essen gab. Die ersten Tage bin ich wegen des Gedränges bei der Essensausgabe nicht drangekommen. Ganz vorne, wo die Kübel ankamen, wurde ich weggedrängt und bekam wieder nichts. Nach 14 Tagen bin ich getaumelt, war schwach, elend, wie tot. Meine Mutter hat geweint. Ich war kurz vor dem Tod.«

Einige Zeit später wird der Vater Blockältester in Block 17. Die Situation bessert sich etwas. Es gibt Brot, die Buben und Mädchen müssen nicht mehr in den Hort. Im Sommer 1944 wird die Familie nach Ravensbrück gebracht, Vater Josef ins Männerlager, Mutter und Kinder ins Frauenlager. Als es heißt, wenn der Vater sich zur Wehrmacht melde, würden die Angehörigen entlassen, bewirbt Josef Höllenreiner sich. Er kommt zur Sturmbrigade Dirlewanger, einer übel beleumundeten SS-Einheit. Für Frau und Kinder öffnen sich tatsächlich die Tore des Lagers Ravensbrück. Aber es erwartet sie nicht die Freiheit, sondern das KZ Mauthausen in Österreich. Hugo Höllenreiner: »Von der Bahnstation zum Lager waren ca. 10–15 km Fußmarsch. Wer nicht mehr mitkonnte, wurde erschossen. Wir wurden in großen Sälen entlaust, erhielten neue Kleider und zu essen.«

In Mauthausen bleiben die Höllenreiners jedoch nur kurze Zeit. Bergen-Belsen folgt. Anne Frank ist dort ermordet worden, ein schreckliches Lager: »Wir waren in einem Block mit etwa 30 Familien. Es gab Tote im Block, Erwachsene und Kinder. Die Toten mussten aus den Baracken herausgebracht und vor die Baracke gelegt werden. Sie wurden von den Ratten angefressen.« Noch schlimmer für den Bub: Wie Mutter, Schwester, andere muss er ein bald 100 m langes Massengrab schaufeln, morgens Tote dort hereinlegen, weißen Kalk über sie streuen. Da er barfuß arbeitet, frisst ihm der Kalk Löcher in Füße und Beine. »Da war Wunde an Wunde«, sagt er. Deren Narben werden ihn bis an sein Lebensende an jene schreckliche Zeit erinnern.

In Bergen-Belsen erlebt Hugo Höllenreiner die Befreiung. Mutter und Kinder kehren nach München zurück, einige Wochen darauf kommt auch der Vater. Er ist einer der wenigen Überlebenden der Sturmbrigade Dirlewanger. Im Haus der Höllenreiners in der Deisenhofener Straße leben andere Leute. »Da kann man nichts machen«, bekommen die Höllenreiners bei den Behörden zu hören. Später erhält die Familie das Haus zurück.

Hugo Höllenreiner

Mehr als 30 Angehörige der Familie sind im Dritten Reich ermordet worden. Ein Onkel, Berufssoldat, stirbt nach dem Krieg an den Folgen der Meerwasserversuche, an denen er in Dachau teilnehmen musste. Hugo Höllenreiner berichtet, man habe den Onkel ins Wasser geworfen, um zu testen, wie lang ein Mensch in Salzwasser überleben kann; man habe dem Verwandten auch Fleisch aus den Schenkeln geschnitten, um die Wirkung des Wassers auf die Wunden festzustellen.

Was Hugo Höllenreiner erlebt hat, ist mehr als ein Kind eigentlich ertragen kann. Fast 50 Jahre hat er über diese Zeit auch nicht sprechen können. Bis er sich eines Tages ein Herz fasst und öffentlich seine, seiner Familie, der Zigeuner Leidenszeit schildert. Seitdem hat er viele Reden gehalten, sogar in Auschwitz. In einer dieser Reden sagt er: »Auch heute – trotz all der Erfahrungen – fühle ich mich als Deutscher. Ich lebe und arbeite hier, habe meine Familie, meine Freunde und Geschäftsfreunde. Ich hätte nicht die Kraft, alles, was damals war, noch einmal zu erleben. Ich verurteile die Menschen, die uns damals deportiert und nach Auschwitz ge-

Lilly Höllenreiner (Privatbilder)

bracht haben. Ich kann nicht verstehen, warum sie uns das angetan haben.«

Höllenreiners erste Schuljahre fielen in die Zeit des Dritten Reichs. Der Zigeunerbub wurde gehänselt, beleidigt, angespuckt, geschlagen. Als er nach dem Zusammenbruch des Dritten Reichs die Schulzeit fortsetzt, ist er durch die KZ-Erfahrungen überängstlich geworden. Rempelt ihn ein Mitschüler an, wehrt er sich nicht. Er weint, rennt nach Hause. Erst kurz vor der Schulentlassung wird er mutiger: »Da habe ich mich auch mit den Kindern ›rumgeschlagen und war auch ›mal der Sieger. Dann auf einmal war ich in einer Clique drin. Sonst war ich immer der ›Mach Du das, hupf ab, geh zu‹ …«

Frage: Und wie verhielten sich nach dem Krieg die Lehrer?

»Ich hätte mich gefreut, wenn auch zu mir einmal einer gesagt hätte: ›So, Hugo, komm mal vor an die Tafel.‹ Aber nie sind wir Sinti-Kinder aufgerufen worden, nie mussten wir unsere Hausaufgaben vorzeigen. Wir haben dann keine Aufgaben mehr gemacht. Wir sind da drin gesessen, hatten Hunger, der Vater hat noch sehr schlecht verdient, also das war eine sehr schlechte Zeit.«

Hugo Höllenreiner wird Händler. An den Haustüren bietet er seine Waren an: Bürsten, Leder, Teppiche u. a.m. Nach der Heirat kauft er einen Wohnwagen. Damit ist er im Sommer unterwegs. Er fährt dann bevorzugt Campingplätze an. Wo er und seine Frau bekannt sind und treue, Jahr für Jahr besuchte Stammkunden haben wie in Murnau, Deggendorf, Dinkelscherben, gibt es keine Schwierigkeiten. Anderswo heißt es, so Höllenreiner: »Zigeuner kommen nicht auf meinen Platz!«

Frage: Wie behandelten Nachbarn auf Campingplätzen Sie?

»Bei Murnau hat meine Frau damals viel Kundschaft gehabt, die Stoffe und Bettwäsche gekauft hat. Dort sind wir Jahr für Jahr auf dem Campingplatz gewesen. Ungefähr nach sieben, acht oder neun Jahren ist ein Kontakt zustande gekommen: ›Hugo, komm, wir grillen heute.‹ Es waren lauter ältere Leute dort. Schließlich haben sie gesehen: ›Das ist auch ein Mensch‹ – und dann gab's ohne den Hugo kein Grillen mehr auf dem ganzen Campingplatz.«

Frage: Was geschah, wenn sie an fremden Wohnungen schellten und Textilien anboten?

»Manche Leute behandelten uns ganz normal, aber die meisten hatten große Vorurteile: ›Von Zigeunern kaufen wir nichts!‹«

Frage: Wissen die Mitbewohner Ihres Hauses, dass Sie Sinti sind?

»Ja, ich mache kein Hehl daraus, dass ich ein Sinti bin.«

Frage: Sind Sie akzeptiert im Haus?

»Ich glaube, dass ich akzeptiert bin.«

Frage: Sehen Sie auch Ursachen für Vorurteile gegen manche Sinti und Roma?

»Es kommt vor, dass Roma-Kinder am Straßenrand sitzen, mit verbogenen Händen. Sie betteln. Hinterher holt sie der Vater mit dem Mercedes ab, Goldringe an den Fingern. Das mag in deren Heimatländern Sitte sein. Wir deutschen Sinti verurteilen das. Wir sind stolz, dass wir normal arbeiten, normal leben. Wir zahlen Steuern, wir zahlen Versicherungen, wir leisten Abgaben wie jeder andere Bürger auch. Aber es ist schwer manchmal, in Deutschland Sinti zu sein.«

In der Tat: Das ist schwer. Lilly Höllenreiner, Hugos Tochter, kann davon ein traurig Lied singen. Mehr als einmal zum Beispiel ist sie als Erwachsene in Restaurants nicht eingelassen oder nicht bedient worden. Doch hat keine Diskriminierung sie und mit ihr den Vater so sehr getroffen wie ein Vorfall in Dinkelscherben. Lilly meint, es könne 1967 gewesen sein. Sie müsse damals etwa neun Jahre alt gewesen sein. Bieten die Eltern im Sommer irgendwo in einem Ort und in dessen Umgebung Waren an und steht der Wohnwagen längere Zeit auf dem gleichen Campingplatz, besucht sie die Volksschule des Ortes. Auch die in Dinkelscherben.
Lilly Höllenreiner: »Ich bin mit dem Fahrrad in die Schule gefahren. Plötzlich sind zwei große Jungens gekommen. Sie haben gesagt, ich solle mal herkommen. Ich bin hingegangen. Sie haben mich ins Eck gedruckt, mir ins Gesicht gespuckt und gesagt, mich hätten sie vergessen zu vergasen.« Ich habe gedacht, die tun mir jetzt was an. Deshalb habe ich ganz freundlich getan und gefragt: ›Wie heißt ihr denn?‹ Sie haben mich wieder losgelassen. Ich bin dann in die Schule und hab' geweint!«
Lehrer oder Lehrerin fragen das Mädchen nicht, warum es Tränen vergießt. Lilly selbst sagt auch nichts vor lauter Angst. Weinend kommt sie mittags in den Wohnwagen. Berichtet den Eltern, dass sie angespuckt worden ist. Die Mutter wäscht das Gesicht der Tochter ab, versucht sie zu trösten. Hugo Höllenreiner will keinen Augenblick länger im Ort bleiben: »Räumt alles zusammen. Wir fahren von hier fort.« Dann, so berichtet er, sucht er den Schulleiter auf, schildert diesem, was vorgefallen ist. Höllenreiner: »Der antwortete mir. ›Das sind Kinder. Die haben das nicht so gemeint.‹«
Die Familie bleibt doch noch eine Nacht in Dinkelscherben. Hugo Höllenreiner schickt Lilly nochmals in die Schule. Ohne dass die Tochter es weiß, geht er in der Pause auch dorthin. Er lässt sich die Buben zeigen. »Dann bin ich dahin, habe einen beim Ohr genommen und gefragt: ›Komm her, was war denn da gestern?‹ Da ist er weggelaufen. Ich habe dann meine Tochter genommen und wir sind heim – Dinkelscherben wird mich nie mehr sehen.«
Lilly Höllenreiner hat dieses Erlebnis nicht vergessen können. »Es geht ihr nach«, wie man so sagt. Heute ausfindig zu machen, wer die Buben waren, die dem Sinti-Mädchen ins Gesicht spuckten, das ist unmöglich. Längst sind Männer aus ihnen geworden. Vielleicht will es der Zufall, dass einer der beiden diese Schilderung liest und bereut, dass er damals mit einem jungen Mädchen so umgegangen ist, es so diskriminiert hat.

Zum besseren Verständnis

Arier, arisch – abgeleitet vom Sanskrit-Wort Arya (der Edle). Im Sinne des nationalsozialistischen Rassenwahns Menschen, die frei waren von »fremdem Erbgut«. Als »fremd« galten außer den Juden alle eingeborenen Rassen der nichteuropäischen Erdteile, die slawischen Völker sowie Sinti und Roma, damals allgemein Zigeuner genannt.

Arisierung – So nannten die Nationalsozialisten die Verdrängung der Juden aus dem Wirtschaftsleben. Diese mussten Geschäfte, Betriebe, Häuser und andere Vermögenswerte an »Arier« abtreten. Außerdem wurde ihnen die Ausübung zahlreicher Berufe verboten. Der Begriff »Arier« ist abgeleitet aus dem Sanskrit-Wort Arya (der Edle). Im Sinne des nationalsozialistischen Rassenwahns waren dies Menschen, die frei von »fremdem Erbgut« waren.

BDM – siehe Hitler-Jugend

Beimler, Johann (1895–1936) – Nahm als Marinesoldat 1918 am Cuxhavener Matrosenaufstand teil, gehörte 1919 der Roten Truppe in München an. 1921 zwei Jahre Haft in Niederschönenfeld. 1928–1932 Leiter des Unterbezirks Augsburg der Kommunistischen Partei Deutschlands, 1928–1932 Stadtrat, 1932 Reichstagsabgeordneter, 1933 verhaftet, doch gelang ihm die Flucht aus dem KZ Dachau. Exil in Prag und Paris u. a. 1936 an der Aufstellung der Internationalen Brigaden des Spanischen Bürgerkriegs beteiligt. Die Umstände seines Todes sind ungeklärt.

Bekennende Kirche – Im Dritten Reich die oppositionelle Bewegung der Deutschen Evangelischen Kirche gegen die hinter dem Nationalsozialismus stehenden Deutschen Christen und gegen die Kirchenpolitik des Dritten Reichs. Ihr theologisches Programm legte sie im so genannten »Barmer Bekenntnis« nieder, das am 31.5.1934 von der Ersten Bekenntnissynode in Wuppertal-Barmen verabschiedet wurde. Es unterstrich die Freiheit der Kirche in Lehre, Verkündigung und äußerer Gestalt. Obwohl es auch in der Bekenntnisfront gegensätzliche Auffassungen über den richtigen Weg gab, ist es ihr zu verdanken, dass die Gleichschaltung der evangelischen Kirche durch die Diktatur weitgehend scheiterte. Eines ihrer führenden Mitglieder war Martin Niemöller, wie viele Mitglieder der Bekennenden Kirche von den Nationalsozialisten verfolgt.

Blutorden – 1933 geschaffene höchste Auszeichnung der NSDAP. Sie wurde zuerst nur den Teilnehmern des Putsches am 9. November 1923 verliehen, ab 1938 an alle Parteigenossen, die wegen ihrer Zugehörigkeit zur NSDAP zumindest zu einer Gefängnisstrafe verurteilt worden waren.

Bolschewismus – Meint die Theorie und Praxis des Kommunismus sowjetischer Prägung. Im Dritten Reich führten die Nationalsozialisten diesen Begriff tagtäglich im Munde, der Russland-Feldzug war der grausame Höhepunkt ihrer Bekämpfung des Bolschewismus.

Bormann, Martin (1900–1945) – Ein fanatischer Nationalsozialist, als Stabsleiter von Rudolf Heß ab Mitte 1933 praktisch der Herr im NSDAP-Parteibüro. Nach dem Schottlandflug seines Chefs 1941 mit dem Titel Leiter der Parteikanzlei dessen Nachfolger. Er war Hitler bedingungslos ergeben. Nach dem Zusammenbruch des Dritten Reichs galt er jahrelang als verschollen. Erst 1972 wurde seine Leiche eindeutig identifiziert, als Todesdatum gilt der 2.5.1945. In Nürnberg in Abwesenheit zum Tod verurteilt.

Braunes Haus – Ab 1933 der Sitz der NSDAP-Reichsleitung in München, Brienner Straße 45. Hitler gab dort häufig Empfänge, in der Nähe entstanden viele Verwaltungsbauten der braunen Partei.

Deutsche Arbeitsfront (DAF) – Ein nach dem Verbot der Gewerkschaften im Mai 1933 gegründeter Verband der NSDAP, dem alle Werktätigen – Arbeitnehmer wie Arbeitgeber – angehören sollten. Mit 23 Millionen Mitgliedern (1938) die größte nationalsozialistische Massenorganisation. Hauptaufgabe: Die Mitglieder im Sinne der Hitler-Partei zu beeinflussen.

Deutsche Christen – Sie strebten eine Verbindung von evangelischem Christentum und Nationalsozialismus an. Konstituierten sich 1932 mit Hilfe der NSDAP auf Reichsebene als Glaubensbewegung und hatten nach Hitlers Machtergreifung starken Zulauf. Gewannen im Juli 1933 die allgemeinen Kirchenwahlen und besetzten damit Schlüsselpositionen. Im November des gleichen Jahres brachen die Deutschen Christen aber auseinander. 1937 schlossen sich mehrere dieser Kirchenbewegungen zur »Nationalkirchlichen Bewegung Deutschland« zusammen. Einige Landeskirchen wurden bis 1945 von Deutschen Christen geleitet. Der 1933 von den Deutschen Christen gewählte Reichsbischof Ludwig Müller verübte nach dem Zweiten Weltkrieg Selbstmord.

Dietl, Eduard (1890–1944) – Der Offizier gehörte 1919 dem Freikorps Epp an. Obwohl er sich als Reichswehr-Offizier politisch nicht betätigen durfte, unterstützte er früh die NSDAP und bildete SA-Leute aus. 1931 wurde er Bataillonskommandeur in Kempten, 1935 dort Regimentschef. Berühmt wurde er im Zweiten Weltkrieg als »Held von Narvik«, nachdem er mit seinen Gebirgsjägern den nordnorwegischen Erzhafen gegen die abziehenden, weit überlegenen alliierten Streitkräfte verteidigt hatte. Dietl wurde dafür zum General befördert. Er verstand sich immer als »politischer Soldat« und war überzeugter Anhänger Hitlers. Obwohl – so der Historiker Manfred Messerschmidt – Dietl in Hitlers Augen der NS-Mustergeneral gewesen sei, war lange Zeit eine Bundeswehrkaserne in Füssen nach ihm benannt. Erst nach massiven Protesten, die auch den Deutschen Bundestag beschäftigten, wurde diese 1995 in Allgäu-Kaserne umbenannt. Dietl starb 1944 bei einem Flugzeugabsturz.

Eichmann, Adolf (1906–1962) – Der SS-Obersturmbannführer war zentraler Organisator der »Endlösung der Judenfrage«, der mehr als fünf Millionen Juden zum Opfer fielen. Aus amerikanischer Gefangenschaft floh er 1946 nach Argentinien. Nachdem ihn israelische Geheimagenten aufgespürt und von dort entführt hatten, musste er sich 1981 in Jerusalem vor einem Gericht verantworten. Er wurde zum Tode verurteilt und hingerichtet.

Eicke, Theodor (1892–1943) – Wegen republikfeindlicher Äußerungen musste der Offiziersanwärter 1922 den Polizeidienst verlassen. Er verdiente sein Geld dann u. a. als Kaufmann. 1928 trat er in NSDAP und SA ein, 1930 in die SS. 1932 wurde er wegen politischer Bombenanschläge zu zwei Jahren Gefängnis verurteilt und floh deshalb nach Italien. Ab Juni 1933 Kommandant des KZ Dachau. Eicke war beteiligt an der Ermordung des SA-Chefs Röhm 1934, im gleichen Jahr wurde er Inspekteur der SS-Totenkopfverbände und der KZ. In dieser Stellung machte er die im Lager Dachau angewandten Methoden für alle KZ verbindlich. Eicke starb 1943 bei einem Flugzeugabsturz an der Ostfront.

Entnazifizierung – Der Versuch der westlichen Siegermächte des Zweiten Weltkriegs, Nationalsozialisten und Militaristen zu bestrafen und aus allen wichtigen Funktionen zu entfernen. Grundlage dafür war ein am 5. März 1946 erlassenes Gesetz. Spruchkammern konnten die Betroffenen in fünf Kategorien einstufen: als Hauptschuldige, Belastete, Minderbelastete, Mitläufer, Entlastete. Sühnemaßnahmen für die nicht als entlastet eingestuften Männer und Frauen waren u. a. Internierung oder Gefängnis bis zu 10 Jahren, Vermögensverlust, Amtsverlust, Berufsverbot u. a. m. Mehr als die Hälfte derer, die sich vor Spruchkammern verantworten mussten, wurden als Mitläufer eingestuft. Ein Drittel der Verfahren wurde eingestellt. Die Mitglieder der Spruchkammern wurden nach politischen Gesichtspunkten ausgewählt. Gegen ihren Urteilsspruch waren Berufungen möglich. 1952 wurde die Entnazifizierung im wesentlichen beendet. Die Entnazifizierung war von Anfang an umstritten. »Zuerst kamen die kleinen Leute dran. Sie hatten den Eifer des Neubeginns auszubaden. Als dann die ›Großen‹ an der Reihe waren, hatte sich der außenpolitische Wind gedreht, und die Amerikaner, die zunächst auf dem Vollzug des Gesetzes bestanden hatten, drängten nun auf das Ende«, urteilte 1982 der Historiker Zdenek Zofka.

Epp, Franz Xaver Ritter von (1868–1946) – Nach dem Gymnasiumsbesuch in Augsburg schlug er die militärische Laufbahn ein. Er gehörte u. a. 1904–1906 der deutschen Schutztruppe in Südwestafrika an. Im Ersten Weltkrieg an vielen Fronten eingesetzt. Danach stellte er das Freikorps Epp auf, das u. a. an der Zerschlagung der Räterepublik in München beteiligt war. Verließ 1923 freiwillig die Reichswehr, als ihm Kontakte zu rechtsradikalen Kreisen vorgehalten wurde. 1928 Wechsel von der Bayerischen Volkspartei zur NSDAP, Wahl zum Reichstagsabgeordneten, 1933 Reichskommissar in Bayern und dann in München Reichsstatthalter. 1934 Reichsleiter des kolonialpolitischen Amtes der NSDAP und zwei Jahre später Bundesführer des Reichskolonialbunds. Gehörte in der letzten Phase des Dritten Reichs zu den Kritikern Hitlers. Nach dem Zusammenbruch interniert.

Feldherrnhalle – An dieser Stelle in München endete Hitlers Putschversuch am 9. November 1923 blutig. Am Abend zuvor hatten Nationalsozialisten den Bürgerbräukeller gestürmt, die Nationale Revolution ausgerufen und Bayerische sowie Reichs-Regierung für abgesetzt erklärt. Am nächsten Tag marschierten die Revolutionäre durch die Münchner Innenstadt. Landespolizei stoppte sie an der Feldherrnhalle: 15 Gefolgsleute Hitlers, vier Polizisten und ein Unbeteiligter kamen ums Leben. Hitler nahm man später in einem Versteck fest. Im Dritten Reich feierten die Nationalsozialisten den 9. November 1923 alljährlich mit einem Marsch zur Feldherrnhalle.

Frank, Hans (1900–1946) – Auch er ein Teilnehmer am Hitler-Putsch 1923. Der Jurist gründete 1928 den NS-Rechtswahrerbund, war 1933/34 bayerischer Justizminister, 1934 Reichsminister ohne Geschäftsbereich. Als Generalgouverneur im eroberten Polen war er einer der Hauptverantwortlichen für die dort von SS und Polizei verübten Verbrechen. 1946 in Nürnberg als Kriegsverbrecher hingerichtet.

Freikorps – Diese Freiwilligenverbände nach dem Ersten Weltkrieg bestanden in der Mehrzahl aus über die Niederlage enttäuschten Soldaten. Am bekanntesten unter den zahlreichen Einheiten waren die Freikorps Epp und Oberland, das Regiment Reinhard, die Marinebrigade Ehrhardt. Teils im Regierungsauftrag kämpften sie im Baltikum gegen russische Truppen, zogen gegen die Räterepubliken in Bayern, gegen Polen in umstrittenem schlesischen Grenzland, gegen Belgier und Franzosen im Ruhrgebiet zu Felde. Manche dieser Einheiten bestanden jahrelang, andere nur einige Monate wie z. B. ein »Freikorps Schwaben«, 1919 in Memmingen gegründet mit 25 Offizieren, 68 Unteroffizieren, 299 Mann und 29 Pferden. Auch ein »Freikorps Bodensee« in Lindau bestand nur einige Monate. Zahlreiche Freikorps-Kämpfer schlossen sich später den Nationalsozialisten an.

Frundsberg, Ziethen, Seydlitz, Wrangel – Hitler verglich Sepp Dietrich mit populären Heerführern der Vergangenheit. Georg von Frundsberg (1473–1528) aus Mindelheim ging als »Vater der Landsknechte« in die

Geschichte ein. Hans-Joachim von Ziethens (1699–1789) preußische Reiterei war im Siebenjährigen Krieg gefürchtet. Preußen-General Friedrich Wilhelm von Seydlitz (1721–1773) entschied die Schlachten bei Rossbach 1757 und Zorndorf 1758 zugunsten Preußens. Generalfeldmarschall Friedrich Heinrich Ernst Graf Wrangel (1784–1877) schließlich war Oberbefehlshaber der Bundestruppen im Deutsch-Dänischen Krieg 1864.

Gestapo – Abkürzung für die gefürchtete Geheime Staatspolizei des Dritten Reichs. Sie wurde gegründet, um alle gegen den Bestand und die Sicherheit des Staates gerichteten Bestrebungen zu bekämpfen. Dabei schreckten viele Dienststellen nicht vor Gewalt sowie Folterungen von Regimekritikern oder -gegnern zurück. Die Gestapo verhängte ohne richterliche Anordnung Schutzhaft und wies Menschen in Konzentrationslager ein. In der letzten Phase des Dritten Reichs ließ sie auch Menschen hinrichten. Auch die Deportationen der deutschen Juden wurde von dieser Geheimpolizei organisiert.

Göring, Hermann (1893–1946) – Der im Ersten Weltkrieg als Jagdflieger berühmt gewordene Göring war einer der mächtigsten Männer des Dritten Reichs: Reichstagspräsident (1932), Luftfahrtminister (1933), Feldmarschall (1938), Reichsmarschall (1940). Hitler bestimmte ihn 1939 zu seinem Nachfolger. Mit Beginn des Russland-Feldzugs oblag dem »Dicken« die wirtschaftliche Ausbeutung der besetzten Gebiete, zugleich war er Oberbefehlshaber der Luftwaffe. Wenige Tage vor Kriegsende ließ Hitler Göring verhaften und stieß ihn aus der Partei aus. Das Kriegsverbrechertribunal in Nürnberg verurteilte Göring 1946 zum Tode. Der Hinrichtung kam er zuvor: Er schluckte Gift. Woher er es hatte, blieb ungeklärt.

Heß, Rudolf (1894–1987) – Er war seit 1920 NSDAP-Mitglied, wurde 1927 Privatsekretär, 1933 Stellvertreter Hitlers als Parteiführer im Rang eines Ministers. Flog am 10.5.1941 von Augsburg aus mit einem selbstgesteuerten Flugzeug nach England, sprang über Schottland mit dem Fallschirm ab und wollte bei der englischen Regierung die Chancen für einen Frieden erkunden. Hitler erklärte Heß daraufhin für geistesgestört, was dieser zweifellos nicht war. Im Nürnberger Prozess gegen die Hauptkriegsverbrecher wurde Heß zu lebenslanger Haft verurteilt. Nach 41 Jahren im Gefängnis beging er Selbstmord.

Heydrich, Reinhard (1904–1942) – Der engste Vertraute von Reichsführer SS und Polizei Heinrich Himmler. Wurde 1936 Chef von Sicherheitspolizei und Sicherheitsdienst (SD). Von Göring mit der Durchführung der »Endlösung« beauftragt, deshalb leitete er auch am 20.1.1942 die Wannsee-Konferenz. Herbst 1941 wurde Heydrich stellvertretender Reichsprotektor von Böhmen und Mähren. Im Mai 1942 fiel er in Prag einem Attentat zum Opfer.

Himmler, Heinrich (1900–1945) – Ein Rassen- sowie Blut-und-Boden-Fanatiker. Als Reichsführer SS und Chef der deutschen Polizei seit Juni 1936 war er der Herr über den nationalsozialistischen Terrorapparat. 1939 wurde er Reichskommissar für die Festigung des deutschen Volkstums, 1943 Reichsinnenminister, 1944 Befehlshaber des Ersatzheeres. Beging in britischer Gefangenschaft Selbstmord.

Hippokratischer Eid – Dem griechischen Arzt Hippokrates (460 v. Chr. – 370 v. Chr.) zugeschriebenes Gelöbnis, das die ethischen Leitsätze ärztlichen Handelns nennt. Auch das 1948 vom Weltärztebund beschlossene Genfer Ärztegelöbnis lehnt sich an diesen Eid an. Es verpflichtet alle Mediziner u. a., ihren Beruf gewissenhaft auszuüben, die Gesundheit der Patienten wiederherzustellen und zu erhalten, sowie selbst bei Bedrohung die Gesetze der Menschlichkeit einzuhalten.

Hitler-Jugend (HJ) – Ab 1933 der staatliche Jugendverband des Dritten Reichs. Gliederte sich bei den Jungen in das Deutsche Jungvolk (DJ, 10–14jährige) und die eigentliche HJ (14–18), bei den Mädchen in den Jungmädelbund (JM, 10–14) und den Bund Deutscher Mädchen (BDM, 14–21). Ab 1939 Zwangsorganisation, hatte die HJ schließlich über 8 Millionen Mitglieder. Ziel war es, die Jugend im nationalsozialistischen Sinn zu beeinflussen.

Juden-Pogrom 1938 – Die Ermordung des deutschen Diplomaten Ernst vom Rath durch den jüdischen Herschel Grynszpan in Paris lieferte dem Hitler-Regime den willkommenen Vorwand zu einem schon länger vorbereiteten Pogrom gegen die deutschen Juden. Überall in Deutschland wurden am 9. November 1938 und in den folgenden Tagen und Nächten Synagogen geschändet und zerstört. 20.000 jüdische Männer wurden in Konzentrationslager eingeliefert, Wohnungen und Geschäfte von Juden demoliert. Bald darauf mussten die deutschen Juden bei den Behörden sämtliche Wertsachen abliefern.

Kauferinger Außenlager – Als 1944 amerikanische und britische Flugzeuge mehr und mehr den Luftraum über Westeuropa beherrschten, ihre Bomben immer mehr Werke der deutschen Flugzeugindustrie zerstörten, versuchte die nationalsozialistische Regierung die Flugzeugproduktion unter die Erde zu verlagern. Auch bei Kaufering entstanden damals – heute noch vorhandene – unterirdische Anlagen. Messerschmitt-Jagdflugzeuge sollten dort gebaut werden. Um dieses gigantische Vorhaben zu verwirklichen, entstanden im Kauferinger und Landsberger Raum zehn Außenlager des KZ Dachau. Häftlinge sowie Kriegsgefangene wurden zum Bau der Anlagen eingesetzt. Viele starben durch Hunger, Krankheiten und unmenschliche Behandlung. Bei Kriegsende war die Flugzeugproduktion noch nicht angelaufen.

Kraft durch Freude (KdF) – Unterorganisation der Deutschen Arbeitsfront mit Kultur-, Unterhaltungs- und Freizeitprogramm. Populärer als Theateraufführungen und Kunstausstellungen machten sie vor allem die mit eigenen KdF-Schiffen durchgeführten preisgünstigen Kreuzfahrten nach Norwegen, Italien und Madeira.

Kreisauer Kreis – Nach Gut Kreisau in Schlesien benannte Gruppe deutscher Widerstandskämpfer, die sich u. a. auf dem Helmuth James von Moltke gehörenden Anwesen traf. Zu den etwa 40 Mitgliedern gehörten u. a. Freya von Moltke, Peter und Marion York von Wartenburg, Carlo Mierendorff, Eugen Gerstenmaier, Julius Leber. Dieser Kreis entwickelte insbesondere Vorstellungen für die Zeit nach Krieg und Drittem Reich. Zahlreiche Mitglieder wurden nach dem Attentat auf Hitler vom 20. Juli 1944 hingerichtet.

Ludendorff, Erich (1865–1937) – General, im Ersten Weltkrieg durch Siege bei Tannenberg und an den Masurischen Seen populär geworden. Beteiligte sich als Verbündeter an Hitlers Novemberputsch 1923, kehrte 1928 aber dem Nationalsozialismus den Rükken.

Mayer, Rupert (1876–1945) – Katholischer Priester, der früh die Gefährlichkeit des Nationalsozialismus erkannte. Im Ersten Weltkrieg ging er freiwillig als Feldgeistlicher an die Front, wurde mit dem Eisernen Kreuz I. Klasse ausgezeichnet und schwer verwundet, so dass ein Fuß amputiert werden musste. 1937 wurde ihm verboten, in Versammlungen zu sprechen und in Gottesdiensten zu predigen. Er tat das dennoch und wurde zu fünf Monaten Gefängnis verurteilt. Nach dem Kriegsausbruch 1939 wurde Mayer in das KZ Sachsenhausen eingewiesen. Als die Regierenden 1940 befürchteten, der bekannte Priester könnte im KZ sterben, internierten sie ihn im Kloster Ettal. Der Pater starb am 1. November 1945 an den Folgen der Haft. 1987 sprach ihn Papst Johannes Paul II selig.

Mayr, Josef (1900–1957) – Trat 1922 in die NSDAP ein, 1933 Zweiter Bürgermeister, Dezember 1934 Erster Bürgermeister von Augsburg und Gauamtsleiter für Kommunalpolitik. 1939–1943 mit Unterbrechungen bei der Wehrmacht, 1945 interniert, ab 1948 Angestellter in der Privatwirtschaft.

Meiser, Hans (1881–1956) – Von 1933–1955 evangelischer Landesbischof von Bayern. Als prominenter Vertreter der Bekenntniskirche im Oktober 1933 aus seinem Amt abberufen, jedoch nach wenigen Wochen auf Grund des Widerstandes der Gemeinden gegen diese Maßnahmen wieder eingesetzt. 1945–55 leitender Bischof der ev.-lutherischen Kirche Deutschlands. Nach 1945 machte er sich um den kirchlichen Wiederaufbau verdient.

Nationalsozialistischer Deutscher Ärztebund (NSDÄB) – 1929 gegründete nationalsozialistische Ärzteorganisation, der auch Zahn- und Tierärzte sowie Apotheker angehören konnten. 1938 hatte sie 30.000 Mitglieder und spielte eine wesentliche Rolle bei der rassehygienischen Propaganda des Regimes. Nach dem Zweiten Weltkrieg durch den Alliierten Kontrollrat für ungesetzlich erklärt.

Nerdinger, Eugen (1910–1991) – Der hochbegabte Graphiker und Buchgestalter setzte ab 1933 bei den »Revolutionären Sozialisten« dem Nationalsozialismus politischen Widerstand entgegen. 1942 wurde er verhaftet, zwei Jahre später bei Strafaufschub verurteilt. Von 1961–1971 war Nerdinger Direktor der Augsburger Werkkunstschule. Verdient machte er sich um deren Überleitung in die Fachhochschule. Bis 1973 hatte er dort im Fachbereich Gestaltung eine Professur inne. Nerdinger befasste sich in zahlreichen Publikationen auch intensiv mit der Geschichte der Augsburger Arbeiterbewegung und der Sozialdemokraten.

Niemöller, Martin (1892–1984) – Der U-Boot-Kommandant des Ersten Weltkriegs studierte 1919–1924 Theologie. 1931 wurde er Pfarrer in Berlin-Dahlem. Die Versuche der Nationalsozialisten, die evangelische Kirche in ihrem Sinne gleichzuschalten, ließen ihn zum Gegner des Dritten Reichs werden. Im Januar 1934 lieferte er sich bei einer Audienz einen erregten Wortwechsel mit Hitler. Ab 1934 wurde er eine der herausragenden Persönlichkeiten der Bekennenden Kirche. 1937 ließ ihn die NS-Führung verhaften. Ein Leidensweg durch Gefängnisse und KZ bis 1945 begann. Nach dem Zweiten Weltkrieg trat Niemöller u. a. als Präsident der hessischen Landeskirche, als Präsidiumsmitglied des Weltkirchenrats und als Gegner einer deutschen Wiederbewaffnung hervor.

Novemberrevolution 1918 – Die politischen Aufstände, mit denen im November 1918 in Deutschland und Deutsch-Österreich die Monarchien beseitigt wurden. Ausgelöst wurden die politischen Umwälzungen durch die Meuterei der deutschen Flotte und den Matrosenaufstand in Kiel Ende Oktober / Anfang November 1918.

NSDAP – Die einzige zugelassene Partei im Dritten Reich. Sie wurde im Januar 1919 als Deutsche Arbeiterpartei in München gegründet; Ende des Jahres trat ihr Hitler bei, einige Monate später wurde sie in Nationalsozialistische Deutsche Arbeiterpartei (NSDAP) umbenannt. Im Juli 1920 wurde Hitler Vorsitzender mit diktatorischen Vollmachten und das Parteiprogramm für unabänderlich erklärt. Mit der Ernennung Hitlers zum Reichskanzler am 30.1.1933 eroberte die NSDAP die Macht in Deutschland, der Marsch in die braune Diktatur begann.

NS-Volkswohlfahrt (NSV) – Die riesige Wohlfahrtseinrichtung des Dritten Reichs organisierte u. a. das »Winterhilfswerk«, das »Hilfswerk Mutter und Kind«, im Krieg die Verschickung von Kindern aus bombengefährdeten Gebieten in sicherere deutsche Landschaften sowie die Betreuung von Bombenopfern und später auch Flüchtlingen. Die Betreuung erstreckte sich nur auf in den Augen der Nazis »rassisch wertvolle« Personen. Asoziale, Alte und Kranke blieben der öffentlichen Fürsorge überlassen.

Nürnberger Gesetze – Die beim Reichsparteitag der NSDAP 1935 in Nürnberg verkündeten Rassegesetze. Das sog. »Gesetz zum Schutz des deutschen Blutes und der deutschen Ehre« stellte u. a. Eheschließungen und außerehelichen Geschlechtsverkehr zwischen Juden und »Deutschblütigen« unter Strafe. Das »Reichsbürgergesetz« unterschied zwischen Reichsbürgern (Ariern) und Staatsbürgern. Die Juden waren von da an Staatsbürger mit minderen Rechten. Die Nürnberger Gesetze verboten ihnen auch, nichtjüdische weibliche Hausangestellte unter 45 Jahren zu beschäftigen.

Räterepublik – Im November 1918 wählte der Münchner Arbeiter- und Soldatenrat Kurt Eisner (am 21.2. 1919 ermordet) zum bayerischen Ministerpräsidenten. Eisner rief die Republik aus. Nachdem Landtag und Landesregierung angesichts von Unruhen im März 1919 nach Bamberg ausgewichen waren, gründeten Revolutionäre in München die »Räterepublik Baiern«. Diese brach mit der Besetzung Münchens Anfang Mai 1918 durch Reichstruppen, darunter Freikorps, zusammen.

Reichsarbeitsdienst (RAD) – Ab 1935 musste jeder junge Deutsche zwischen 18 und 25 Jahren ein halbes Jahr dem RAD angehören. Bei diesem »Ehrendienst am Volke« wurden Land und Forste kultiviert, Wege gebaut, Hilfsarbeiten beim Bau der Autobahnen geleistet. Die RAD-Mitglieder lebten in dieser Zeit in Lagern. Gegen Kriegsende zu mussten viele Luftabwehrgeschütze bedienen.

Reichsbanner Schwarz-Rot-Gold – überparteiliche Organisation, die ab 1924 Personen, Versammlungen und Gebäude gegen die Prügelkommandos der Nazis und anderer gegen die Weimarer Republik eingestellter Verbände zu schützen hatte. Die Organisation wollte den Weimarer Staat und die Republik verteidigen. Sie wurde getragen von Sozialdemokraten, Deutscher Demokratischer Partei und – katholischer – Zentrumspartei.

Reichstag – Bald nach Hitlers Machtantritt verboten die Nationalsozialisten KPD und SPD, die bürgerlichen Parteien lösten sich selbst auf. Von da an war der Reichstag nur noch ein Schein-Parlament, mit ausschließlich der NSDAP angehörenden Abgeordneten. Mitzureden hatten diese nichts. Sie hatten Hitlers Regierungserklärungen anzuhören und einstimmig ja dazu zu sagen. In die Abgeordneten-Sitze teilten sich NSDAP, ihr angeschlossene Verbände, SA und SS. Bereits Hitlers Ermächtigungsgesetz vom 23.3.1933 hatte das Parlament überflüssig gemacht. Mit diesem war der Regierung erlaubt worden, vier Jahre lang ohne Mitwirkung des Reichstags Gesetze zu erlassen.

Reisert, Franz – Der Augsburger Rechtsanwalt Franz Reisert (1889–1965) stand im Dritten Reich in Verbindung mit einem Oppositionskreis um den ehemaligen Gesandten Sperr in München und mit dem »Kreisauer (Widerstands-)Kreis«, so benannt nach dem Gut des Ehepaars Helmut James und Freya von Moltke im schlesischen Kreisau. Er wurde im Oktober 1944 festgenommen und im Januar 1945 vom Volksgerichtshof zu fünf Jahren Zuchthaus verurteilt. Dem Sperrkreis gehörte aus Schwaben auch Joseph Ernst von Fugger-Glött (1895–1981) aus Kirchheim an.

Rheinland-Besetzung – Im Versailler Friedensvertrag war Deutschland auferlegt worden, links des Rheins sowie östlich in einer 50-km-Zone keine Streitkräfte zu stationieren. Am 7.3.1936 ließ Hitler indes deutsche Truppen die Rheinbrücken überschreiten und linksrheinisch in Aachen, Trier und Saarbrücken Garnisonen einrichten. Diese seine erste militärische Aktion brachte Hitler als »Brechung des Schanddiktats von Versailles« in weiten Bevölkerungskreisen und in der Wehrmacht Sympathien ein.

Ribbentrop, Joachim von (1893–1946) – Zuerst außenpolitischer Berater Hitlers und ab 1938 Außenminister. Übte Druck auf von Deutschland abhängige und verbündete Staaten aus, um die Auslieferung jüdischer Bürger zu erzwingen. Im Nürnberger Kriegsverbrecherprozess zum Tode verurteilt.

Röhm, Ernst (1884–1934) – Duzfreund Hitlers und bei dessen Putschversuch am 9. November 1923 mit seinem Wehrverband »Reichskriegsflagge« dabei. Der Berufsoffizier musste deshalb die Reichswehr verlassen, im Prozess gegen Hitler wurde er zu 15 Monaten Festungshaft verurteilt, jedoch auf Bewährung. Reichstagsabgeordneter für die »Deutsch-völkische Freiheitspartei«, 1928–1930 Truppenausbilder in Bolivien. 1930 zurückgekehrt und dann Stabschef der SA, die er zu einer Volksarmee ausbauen wollte. Bei dem von Hitler und seinen engsten Vertrauten erfundenen Röhm-Putsch 1934 verhaftet und ermordet.

Rommel, Erwin (1891–1944) – Der fähige Generalfeldmarschall, im Ersten Weltkrieg mit dem Orden »Pour le Merite« ausgezeichnet, wurde 1941 zunächst Kommandierender General des Deutschen Afrikakorps, 1943 Oberbefehlshaber der Heeresgruppe B zur Verteidigung Italiens und zur Abwehr der Invasion. Er schrieb Hitler 1944 einen Brief, in dem er diesen wegen dessen Kriegführung kritisierte, und stand in Verbindung mit den Verschwörern des 20. Juli 1944. Von Hitler vor die Wahl zwischen Volksgerichtshof oder Freitod gestellt, nahm er sich das Leben;

Rosenberg, Alfred (1893–1946) – Chefideologe des Dritten Reichs; 1934 »Beauftragter des Führers für die Überwachung der gesamten geistigen und weltanschaulichen Schulung und Erziehung der NSDAP«, 1941 Reichsminister für die besetzten Ostgebiete. Im Nürnberger Hauptkriegsverbrecher-Prozess zum Tode verurteilt.

SA – 1921 gegründete uniformierte Kampftruppe, die anfangs NSDAP-Veranstaltungen schützen und Versammlungen anderer Parteien stören sollte. Erhielt in der Zeit von Hitlers Machtübernahme hilfspolizeiliche Vollmachten und verfolgte politische Gegner. Ab Mitte 1934 sank ihre Bedeutung stark, dienten ihre freiwilligen Mitglieder in den braunen Uniformen vor allem den Massenfeiern des Dritten Reichs als Staffage.

Saarabstimmung – Durch den Versailler Vertrag wurde das Saargebiet der Verwaltung des Völkerbunds unterstellt. Bei einer Abstimmung Anfang 1935 über den zukünftigen Status votierten über 90 Prozent für den Anschluss an das Deutsche Reich. Hitler waren an der Saar bis dahin keine großen Sympathien entgegengebracht worden, doch stellte die Deutsche Front die Abstimmung als ein Bekenntnis zum deutschen

Volk und Staat hin. Nach der Abstimmung wurde das Saarland mit der Pfalz zum Gau Saarpfalz zusammengeschlossen.

Sauckel, Fritz (1894–1946) – Stieß 1923 zur NSDAP, 1927 Gauleiter von Thüringen, ab 1932 thür. Ministerpräsident und ab 1933 dort Reichsstatthalter. Als Generalbevollmächtigter für den Arbeitseinsatz ab 1942 rekrutierte er Millionen Fremdarbeiter, die rücksichtslos ausgebeutet wurden. In Nürnberg wegen Kriegsverbrechen und Verbrechen gegen die Menschlichkeit zum Tode verurteilt.

Schirach, Baldur von (1907–1974) – Nach einer Begegnung mit Hitler trat er 1925 in die NSDAP ein und wurde 1928 als Student der Germanistik und Kunstgeschichte in München Leiter des Nationalsozialistischen Deutschen Studentenbundes. 1931 wurde er Reichsjugendführer der NSDAP und 1933 als Jugendführer des Deutschen Reichs zuständig für die gesamte außerschulische Jugenderziehung. Damit verbunden war die Zerschlagung aller anderen Jugendverbände. Nach seinem Rücktritt 1940 wurde er Reichsstatthalter und Gauleiter von Wien, wo er 1941 Juden-Deportationen organisierte. Als von Schirach später für eine bessere Behandlung der osteuropäischen Völker eintrat und auch die Umstände der Judendeportationen kritisierte, kam es zum Bruch mit Hitler. In Nürnberg wurde er nach dem Krieg zu 20 Jahren Haft verurteilt. Vor dem Tribunal bereute er, die Jugend einem »millionenfachen Mörder« zugeführt zu haben. Von Schirach veröffentlichte auch Gedichte.

Schutzhaft – Sie war keine Erfindung der Nationalsozialisten. Im Dritten Reich diente sie aber nicht wie zuvor dem Schutz gefährdeter Personen. Im Gegenteil: Das NS-Regime entledigte sich durch »Schutzhaft« ungezählter Gegner und Missliebiger. Die »Verordnung zum Schutz von Volk und Staat« vom Februar 1933 entzog die Schutzhaft richterlicher und rechtsstaatlicher Kontrolle. Den Verhafteten wurden keine Rechtsmittel zugestanden, sie konnten unbegrenzt lang festgehalten werden. 1938 wurde bestimmt, dass nur die Gestapo (nicht die Justiz!) Schutzhaft anordnen könne.

Sicherheitsdienst (SD) – 1931 von den Nationalsozialisten gebildet, um gegnerische Parteien sowie innerparteiliche Oppositionelle zu überwachen. Nachdem diese Aufgaben im Dritten Reich von anderen Organisationen wie der Gestapo übernommen worden waren, trug der gefürchtete SD ab 1937 u. a. Nachrichten über weltanschauliche Gegner zusammen und war auch im Ausland aktiv. Er sammelte auch dort Informationen und bereitete beispielsweise Sabotageakte vor. Soweit sie der SS angehörten, wurden auch alle Angehörigen der Gestapo und der Kriminalpolizei als SD-Angehörige geführt. Vom Nürnberger Gerichtshof wurde der SD 1946 zur verbrecherischen Organisation erklärt.

Siebert, Ludwig (1874–1942) – Der Jurist wurde 1908 Bürgermeister in Rothenburg/Tauber, später Erster Bürgermeister (seit 1924 Oberbürgermeister) von Lindau/Bodensee. Trat 1931 in die NSDAP ein, war von 1933 bis zu seinem Tod Reichstagsmitglied. 1933 gab Siebert das Lindauer Oberbürgermeisteramt auf. Er wurde bayerischer Ministerpräsident, der letzte im Dritten Reich. Nach seinem Tod 1942 wurde kein Nachfolger ernannt. Lindau machte ihn 1933 zum Ehrenbürger, erkannte ihm diese Würde 1946 aber wieder ab. »Trotz seiner Ämterfülle ... infolge der Gleichschaltung der Länder und des Machtdualismus von Staat und Partei vorwiegend Ausführender«, beurteilt ihn der Historiker Karl Bosl.

SS – Am Anfang stand der »Stoßtrupp Adolf Hitler«, der den »Führer« bei Reisen schützte. Die eigentliche Geschichte der SS beginnt erst 1929 mit der Ernennung Himmlers zu deren Reichsführer. Er baute die Schutzstaffel (abgekürzt SS) aus zu einer im Land gefürchteten nationalsozialistischen Truppe. Zur Allgemeinen SS hinzu kamen später SS-Totenkopfverbände, welche die Konzentrationslager bewachten, sowie ab 1940 die Waffen-SS, vorher als SS-Verfügungstruppe bekannt. Die Leibstandarte Adolf Hitler bildete den Kern der bewaffneten Einheiten. 1938 bestand die Waffen-SS aus vier Regimentern, deren Mitglieder nach strengen rassischen und körperlichen Gesichtspunkten ausgewählt wurden. Bei Kriegsende gab es 38 Divisionen, von denen einige von den Kriegsgegnern besonders gefürchtet waren. Die Waffen-SS kämpfte an allen europäischen Kriegsfronten, sie erlitt hohe Verluste. »Die Tapferkeit der SS-Truppe sprach sich genauso schnell herum wie die barbarische Art, in der manche Einheiten der Waffen-SS mit Kriegsgefangenen und Zivilpersonen umsprangen«, schreibt Heinz Höhne in »Der Orden unter dem Totenkopf«.

Stalingrad – Die Schlacht, welche die Wende im Zweiten Weltkrieg bedeutete. Am 19. November 1942 begannen sowjetische Streitkräfte mit der Rückeroberung der Wolga-Stadt. Sie kesselten den größten Teil der in die Stadt eingedrungenen deutschen Truppen ein. Am 31. Januar 1943 kapitulierte der Süd-, zwei Tage später der Nordkessel. 150.000 deutsche Soldaten starben in Stalingrad, 91.000 gingen in Gefangenschaft. Viele Deutsche zweifelten von da an am Sieg des von der Führung als unbesiegbar hingestellten Hitler-Deutschland im Zweiten Weltkrieg.

Sturmbrigade Dirlewanger – benannt nach ihrem SS-Kommandeur Sturmbannführer Oskar Dirlewanger (1895–1945). Der vorbestrafte Dirlewanger bildete 1942 auf Wunsch Himmlers ein Wilddieb-Kommando Oranienburg aus, um »anständigen Wilderern« Frontbewährung und Straferlass zu ermöglichen. Die Einheit, später Sturmbrigade Dirlewanger genannt, wurde in Polen, Russland, der Slowakei eingesetzt, ihre hohen Verluste u. a. mit als »asozial« in KZ Inhaftierten und Kriminellen ausgeglichen. Als 36. Waffengrenadier-Division der SS an der Oderfront fast völlig vernichtet.

V1 und V2 – Das V steht für Vergeltungswaffen, die im Zweiten Weltkrieg den Alliierten die Bombenangriffe auf Deutschland »heimzahlen« sollten. Das 3.

Reich propagierte die Raketen als Wunderwaffen, die dem Kriege eine Wende geben und den deutschen »Endsieg« herbeiführen würden. Die V1- und V2-Raketen waren selbstfliegende Bomben, an deren Entwicklung der Raketenspezialist Wernher von Braun (1912–1977) maßgeblich beteiligt war. Bei der Fertigung der Raketen wurden zahlreiche KZ-Häftlinge eingesetzt, von denen viele den unmenschlichen Arbeitsbedingungen zum Opfer fielen und umkamen. Von Braun setzte seine Tätigkeit nach dem Krieg in USA fort, er wurde 1972 Chefplaner der US-Weltraumbehörde NASA.

Versailler Vertrag – Der 1919 in Versailles bei Paris unterzeichnete Friedensvertrag zwischen den westlichen Siegermächten des Ersten Weltkriegs und dem Deutschen Reich. Im Westen und im Osten musste Deutschland Gebiete an Frankreich bzw. Polen abtreten. Danzig wurde dem Völkerbund unterstellt, Ostpreußen durch den polnischen Korridor vom übrigen Reichsgebiet getrennt. Das deutsche Heer wurde auf 100.000 Mann begrenzt, es durfte Waffen wie Schwere Artillerie oder Schlachtschiffe nicht besitzen. Durch das Londoner Ultimatum wurde das Reich außerdem verurteilt, den Siegermächten für die ihnen im Krieg entstandenen Schäden und Kosten hohe Reparationen zu bezahlen. Die Folgen dieses Vertrages waren für Deutschland verheerend.

Volksgerichtshof – 1934 von den Nationalsozialisten gebildetes Gericht für Fälle von angeblichem Hoch- und Landesverrat, Spionage, Wehrkraftzersetzung u. a. Es urteilte in erster und letzter Instanz, Rechtsmittel einzulegen war den Angeklagten nicht erlaubt. Der Volksgerichtshof bestand aus Berufs- und Laienrichtern. Sie wurden auf Vorschlag des Reichsjustizministers von Hitler ernannt. Das Gericht fällte etwa 5200 Todesurteile. Von August 1942 an war der »Blutrichter« Roland Freisler (1893–1945) der Präsident. Schreiend und tobend führte er Verhandlungen, beispielsweise gegen die Verschwörer des 20. Juli 1944.

Volkssturm – Im September 1944 durch Erlass Hitlers ins Leben gerufene regionale Truppen aus den bis dahin nicht zur Wehrmacht einberufenen Männern zwischen 16 und 60. Zuständig waren die Gauleiter. Schanzarbeiten, Bewachungs- und Sicherungsaufgaben, aber auch Kampfeinsätze sollten die Volkssturmmänner ausführen. Insbesondere an der Ostfront erlitten die unzureichend ausgebildeten und schlecht bewaffneten Bataillone schwere Verluste.

Waffen-SS – siehe SS.

Wager, Josef »Bebo« (1905–1943) – Der Arbeitersohn, seit 1923 Mitglied der Sozialistischen Arbeiterjugend, war 1933 in Augsburg Mitbegründer der Kampfgruppe »Revolutionäre Sozialisten«. Neun Jahre lang war diese von Hermann Frieb und Wager geleitete Gruppe in Süddeutschland im Widerstand aktiv. 1942 wurde Wager verhaftet, 1943 in Innsbruck vom Volksgerichtshof zum Tode verurteilt und einige Monate später im Münchner Gefängnis Stadelheim zusammen mit Frieb hingerichtet.

Wandervogelbewegung – Entwickelte sich um die Jahrhundertwende aus einer Berliner Schüler-Wandergruppe und bemühte sich um einen eigenen Lebensstil der jungen Menschen: Fahrten, Lagerleben, Volkstanz, Kleidung, Führerauslese u. a. Der Augsburger Ortsverein besaß im Siebentischwald ein Landheim. 1933 wurden die Wandervögel-Verbände aufgelöst. Für junge Leute sollte es nur noch eine Organisation geben: die Hitlerjugend.

Weichenberger, Anna (1909–1942) – Obwohl noch sehr jung, leitete die Textilarbeiterin die mit 60–80 Mitgliedern größte linke Widerstandsgruppe gegen das Dritte Reich in Augsburg, die »Rote Hilfe«. Diese kümmerte sich insbesondere um die Familien politischer Häftlinge. Von Spitzeln unterwandert, wurden die meisten Mitglieder dieser Gruppe 1935 verhaftet. Gegen 26 Angeklagte verhängte das Oberlandesgericht München 37 Jahre und sechs Monate Zuchthaus. Nach der Strafverbüßung kam Anna Weichenberger ins KZ, sie starb 1942 im Lager Ravensbrück. Ihr Mann und Mitkämpfer im Widerstand, Josef Weichenberger, kam 1937 im Zuchthaus Amberg ums Leben.

Weitere Quellen:

Archiv »Augsburger Allgemeine«;

Archiv Gernot Römer;

Benz, Wolfgang u. a. »Enzyklopädie des Nationalsozialismus«, München, 1997;

Bosl, Karl »Bosls Bayerische Biographie«, Regensburg 1983;

dtv Brockhaus Lexikon, Mannheim, 1982;

Grünsteudel, Günther (Hrsg. u. a.) »Augsburger Stadtlexikon«, Augsburg, 1998;

Stadtarchive Füssen, Günzburg, Ludwigsburg, Ulm;

Weiß, Hermann (Hrsg.) »Biographisches Lexikon zum Dritten Reich«, Frankfurt/Main, 1998;

Zofka, Zdenek »Die schwierige Entnazifizierung«, Sendung des Bayerischen Rundfunks am 12.12.1982.

Anmerkungen

zu Julius Streicher:

1 Pöggeler, Franz »Der Lehrer Julius Streicher«, Frankfurt/Main, 1991, S. 26/27.
2 Pöggeler, S. 29.
3 Internationaler Militärgerichtshof »Der Nürnberger Prozess«, Nürnberg 1948, Band V, S. 125.
4 Im Bericht der von Göring eingesetzten Untersuchungskommission, Auszüge im StANbg, Sammlung Streicher.
5 Pöggeler, S. 46.
6 Pöggeler, S. 109.
7 StANbg, Sammlung Streicher 183.
8 Pöggeler, S. 109.
9 Radl, Dieter »Julius Streicher« in »Die alten Kämpfer der NSDAP«, München 1982, S. 124.
10 Radl, S. 124.
11 StadtNbg E39/2253-1; ebenso der Brief aus Kempten.
12 hier zitiert nach Pöggeler, S. 97.
13 Radl S 121/122.
14 Pöggeler, S. 69.
15 StANbg, Sammlung Streicher, Erinnerungen, S. 14.
16 Alle Zitate aus Elke Fröhlich (Hrsg.) »Die Tagebücher von Joseph Goebbels«, Teil I, München, 1987.
17 Abschrift der Serie des »Neuen Kurier«, Nürnberg v. 19.11.–3.12.1949, StANbg, Sammlung Streicher, Nr. 181.
18 Nürnb. Prozess, Bd. 12, S. 370.
19 »Neuer Kurier«, S. 11.
20 Zentner, Christian »Nürnberger Prozess, Dokumentation, Bilder, Zeittafel«, Stuttgart 1994, S. 87; Adele Streichers folgende Angaben in StANbg, Sammlung Streicher 181.
21 Nürnb. Prozess Bd. II, S. 184.
22 Nürnb. Prozess Bd. V, S. 109 und Bd. XIX, S. 561.
23 Nürnb. Prozess Bd. XIX, S. 687
24 Zentner, S. 88.

zu Johann Pletzer:

25 in Mader, Herbert »Stiefenhofen – Mittelpunkt am Rande, Hrsg. Gemeinde Stiefenhofen, 1983, S. 226/227.
26 in der Personalakte Johannes Pletzers im Staatlichen Kreisschulamt Sonthofen. Auch die folgenden Angaben und Zitate sind – soweit nicht anders vermerkt – dieser Schrift Pletzers entnommen.
27 Dreifuß, Ludwig (1883–1960) war Rechtsanwalt in Augsburg: Als Jude durfte er ab Oktober 1938 nur noch Juden beraten und vertreten. Überlebte das KZ Theresienstadt. Am 1. September 1945 von der US-Militärbehörde zu Augsburgs erstem Nachkriegs-Oberbürgermeister ernannt, von August 1946–1948 gewählter Bürgermeister.
28 Der Autor dieses Buches hat Gabrieles Schicksal ausführlicher geschildert in seinen Büchern »Für die Vergessenen« (1984) und »In der Fremde leben meine Kinder« (1996). Auch Leo Hiemers Spielfilm »Leni« erinnert an das Kinderschicksal.
29 Mader/Bentele, S. 226.

zu Karl Wahl:

30 Wahl, Karl »... es ist das deutsche Herz«, Augsburg, 1954. Aus diesem sowie Wahls zweitem Buch »Aus Liebe zu Deutschland«, Kiel, 1997 (Neuauflage von »Patrioten oder Verbrecher«, 1975), stammen alle nicht anders gekennzeichneten Zitate Wahls.
31 im IfZ, FA 223/97.
32 Radl, Dieter, »Die alten Kämpfer in der NSDAP«, S. 133.
33 Filser, Karl »Augsburgs Weg in das ›Dritte Reich‹ in Becker, Josef (Hrsg.) »1933 – Fünfzig Jahre danach«, München, 1983, S. 195.
34 Redezitate nach Filser, S. 197.
35 Zahlen nach Filser, S. 209.
36 im Privatarchiv Römer, S. 5.
37 Gebele, Eduard, »Die Juden in Schwaben«, Augsburg, 1938.
38 Domarus, Wolfgang »Nationalsozialismus, Krieg und Bevölkerung«, München 1977, S. 147–149.
39 nach Römer »Der Leidensweg der Juden in Schwaben«, S. 120.
40 Hirsch-Erlund, Irmgard »Irmgard«, Augsburg, 1999, S. 110.
41 Zittel, Bernhard »Die Volksstimmung im Dritten Reich im Spiegel der Geheimberichte des Regierungspräsidenten von Schwaben« in Zeitschrift des Historischen Vereins für Schwaben, Bd. 66, S. 22.
42 StAA, Bestand NSDAP-Gauleitung Schwaben 1/23.
43 Schreiben des Staatsministerium des Innern vom 3. 9. 1942 im Stadtarchiv Günzburg.
44 StAA, NSDAP-Gauleitung 1/26.
45 Nach Weißmann, Albrecht »Der Deutsche Volkssturm – Der Sonderfall des Neuburger Bataillons« in Neuburger Kollektaneenblatt, 1995/143.
46 Bundesarchiv.
47 StAA NSDAP Gauleitung Schwaben 1/48.
48 Zorn, Wolfgang »Augsburg – Geschichte einer eu-

ropäischen Stadt«, Augsburg, 1994, S. 324.

49 Gottlieb, Günther (Hrsg) »Geschichte der Stadt Augsburg von der Römerzeit bis zur Gegenwart«, Stuttgart, 1984, darin »Augsburg im 3. Reich« von Karl Filser und Peter Sobczyk, S. 634.

50 Longerich, Peter »Hitlers Stellvertreter«, München, 1992, S. 106.

51 Spruchkammer-Feststellung zitiert nach »... es ist das deutsche Herz«, S. 108.

52 Neue National-Zeitung vom 22.5.1933, zitiert nach Hintermayr, Leo (Bearbeiter) »Karl Wahl«, Augsburg 1942.

53 Neue National-Zeitung vom 2.7.1934, zitiert nach Hintermayr.

54 Gerlach, Christian »Die Wannsee-Konferenz, das Schicksal der deutschen Juden und Hitlers politische Grundsatzentscheidung, alle Juden in Europa zu ermorden« in »Werkstatt Geschichte« 8, Hamburg 1997, S. 25/26. Gerlach schreibt darin, dass in Bremen der Gauleiter die Deportationsanweisung für jeden jüdischen Bürger persönlich unterzeichnet habe.

55 zitiert nach Zittel, Bernhard »Die Volksstimmung im Dritten Reich im Spiegel der Geheimberichte des Regierungspräsidenten von Schwaben« in Zeitschrift des Historischen Vereins für Schwaben, S. 47.

zu Georg Elser:

56 In »Gegen Hitler – gegen den Krieg! Georg Elser«, Georg-Elser-Arbeitskreis (Hrsg.), Heidenheim, 1989, S.8.

57 Steinbach, Peter und Tuchel, Johannes »Ich habe den Krieg verhindern wollen – Georg Elser und das Attentat vom 8. November 1939«, Ausstellungs-Dokumentation, Berlin, 1997, S. 13.

58 zitiert nach Ausstellungs-Dokumentation, S. 80/81.

59 nach Steinbach/Tuchel »Der Mann, der es tat«, Historische Reportage, Teil 1, in »Die Zeit«, Nr. 44/1999.

60 Steinbach/Tuchel »Kein Denkmal für Elser«, Historische Reportage, Teil 2, in »Die Zeit«, Nr. 45/99.

61 Zitiert nach »Kein Denkmal für Elser«. Dieses Kapitel entstand nach einem Vortrag des Buchautors. Weitere Quellen sind die oben genannten Veröffentlichungen.

zu Max Koegel:

62 Wie die Information über den Völkischen Block aus Segev, Tom »Die Soldaten des Bösen«, Hamburg, 1992, S. 227.

63 Später nennt Koegel als Eintrittsdatum den 10. 10. 1931. Dieses Datum zitiert auch Rudibert Ettelt in seiner »Geschichte der Stadt Füssen vom ausgehenden 19. Jahrhundert bis zum Jahr 1945«, Füssen, 1979. Aus dieser Publikation stammen mehrere Angaben über den frühen Lebensabschnitt Koegels in diesem Buch.

64 BundA Bestand SSO, ebenso der Eicke-Brief sowie Koegels Beurteilungen.

65 Segev, S. 97/98.

66 Aus Haag, Lina »Eine Handvoll Staub, Widerstand einer Frau 1933–1945«, S. 108 sowie 117/118.

67 Aus Buber-Neumann, Margarete »Als Gefangene bei Stalin und Hitler«, S. 230–233.

68 Siegert, Toni »30.000 Tote mahnen«, Weiden, 1984. Auch zahlreiche andere Informationen sowie Zitate über das KZ Flossenbürg stammen aus diesem Buch S. 9, 32, 64.

69 Bei Kriegsende gehören der SS mehr als 40 verschiedene Unternehmen mit 150 Werken und Betrieben. 1943 machen ihre Firmen 50 Millionen Reichsmark Umsatz. Sinn der Tätigkeit: Gewinne für die Kasse der SS zu machen und diese auch wirtschaftlich mächtig werden zu lassen.

70 Wie die anderen Angaben über Koegels Enttarnung aus einer privaten Niederschrift von Gerhard Bauer, 1984.

zu Theodor Streicher:

71 Quellen: Gespräch mit Theodor Streicher; Private Aufzeichnungen von Theodor Streicher »Meine Erlebnisse als Soldat«, Bayersried, 1994; Siegert, Toni »30.000 Tote mahnen!« Weiden, 1984.

zu Hans Loritz:

72 Segev, Tom »Die Soldaten des Bösen«, Hamburg 1992, S. 195.

73 NA Wash Bestand Loritz.

74 »Schwäbische Landeszeitung« 29.1.1946.

75 StAA Regierung 10013.

76 Alle nicht anders ausgewiesenen bisherigen Angaben über Loritz sind der Personalakte im Stadtarchiv Augsburg entnommen.

77 NA Wash.

78 Lt. Broszat, Martin und Fröhlich, Elke (Hrsg.) »Bayern in der NS-Zeit«, München 1979, S. 369 und Segev, S. 198.

79 NA Wash.

80 IfZ FA 74.

81 BundA Bestand Loritz.

82 NA Wash.

zu Fritz Pröll:

83 »Enzyklopädie des Nationalsozialismus«, S. 394 und S. 854.

84 Segev, Tom »Die Soldaten des Bösen«, Reinbek, 1992, S.69.

85 in Dieckmann, Götz/Hochmut, Peter »KZ Dora – Produktionsstätte des Todes«, S. 5., Nordhausen, ohne Jahreszahl.

86 zitiert nach »KZ Dora«, S. 63.

87 KZ Dora, S. 71/72.

88 nach Langbein, Hermann »Nicht wie die Schafe zur Schlachtbank«, Frankfurt/Main, 1980, S. 133.

89 Apitz, Bruno (1900–1977) »Esther«, Halle/Saale, ohne Jahreszahl, S. 64. Apitz ist in der früheren

DDR ein bekannter Schriftsteller geworden. Berühmt wurde sein Buch »Nackt unter Wölfen« über die Rettung eines Kindes aus dem KZ Buchenwald. Einer der Retter war Josef Pröll.

zu Sepp Dietrich:

90 zitiert nach Stein, George H. »Geschichte der Waffen-SS«, Düsseldorf, 1978, S. 9.

91 zitiert nach Weingartner, James, »Josef ›Sepp‹ Dietrich – Hitlers Volksgeneral« in Smelser, Ronald/ Syring, Enrico (Hrsg) »Die Militärelite des Dritten Reichs«, Berlin, 1995, S. 114.

92 Höhne, Heinz »Der Orden unter dem Totenkopf«, München, 1984, S.80.

93 Stein, S. 4.

94 Gritschneder, Otto »Der Führer hat sie zum Tode verurteilt«, München, 1993, S. 5.

95 Gritschneder, S. 15.

96 nach Lehmann, Rudolf »Die Leibstandarte«, Osnabrück, 1978, S. 53.

97 Gritschneder, S. 26.

98 Höhne, S. 113.

99 Gritschneder, S. 27.

100 Reichsgesetzblatt 71/1934.

101 Höhne, S. 407.

102 Höhne, S. 157.

103 Bildungsbeispiele und Zitat Guderian bei Lehmann, S. 16/17.

104 Ueberschär, Gerd R./ Vogel, Winfried »Dienen und Verdienen«, Frankfurt/M., 1999, S. 158, 248.

105 NA Wash, Bestand Sepp Dietrich.

106 NA Wash, Bestand Sepp Dietrich.

107 Stein, S. 208; das bald folgende Plattensee-Zitat Hitlers S. 212.

108 Weingartner, S. 118.

109 Weingartner, S. 119

110 Stein, S. 120

111 Gritschneder, S. 82–85 93/94.

112 »Mannheimer Morgen«, 9.5.1966.

zu Roland von Hösslin:

113 Graf von Kageneck, August »Die Bamberger Reiter, Porträt eines außergewöhnlichen Reiterregiments«, München 1992.

114 nach Hoffmann, Peter »Claus Schenk Graf von Stauffenberg und seine Brüder«, Stuttgart 1992, S. 254.

115 Hartmut von Hösslin im Gespräch mit dem Autor. Auch die in diesem Bericht zitierten Briefe Roland von Hösslins besitzt der Bruder.

116 Über Erwin Rommel siehe unter »Zum besseren Verständnis«.

117 »Bamberger Reiter«, S. 152.

118 »Bamberger Reiter«, S. 152.

119 Kageneck »Zwischen Eid und Gewissen – Roland von Hösslin, ein deutscher Offizier«, Berlin/ Frankfurt 1991; S. 136.

120 »Eid und Gewissen«, S. 139.

121 Zitiert nach »Spiegelbild einer Verschwörung. Die Kaltenbrunner-Berichte an Bormann und Hitler über das Attentat vom 20. Juli 1944«, Stuttgart, 1944, S. 372–375.

122 Weitere Quellen: von Hösslin, Hartmut »Daten aus 5 Jahrhunderten«, Augsburg, 1992; Militärgeschichtliches Forschungsamt »Aufstand des Gewissens«, Herford/Bonn 1984. Drei Zitate von Peter Sauerbruch sind dessen am 9.7.1994 in Bamberg gehaltener Rede entnommen, das letzte Graf Kagenecks Buch »Die Bamberger Reiter«, S. 148. Sauerbruchs Rede ist gedruckt in »RR 17 Kameradschaftliche Vereinigung der Offiziere des ehem. Reiter- und Kavallerieregiments 17 Bamberg«, Heft 3, 1994.

123 Das Interview wurde im Herbst 1999 geführt.

zu Ludwig von Leonrod:

124 Zimmermann, F. »Ludwig Freiherr von Leonrod«, S. 9; Exemplar im IfZ München, ohne Jahreszahl und Druckort. Die weiteren Zitate: S. 17, 21.

125 Hoffmann, Peter »Claus Schenk Graf von Stauffenberg und seine Brüder«, S. 333.

126 Kageneck, Graf von »Die Bamberger Reiter«, S. 147.

127 Nach »Spiegelbild einer Verschwörung – Die Kaltenbrunner-Berichte...«, S. 321/322.

128 ebenso, S. 289.

129 Drechsel, Max Ulrich Graf von (1911–1944) war ein Jugendfreund von Leonrods. Im Afrika-Feldzug wurde er schwer verwundet und anschließend in der Heimat verwendet. Als von Leonrod im Juni 1944 nach Krampnitz berufen wurde, bestimmten die Verschwörer von Drechsel zu dessen Ersatzmann in München. Auch D. wurde zum Tode verurteilt und hingerichtet. Erst im März 1945 erreichte die Eltern der Abschiedsbrief des Sohns.

130 Hoffmann, S. 421/422.

131 Kaltenbrunner-Berichte, S. 321.

132 Zimmermann, S. 23.

133 »Verräter vor dem Volksgerichtshof«, Mikrofilm 4 im IfZ.

134 Kaltenbrunner-Berichte, S. 434.

135 Sippenhaft für die Familie Stauffenberg nach Hoffmann, S. 445–448.

136 Weitere Quelle: Gespräche mit Baronin Josefine von Twickel sowie Baron Ferdinand von Wiedensperg-Leonrod.

zu Gerhard Klopfer:

137 in Pätzold, Kurt/Schwarz, Erika »Tagesordnung Judenmord – Die Wannsee-Konferenz am 20. Januar 1942«, Berlin, 1992, S. 220.

138 Rebentisch, Dieter in »Führerstaat und Verwaltung im Zweiten Weltkrieg«, Stuttgart, 1989, S. 88.

139 von Lang, Jochen »Der Sekretär: Martin Bormann,

der Mann, der Hitler beherrschte«, Stuttgart, 1977, S. 244.

140 Rebentisch, S. 88.

141 in »Tagesordnung...«, S. 220.

142 Weiß, Hermann (Hrsg) »Biographisches Lexikon zum Dritten Reich«, Frankfurt/M., 1998, S. 267/268.

143 von Lang, S. 202/203.

144 Vernehmungsprotokoll vom 26.6.1961, Kopie im StALbg.

145 Verhör-Auszüge 1 und 2 aus StANbg, KV Ankl. Interrogation, K. 93; Auszug 3 aus »Tagesordnung«, S. 151/152. Dr. Robert W. Kempner war in der Weimarer Zeit Justitiar im Preußischen Innenministerium. 1935 emigrierte er nach USA. Im Nürnberger Kriegsverbrecherprozess gegen Göring u. a. war er stellvertretender Hauptankläger der USA. Später vertrat er die Anklage gegen zahlreiche Reichsminister und Staatssekretäre.

146 StANbg, K 93.

147 von Lang, S. 317.

148 Ueberschär, Gerd/ Vogel, Winfried »Dienen und Verdienen«, Frankfurt/Main, 1999, S. 245

149 Beide Briefe im NA Wash.

150 StALbg Akte Klopfer 4Js 15929/60.

zu Walter Groos:

151 Quellen: Alle Zitate und zahlreiche Informationen von Walter Groos aus seinem Lebenslauf »Einsamkeit – Alleinsein« in »Augsburger Blätter«, S. 41–47, Heft 2, 1980; Bericht Anni Groos an Yad Vashem vom 25.11.1992 (Privatbesitz); Bericht von Thoma Mendel an Yad Vashem, undatiert, Privatbesitz; Gespräch mit Anni Groos.

zu Leon Geer:

152 Kellner, Matthias (1893–1946). Ab April 1933 Fraktionsvorsitzender der NSDAP im Augsburger Stadtrat, ab Dezember 1934 Zweiter Bürgermeister. Vertrat im Zweiten Weltkrieg Oberbürgermeister Mayr während dessen Militärzeiten. Gaupropagandaleiter und Kreisleiter der NSDAP.

153 Pabst, Erich (1890–1955) war Schauspieler, erfolgreicher Regisseur und Intendant mehrerer Theater, von 1931–1936 in Augsburg. Holte zweimal Richard Strauss als Dirigenten in die Lechstadt.

154 Severing, Carl (1875–1952), sozialdemokratischer Politiker, mehrfach preußischer Minister und von 1928–1930 Reichsinnenminister.

155 Dr. jur. Josef Ferdinand Kleindinst (1881–1962) war – damals schon lange im Dienst der Stadt – ab 1933 Referent für Kunst und Wissenschaft, ohne der NSDAP anzugehören. Nach dem Zweiten Weltkrieg u. a. bei der Regierung von Schwaben, Mitbegründer der CSU, 1949–1957 Bundestagsmitglied.

156 StadtA Briefwechsel in Sachen Leon Geer aus Theater, Bestand 35.

157 Archiv Theater Erfurt.

zu Karl Lustig-Prean:

158 Aus seiner Selbstbiographie »Lustig-Preans lachendes Panoptikum«, Frankfurt/M., 1952. Soweit nicht anders gekennzeichnet, stammen auch die folgenden Zitate Lustig-Preans aus diesem Buch (S. 164, 165, 226, 263, 334). Die Tschechoslowakei entstand als Staat nach dem Ersten Weltkrieg aus bis dahin österreichischen, ungarischen und deutschen Gebieten.

159 Stadtarchiv Augsburg, Akte Theater Lustig-Prean, 556/0300 und 556/0301, wie alle in diesem Bericht zitierten amtlichen Schriftstücke.

160 Unterholzner, Ludwig (1902–1992) – Weit über Augsburg hinaus bekannter Musikkritiker. Schrieb über die Dresdner Uraufführung der »Arabella« von Richard Strauss für nicht weniger als 17 Zeitungen; berichtete für zahlreiche Blätter regelmäßig über die Bayreuther Festspiele; dirigierte 1930 in Augsburg sogar ein Sinfoniekonzert. Als der Katholik im Dritten Reich vor die Frage gestellt wurde, entweder den Beruf oder seine jüdische Frau, Katharina geb. Eisenmann, aufzugeben, wanderte das Ehepaar nach USA aus. Nach mühevollem Anfang wurde U. Musikprofessor und Operndirektor in Stockton/Cal. Zahlreiche Kompositionen, darunter eine Weihnachtsoper »Der heilige Abend«.

zu Anton Brändle:

161 StadtK, Personalakten Anton Brändle, Entnazifizierungsverfahren AZ 4785.

162 Schreiben Volksbedarf G.m.b.H und Aufforderung zur Kündigung im Archiv Römer.

163 StAA, Bestand NSDAP-Kreisleitung Memmingen Land 1/213.

164 BundA Bestand 1BDC/A 0059.

165 Zitat 1 nach Personalakte, Zitat 2 nach StAA, NSDAP-Kreisleitung Kempten-Stadt.

166 Müller, Herbert »Parteien- oder Verwaltungsvorherrschaft/ Die Kommunalpolitik der Stadt Kempten zwischen 1929 und 1953«, München, 1988, S. 42.

167 StadtK, Nachlaß Dr. Merkt, Spruchkammerakte.

168 Müller, S. 51.

169 StAA NSDAP-Kreisleitung Kempten-Stadt 1/9.

170 »Rieser Nachrichten«, 14.4.1945.

171 Personalakte. Weitere Quellen: Gespräche mit Dr. Hermann Brändle sowie Zeitzeugen.

172 Das Interview wurde im Herbst 1999 geführt.

zu Dr. Otto Merkt:

173 StadtK, Nachlaß Dr. Merkt, Denkschriften 1919–1937.

174 StadtK, Nachlaß Dr. Merkt. Diese und andere Informationen und Zitate stammen, so nicht anders gekennzeichnet, aus den Spruchkammer-Verfahren gegen Dr. Merkt (V1 und V2). Sie sind durch Zeugenaussagen belegt.

175 StadtK, Nachlaß Dr. Merkt und die NS-Zeit IV/13.

176 Müller, Herbert »Parteien- oder Verwaltungsvorherrschaft – Die Kommunalpolitik der Stadt Kempten zwischen 1929 und 1953«, S. 42; das Machiavelli-Zitat, S. 33.

177 Um 1870 entstandene katholische Religionsgemeinschaft, welche die Unfehlbarkeit des Papstes, Zölibat, Ohrenbeichte u. a. ablehnt. Die Kemptener Bezirksgruppe bekannte sich am 3.3.1937 »vorbehaltlos zur Volksgemeinschaft, das bedeutet für die altkatholische Kirche in Deutschland: zu Führer und Staat und zu den Gesetzen über die Erhaltung des Volkstums« (Aus Kramer, Franz »Geschichte der altkatholischen Gemeinde Kempten«, Kempten 1996).

178 Weitnauer, Alfred »Bürgermeister Merkt«, Kempten, 1967, S. 13.

179 Weitnauer, S. 14/15.

180 Weitnauer in Kramer, S. 124.

zu Richard Euringer:

181 zitiert nach Wulf, Joseph »Kultur im 3. Reich«, Band Literatur und Dichtung, 1989.

182 zitiert nach einem Vortrag von Klaus Wisotzky, Direktor der Stadtbücherei Essen, 1999.

183 Euringer, Richard »Chronik einer deutschen Wandlung 1925–1935«, S. 157.

184 Deutsches Literaturarchiv/Schiller-Nationalmuseum Marbach, Bestand Euringer, Name der Zeitung nicht vermerkt.

185 »Wandlung«, S. 174.

186 Euringer »Volksbücherei und Leihbücherei«, Artikel in ungenannter Zeitung, 1935.

187 »Wandlung«, S. 165.

188 Zitate aus »Die Sargbreite Leben«, Seiten 16; 121; 174/75; 105.

189 Staats- und Stadtbibliothek Augsburg, Nachlass Hans Rost.

190 Hillesheim, Jürgen »Heil dir Führer! Führ uns an! ...«, Würzburg, 1995; S 174. Hillesheims Buch stellte eine wichtige Informationsquelle für dieses Buch dar. Über des Dichters Zeit als Büchereidirektor in Essen informiert vorzüglich Klaus Wisotzkys Vortrag.

zu Dr. Hans Rost:

191 Rost, Hans »Erinnerungen aus dem Leben eines beinahe glücklichen Menschen«, Westheim bei Augsburg, 1963, S. 11; das folgende Augsburg-Zitat S. 65.

192 Erinnerungen, S. 80–83.

193 Erinnerungen, S. 89.

194 Erinnerungen, S. 121.

195 Im Nachlaß Hans Rost, Staats- und Stadtbibliothek Augsburg.

196 Erinnerungen, S. 121.

197 Erinnerungen, S. 86.

198 Im oberschlesischen Potempa verletzten 1932 fünf SA-Männer durch Fußtritte einen Kommunisten tödlich. Ein Gericht verurteilte sie zum Tode. Hitler schickte den Verurteilten ein Solidaritätstelegramm und nannte die Freilassung »eine Frage unserer Ehre«. Reichskanzler von Papen wandelte die Todesstrafe in lebenslängliches Zuchthaus um, nach Hitlers Machtergreifung 1933 kamen die SA-Männer frei.

zu Karl Alois Schenzinger:

199 So wurden damals die 10–14jährigen Mitglieder des Deutschen Jungvolks in der Hitlerjugend genannt.

200 Laut »Der Spiegel« 21/1951.

201 K. A. Schenzinger (Herausgeber) »Der erste deutsche Mai«, Berlin, ohne Jahreszahl.

202 Der Dadaismus war eine nach dem Ersten Weltkrieg entstandene revolutionäre künstlerische Bewegung, welche die bürgerliche Kultur lächerlich machen wollte, u. a. durch die Deklamation von zusammenhanglosen Wörtern.

203 Dieses und andere Zitate Schenzingers stammen aus dem Spruchkammerverfahren Pi/874 Mü 1948 , Amtsgericht Landau/Isar.

204 So Curt Riess 1956 in »Das gab‹s nur einmal«, S. 469–472.

205 in »Die deutsche Literatur im Dritten Reich«, S. 309, Hrsg. Horst Denkler und Carl Prümm, Stuttgart 1976.

206 »Arbeitsmaterialien zum nationalsozialistischen Propagandafilm: Hitlerjunge Quex«, Zusammenstellung und Text Dr. Gerd Albrecht, Deutsches Institut für Filmkunde, 1983.

207 in Hansjörg Utzeraths und Klaus Mißbachs Theaterstück nach dem Roman von Karl Alois Schenzinger »Hitlerjunge Quex«, S. 56; maschinengeschriebenes Manuskript, Nürnberg 1989.

208 Weitere Quelle: Privatarchiv Augut Welte, Neu-Ulm.

zu Anton Mündler:

209 Amtsgericht Neuburg, Spruchkammerakten Anton Mündler 10693/55.

210 StAA, Regierung 10013/10014.

211 StAA, BA Neuburg 7276.

212 StAA, BA Neuburg 7265.

213 Im Juli 1938 trat Mündler die Kreisleitung an Hans Rieß ab, um sich verstärkt dem Amt als Oberbürgermeister widmen zu können. Nach dem Soldatentod von Rieß wurde er bis September 1944 erneut Kreisleiter, um dann von Franz Immerz, Gauschulungsverwalter der Deutschen Arbeitsfront, abgelöst zu werden.

214 Spruchkammerakten.

215 Weitere Quellen: Gespräche mit Dr. Else Heidegger und weiteren Zeitzeugen sowie Stadtarchiv Neuburg/D.

zu Dr. Max Schneider:

216 Amtsgericht Neuburg, Spruchkammerakte AZ 911/466.

217 StAA, Brief der Stadt Neuburg vom 2. 10. 1939.

218 StAA Brief der Schutzpolizei Neuburg v. 5. 11. 1941.

219 Insbesondere England rettete nach dem gegen die Juden gerichteten November-Pogrom 1938 in sog. Kindertransporten zahlreiche jüdische Kinder aus Deutschland. Eines davon war Berta Aufhäuser. Sie lebt heute in USA.

220 Aussage von Ballis im Spruchkammerverfahren gegen Dr. Max Schneider (s.o.).

221 Abschrift eines Briefes von Dr. Max Schneider vom 7. 5. 1946, im Besitz von Frau Berta Kingston geb. Aufhäuser.

222 Unterlagen und Sterbeurkunden im Privatarchiv Ludwig Ried, Sinning.

zu * (Nördlingen):**

223 Alle Schreiben im Archiv Römer.

224 StAA, Bestand NSD-Ärztebund 1, Kreisverwaltung Nördlingen.

zu Dr. Hans Koch:

225 Amtsgericht Nördlingen, mündlich mitgeteilte Angaben aus der Spruchkammerakte Dr. Hans Koch.

zu Dr. Petzold und Dr. Wohllaib:

226 Leo-Baeck-Institut New York: Bericht von Bella Spanier vom 29. 7. 1947 für die Spruchkammer Krumbach.

227 Nach einem Brief von Fred Buff, USA, v. 19.12. 1998.

228 Amtsgericht Günzburg, Akte P/3014/41.

229 Laut »Liebte ich dich doch, mein Krumbach«, Lebenserinnerungen von Hugo Höchstädter, Krumbach, 1997, S. 24/25.

zu Ulrich Graf:

230 »Das Schwarze Korps« , 7.11.1935.

231 Spruchkammerakte H/8596/50.

232 Bachhageler Chronik, S. 233, Zitate vom Eröffnungsfest S. 245/246.

233 Spruchkammerakte wie oben.

234 Bachhageler Chronik, S. 255.

235 Führer-Fragebogen in den National Archives, Washington.

236 Festschrift »Fahnenübergabe auf der Ulrich-Graf-Burg in Bachhagel«, S. 4.

237 Weitere Quelle: Kock, Peter Jakob »Hitlers ›Schutzengel‹« in Münchner Stadtanzeiger 18.11. 1986.

zu Fräulein Anna:

238 Quellen: Lebenslauf in der Krankenakte im Bezirkskrankenhaus Kaufbeuren u. a.; Gespräch mit Walter Heilbronner †; Briefwechsel mit Hans Heilbronner, USA.

zu Wilhelm Schwarz:

239 BundA Parteikanzlei-Korrespondenz 10270/ LO 154.

240 nach anderen Quellen Krumbach statt Leutkirch.

241 Roth, Claudia »Parteikreis und Kreisleiter der NSDAP unter besonderer Berücksichtigung Bayerns«, Kapitel »Der Organisator einer Region: Der Memminger Kreisleiter Wilhelm Schwarz«, München, 1997, S. 354–376.

242 StANbg Sammlung Streicher, 22.

243 StAA Kreisleitung Memmingen Land 1/140 KL

244 Amtsgericht München, Spruchkammerakte ME MV 10/48, aus der auch, soweit nicht anders gekennzeichnet, die übrigen Zitate aus Spruchkammerverfahren stammen.

245 Landgericht Memmingen KLs. 14/18.

246 Arbeitsblatt LSK 5551 bei den Spruchkammerakten.

247 aus »Der Allgäuer«, Kempten, 24.7.1948.

248 Wahl, Karl »Aus Liebe zu Deutschland«, 1997, Kiel (Neuauflage).

zu Wendelin Immler:

249 Spruchkammer IV Augsburg Stadt, Aktenzeichen IV/1303/6.

zu Hugo Gold:

250 Amtsgericht München, Spruchkammerakte Hugo Gold 6/46; auch die weiteren biographischen Angaben und Zitate Golds stammen, soweit nicht anders vermerkt, aus dieser Unterlage.

251 BundA Gestapo Augsburg 0.462.

252 Aus der Spruchkammerakte.

253 Aus einem Gespräch zwischen Anna Pröll und dem Autor im Dezember 1999.

254 Hetzer, Gerhard »Die Industriestadt Augsburg. Eine Sozialgeschichte der Arbeiteropposition« in »Bayern in der NS-Zeit«, München, 1981, S. 172; Domarus, Wolfgang »Nationalsozialismus, Krieg und Bevölkerung«, München 1977, S. 51.

255 StAA, Bestand NSDAP Gauleitung Schwaben, 1/22.

256 Picciotto Fargion, Liliana in »Dimension des Völkermords« (Hrsg. Benz, Wolfgang), München 1991, S. 199.

257 Zentralstelle für die Verfolgung von NS-Verbrechen, Ludwigsburg Akte 45Js 12/63.

258 Rundschreiben 14 des Rabbiners Jacob an die ehemaligen Augsburger im Ausland, September 1947.

zu Hans Hederer:

259 Völkl, Carl »Die dunklen Jahre – Das Dritte Reich im Ries«, Nördlingen 1984, S. 43.

260 Keßler, Hermann »Die jüdische Gemeinde in der Stadt Nördlingen 1860–1942«, Nördlingen, ohne Jahrsangabe, Zitate S. 357 und S. 355.

261 Völkl, S. 52.

262 Staatsarchiv München Mikrofilm Staatsanwaltschaft 912.

263 Schriftwechsel um Reise im StAA, Bestand Regierung 18641.

264 Weitere Quellen: Gespräch mit Martin Münster, Briefwechsel mit Ernst Eisenmann und Justin Seligmann in Israel.

zu Pauline Kneissler:

265 Zitiert nach Römer, Gernot »Die grauen Busse in Schwaben«, Augsburg, 1986, S. 124–143.

266 Klee, Ernst »Euthanasie im NS-Staat«, Frankfurt, 1983, S. 441. Auch das Zitat, dass Pauline Kneissler Kranke im allgemeinen rücksichtsvoll behandelt haben will, stammt aus diesem Buch, S. 442.

zu Hermana Frieda Baur:

267 Hirsch-Erlund, Irmgard »Irmgard – eine jüdische Kindheit in Bayern und eine Vertreibung«, Augsburg, 1999, S. 152.

268 Interview »Der Engel von Augsburg« von Heike Brettschneider im Bayerischen Rundfunk 1975. auch die anderen Zitate sowie einige biographische Angaben stammen aus der Sendung.

269 »Irmgard«, S. 174 und S. 188.

270 Aus biographischen Notizen über Frau Hermana von Oberin M. Imelda Huf, Februar 2000.

271 Ausgabe vom 1.5.1975.

zu Heinrich Schulz:

272 StadtA Augsburg, Personalakte Heinrich Schulz.

273 Amtsgericht München, Spruchkammerakte Heinrich Schulz.

274 Kübel, Johannes »100 Jahre Uttenruthia 1836–1936«, Erlangen 1951, S. 189.

275 Kübel, S. 200.

276 Personalakte.

277 Mensing, Björn »Pfarrer und Nationalsozialismus«, Bayreuth 199, S. 47.

278 Personalakte.

279 Spruchkammerakte.

280 Zitate aus »Rieser National-Zeitung«.

281 StAA, Bestand NSDAP-Kreisleitung Nördlingen 1/12; die nachfolgend genannten Schriftstücke aus 1/10.

282 Aus der Spuchkammerakte.

283 nach Carl Völkl, »Die dunklen Jahre im Ries«, Nördlingen, 1984, S. 49.

zu Wilhelm von Pechmann:

284 »Aus meinem Leben«, biographisches Fragment im Nachlaß Pechmanns, Handschriftenabteilung der Bayer. Staatsbibliothek München, II 2.

285 Zitiert nach der Rede von Prof. Dr. W. Sommer bei der Ev.-Luth. Landessynode 1998 in Memmingen, gedruckt in »Aufstand und Gewissen – Erinnerung an Wilhelm von Pechmann«, S. 18.

286 ebenso, S. 11. Dieter Haacks darauf folgendes Zitat ist auf S. 7 zu finden.

287 Die zitierten Briefe befinden sich im Landeskirchlichen Archiv, Nürnberg. Bestand Personen: Meiser 62/16; Meiser 62/27–30; von Pechmann 49/56; desgleichen 35 V; dsgl. 50/31–30; dsgl. 52/45–48; dsgl. 56; Meiser 62/409; dsgl. 62/411; v. Pechmann 51/54–57; Meiser 62/519. Die Briefe sind teilweise zitiert nach Kantzenbach, Friedrich Wilhelm: »Widerstand und Solidarität der Christen in Deutschland 1933–1945«.

zu Franz Xaver Schwarz:

288 Spruchkammerakte beim Amtsgericht München 5423/47.

289 von Schmidt-Pauli, Edgar »Die Männer um Hitler«, Berlin 1932, S. 96–98.

290 NAWash. Bestand Franz Xaver Schwarz.

291 »Völkischer Beobachter« zum 65. Geburtstag am 27. 11. 1940.

292 Günzburger National-Zeitung 17.10.1938.

293 Spruchkammerakte.

294 Roth, Claudia »Parteikreis und Kreisleiter der NSDAP unter besonderer Berücksichtigung Bayerns«, München 1997, S. 59–63.

295 BundA, Reichsschatzmeister Bestand 0-266.

296 Spruchkammerakten.

297 NA Wash.

zu »Allgäuer Beobachter«:

298 Braun, Walter in »Ein halbes Jahrhundert Memmingen«, Memmingen 1968, S. 29.

zu Franziska Jiricka-Bissinger:

299 Römer, Gernot »Der Leidensweg der Juden in Schwaben«, Augsburg, 1983, S. 21.

300 Weitere Quellen: Gespräch und Briefwechsel mit Katja Seton in USA.

zu * (Memmingen):**

301 Diamant, Adolf »Jüdische Friedhöfe in Deutschland«, Frankfurt/Main1982.

302 Stadtarchiv Memmingen.

zu J. F. Wiedemann:

303 Mütschele, Sabine »Juden in Augsburg 1212–1440«, Stuttgart 1996, S. 48/49.

304 zitiert nach Diamant, Adolf »Jüdische Friedhöfe in Deutschland«, Frankfurt/M, 1982.

zu Georg Deisenhofer:

305 Zofka, Zedenek »Die Ausbreitung des Nationalsozialismus auf dem Lande«, regionale Fallstudie, München 1979, S. 110.

306 Zofka, S. 117.

307 Wie alle Zitate aus den Entnazifizierungsverfahren aus der Akte 63/1548, Amtsgericht München.

308 Aus dem Urteil des Landgerichts Memmingen im Verfahren KLs 61/47, ebenso das im vorhergehenden Absatz angeführte Zitat.

309 Aus dem Urteil des Landgerichts Memmingen KLs 74/47.

zu Matthäus Schulz:

310 Hetzer, Gerhard »Ernste Bibelforscher in Augsburg« in »Bayern in der NS-Zeit« (Hrsg. Broszat/Fröhlich/Grossmann), München 1981, S. 621.

311 Hetzer, S. 622.

312 Hetzer, S. 628.

313 StAMch, Staatsanwaltschaft 8297.

314 StAMch, Staatsanwaltschaft 9184.

315 Buber-Neumann, Margarete »Als Gefangene bei Stalin und Hitler«, Herford, 1985, S. 247.

316 Haag, Lina »Eine Handvoll Staub«, Frankfurt/M, 1995, S. 100.

317 Hesse, Hans (Hrsg.) »Am mutigsten waren immer die Zeugen Jehovas«, Bremen 1998.

318 laut einer Liste im Geschichtsarchiv der Zeugen Jehovas

319 Von 25.000 Bibelforschern sind im Dritten Reich 6000 inhaftiert, 2000 in Konzentrationslager eingeliefert worden, 1500 gestorben oder ermordet, davon 250 hingerichtet worden (nach Hesse).

Namen und Orte

Über den Autor

Gernot Römer ist Journalist und lebt in Neusäss. In seiner Heimatstadt Wuppertal sah er als Kind im November 1938 Brand und Plünderung der Barmer Synagoge, in Trautenau/Riesengebirge begegneten ihm 1944 mehrfach Kolonnen weiblicher KZ-Häftlinge. Als Journalisten haben ihn später immer wieder die Verfolgung der Juden im Dritten Reich und Probleme von Minderheiten beschäftigt.

Römer arbeitete u. a. bei Zeitungen in Wuppertal, Darmstadt und Essen. 1971 kam er zur »Augsburger Allgemeine«, wurde später Chefredakteur und trat Mitte 1994 in den Ruhestand. Für das Zweite Deutsche Fernsehen drehte er die Dokumentationen »Die dunklen Deutschen« (1969) über farbige Mischlinge in der Bundesrepublik und »Eltern ohne Kinder – Kinder ohne Eltern« (1970) über Adoptionen. Für den Bezirk Schwaben erarbeitete er 1998 die Ausstellung »Anne Franks schwäbische Geschwister« und drehte dazu zwei Videofilme über jüdische Kinderschicksale: »Tatort Schule« sowie »Beim Abschied segnete Vater mich.«

Gernot Römer ist Herausgeber der Reihe Lebenserinnerungen von Juden aus Schwaben

Band 1

Vier Schwestern

Die Lebenserinnerungen von Sophie, Elisabeth, Gertrud und Lotte Dann aus Augsburg

ISBN 3-89639-098-8, 266 Seiten, zahlreiche Abbildungen und Dokumente, DM 29,80

Sophie, Elisabeth, Gertrud und Lotte Dann schildern ihre Jahre in Augsburg, Verfolgung und ihre Emigration in verschiedene Länder. In den zwanziger Jahren waren die Danns in der Fuggerstadt eine sehr angesehene Familie. Die Lebenserinnerungen der vier Schwestern sind ein ungewöhnliches Zeitdokument und eine bewegende Lektüre.

Band 2

Irmgard

Eine jüdische Kindheit in Bayern und eine Vertreibung: Lebenserinnerungen von Irmgard Hirsch

Mit einem Vorwort von Ernst Cramer

ISBN 3-89639-159-3, 212 Seiten, 45 Abbildungen, DM 19,80

Das Buch behandelt vor allem die Kindheitserinnerungen von Eileen Erlund, geboren als Irmgard Hirsch – Erinnerungen an Augsburg, an das jüdische Leben in Augsburg und an die Vertreibung während des Nationalsozialismus.

Band 3 – neu –

»Halbjude« im Dritten Reich

Die Erinnerungen des Augsburger Fabrikanten Erhard Bernheim

ISBN 3-89639-205-0, 68 Seiten, 29 Abbildungen, gebunden, DM 26,80

Weil der Vater und dessen Eltern jüdisch waren, wurde aus dem katholischen Bub Erhard Bernheim ein »Halbjude« oder »Rassenmischling«. Erhard Bernheim erlebte als Heranwachsender im Dritten Reich Angst und Verfolgung. Diesen bittersten Abschnitt in seinem Leben beschreibt er in diesem Buch.

Wißner

www.wissner.com